Zu diesem Buch

Die «Seele» ist im Gespräch. Die «seelischen Zivilisationskrankheiten», vom Medikamentenmißbrauch über Drogen- und Alkoholsucht, Magersucht, Eßsucht bis zu Schlaflosigkeit und Angstzuständen, nehmen zu. Die Selbstmordrate wächst. Die Zahl seriöser und unseriöser Psychotherapeuten ist sprunghaft gestiegen. Doch den seelisch Kranken hilft dieser Psychoboom meist nicht, denn für sie ist die Orientierung auf dem Psychomarkt schwieriger, fast unmöglich geworden.
Dieses Buch bezieht kritisch Stellung. Beispiele aus der täglichen Praxis werden vorgestellt, die wissenschaftlichen Begriffe erläutert, die Meinungen der Fachkollegen diskutiert und die gängigen Therapien aufgezeigt. Behandlungsmethoden, die eher den Wohlstand der Therapeuten als die Gesundheit der Patienten fördern, werden beim Namen genannt.

Dr. Lothar Hanisch: geboren 1941. Von 1963 bis 1969 Medizin- und Psychologiestudium in Münster und Hamburg. 1974 Promotion, 1976 Facharzt-Anerkennung für Neurologie und Psychiatrie, seit 1987 Chefarzt der Neurologischen Abteilung des Berufsgenossenschaftlichen Unfallkrankenhauses Hamburg-Boberg. Mitautor an mehreren populärwissenschaftlichen Werken zur Sexualität, zahlreiche Rundfunk- und Fernsehbeiträge. Gutachter beim Gericht und beim TÜV für neuro-psychiatrische Probleme.

Dr. Peter M. Hermanns: geboren 1945. Studium der Medizin in Hamburg. Seit 1981 als Arzt niedergelassen. 1986/87 Lehrauftrag für Allgemeinmedizin an der Universität Marburg. Schon während des Studiums als Medizin-Journalist tätig, bis heute zahlreiche Buchveröffentlichungen, 1987 ein Buch zur Komplikationsrate ärztlicher Eingriffe. Seit 1984 im wissenschaftlichen Beirat der Zeitschrift für den praktischen Arzt («tägliche praxis»). Seit 1985 Mitarbeiter bei Rundfunk- und Fernsehanstalten. Seit 1989 Mitglied der Aufsichtskommission für psychiatrische Krankenhäuser und Einrichtungen der Freien und Hansestadt Hamburg.

Peter M. Hermanns und *Lothar Hanisch* sind Autoren des rororo-Sachbuchs Nr. 8516 «Gesundheit! Danke, aber wer zahlt? Eine Kostenanalyse der Gesundheit», November 1988.

Lothar Hanisch/Peter M. Hermanns

Kampf um die Seele

Von Profis und Scharlatanen

Ein Handbuch zu Diagnose und Therapie

Unter Mitarbeit von Andreas Bergmann,
Flora Peschek-Böhmer, Nils Gerken,
Michaela von Pannwitz, Gunnar von Schlippe

rororo
Rowohlt

Originalausgabe
Veröffentlicht im Rowohlt Taschenbuch Verlag GmbH,
Reinbek bei Hamburg, Februar 1990

Umschlagfoto Thomas Henning
Satz Centennial (Linotronic 500)
Gesamtherstellung Clausen & Bosse, Leck
Printed in Germany
1680-ISBN 3 499 18573 3

Inhaltsverzeichnis

I. Seele – was ist das?

II. Was ist eine kranke Seele?

III. Täglicher Einfluß auf die Seele

IV. Vom kleinen Tic bis zur schweren Krankheit

VI. Profis und Scharlatane am Werkstoff Seele

I. Seele – was ist das?

Alle unsere Vorstellungen von Gesundheit und Krankheit, von Familie, Sexualität, Religion, Kultur und Gesellschaft und damit auch unsere Ideale und Normen sind geschichtlich gewachsen. Sie sind Ausdruck einer auf eine Zeit und einen Kulturkreis begrenzten Einstellung zum Leben. Diesem Wandel unterliegen auch die Vorstellungen von der Seele.

Ein Ägypter schreibt über seine Seele

Schon die Ägypter im 3. Jahrtausend v. Chr. hatten eine Vorstellung von der Seele, die sie «Ba» nannten. In dem «Hieratischen Papyrus» – in Berlin aufbewahrt – wird von einem Gespräch berichtet, das ein lebensmüder Ägypter mit seinem «Ba» führte. «Ba» verkörperte das Unbewußte.

Der Begriff «Ba» entstand erst etwa in der Mitte des 3. Jahrtausends v. Chr., und zwar nur in Verbindung mit einem herrschenden Pharao. Nur er hatte eine Seele. In seiner Seele waren die Seelen seiner Untertanen mit verkörpert. Ein «normaler» Ägypter hatte keinen Anspruch auf eine eigene Seele, er war quasi Anhängsel seines «Gottkönigs».

Ein lebensmüder Ägypter, dessen Namen unbekannt blieb, war der erste, der über seine Depressionen berichtete.

«Er will seinem Leben ein Ende setzen. Angesichts der Gottlosigkeit, Unmoral und des Traditionsverlusts seiner Zeit erscheint es ihm sinnlos, weiterzuleben... Er beschreibt alle Phasen seiner – für heutige Begriffe – zeitbedingten Neurose eingehend und vermittelt uns eine recht genaue Kenntnis der damaligen Vorstellungen von der Seele. Die Selbstheilung gelingt ihm dadurch, daß er seine Tendenzen personifiziert, eingehend beschreibt und so dem Bewußtsein zugänglich macht» (DOUCET).

Etwa 3000 Jahre zuvor gab es einen Vorläufer des «Ba», der als «Ka» bezeichnet wurde. «Ka» verkörperte Intelligenz und sexuelle Potenz und beschrieb also geistige und körperliche Energie. In den Pyramidenschriften war die Kraft «Ka» stets durch die Hieroglyphe des Stiers dargestellt.
Daneben gab es noch Maat, den weiblichen Teil von «Ka», seine Schwester. Die Unterscheidung von «Ka» und «Ba» führte zur Ausbildung des Seelenbegriffes und damit später zur Abgrenzung von Geist und Psyche (Seele).
Die Ägypter mumifizierten ihre toten Pharaonen und errichteten dem «Ka» eine Statue mit den Gesichtszügen des Toten. Natürlich wußten auch die Ägypter schon, daß der Leib des Toten nicht eines Tages lebendig würde. Diese Bräuche dienten nur dazu, die Seele des Toten über den Tod hinaus zu erhalten.
Die Verbindung zwischen Geist, Seele und Körper versuchte man dadurch herzustellen, daß zwischen der Pyramidenkammer des «Ka» und der Grabkammer der Mumie ein Schacht gebaut wurde, in dem «Ba» ähnlich einem Vogel hin- und herfliegen konnte. So ist denn auch das Zeichen für Ba ein Vogel oder ein Stern. Mit diesem Brauch sollte über den Tod hinaus die Einheit zwischen Geist und Körper erhalten bleiben.
Als Gottesbild für «Ba» wurde die ägyptische Göttin Osiris verwendet. So bekam «Ba», das Seelische, zum erstenmal einen weiblichen Aspekt. Auch dem lebensmüden Ägypter erschien sein «Ba» teilweise in Gestalt einer Frau.
1500 Jahre später wandelte sich in Ägypten die Bedeutung der Gottheit. Osiris wurde das Sonnenwesen und Isis zur Mondgöttin. Die gerade mühsam «entstandene Seele» erfuhr gegenüber dem Geist eine deutliche Abwertung.

Altindische Kulturen und die zwei Seelen

In dem Weda, der ältesten Schrift der Inder, wird erst um 1200 v. Chr. etwas über die Seele geschrieben. Weda, altindisch veda, bedeutet Wissen. In den religiösen Geheimlehren, den Upanishaden, finden sich die Begriffe Atman und Brahman, vergleichbar dem ägyptischen «Ba» und «Ka». Atman war die Seele des einzelnen, Brahman die Weltseele, beide waren aber in- und miteinander identisch. Teilweise stellte man sich Brahman als eine persönliche, unteilbare Gottheit vor. Die Seele des einzelnen war durch ihre feste Verbindung mit der Weltseele unsterblich und ewig. Diese Seele wanderte nach dem Tode weiter und erschien wiedergeboren in anderen Lebewesen.

Die Weltseele sollte später erlöst werden, denn das Leben auf der Erde ist Leiden.

Später verkündet BUDDHA: Geburt ist Leiden, Tod ist Leiden, Trennung ist Leiden, Gewünschtes nicht zu erhalten ist Leiden. Erst durch die Erlösung vom Leiden findet die Seele im Nirwana Ruhe.

Die Antike und die Seele

HOMER (etwa 800 v. Chr.), der Dichter der Ilias und Odyssee, sang über die Seele, die er als eine Kopie des Körpers empfand. Für die unterschiedlichen Vorstellungen von den Qualitäten der Seele benutzte er verschiedene griechische Worte

psyche = Hauch, Atem, Leben, Seele, Verstand, Klugheit, Gemüt

autos = Herz, aber auch für Begriffe wie selber, selbst benutzt

thymos = Leben, Lebenskraft, Leidenschaft, Herz als Sitz des Lebens, Empfindungsvermögen

eidolon = Gestalt, Bild, Schatten, Trugbild

nuus = Verstand, Einsicht, Sinn, Gedanke, Absicht

Autos ist der sichtbare, sterbliche Mensch, der durch die psyche, das Unsterbliche, erst lebendig wird. Thymos und psyche verlassen beim Tod den Körper, und während psyche weiterbesteht, hört thymos dann auch mit dem Leben auf.

HOMER hatte eine materialistische Vorstellung von der psyche, Seele: psyche besitzt ein Organ, das Zwerchfell.

Die erste große griechische Abhandlung über die Seele und dabei auch über die Psychologie finden wir bei ARISTOTELES (384–322 v. Chr.). Er schrieb: De anima (Über die Seele). Für ARISTOTELES befand sich die Seele, als Quelle des Denkens, im Herzen. PLATO (427–347 v. Chr.) dagegen vermutete die Seele im Gehirn, dem höchstmöglichen Ort.

PLATO sprach von einer Zweiteilung der Seele, wobei er eine Seelenstufe in weitere zwei Gruppen unterteilte und damit im Endeffekt auch zu einer Dreiteilung der Seele gelangte. PLATO unterschied zwischen einer geistigen, vernünftigen Seele, die vor und über der Welt existiert – mit Sitz im Gehirn –, und einer unvernünftigen Seele, die nur zu Begierden und sinnlichen Auffassungen fähig ist. Diese Seele besteht aus zwei Teilen:

1. Mut und energisches Streben – mit Sitz in der Brust, im Herzen
2. die niederen Lüste und Begierden – mit Sitz im Bauch

Beide diese Seelen sind sterblich und stehen über das Rückenmark mit der «Zentrale», dem Gehirn, in Verbindung, dem sie untergeordnet sind. PLATO hielt die Seele für den Beherrscher des Körpers und den Körper für ihren Kerker.

Man weiß nicht, ob es sich hier um eigene, rein griechische, oder übernommene ägyptische oder östliche Lehren handelt.

ARISTOTELES definierte drei Seelenstufen:

1. die ernährende (vegetative) Seele, die Mensch, Tier und Pflanze gemeinsam ist. Diese Seele hat die Funktion der Ernährung und Fortpflanzung
2. die wahrnehmende (animalische) Seele, die nur der Mensch und das Tier besitzen, mit den Funktionen der sinnlichen Wahrnehmung, dem Begehren und der willkürlichen Bewegung
3. die vernünftige Seele mit der Fähigkeit zu denken, zu handeln und zu urteilen

Die ersten beiden Stufen sind körperliche Seelenstufen und werden beim Tod mit sterben. Die dritte Stufe, die Vernunft, ist rein geistig und damit unsterblich. Sitz der Seele ist das Herz. Die Ansichten von PLATO und ARISTOTELES bestimmten bis ins 17. Jahrhundert hinein Medizin und Philosophie.
Der amerikanische Psychologe ROBSACK sieht diese Gedanken und Einteilungen auch in der modernen Psychologie lebendig:

...«Das können wir zum Beispiel in Freuds Einteilung der Psyche sehen, wo das Freudsche ES Platos begehrendem Seelenteil entsprechen dürfte; das Ich entspricht dem strebenden, realistischen, ehrgeizigen, kämpfenden und abwehrenden Teil unserer Natur; und schließlich das Über-Ich, welches Gewissen, Schuldgefühle und Geistigkeit bewirkt, dem philosophisch-denkenden Seelenteil bei Plato.»

Eine dreigeteilte Seele kannten auch die Chinesen: eine Seele im Grabe, eine zweite in der Ahnentafel und die dritte, die in der Geisterwelt weilt.

Die Gestalten der Seele

Für die Ägypter und Israeliten lag die Seele im Blut. Blut war Zeichen des Lebens, und Leben war ohne Seele unmöglich. Dieses Bild benutzten später auch Griechen und Römer. HOMER formulierte zum Beispiel

«das Blut floß von der Wunde... das Leben floß aus der Wunde».

Der griechische Philosoph EMPEDOKLES bezeichnete das Blut in der Nähe des Herzens als den Sitz der Seele. Der römische Dichter VERGIL verband die Begriffe Blut und Seele so stark, daß er in seinen Gedichten von purpurnen Seelen statt von purpurnem Blut sprach.
In der Unterwelt der Griechen, im Hades, erhielten die Bewohner ihre Sprache und das Vermögen der Erkenntnis (und damit ihre Seele) erst wieder, nachdem sie Blut genossen hatten. Im Lateinischen heißen die Toten auch exsangues, was übersetzt die Blutlosen bedeutet.

Das Synonym Blut = Seele liefert eine der Erklärungen für den Vampirismus. Vampire überfallen Schlafende nachts und saugen ihnen an der Halsschlagader das Blut aus, um mit dem Blut Lebenskraft zu erhalten und am Leben zu bleiben.
Ähnlich sahen es die Israeliten. So steht in 5. Moses 12,23:

«Merke, daß du nicht das Blut essest, denn das Blut ist die Seele, darum sollst du nicht die Seele mit dem Fleisch essen.»

JACOB ROBINSOHN zeigt 1896 in seinem Buch «Die Psychologie der Naturvölker» Verständnis für die einfachen Bilder der Naturvölker:

...«Wo ist die Seele? Wie gegenwärtig der junge Mann im Seziersaal in das Studium der Medizin eingeführt wird, so lernt auch der primitive Mensch an der Leiche, was er ist. Die charakteristischen Merkmale des lebendigen Organismus, Herz- und Pulsschlag, Atem, Körperwärme –, welche er bisher gar nicht beachtet hatte, erschienen ihm mit einemmal als Lebenselemente, als Sitz der Seele.»

Die Azteken sahen im Herzen den Ort der Seele und boten deshalb das Herz, als das Kostbarste des Menschen, den Göttern zum Opfer dar.
Auf Tahiti wurde das Auge des Feindes gegessen, um sich damit seine Seele einzuverleiben. Demgegenüber aßen einige indische Stämme ihre Verwandten im wahrsten Sinne des Wortes mit Leib und Seele aus Liebe.
Auch das Bild der Malaien, die davon ausgingen, daß die Seele eines Sterbenden durch seine Nasenlöcher entweicht, ist nachvollziehbar – denn das lateinische Wort anima wird ursprünglich als Lebenshauch bezeichnet. Als Lebenshauch, der mit dem letzten Atemzug den Sterbenden verläßt.
Es war natürlich, daß die «Lebenselemente» Atem, Herz, das Pulsieren und das Blut «seelische» Bedeutung bekamen.
Zahlreiche Völker gaben der Seele Tiergestalten. ROBINSOHN hält diese Verknüpfung für sehr verständlich:

...«Was den primitiven Menschen an den Tieren besonders aufgefallen sein mochte, ist ihre Behändigkeit. Wie unbeholfen dürfte sich der Mensch vor der Erfindung von Pfeil und Bogen den leicht beweglichen Tieren gegenüber gefühlt haben! – Im Schlafe liegt der Körper beweglos da, aber der Schlafende weilt in der Ferne; daraus folgt, daß die Seele, befreit von den Fesseln des Körpers, große Distanzen mit Leichtigkeit überwindet. Dies vermag aber nur ein Tier.»

Als weiterer Beweis galt:
Die Seele legt während des Schlafes im Traum große Strecken sehr schnell zurück, folglich ist die Seele einem Tier vergleichbar.
Die Araber glaubten, aus dem Blut (der Seele) eines Ermordeten werde ein klagender Vogel, der um das Grab fliegt, bis Rache genommen ist.
Bei einigen nordamerikanischen Indianerstämmen dürfen verschiedene kleine Waldvögel nicht gefangen oder getötet werden, weil sie die Seele ihrer verstorbenen Häuptlinge in sich tragen sollten.
In der Karibik wurden die Fledermäuse als Geister, das heißt Seelen Verstorbener, angesehen.
In einem russischen Volksglauben nimmt die Seele nach Entweichen aus dem Körper die Gestalt eines kleinen Vogels oder eines Schmetterlings an, aber auch die eines kleinen Männchens und manchmal sogar die Gestalt von Rauch. Besonders verbreitet war aber der Glaube, daß die Seele die Gestalt eines Vogels annimmt. Dieser Glaube hatte zur Folge, daß in einigen Bereichen Rußlands etwa sechs Wochen nach dem Tode eines Familienmitgliedes ein Handtuch auf das Fenster gelegt und darauf Brot ausgebreitet wurde, damit die Seele des Verstorbenen – die in Gestalt eines Vogels kommen würde – nicht Hunger leiden müsse.

In den Vorstellungen von sogenannten Naturvölkern galten Tiere wie Schlangen, Spinnen, Fische, Bienen, Bären, Wölfe, Füchse, Schafböcke, Fledermäuse, Adler, Schwäne, Auerhähne, Schwalben, Mücken, Goldkäfer als Träger der Seele oder Gegenstände wie Strohhalme oder Federn und natürlich die Naturelemente Luft, Wind, Feuer, Licht und Wasser.

Die Seele in Menschengestalt

Häufig erscheint die Seele auch in menschlicher Gestalt. Bei einigen Völkern bilden Leib und Seele im Denken eine so innige Verbindung, daß keine Seele ohne Körper und kein Körper ohne Seele vorstellbar ist. Demnach bedeutet die Vernichtung des Körpers auch die Vernichtung der Seele. Um die Rückkehr der Toten zu den Lebenden zu verhindern, wurden überall auf der Welt die unterschiedlichsten Vorkehrungen getroffen, die zum Teil noch heute Brauch sind.

So werden Toten die Augen zugedrückt, damit sie keine Lebenden sehen und ihnen «Schaden zufügen können». Mongolen nähen Toten die offenen Augen zu und bedecken sie mit einem schwarzen, seidenen Tuch. Geschlossene Augen sind eine wichtige Grundvoraussetzung für den wirklichen Tod. In Tirol galten nicht geschlossene Augen als Zeichen dafür, daß dem Toten bald andere nachfolgen werden. In Böhmen glaubte man, daß ein Toter durch die nicht vollständig geschlossenen (zugedrückten) Augen in der Lage sei, einen seiner Freunde anzublicken, der ihm dann bald folgen müsse.

Durch den Genuß von Tieren, die «Träger» der Seele waren, glaubten einige Völker, sich die Seele dieser Tiere einzuverleiben. Malayen hofften, daß man durch Tigerfleisch weiser und mutiger werde. In Borneo wird kein Rehfleisch gegessen, weil man dadurch feige wird. Auf Nias, einer indonesischen Insel westlich von Sumatra, ißt die Frau während der Schwangeschaft kein Vogelfleisch, weil sonst das Kind nicht zu sprechen lernt, sondern nur piepsen und krächzen kann wie der Vogel.

Bei den Südslawen war es Schwangeren nicht gestattet, Hasen zu essen, weil das Kind sonst schielen und mit offenen Augen wie ein Hase schlafen würde.

Der erste Bestseller über die Seele

Die Psychologie war immer ein Teilgebiet der Physik, bis MELANCHTHON im europäischen Raum in seinen Vorlesungen das Wort Psychologia einführte. Seine Vorstellungen und seine Lehren waren nicht neu, hier wurden historisch gewachsene Anschauungen erstmals zusammengefaßt. Das Werk war eigentlich mehr ein Kommentar zum Werk ARISTOTELES' über die Seele. Die Ergebnisse von MELANCHTHONS Vorlesungen brachte RUDOLF GÖCKEL unter dem Titel «Psychologie – das ist: Über die Vollendung des Menschen» heraus. GÖCKEL (1547–1628) war Professor der Philosophie in Marburg. Sein Werk muß nach heutigen Kriterien ein Bestseller gewesen sein, denn innerhalb von 7 Jahren wurde es dreimal neu aufgelegt.
DESCARTES, als Gründer der modernen Philosophie, war auch einer der ersten Psychologen. Von ihm stammen Analysen der Gemütsbewegung, aber auch Lehren über die Wechselwirkung zwischen Leib und Seele. Nur dem Menschen wurde eine Seele zugeschrieben, das Tier galt als seelenlos. Seiner Meinung nach war die Seele in der Zirbeldrüse (Epiphyse) lokalisiert.

Kirche und Seele

Als «die Kirche» entstand, befand sie sich in einem Kulturschnittpunkt zwischen babylonisch-jüdischen und hellenistischen Welt- und Lebensvorstellungen. Da ihre Botschaft von der Liebe Gottes weniger vorstellungsabhängig war, konnte die Kirche sich den Bildern und Vorstellungen der sie umgebenden Kulturkreise und deren Lebensgefühl anpassen. Das betraf auch die Vorstellung von der Seele. Da war die jüdische, alttestamentarische Vorstellung, daß die Seele nichts anderes sei als die Lebendigkeit des Körpers, die Gott mit seinem Geist in die Körper der Menschen einhauchte. So wird der Leib zum Leben erweckt. Im Tod wird das Leben zurückgenommen. Übrig bleibt nur der Schatten.

Leben, das ist soviel wie Seele selbst. Sie sitzt im Blut (darum durfte auch kein Blut vergossen werden). Einige Autoren hatten den Sitz der Seele auch im Hals angenommen.

In der babylonischen Lebensordnung galt die Vorstellung von der Seele als dem Ort, an dem das Gute und das Böse miteinander kämpfen. Hölle und Himmel wurden zum ewigen Ort der Seele, die hier schon eine Art eigenständigen, vom Körper zum Teil unabhängigen Charakter hatte.

In einem Endgericht wurden nicht nur, wie bei den Juden, die Völker gerichtet, sondern die einzelnen Seelen daran gemessen, ob sie gut oder böse gehandelt haben. Seele war hier der ethisch-sittliche Willensort des Menschen überhaupt.

In der hellenistischen Welt gehörte die Seele zur Welt der als real vorgestellten Ideen und war damit unsterblich. Diese Vorstellung machte den Auferstehungsgedanken entbehrlich. Die Seele wanderte beim Tod an einen anderen Ort. Der Körper wurde als eine Art Gefängnis gedeutet, in das die Seele, der göttliche Funke, geraten war und aus dem sie entweder durch gute Taten oder durch die Erlösung mittels einer göttlichen Erlösergestalt oder vielleicht sogar nur durch Askese befreit werden konnte.

Aus diesen sehr unterschiedlichen Vorstellungsmustern übernahm «die Kirche» das, was sich mit ihren «neuen» Erfahrungen von der Liebe und Vergebung Gottes vereinbaren ließ. Durch diese Bastelei konnte allerdings kein geschlossenes Wert- und Normsystem entstehen wie in anderen Religionen, die sich in geschlossenen Kulturkreisen entwickelt haben. Dadurch aber blieb sie auch offen für neue Deutungen und Vorstellungen, die in unserer Zeit aus den Erkenntnissen der modernen Geistes- und Naturwissenschaften entstanden sind. Dennoch kann sich «die Kirche» nicht beliebig den jeweiligen Vorstellungen unserer Zeit anpassen.

Ihr Thema: Beziehungen zum Urgrund des Seins, also Gott, läßt bestimmte – zum Beispiel rein materialistische – Deutungen nicht zu. Es ist ihr wichtig festzuhalten, daß die Seele des Menschen mindestens eine eigene selbständige Weise des Seins ist. Damit könnte die Theologie das wissenschaftliche Bild von Korpuskel (= kleinster Teil der Materie, Elementarteilchen) und Welle, der Doppelnatur des Seins (zum Beispiel Licht), auch für die Seele als Deutung akzeptieren. Der Begriff der Doppelnatur des Seins ist insbesondere von der heutigen Naturwissenschaft aufgenommen worden, auch wenn er im 19. Jahrhundert schon in der Philosophie diskutiert wurde. Es begann in der Naturwissenschaft mit der Beobachtung, daß zum Beispiel das Licht einerseits «Materie» ist, also eine Substanz, Korpuskel (Photonen), andererseits aber eine reine Bewegung, also Welle.

Beides scheint sich auszuschließen, aber beides ist da – je nachdem, wie man das Licht «befragt» oder untersucht. Masse und Bewegung sind miteinander verbunden. Die Energie (z. B. einer Strahlung) ist zugleich Bewegung, aber auch Substanz. Die Natur ist eine Einheit, die unserem Verständnis mit Hilfe verschiedener «Modellvorstellungen» zugänglich ist.

Schon im Mittelalter kam es zu Meinungskämpfen – so der große «Universalienstreit» –, bei denen es um die Frage ging, ob die Dinge wirklich sind (Realisten) oder nur so erscheinen (Nominalisten).

In diesem Zusammenhang spielte auch das Verständnis von Seele eine Rolle. Gibt es sie real oder ist sie nur eine «dichterische» Beschreibung für Vorgänge, die auf Gefühls- oder Beziehungsebenen abliefen? Und, wenn es sie gab, war sie etwas «Geschöpfliches» oder etwas «Göttliches» – war sie unsterblich, lebte sie auch ohne Körper? Und wie? Oder vergeht sie, wenn die biologischen Speicher, die Gehirnzellen, zerfallen? Alle Vorstellungen scheinen hier weder vereinbar noch abschließend beantwortbar zu sein. Das heißt aber, daß mit dem Begriff der Doppelnatur des Seins (der ja auch noch keine «abschließende» Wahrheit darstellt, eher eine einleuchtende «Arbeitshypothese») beide Möglichkeiten der Deutung offengehalten werden in dem Wissen, daß wir vorläufig die Wirklichkeit der Seele so am deutlichsten beschreiben können.

Dennoch gibt es für Theologen andere – sagen wir ruhig – einseitige Akzente oder Aspekte. Die Seele wird theologisch als etwas einmal Entstandenes, «Geschaffenes» gesehen. Darum kann sie nicht unsterblich sein. Sie erscheint unlösbar mit der Leiblichkeit verbunden. Naturgemäß ergeben sich aus dieser Sichtweise neue Fragen: nach dem Jenseits oder Himmel und der Hölle zum Beispiel. Und wie funktioniert die Auferstehung?

Die Seele, die sterbliche, geht zu Gott, der sie zu sich ruft. Bei

Gott wird die Doppelnatur des Seins endgültig in das Eigentliche, die Einheit, geholt. Schon die Kirchenväter beschäftigten sich mit dieser Frage.
Als erster christlicher Psychologe wird in der Literatur der Kirchenvater TERTULLIAN angeführt.
TERTULLIAN hielt die Seele für einen Stoff, wenn auch nicht für denselben, aus dem der Körper bestand. Aus den ersten biblischen Schriften folgerte er, daß die Seele der Atem Gottes sei. Aber er bestand auf der Teilung von Geist und Seele, wobei er der Seele den höheren Status einräumte.
Träume hielt er für Äußerungen der Seele, die in den Träumen handelt und Gefühle wie Trauer oder Fröhlichkeit – heute würde man sagen – «aufarbeitet». Der Ort der Seele war für ihn wie bei ARISTOTELES das Herz.
Die Seelenvorstellungen der folgenden Jahrhunderte waren geprägt von einer kirchlich theologischen Weltsicht, in der – mit unterschiedlichen Schwerpunkten – auch die Denkansätze von ARISTOTELES und PLATO eine Rolle spielten.
Wichtige Veränderungen ergeben sich durch das Denken des Kirchenvaters AURELIUS AUGUSTINUS (354–430 n. Chr.), dessen Werk in der Geschichte der Psychologie eine besondere Stellung einnimmt. Seine «confessiones», Bekenntnisse, schildern lebendig seine äußere, aber auch vor allem seine innere Entwicklung, seine Zweifel, seine Nöte und seine Ängste. Wie für PAULUS war auch für AUGUSTINUS der Mensch der Sünde verfallen. Die Seele konnte zwar dem Körper Befehle erteilen und auch sich selber lenken, sie wurde aber nach seiner Meinung oft behindert durch unüberwindbare Triebe und Instinkte, die den Weg zum Guten verstellten.
Besondere Bedeutung hatte die innere Erfahrung in AUGUSTINS Denken: Man durfte an allem zweifeln, aber nicht daran, daß man denkt, fühlt und will! Hier schien das cogito ergo sum – ich denke, also bin ich – DESCARTES' beinahe vorweggenommen.

Für «die Kirche» hat der Mensch nicht nur eine Seele, sondern er ist Seele, die auch an der Gestaltung des Körpers mitwirkt und die zugleich abhängig ist von den realen Bedingungen dieses Körpers und seiner Entwicklung. Die Seele ist das Leben in uns

und zugleich das, was vor Gott verantwortlich ist für das Tun und Verhalten des Menschen, für seine Weigerung von Lebensgestaltung, für seine Entwicklungen und Reifungen. Die Theologie wird daran festhalten müssen, daß die Seele sich nicht selber erlösen kann, weder durch läuternde Wiedergeburt noch durch ethisch-religiöse Leistungen. Sie und das heißt der ganze Mensch bedarf der ihn erneuernden Vergebung, bedarf der Liebe, der Hoffnung und des Vertrauens. Die Seele des Menschen würde krank werden ohne diese Vergebung.
Er würde seine Menschlichkeit zerstören. Die Seele ist nicht isoliert, sondern eingebunden in die Menschlichkeit und Realität. Daher kann die Kirche keiner «Ghettoisierung» von Religiosität zustimmen. Sie ist immer ökumenisch und offen für neue Entwicklungen und die Pluralität von Meinungen und Vorstellungen – oder sollte es ihren Grundsätzen entsprechend zumindest sein.
Traditionen und die realen Erfahrungen der Gegenwart haben dazu beigetragen, daß für Theologen kein geschlossenes System, keine geschlossene Vorstellung der Seele denkbar ist. Es gibt nicht *die* christliche Auffassung von der Seele. Der Unterschied zu den anderen Religionen betrifft darum weniger die jeweilig benutzten Vorstellungen und Bilder, sondern das, was die Seele in Wirklichkeit zu leisten, was sie für ihre Reifung, für ihre Entwicklung zu tun und wie sie ihre Beziehung zu Gott oder dem Göttlichen und dieser Welt zu gestalten hat. Die Seele kann ihren Weg verfehlen. Sie kann durch Bedingungen von außen (zum Beispiel Erziehung, Gesellschaftssysteme, körperliche Leiden, Feindschaft) und von innen (Krankheit, hormonelle und chemische Einflüsse und Störungen) irritiert und gestört werden in ihrer Entfaltung, sie kann verführt werden, weggeführt werden von der Realität, von ihrem Auftrag, von ihrer Menschlichkeit. Hier liegt die Quelle der Auseinandersetzung von «hilfreichen» Religionen und «behindernden» Sekten. Die hilfreiche Religiosität versucht, dem Menschen eine Möglichkeit zu erschließen, wie er mit seiner Seele sinnvoll arbeiten kann. Wie er an dieser Wirklichkeit und mit der Geschichtlichkeit seines Lebens verantwortlich umzugehen vermag, wie er Leid verarbeiten kann, wie er Trost zu finden vermag, der nicht die Welt und das alltägliche Leben leugnet, sondern es bestehbar macht. Religion und Seele,

das innere Sein des Menschen und seine Art, Beziehungen aufzunehmen, gehören zusammen.

Auch die Seele hat ihre Gesetze, deren Mißachtung sie krank werden läßt und so den Menschen und sogar eine ganze Gesellschaft zerstören kann. Von hier aus ist es zu verstehen, wenn gesagt wird, die Seele sei religiös. Das klingt zunächst etwas befremdlich, wo doch gerade bei uns heute die Seele von den Seelenkundlern, den Psychologen oder Psychotherapeuten, mitunter gar nicht religiös verstanden, sondern nach eigenen fachspezifischen Gesetzen dargestellt und gedeutet wird. Aber sie hat von Anfang an eine eigenartige Beziehung zum Religiösen selber. Das innere Sein des Menschen, wie es sich in Träumen, Empfindungen, Gefühlen ausdrückt, führte den Menschen zu einem subjektiven Bewußtsein, das ihn sich auch als Gegenüber zu seiner Welt verstehen ließ. Der Mensch entdeckte, daß er nicht nur vom Brot allein lebte.

Natürlich ist es auch möglich, die Seele anders zu deuten, sie als einen physiologischen Prozeß zu verstehen, dessen Grundlagen die vielfältigen Interaktionen der Hirnzellen sind, einen Prozeß, der teilweise steuerbar und störanfällig ist und der mit der Auflösung des Organismus, der ihn trägt, endet.

Auch in der Bibel findet sich die Fragestellung: ist eigentlich die Seele mehr als nur der Hauch, der die Belebung des Körpers verursacht? «Wer sagt, daß des Menschen Odem», heißt es beim Prediger, «... nach oben gehe und der Odem der Tiere nur wieder zu Staub und Asche wird?» So einfach es ist, dem Menschen das Monopol «Seele» zuzuteilen und es den anderen lebenden Organismen abzusprechen, so schwierig ist es, die Seele nur als die Lebendigkeit des Körpers zu beschreiben. Dies hieße ja zugleich, Erfahrungen auszuklammern, in denen die menschliche Seele eigenständige, selbständige Signale gibt. Die verschiedensten Formen von Okkultismus, Spiritismus, Geistererfahrungen oder andere Bewußtseinserfahrungen bei vielen Völkern machen deutlich, daß es mit der Seele doch etwas Eigenes ist, das über das nur biologische Lebendigsein hinausgeht.

Schon im Alten Testament wurde dafür auch der Begriff «Geist» verwandt, den man dann in Gottes Hand legte, oder man sprach vom «Herzen» als dem Sitz der Seele, dem inneren Kernpunkt des Menschen. So war es naheliegend, wenn auch das Denken,

also der «Geist», immer größere Bedeutung erhielt, daß man von der Geist-Seele sagte, sie sei etwas Göttliches oder sei zu einem anderen Bereich, einer jenseitigen Dimension gehörig.
Während in der hellenistischen Tradition die Seele unsterblich war, haben die Israeliten zum Beispiel diesen Gedanken nie gehabt. Sie hielten die Seele des Menschen für etwas Vergängliches, also Sterbliches. Nur Gott allein war für sie unsterblich.
Es haben sich Religionen entwickelt, die die Vorstellung der Erlösung der Seele aus der irdischen Verflochtenheit zu ihrem eigentlichen Ziel gemacht haben und die ein ganzes System von religiöser Seelenführung entwickelt haben.
Die Kirche hat im Laufe ihrer Geschichte unterschiedliche Akzente gesetzt. Die Seele gehört nicht dem Menschen, sondern sie gehört Gott. Diese Verbundenheit mit Gott wurde und wird unterschiedlich interpretiert. Für die einen war sie göttlich, für die anderen war sie geschöpflich, sie erschien in dichterischer Sprache als der «Traum Gottes in uns», den wir durch unser Tun und Lassen zu verwirklichen haben, als das innere Wissen von Gut und Böse, von der wahren Menschlichkeit, aber auch als der Ort, an dem unsere Lebensgeschichte, unsere Wirklichkeit bearbeitet und verarbeitet wird.
Dieses Bild von der Seele ist Bestandteil mancher Psychotherapieformen.
Die Seele wird zu dem Ort, an dem Menschen ihre Wirklichkeit gestalten, innerlich verarbeiten, mit ihrer Geschichte umgehen, sie selektieren, annehmen oder verwerfen, sich mit ihr auseinandersetzen. In dieser «Therapeutensprache» liegen biblische und psychotherapeutische Begriffe sehr nahe beieinander.

Aufbruch in eine neue Zeit

Erst in der Renaissance bahnten sich neue Entwicklungen an. Das Studium der antiken Autoren wurde zwar nicht vernachlässigt, die direkte Beobachtung der Natur und das wissenschaftliche Experiment gewannen aber zunehmend an Bedeutung. Die unverhüllte Leiblichkeit kam in der bildenden Kunst wieder vor. Das war eine wesentliche Voraussetzunge für die angstfreie, unmittelbare Beobachtung der seelischen Erlebnisvielfalt des Menschen.

Das Individuum, wie wir es heute verstehen, trat in den Mittelpunkt des Interesses. Man bemühte sich um eine differenzierte Charakter-Erfassung, untersuchte Leidenschaften und Affekte, begriff, daß innere Einstellungen die Sinneswahrnehmungen und das Erleben des Menschen beeinflussen und daß umgekehrt Wahrnehmungen und Erleben nicht ohne Bedeutung für die inneren Einstellungen des Menschen sind.

Der Spanier JUAN LUIS VIVES (1492–1540) beschrieb Affekte als die Kräfte, die die Seele bewegen. Sie hemmen und verstärken einander, erzeugen neue Gemütsbewegungen und rufen Antriebe hervor, die für das Handeln ursächlich sind.

Das neue Selbstbewußtsein der Menschen der Renaissance, das geprägt war vom Vertrauen in die eigene Stärke und die Fähigkeit, mit Hilfe der aufkommenden Naturwissenschaften die Welt zu erkunden, führte auch dazu, daß man den Ort der Seele mit anatomischen Methoden zu finden versuchte. Einer der bedeutendsten Vertreter dieser Richtung war THOMAS WILLIS (1622–1675), der die «empfindende Seele» (Anima vegetativa) und die «vernünftige» Seele (Anima rationalis) in Klein- und Großhirn vermutete.

Im jahrhundertelangen Streit um den Ort der Seele gab es schließlich kaum noch eine bekannte Gehirnregion, die nicht für den Sitz der Seele gehalten worden wäre. Großhirn, Kleinhirn, Rückenmark, der Balken (die Verbindung zwischen der rechten und linken Gehirnhälfte), die Epiphyse, die Ventrikel und selbst die Harte Hirnhaut wurden zum Sitz der Seele erklärt.

Diese «Lokalisationswut» war nicht neu. Schon zur Zeit des HIPPOKRATES gab es die Vorstellung, daß seelische Vorgänge ihre materielle Basis im Gehirn hätten, wenngleich man damals dachte, das Gehirn sei eine mächtige Schleimdrüse – ein Sekrete hervorbringendes Organ –, das Gedanken so produziere, wie die Tränendrüsen die Tränen erzeugen.

Endpunkt dieser Entwicklung war die sich zunehmend ausbreitende – und auch heute noch «wissenschaftlich» verbindliche – Ansicht, daß das zentrale Nervensystem das Substrat des Seelenlebens ist oder anders ausgedrückt: daß es keine geistig-seelischen Phänomene gibt, die ohne Gehirnfunktionen ablaufen. Anerkannt ist aber auch, daß Vorgänge in der Seele keinesfalls umfassend durch das Erkennen und Bewerten von Körperprozessen erklärbar sind.

Seele als Forschungsobjekt

Theodor Fechner (1801–1887) versuchte mit physikalischen Mitteln die Seele zu entdecken und ihr Handeln zu messen. Durch Messungen mit Apparaten analysierte er unterschiedliche Empfindungen, um eine Abhängigkeit zwischen Körper und Seele zu beweisen.
Er entwickelte eine Formel für Reiz und Empfindung:

$$E = K + c.\log R$$

(E = Empfindungsstärke, K und c = Konstante für ein Sinnesgebiet, R = Reizstärke) und glaubte so die Seele mathematisch beschreiben zu können.
Fechner veröffentlichte ein Buch mit dem Titel «Zend-Avesta», in dem er sich mit dem Leben nach dem Tod beschäftigte und zu beweisen versuchte, daß alle Dinge eine Seele hätten. In einem anderen Buch beschäftigte er sich speziell mit dem «Seelenleben» der Pflanzen.
Die Seele wurde naturwissenschaftliches Forschungsgebiet; die neue Wissenschaft nannte sich «Psychophysik».
Hermann Ludwig von Helmholtz (1821–1894), erst Physiologe, später Ordinarius für Physik in Berlin, baute die experimentelle Neuro-Physiologie weiter aus. 1850 bestimmte er die Nervenleitgeschwindigkeit, 1862 veröffentlichte er seine Tonlehre. Er konstruierte den Augenspiegel und schrieb ein «Handbuch der physiologischen Optik», ein Werk, das alles, was den Gesichtssinn betrifft, erstmalig naturwissenschaftlich beschrieb.
Wilhelm Wundt (1832–1894) gründete 1878 das erste Institut für experimentelle Psychologie. Seinen Studenten definierte er:

«... die Seele ist nichts anderes als die Summe unserer inneren Erlebnisse, unseres Vorstellens, Fühlens und Wollens, wie es sich im Bewußtsein zu einer Einheit zusammenfaßt und in ihrer Folge von Entwicklungen schließlich zum selbstbewußten Denken und freien sittlichen Wollen erhebt.»

Auch SIGMUND FREUD (1856–1939) begann seinen Werdegang als naturwissenschaftlicher Forscher, als Neurophysiologe. Die Probleme der Seele faszinierten ihn erst über den Umweg der Hypnosetechnik, die er in Frankreich erlernte. Hypnose wurde damals als eine Therapie gegen Hysterie angewandt. In seiner Wiener Privatpraxis therapierte FREUD Neurotiker durch Hypnose. Bald lernte FREUD, daß nicht alle Patienten hypnotisierbar waren. Zusammen mit dem Wiener Internisten BREUER entwikkelte er die Karthartische Methode, mit der es in den meisten Fällen gelang, unbewußte Konflikte, die für die Symptombildung verantwortlich waren, den Patienten bewußtzumachen und sie dadurch auf den Weg der Heilung zu bringen.

FREUDS Vorstellungen von der Seele waren die eines «seelischen Apparates»:

«In meinen letzten spekulativen Arbeiten habe ich es unternommen, unseren seelischen Apparat auf Grund analytischer Verwertung der pathologischen Tatsachen zu gliedern, und habe ihn in ein ICH, ein ES und ein ÜBER-ICH zerlegt. Das ÜBER-ICH ist der Erbe des Ödipus-Komplexes und der Vertreter der ethischen Anforderungen des Menschen.

...Wir nehmen an, wie wir es von anderen Naturwissenschaften her gewohnt sind, daß im Seelenleben eine Art von Energie tätig ist, aber es fehlen uns alle Anhaltspunkte, uns ihrer Kenntnis durch Analogien mit anderen Energieformen zu nähern. Wir glauben zu erkennen, daß die nervöse oder psychische Energie in zwei Formen vorhanden ist, einer leicht beweglichen und einer eher gebundenen.»

Archaische Seelenvorstellungen sind bis in die heutige Zeit von erheblicher Bedeutung und können moderne lebensrettende Therapien verhindern. So sah sich der Papst vor Monaten gezwungen, seine Gläubigen darauf hinzuweisen, daß das Herz nicht der Sitz der Seele sei und daher Operationen am Herzen und Herztransplantationen durchgeführt werden könnten, ohne der «Seele» zu schaden.

Zusammenfassend kann man sagen, daß die Seele sich einer eindeutigen Begrifflichkeit entzieht. Sie läßt sich von verschiedenen Seiten aus befragen, es besteht die Möglichkeit, Vorstellungen und Bilder für ihre Deutung zu entwickeln, aber sie bleibt ihrem Wesen nach unverfügbar. Die Seele ist nach theologischer Meinung eine Möglichkeit, mit der sich der Mensch als Ganzes nach oben hin öffnen kann, um seine kontinuierlich gewährte Lebendigkeit als Zwiesprache mit Gott zu erfahren und zugleich als Zwiesprache mit seiner Welt, mit der er verbunden bleibt.
Heute findet der Begriff «Seele» außer in theologischen Diskussionen keine Verwendung mehr. Die Sozialwissenschaftler haben den Begriff «Seele» durch die Begriffe «Subjekt, Selbst, Ich und Identität» ersetzt.
Die Psychologen Fred Grubitzsch und Günter Rexilius sagen dazu:

…«Bei gleichbleibender Substanz der Seele hat lediglich ein Wandel hinsichtlich der Orientierung der Menschen stattgefunden; aus einer transzendent bestimmten Welt sind die Menschen in eine profane Welt, in der die Zwecke ihres Handelns nicht mehr religiös normiert sind, übergewechselt.»

II. *Was ist eine kranke Seele?*

Vollkommene Gesundheit gibt es nicht!

Die Begriffe: «Krankheit» oder «krank sein» unterliegen der von einer Gesellschaft definierten Norm, ihrem sozialen Umfeld und dem ethischen Empfinden ihrer Zeit. In unserer sozial abgesicherten und politisch zur Zeit relativ ruhigen westlichen Welt hat sich ein «Anspruch» auf Gesundheit entwickelt. Daher wird der Krankheitsbegriff sehr weit gefaßt.
Die Weltgesundheitsorganisation (WHO) definiert nicht den Begriff Krankheit, sondern versucht den wünschenswerten Soll-Zustand «Gesundheit» zu erläutern:

«... als den Zustand völligen körperlichen, seelischen und sozialen Wohlbefindens und das für jeden Menschen zu erreichende Höchstmaß an Gesundheit als eines seiner Grundrechte.»

Da hier seltene Höhepunkte des menschlichen Lebens zur täglichen Regelforderung gemacht werden, muß diese Definition scheitern. Leider läßt sich auch das «Höchstmaß» für den einzelnen nicht auf eine einfache Formel bringen, da Gesundheit die Summe aus weltanschaulichen Bezügen, aus seelisch-geistiger Einstellung und somatischer (körperlicher) Funktionstüchtigkeit ist. Die Definition der WHO von «Gesundheit» weckt unermeßliche, von Medizinern und Psychologen nicht erfüllbare Wünsche und macht uns alle zu Kranken, denn wer kann schon von sich sagen, in allen Bereichen des Lebens volle Zufriedenheit zu empfinden! Der Brockhaus unterscheidet in seiner Definition der «Gesundheit» zwischen einer biologischen, psychologischen und soziologischen Sicht. Gesundheit ist danach der

«... Zustand, in dem sich Lebewesen befinden, wenn alle ihre Organe ungestört tätig sind und harmonisch zur Erhaltung ihres ganzen Wesens zusammenwirken sowie ihre Fortpflanzung gewährleisten.»

Gesundheit ist

«... nicht gleichbedeutend mit normal, wenn Norm als Durchschnitt im statistischen Sinne verstanden wird. Ebensowenig ist Krankheit identisch mit Abnormalität. Ein bestimmter Mensch kann gesund sein, auch wenn bei ihm ‹Abnormitäten› gefunden werden. Erst wenn körperliche und seelische oder soziale Vorgänge die innere oder äußere Harmonie und Ordnung des Menschen hemmen, ist seine Gesundheit in Frage gestellt; zum Beispiel fühlt ein Industriearbeiter seine Gesundheit beeinträchtigt, weil er Schmerzen im Rücken hat (biologische Sicht) – ein Beamter bei bester körperlicher Verfassung fühlt sich nicht mehr wohl, läßt in seinen Leistungen nach, seitdem er familiäre Schwierigkeiten hat (psychologische Sicht) – ein Förster im Vollbesitz seiner körperlichen und seelischen Kräfte fühlt sich nicht mehr gesund, seit er zum Bürodienst im Forstamt abgeordnet wurde (soziologische Sicht)...»

Der Brockhaus definiert seelische Krankheiten als

«... überwiegend laienhaft gebrauchte Bezeichnung für alle Verhaltensstörungen und Leidenszustände, die in den Bereich der Psychopathologie fallen.»

Unter der Überschrift «Begriffsproblematik» heißt es weiter:

«Im wissenschaftlichen Sprachgebrauch ist der Begriff ‹Krankheit› in diesem Zusammenhang problematisch, weil er sich in der Organmedizin auf organische Funktionsstörungen mit nachweisbaren krankhaften körperlichen Veränderungen bezieht, welche bei seelischen Störungen überwiegend nicht feststellbar sind.»

Dementsprechend heißt es nach K. Schneider: «Seelisch-Abnormes ist nur dann krankhaft, wenn es auf krankhafte Organprozesse zurückzuführen ist.»

Gesundheit braucht unsere Mitarbeit

Prof. Jörgensen vom Institut für Humangenetik der Göttinger Universität hat 1979 versucht, den Begriff «Gesundheit» neu zu fassen. Er geht davon aus, daß «Gesundheit» immer der aktiven Mitarbeit des Betroffenen bedarf:

«Gesundheit ist hinreichendes – altersgemäßes – Angepaßtsein an das Leben, mithin der Zustand, auch bei gewissen Störungen, Schäden, Mängeln, das Leben zu bewältigen, das heißt arbeiten, genießen, zufrieden sein zu können.»

Die «völlige Gesundheit» gibt es also nicht. Jeder ist für seinen Grad an Gesundheit aktiv mitverantwortlich.
Wie wichtig die eigene Bereitschaft ist, selber zu handeln und damit zur Veränderung von Konflikten beizutragen, erläutert der Frauenarzt GÖDDTEL seinen Kollegen in der Zeitschrift Sexualmedizin vom Mai 1989 unter der Überschrift: «Partnerschaft im Psychoboom»:

«In uns allen sitzt die Furcht vor der Krise. Schuldgefühle halten uns am Boden. Aber mit allen Mitteln wollen wir unsere Entwicklung vermeiden.
Unterdrücken wir unsere erste Erschütterung oder nutzt jemand unsere Verzweiflung aus, schließt sich der verhängnisvolle Kreis, wir werden nicht verstanden, hören selbst aber auch nicht mehr richtig hin.
...Fragt man bei der Psychoanalyse nach, so sind die Hauptschuldigen von unserer alltäglichen Beziehungsmisere schnell gefunden: Versagt haben immer und überall die Mütter. Sie haben uns zu sehr oder zu wenig geliebt, sie haben uns verwöhnt, uns bedroht, uns Angst gemacht.
Ob die Söhne zu Mördern oder die Töchter zu Inszestopfern werden, gleich was schief läuft in unserem Leben, schuld ist immer die zu gute oder die zu böse Mutter. Sie hat es angeblich in der Hand, ob ihr Kind später aggressiv ist, Kriege anzettelt, homosexuell oder pervers wird.
Wie lange wollen wir uns noch in der Mottenkiste dieser Deutungskunst totstellen? Ich bin der Meinung, wir sollten etwas mutiger sein! Wir sollten selbst die Verantwortung für unser Leben übernehmen und nicht ständig über Schuldzuweisung an andere grübeln.»

Die Problematik: «Wer die Krankheit akzeptiert, kann leichter mit ihr umgehen», kennt auch der Vorsitzende des Berufsverbandes der Praktischen Ärzte und Allgemeinmediziner in der Bundesrepublik, Dr. R. E. HOCH:

«Vor allem muß sich die Einstellung gegenüber der Krankheit ändern. Derzeit wird das Kranksein als etwas Wesensfremdes angesehen. Die meisten denken, das gehört nicht zu mir und erwarten eine «Reparatur». Aber nur wer die Krankheit akzeptiert, kann leichter damit umgehen und hat die längere Erwartung an die Medizin. Trotzdem – oder viel mehr gerade deshalb – steigen seine Heilungsschancen.»

Immerhin vertritt HOCH mit seinem Verband die Hausärzte, die bei Erkrankungen als erste Anlaufstelle des Patienten gesehen werden.

Je realistischer der Anspruch an die eigene Gesundheit ist, um so besser ist das eigene Befinden. JOHANN PETER HEBEL hatte dies erkannt, als er in einem Brief an seinen Freund FECHT schrieb:

«Da ich gewöhnt bin, halbe Gesundheit für die ganze zu halten, so habe ich gottlob nichts zu klagen.»

Der Amerikaner BOB HOKE hält es für ein Zeichen von Gesundheit, mit der Krankheit umzugehen und zu leben:

«... Krankheit ist eine unvermeidliche Komponente des menschlichen Lebens, daher ist Gesundheit als Abwesenheit von Krankheit ein abstraktes, unerreichtes Ideal... Es gibt eine gesunde Art, mit einer Krankheit zu leben.»

Eine überspitzte Formulierung allerdings sagt: Gesund ist nur, wer noch nicht genügend untersucht wurde.
Diesem Ausspruch schließt sich kritisch der in Mexiko lebende Theologe und Historiker IVAN ILLICH an und weist den Gesundheitsberufen dabei erhebliche Schuld zu:

«... sie bewirken einen noch tieferen, strukturell gesundheitsverleugnenden Effekt, insofern sie die Fähigkeit der Menschen zerstören, mit ihren menschlichen Schwächen, Verletzungen und Besonderheiten auf persönliche, autonome Weise fertig zu werden.»

Wie erkennt man seelische Krankheiten?

Der Begriff «Krankheit» war in früheren Jahren weitgehend auf ein erkranktes Organ oder Organsystem bezogen und wird jetzt scheinbar grenzenlos auch auf den psychischen Bereich ausgeweitet. Trotz dieser Tendenz berücksichtigen immer noch viel zu viele Ärzte nicht ausreichend die Tatsache, daß zahlreiche Krankheiten eine psychische Ursache haben, weil ihnen die dafür erforderliche Ausbildung fehlt.
Der vielgepriesene Hausarzt alter Prägung war oft ein Naturtalent im Umgang mit der Seele seiner Patienten. Auf der Universität erlernen konnte er das nicht. Die Studenten unserer Zeit

hören erst seit gut 10 Jahren intensiver etwas über den Zusammenhang von Psyche und Körper (soma).
Zuwenig wird bedacht, daß der Begriff Krankheit immer nur in einer bestimmten historischen Situation gültig ist, das heißt, im Krankheitsbegriff sind immer auch Ansichten, Wertungen und Vorurteile der augenblicklich herrschenden gesellschaftlichen Meinung enthalten. Daraus ergibt sich zwangsläufig, daß der Krankheitsbegriff niemals objektiv sein kann. Dies ist besonders problematisch bei «seelischen» Krankheiten. Das Etikett «seelisch krank» wird daher nur zu leicht mißbraucht zur Ausgrenzung unerwünschten Verhaltens.
Es muß davor gewarnt werden, jedes «Unwohlsein», bei dem aber keine objektiven krankhaften Laborwert-, EKG-, Röntgen- oder Ultraschall-Veränderungen nachzuweisen sind, sofort mit psychischen Krankheiten in Zusammenhang zu bringen. Nicht jeder Leidende ist krank, nicht jeder Kranke ist leidend!
Seelische Krankheiten werden nach der Verhaltensweise der betroffenen Menschen diagnostiziert. In den Blickkreis der «Seelenheilkunde» gelangt aber nur der, der sozial auffällig wird oder unter so starken inneren Spannungen leidet, daß er professionelle Hilfe sucht. Daraus ist abzuleiten, daß das Gesichtsfeld der «Seelenheilkunde» auf bestimmte Formen seelischen Leidens eingeengt sein muß.
Psychiater urteilen über «gesund oder krank» anhand der Schilderungen ihrer Patienten, nach eigenen Beobachtungen und nach den anamnestischen Angaben Dritter (Eltern, Verwandte, Freunde) über Verhaltensweisen. Selbstverständlich werden vorher mit einer körperlichen Untersuchung organische Ursachen, die zu seelischen Krankheiten führen können, ausgeschlossen (zum Beispiel Aids, Alzheimersche Krankheit, Syphilis et cetera).
Häufig können mit psychologischen Tests Teilbereiche seelischer Funktionsstörungen genauer untersucht werden als mit dem «groben» Instrument der psychiatrischen Befragung (Exploration). Die Testergebnisse des Untersuchten werden dabei mit den Durchschnittsreaktionen «normaler, nicht unter einem Krankheitsverdacht stehender» Personen verglichen und zusätzlich mit den Ergebnissen der Patienten, die schon einmal als «seelisch krank» beurteilt wurden oder nur auffällig waren.

Die vorwiegend somatische Schulmedizin war bisher nicht in der Lage, einen exakten Krankheitsbegriff für den somatischen Bereich anzubieten. Wieviel schwieriger muß es dann sein, ihn für den Bereich der «Seelenheilkunde» zu finden!
Viele Definitionen werden angeboten:

«Der Mediziner ist um gar nichts klüger, wenn es im allgemeinen heißt, irgend etwas sei krank. Vielmehr besteht seine Arbeit darin, festzustellen, was für ein bestimmtes konkretes Sein und Geschehen vorliegt, wovon es abhängig ist, wie es weiter verläuft, was darauf einwirkt.» (KARL JASPERS)

«Anormal ist also derjenige, der – auf eine nicht vorgesehene Art und Weise – diese Regeln, weil sie nicht seinen Bedürfnissen entsprechen, in Frage stellt, indem er die Regeln übertritt. Anormales Verhalten besteht also zunächst einmal in systematischen und systematisierbaren Regelverletzungen. Sie richten sich gegen Regeln, die als universell gültige aufgezwängt werden, das heißt als ob sie den Bedürfnissen und Interessen aller entsprechen würden, während sie tatsächlich nur den Ansprüchen und Interessen der Klasse entsprechen, die die Regeln eingesetzt hat. Die Übertretung steht in Relation zu den als absolut aufgezwängten Werten, und die Antwort auf Übertretungen kann innerhalb dieses Wertsystems ebenfalls nur absolut sein» (F. BASAGLIA, 1979).

«Es scheint mir, jedes Übermaß an Leidenschaft, Vorurteil und Appetit, an Liebe, Angst, Neid, Eifersucht, Rache, Habsucht und Ehrgeiz, an Träumereien und Kaprizen der Phantasie, ebenso die Märchen von arabischen Nächten, kurz, praktisch alle Poesie und Eloquenz, jede Abweichung vom puren logisch mathematischen Denken, all das kann man in irgendeiner Form als Geisteskrankheit bezeichnen» (J. ADAMS, 1774).

Wahnsinnig ist derjenige, «der von Gewohnheit aus keine Regel, kein Gesetz, keinen Brauch beachtet oder eher noch, der sie alle mißachtet und dessen Reden, Benehmen und Handeln fortwährend in Gegensatz nicht nur zu den Sitten seines Landes, sondern zu einer eigenen Menschlichkeit und Vernunft treten» (E. E. FODÉRÉ, 1838).

«Nur durch die Unterordnung unter das göttliche Gesetz besteht die Gesundheit des menschlichen Seelenlebens, die Harmonie des Einzelnen mit dem Allgemeinen, und seine Mitwirkung zur Erfüllung der erhabenen Ziele des Schöpfers. Sobald das individuelle Seelenleben des Menschen den allgemeinen Naturgesetzen widerstrebt und egoistisch etwas für sich bedeuten will, fällt es der Krankheit anheim und beginnt seinen Kampf mit der Natur, welcher nur mit seiner Unterwerfung und Vernichtung enden kann» (P. W. JESSEN, 1838, zit. nach HERZOG, 1985, Seite 63).

«Die krankhafte Unzweckmäßigkeit der Veranlagung, wie wir sie als Ausdruck der Entartung kennengelernt haben, belastet nicht nur ihren Träger selbst mit einer Mitgift, die ihn im Wettbewerb des Lebens auf Schritt und Tritt hinter seinen glücklicheren Genossen zurückbleiben läßt, sondern sie bildet auch vielfach eine Gefahr für das menschliche Zusammenleben» (Kraepelin, 1905).

«... so kommen wir zu der Erkenntnis, daß Krankheit entweder Folge der Sünde ist, etwas zu tun hat mit dem Aus-der-Ordnung-Fallen, daß sie ein Symbol ist, und ein Zeichen dafür sein kann, daß ein Mensch an den Problemen des Lebens zu scheitern droht und mit ihnen nicht fertig wird, und Krankheit kann weiter sein ein Anruf Gottes, ein Weg zur Reifung oder zur Vorbereitung auf den Tod» (Jores, 1967).

«Zum Beispiel ist die Kinderliebe ein wesentlicher Zug des weiblichen Geistes; wenn ein Mann kleine Kinder abscheulich findet, so erregt das kein Bedenken, thut dies ein Weib, so ist es stets mit Bestimmtheit als entartet zu bezeichnen» (Möbius, 1900).

«Ein psychisch Kranker ist ein Mensch, der bei der Lösung einer altersgemäßen Lebenaufgabe in eine Sackgasse geraten ist. Das Ergebnis nennen wir Krankheit, Kränkung, Störung, Leiden, Abweichung. Es sind grundsätzlich allgemein-menschliche Möglichkeiten; das heißt sie sind für uns alle unter bestimmten inneren und äußeren Kontext-Bedingungen Ausdrucksformen der Situation ‹So geht es nicht mehr weiter›. Daher sind sie grundsätzlich uns allen innerlich zugänglich und bekannt» (Dörner und Plog, 1984).

Früher galten Personen, die ein für ihre Umwelt unerklärliches Verhalten aufwiesen, entweder als Wahnsinnige oder als Narren.
Klassifikation und Behandlung von seelischen Störungen – und darin besteht ein ernstes, nicht lösbares Problem – waren und werden wahrscheinlich immer von zeittypischen Denkstilen abhängig sein und sind daher mit einer aus der Sicht der Betroffenen oft unerträglichen Subjektivität belastet.

Das psychiatrische Krankenhaus

Erst im 18. Jahrhundert begann man seelisch Kranke zu behandeln statt sie nur zu verwahren.
PHILIPPE PINEL (1745–1826) war der erste Arzt, der die Geisteskranken von ihren Fesseln befreite. Pinel wurde Direktor des später weltberühmten Salptriere, dem damals größten und modernsten Krankenhaus von Paris, in dem geisteskranke Frauen untergebracht waren. Das Krankenhaus wurde zum Weltmittelpunkt der Psychiatrie und Psychotherapie für fast hundert Jahre.
Geisteskranke galten allgemein als Irre und nicht als Kranke im üblichen Sinne. Irre waren Lebewesen, in denen sich der Teufel zeigte.
Eine Ursache für diesen Glauben lag in der kirchlichen Lehre, die Körper und Seele unterschied und die Seele erst bei der Taufe als vorhanden ansah. Die Seele verließ den menschlichen Körper beim Tod, um zum Himmel zurückzukehren oder, je nachdem wie der Mensch auf Erden gelebt hatte, in der Hölle verdammt zu werden. Der Teufel bemächtigte sich bei den sogenannten Todsündern, die ein freiwilliges Bündnis mit dem Satan schlossen, deren Seele. Zur schlechten Behandlung der Geisteskranken kam es durch die Annahme, diese Menschen könnten keine Seele mehr in ihrem Körper haben.
Wie grausam die Psychiatrie zu PINELS Zeiten war, schildern auch andere Ärzte:

«Erregte Patienten wurden nackt in enge Zellen gesperrt und erhielten durch Luken ihre Nahrung auf Kupfergeschirr, das an Ketten befestigt war. Sie wurden von sadistischen Wärtern geschlagen aus Gründen therapeutischer Indikation, weil man um so bessere Behandlungsresultate erhoffte, je schmerzhafter die Zähmung durchgeführt wurde. Das Gebrüll erregter Patienten und Gerassel der Ketten ist Tag und Nacht vernehmbar und raubt den Neuankömmlingen die wenige Vernunft, die sie noch haben.»

Der Neurologe REIL, ein Zeitgenosse PINELS, berichtet:

«Wir sperren diese unglücklichen Geschöpfe ein, als ob sie Verbrecher wären, in verwahrlosten Zuchthäusern bei den Lagerstätten der Eulen in dunklen Schluchten jenseits der Stadtmauern oder halten sie in feuchten Kellergewölben, wohin niemals ein mitleidiger Blick eines Menschenfreundes dringt; wir lassen sie angekettet in ihren eigenen Exkrementen verkommen. Ihre Fesseln haben das Fleisch von den Knochen gewetzt und ihre abgehärmten blassen Gesichter blicken voller Hoffnung auf die Gräber, die das Ende ihres Unglücks sein und unsere Schande bedecken werden.»

Diese Zitate zeigen die Bedeutung von PINELS Entschluß, die Geisteskranken nicht als seelenlose Tiere oder Verbrecher anzusehen, sondern sie als seelisch Kranke zu behandeln und damit von ihren Fesseln zu befreien. Er wußte schon viel von dem Einfluß äußerer Bedingungen auf das Verhalten von Geisteskranken, und ihre oft erstaunliche Feinfühligkeit blieb ihm nicht verborgen.

«Der mißtrauische und reizbare Charakter der Kranken selbst während ihrer Rekonvaleszenz (Erholungsphase) ist bekannt. Sie besitzen zum großen Teil ein sehr zartes Gefühl, sie entrüsten sich beim geringsten Zeichen des Vergessens, der Mißachtung oder der Gleichgültigkeit und sie verlieren dann das, was sie mit größtem Eifer und Wärme angenommen haben, für immer.»

Zum erstenmal wurde nicht über die Seele nur theoretisch gesprochen, sondern die Seele und das Seelische wurden erforscht. PINEL erwartete von seinen Ärzten ein Zusammenleben mit den Geisteskranken, um so das Verhalten und die Symptome der Kranken zu beobachten.
Leider war die von PINEL eingeleitete Reform zunächst nur auf Paris beschränkt und konnte sich erst Jahre später – nach erheblicher Verzögerung – in Europa ausbreiten.

Das Phänomen Geisteskrankheit

Wie alt das Phänomen «Geisteskrankheit» ist, zeigen Berichte über den Wahnsinn in griechischen Dramen, der Bibel und den Heiligen Schriften des Ostens.
Prähistorische Schädelfunde belegen, daß schon die Höhlenmenschen «Geistes-, besser Geisterkrankheiten» behandelten, indem sie angeblich Kranken mit spitzen Steinen ein Loch in den Schädel bohrten, damit die «bösen Geister» den Schädel und damit den Menschen verließen.

Der griechische Arzt HIPPOKRATES (ca. 460–377 v. Chr.) untersuchte bereits «Seelenkrankheiten» und schuf eine Typologie, in der den inneren Säften des menschlichen Körpers verschiedene Gemütszustände zugeordnet wurden. Er unterschied die gelbe Galle (cholos), die schwarze Galle (melas-cholos), das Blut (lat. sanguis) und den Schleim (phlegma). Noch heute verstehen wir unter Cholerikern leicht erregbare Menschen, die zu Zornausbrüchen neigen, während Melancholiker von Natur aus ernst und in sich gekehrt sind; bei ihnen treten gehäuft traurige Verstimmungen auf. Sanguiniker dagegen sind Menschen mit einem schnell wechselnden, gelösten und rasch auf Umwelteinflüsse reagierenden Temperament, während Phlegmatiker sich durch ein träges, wenig anteilnehmendes und nicht leicht aus der Fassung zu bringendes Verhalten auszeichnen.

War Sokrates der erste Psychotherapeut?

SOKRATES erzählt von Zamolxis, einem König in Kleinasien, der sagte: So wie man nicht versuchen dürfe, die Augen zu heilen ohne den Kopf – noch den Kopf ohne den ganzen Leib –, so könne man auch nicht den Leib ohne die Seele heilen. Kritisch merkt der Nichtgrieche an, ... daß bei den Griechen die Ärzte den meisten Kranken noch nicht gewachsen wären, weil sie nämlich die Gesamtheit des Menschen außer acht ließen. Denn, sagte der König, von der Seele gehe alles für den Körper und den ganzen Menschen aus, sowohl Gutes als auch Böses. Die Seele müsse durch Heilsprüche behandelt werden; diese Heilsprüche seien «die guten Reden». Durch Reden dieser Art entstehe in der Seele Besonnenheit. Und wenn diese entstanden und da wäre, würde es gelingen, dem Kopf und dem übrigen Körper Gesundheit zu verschaffen... In der Behandlung antiker Geisteskranker zeigen sich Parallelen zu den heutigen Psychotherapien mit Bewegungsübungen, Entspannungsübungen, Massagen und Diäten.
Auch der neurophysiologische Aspekt findet sich bereits in der

Antike. Der Mediziner C. GALEN (um 131–201 n. Chr.) beschrieb das Gehirn als Sitz des Verstandes – und nicht, wie bisher angenommen, das Herz. Er führte Grobheit, Feinheit, Schmerz, Leichtigkeit und Beweglichkeit auf die unterschiedlichen Arten des Hirngewebes zurück.

Die Anfänge der modernen Seelenheilkunde

Ende des 19. Jahrhunderts wurde erstmals versucht, seelische Krankheiten wissenschaftlich systematisch zu klassifizieren. Der Psychiater KRAEPELIN faßte 1896 Krankheiten, die mit Persönlichkeitsveränderungen und Wahnbildungen einhergingen, unter dem Begriff Dementia praecox zusammen. Das Charakteristikum dieser Erkrankungen war seiner Ansicht nach die Ausbildung einer geistig-seelischen Dauerveränderung (Defekt). Diese Erkrankungen wurden später vom Schweizer Psychiater EUGEN BLEULER, einem Zeitgenossen FREUDS, als Gruppe der Schizophrenien bezeichnet. BLEULER war der erste Ordinarius für Psychiatrie, der sich intensiv mit psychoanalytischen Gedanken beschäftigte. FREUD, von der Ausbildung her Neuro-Pathologe und Physiologe, suchte den Kontakt zu BLEULER, um auf diese Weise Zugang zur Psychiatrie zu finden.
Der Philosoph und Psychologe LIUNGMAN schreibt in seinem Buch: «Sozialprodukt Geisteskrankheit»:

«Ungefähr gleichzeitig hatte man beobachtet, daß einige Patienten zeitweise deprimiert waren, zeitweise aber übertrieben fröhlich und aktiv. Man nahm an, daß diesem Typ von Verhalten eine Krankheit zugrunde lag, die in verschiedener Hinsicht gewöhnlichen Körperkrankheiten glich, und nannte sie manisch-depressives Irresein. Als man immer mehr Patienten herausfand, die deprimiert waren, ohne manchmal übertrieben fröhlich und aktiv zu sein, ordnete man auch diese Verhaltensgruppe unter derselben vermeintlichen Krankheit ein. Diese Namen – manisch-depressives Irresein und Schizophrenie – waren also sowohl ein Etikett für ein bestimmtes Verhaltensmuster als auch für einen Prozeß, der als Ursache dieser Verhaltensweisen angesehen wurde.

Nach der Jahrhundertwende wurde eine Unzahl verschiedener Klassifizierungen von Verhaltenstypen und mehr oder weniger verschiedenen Krankheiten vorgelegt.
Nun kann man unter Geisteskrankheit verschiedene Dinge verstehen. Üblicherweise meint man, daß Geisteskrankheit etwas ist, was im Individuum drinsteckt und von dort sein Verhalten, sein Aussehen und/oder seinen Stoffwechsel beeinflußt. Das, was im Individuum ist, ist nicht sichtbar, aber man kann sehen, wie dieses Etwas das Verhalten und Aussehen des Individuums verändert. Die Merkmale im Verhalten eines Individuums und in seinem Aussehen, von denen man glaubt, daß sie auf das Vorhandensein jenes Etwas – auf die Geisteskrankheit – hinweisen, nennt man Symptome der Geisteskrankheit. Mit Geisteskrankheit ist also meist eine Reihe nicht normaler, nicht näher bestimmter Prozesse gemeint, die in dem Körper von Individuen vorkommen und bewirken, daß diese Individuen bestimmte abweichende Verhaltensweisen zeigen: die Symptome der Geisteskrankheit.
Die Symptome weisen darauf hin, daß die Geisteskrankheiten innerhalb einzelner Menschen existieren.»

Die Hexe: eine Therapeutin?

Der in Budapest geborene und seit 1938 in den Vereinigten Staaten lebende Psychiater und Psychoanalytiker THOMAS S. SZASZ – immer im Kampf gegen seine Kollegen, die Psychiater und Psychologen – geht auf die Ambivalenz des Begriffes «seelisch krank» mit einem Beispiel ein:

«Die moderne psychiatrische Auffassung der Hexe, als einer geisteskranken Person, mißversteht die historischen Unterlagen und Zusammenhänge und leugnet überdies in geradezu widernatürlicher Weise, welche Rolle die Hexe als Wohltäterin oder Therapeutin, sowie als Missetäterin und Störfaktor, tatsächlich gespielt hat. Da die Gestalt der guten Hexe – im Gegensatz zur Schwarzkünstlerin, auch als weiße Hexe oder weiße Frau bezeichnet – in psychiatrischen Interpretationen stets vernachlässigt wird, muß man diese Darstellungen als das sehen, was sie sind: Psychiatrische Propaganda, nicht mittelalterliche Historiographien.
Um die Rolle als Hexe, als Heilerin verstehen zu können, müssen wir uns vergegenwärtigen, daß sich im Mittelalter die Entwicklung der Medizin – wie die anderer Wissensgebiete – festgefahren hatte und stagnierte. Abgesehen von arabischen oder jüdischen Ärzten, die sich nur die Reichen unter großem Kostenaufwand leisten konnten, war medizinische Behandlung unbekannt.

Dem Volk blieb nichts weiter übrig, als sich zur Kirchenpforte zu drängen und mit Weihrauch besprenkeln zu lassen. Es kommt hinzu, daß die Frauen, auf Grund des für jene Zeit kennzeichnenden religiösen Weiberhasses, wie Tiere oder noch schlechter behandelt wurden. Demzufolge hätte damals keine Frau je einen männlichen Arzt zu Rate gezogen, sich ihm anvertraut und ihm ihre Geheimnisse entdeckt. Die einzigen Augenzeugen auf diesem Gebiet waren die Zauberinnen, und sie waren denn, zumal für Frauen, auch die einzigen Heilkundigen. Kurzum, die Armen und Machtlosen standen völlig allein und verlassen da.

...Ihrer Methoden und Beliebtheit wegen war die Gute Hexe der Kirche ein Dorn im Auge... Die historischen Unterlagen lassen keinen Zweifel bestehen, daß die Kirche an der Guten Hexe sogar noch mehr Anstoß nahm als an der Bösen.»

Normal ist leichter Schwachsinn!

Der Psychiater Wilmanns meinte ironisch zur paradoxen Verflechtung von Wert- und Durchschnittsnormen im Hinblick auf den psychiatrischen Krankheitsbegriff: «Normal ist leichter Schwachsinn!»

Die Problematik von Wert- und Durchschnittsnorm hat Karl Jaspers folgendermaßen dargestellt:

«Nach einem Normbegriff intellektueller Begabung ist die Mehrzahl der Menschen leicht schwachsinnig. Der Durchschnitt, die Eigenschaft der Mehrzahl, ist aber der Maßstab des Gesunden, also ist leichter Schwachsinn das Gesunde. Leichter Schwachsinn ist aber eine Bezeichnung für Krankhaftes. Also ist das Krankhafte normal. Also gesund = krank. Das heißt, das ist die Selbstauflösung dieses Begriffspaares, wenn es ruhen soll auf Wertbegriff und Durchschnittsbegriff.»

Die häufigste Diagnose ist die Fehldiagnose

Das Verhalten eines Menschen, das zur Diagnose einer seelischen Erkrankung führt, kann von zwei verschiedenen Psychiatern durchaus unterschiedlich gedeutet werden.
LIUNGMAN berichtet von Untersuchungen, die ausnahmslos zeigten,

«... daß verschiedene Psychiater dieselben Verhaltensmuster in recht unterschiedlicher Weise beurteilen. Jedoch ist die Übereinstimmung zwischen verschiedenen Psychiatern selbstverständlich um so größer, je schwerer die Schäden beim untersuchten Patienten sind. Bei offensichtlich schwer depressiven Patienten kann häufig ein Übereinstimmungsgrad von 80 Prozent bis 90 Prozent für die Diagnose manisch-depressive Psychose erreicht werden.»

Im Jahre 1949 wurde eine Studie veröffentlicht (ASH), an der drei Psychiater teilnahmen. Ziel dieser Studie war es, festzustellen, ob die Patienten, die von Behörden in die Klinik überwiesen wurden, geisteskrank seien oder nicht – und wenn, welche Geisteskrankheit vorläge.
Bei den Patientenuntersuchungen waren alle drei Psychiater anwesend. Die Diagnosen wurden aber von jedem einzeln gestellt. Die Patienten konnten den Gruppen Schizophrenie, manisch-depressive Erkrankung und so weiter zugeordnet werden.
Die Untersuchungsergebnisse zeigten, daß zwei der drei Psychiater in 51 Prozent der Fälle übereinstimmten, welcher Hauptdiagnose der Patient zuzuordnen sei. Bei der feineren Differenzierung der Diagnose stellten die drei Psychiater allerdings nur in 20 Prozent der Fälle dieselbe Diagnose.
Untersuchungsergebnisse dieser Art müssen uns ängstlich machen,

«... die mit einem solchen Unsicherheitsfaktor belastete psychiatrische Diagnostik hat für den Patienten schwerwiegende Folgen in der Art seiner Behandlung, wie in der Chance, die man ihm einräumt, wieder gesund zu werden.
... Oft unterliegt es der Willkür, welche Krankheitsbezeichnung einem Patienten verpaßt wird, da die meisten mindestens zeitweise sowohl schizophrene als auch manisch-depressive Symptome aufweisen...

Außerdem haben einige Untersuchungen gezeigt, daß die Bezeichnung Schizophrenie nicht selten auf Patienten angewendet wird, bei denen früher eine manisch-depressive Psychose diagnostiziert worden war. Wenn sich herausgestellt hatte, daß sie sich mit den Jahren nicht besserten, erhielten sie eine neue Krankheitsbezeichnung. Das heißt mit anderen Worten: Je länger ein Patient stationär im Krankenhaus ist, desto stärker ist die Tendenz, ihn – unabhängig von der Ausgangsdiagnose – als schizophren zu klassifizieren» (LIUNGMAN).

Mit dem Psychoanalytiker A. ADLER, einem Schüler und späteren Gegner FREUDS, kann man sagen: die häufigste Diagnose ist die Fehldiagnose.
Wie schwierig die Unterscheidung zwischen Gesundheit und Krankheit ist und wie wichtig die eigenen Einstellungen zur Beurteilung des jeweiligen Zustandes sind, sagt der Psychoanalytiker GEORG GRODDECK, der Begründer der Psychosomatik:

«Es ist oft nicht leicht zu bestimmen, was gesund und krank ist, so geläufig diese Ausdrücke auch für jeden sind. Gesundheit und Krankheit sind keine Gegensätze, es besteht zwischen ihnen keine Trennungslinie, jenseits und diesseits derer man sagen könnte, hier ist der Mensch gesund und dort ist er krank... Krank ist für mich, wer in seiner Leistungsfähigkeit geschädigt ist und sich für krank hält.»

Diese Definition macht deutlich, daß es wesentlich auf die Einstellung des einzelnen ankommt, ob eine körperliche oder seelische Befindlichkeitsstörung sofort als Krankheit zu definieren ist und damit auch Anlaß zu ärztlichen oder psychologischen Maßnahmen gibt.
Allgemein wird Gesundheit als positiver Wert aufgefaßt. Daraus kann man folgern, daß es sich bei Krankheit um einen negativen Zustand oder einen «Unwert» handelt. Welche Gefahren aus dieser Betrachtungsweise, gerade im Hinblik auf geistig-seelische Erkrankungen resultieren können, lehrt ein Blick in unsere jüngste Vergangenheit: Euthanasie.
1922 erläuterte JASPERS, daß es niemals einen einheitlichen, allgemein anerkannten Krankheitsbegriff geben werde:

«Was krank im allgemeinen ist, das hängt weniger vom Urteil der Ärzte, als vom Urteil der Patienten ab und von den herrschenden Auffassungen der jeweiligen Kulturkreise.»

Der Heidelberger Internist und Neurologe VIKTOR VON WEIZSÄCKER sagt:

«Das wirkliche Wesen des Krankseins ist eine Not und äußert sich als eine Bitte um Hilfe. Ich nenne den krank, der mich als Arzt anruft und in dem ich als Arzt die Not anerkenne.»

Auf die Problematik des Begriffes «Krankheit» haben wir schon in unserem Buch «Gesundheit! Danke, aber wer zahlt», erschienen im Rowohlt Verlag November 1988, hingewiesen:

«Krankheit ist in einer Gesellschaft, in der die überwiegende Mehrzahl der Bürger krankenversichert ist, auch in einem schwer abschätzbaren Anteil Reaktionsmöglichkeit des Versicherten auf private oder soziale Konflikte. Wer sich für krank hält, wird fast regelmäßig als Kranker anerkannt, wird von Arbeitsleistungen befreit, erhält weiterhin Lohn und später Mittel der zuständigen Krankenversicherung. Der Arzt kann zwar eine Krankschreibung verweigern, muß dann aber damit rechnen, daß er seinen Patienten verliert und daß sich der Versicherte sogar über den Arzt, zum Beispiel bei der Ärztekammer, beschwert.
Was als ‹krank› definiert wird, ist aber nicht nur vom hilfesuchenden Kranken und vom Arzt abhängig, sondern auch von der Gesellschaft, die in einem sich wandelnden Sozialisationsprozeß die Entwicklung des Individuums und seine Selbstwahrnehmung prägt, ihm Wertvorstellungen vermittelt, ihn aber auch Leistungsanforderungen aussetzt, die krankmachenden Charakter haben können. Besonders augenfällig sind die schlechten Berufschancen sehr einfach strukturierter und minderbegabter Menschen in einer hochtechnisierten Gesellschaft. Sie können aufgrund ihrer schlechteren intellektuellen Ausstattung kaum noch eingegliedert werden, während sie in einer technisch weniger entwickelten Gesellschaft durchaus noch zahlreiche Aufgaben verrichten konnten. Ein krankheitsfördernder Faktor ist zweifellos auch die zunehmende Entfremdung des Industriearbeiters vom Endprodukt. Ein Arbeiter, der in einer immerwährenden Monotonie nur noch bestimmte Handgriffe verrichten muß und zu dem Produkt, an dessen Herstellung er beteiligt ist, kaum noch eine Beziehung hat, fühlt sich auch nur als unbedeutendes Glied im Produktionsprozeß. Mangelndes Selbstwertgefühl und depressive Verstimmungen münden dann nicht selten in diffusen Krankheitsgefühlen, die letztlich zu Fehltagen, das heißt zu Arbeitsunfähigkeit führen.
Krankheit ist zwar zunächst Leid und Not, wird aber in einem komplizierten Beziehungssystem zwischen Krankem, Arzt und Gesellschaft dann zu einem sozial relevanten Faktor, der Kranke und Gesunde beunruhigt, wenn die Kosten, die zur Heilung und Linderung von ‹Krankheiten› eingesetzt werden – wie in den letzten Jahren – überproportional ansteigen.»

Heute werden nicht selten Spannungszustände, die früher zum normalen Leben gehörten, zunehmend als krank oder «anormal» definiert. Diese «Abschiebungsstrategie» entzieht sowohl dem sozialen Umfeld als auch dem Betroffenen selbst nicht nur die Verantwortung, sondern auch die Möglichkeit und die Not-

wendigkeit, mit auftretenden Schwierigkeiten umzugehen. Dies geschieht nicht zuletzt deswegen, weil man nach dem heutigen Verständnis für eine Krankheit nicht verantwortlich ist.
Dies ist aber ein Trugschluß, denn Krankheit überkommt den Menschen sowohl schicksalhaft als auch selbstverschuldet. Dabei ist nur an Alkohol, Drogen und Zigarettenkonsum zu denken, aber natürlich auch an Sportverletzungen, Autounfälle und die immer weiter zunehmende Zahl von Partnerkonflikten usw.

Zu schnell für verhaltensgestört erklärt

Wie schnell – aus Unwissenheit oder Bequemlichkeit – zum Beispiel Kinder für verhaltensgestört gehalten werden, beunruhigt auch die Pädagogen:

«Wir machen immer mehr Kinder zu Sonderkindern. Bedenken wir noch, wessen Verhalten da im Grunde gestört ist? Ist nicht jedes Kind ‹schwer erziehbar› in dem einfachen Wortsinn: Seine Erziehung braucht (neben Freude und Glück) auch Mühe (und Zeit); es muß nur jemand da sein, der sich dieser Mühe auch unterzieht, und der Geduld hat! Sonst antwortet das Kind mit den Symptomen der sog. Störung, die es sich als Waffe zulegt und hartnäckig auch nicht wieder hergibt.
Neu ist dies: die Tendenz, das Element des Schwierigen, Mühsamen im Umgang mit Kindern – an Spezialisten weiterzugeben» (Vorwort der Zeitschrift für Jugendhilfe in Praxis und Wissenschaft, UNSERE JUGEND, Heft 1/1977).

Die Liste der Symptome kindlicher Verhaltensstörungen, die in der Erziehungsberatungsstelle des Psychologischen Institutes Münster erarbeitet wurde, ist so umfassend, daß es unauffällige, «normale» Kinder gar nicht geben kann/darf (siehe Tabelle 1).
NIETZSCHE hat mit Blick auf die Gesundheit der Psyche die Unmöglichkeit des abstrakten Gesundheitsbegriffes deutlich gemacht. In die «Freundliche Wissenschaft» schreibt er:

«Denn eine Gesundheit an sich gibt es nicht, und alle Versuche, ein Ding derart zu definieren, sind kläglich mißraten. Es kommt auf dein Ziel, deinen Horizont, deine Kräfte, deine Antriebe, deine Irrtümer und namentlich auf die Ideale und Phantasmen deiner Seele an, um zu bestimmen, was selbst für deinen Leib Gesundheit zu bedeuten habe. Somit gibt es unzählige Gesundheiten des Leibes; und je mehr man das Dogma von der Gleichheit der Menschen verlernt, umso mehr muß auch der Begriff einer Normal-Gesundheit, nebst Normaldiät, Normalverlauf der Erkrankung unseren Medizinern abhanden kommen.»

Auf ethische Dimensionen des somatischen und auch psychischen Krankheitsbegriffes hat der Arzt und Theologe Rössler im Festvortrag zum 60. Geburtstag des Internisten Rudolf Gross hingewiesen:

«Die ärztliche Ethik verpflichtet heute nachdrücklicher als zuvor zu öffentlicher Aufklärung darüber, daß Gesundheit nicht die Abwesenheit von Störungen ist, sondern die Kraft, mit ihnen zu leben.»

Häufig wird auch heute noch als psychiatrisch krank das empfunden, was gegen «den gesunden Menschenverstand» verstößt, was eben nicht «richtig ist», was abnorm oder anormal, was nicht gut, sondern böse ist oder was sich gegen das «gesunde Volks- oder Massenempfinden» richtet. Damit wird aber deutlich, wie fragwürdig der Begriff «psychisch krank» ist, denn die Maßstäbe, mit denen gemessen wird, unterliegen sich ständig wandelnden Definitionen.

Da unsere Gesellschaft sich seit Jahrzehnten in einem raschen Wandlungsprozeß befindet, ändern sich auch an den Randbereichen der Psychiatrie die Definitionen von krank und gesund. Schwerere oder besonders akute Krankheitsbilder wie zum Beispiel Schizophrenie oder Depressionen sind dabei den Veränderungen der Begriffe weniger ausgesetzt. Psychologen und Psychiater streben nach Objektivität und versuchen psychopathologische Phänomene mit verschiedenen Instrumenten (Selbst- und Fremdbeurteilung, Tests und so weiter) zu messen, wobei sie aber schnell an Grenzen stoßen. In einer Definition von Cooper wird dies deutlich:

«Die wesentlichen Kriterien für eine Krankheit bestehen nicht in ihrer Beziehung zu einem zugrunde liegenden Krankheitsprozeß, sondern in den von den betroffenen Personen erlebten Leiden und Behinderungen, in der Beeinträchtigung der normalen Funktionen und in den daraus resultierenden biologischen und sozialen Benachteiligungen. Jede ‹Reaktion›, die diese Kriterien erfüllt, ist ungeachtet ihrer Ursache in diesem Sinne eine Krankheit.»

Tabelle 1 Symptomschema kindlicher Verhaltensstörungen

A. Funktionsstörungen innerhalb der Körpersphäre

1. Einnässen, Einkoten (bei Nacht, bei Tage; primär; sekundär)
2. Verstopfung
3. Eßstörungen (Erbrechen, Eßunlust; Eßgier usw.)
4. Allgemeine motorische Unruhe
5. Tics (Grimassieren, Augenblinzeln, Schulterzucken usw.)
6. Sprechstörungen (Stottern, Lispeln, Stammeln, Artikulationsstörungen)
7. Motorische Ungeschicklichkeit
8. Haltungsfehler und -schwächen (schlaffe Haltung, Schiefhals usw.)
9. Kopfschmerzen
10. Schlafstörungen (nächtliches Aufschrecken, Schlafwandeln, Kopfwerfen usw.)
11. Sinnesschwächen (Schwerhörigkeit, Sehstörungen usw.)

B. Abnorme Gewohnheiten innerhalb der Körpersphäre

1. Daumenlutschen
2. Nägelknabbern
3. Haarausreißen
4. Zähneknirschen
5. Exzessive Masturbation

C. Störungen der Ich-Gefühle und Grundstimmung

1. Allgemeine Ängstlichkeit
2. Ängstlichkeit in bestimmten Situationen (z. B. Schule, Dunkelheit, Gewitter, beim Autofahren, auch Höhenschwindel usw.)
3. Kränkelei, Wehleidigkeit, Quengelei
4. Depressionen, Weinzustände
5. Selbstmordversuche
6. Euphorien, Lachzustände

D. Soziale Störungen

1. Trotz, Ungehorsam, Aufsässigkeit gegenüber Autoritätspersonen
2. Übertriebene Eifersucht
3. Emotionale Bindungsschwäche
4. Sprachstörungen (Mutismus, autonome Sprache, Beibehaltung der Babysprache usw.)
5. Einzelgängertum
6. Schulschwänzen, Fortlaufen, Herumtreiben
7. Übergefügigkeit, Weichheit, Unselbständigkeit, Unfähigkeit, sich durchzusetzen
8. Streitlust, Rauflust, Unverträglichkeit
9. Brutalität, Quälerei von Menschen oder Tieren
10. Boshaftigkeit, Hinterhältigkeit, Schadenfreude, Hang zum Zerstören und Beschädigen
11. Feuer anzünden, Brandstiftung

12. Furcht vor bestimmten Menschen, Tieren oder Dingen
13. Masochistische Regungen, Strafbedürfnis
14. Vorzeitiger Geschlechtsverkehr (heterosexuell, homosexuell)
15. Exhibitionismus
16. Clownerien, Koketterien
17. Großmannssucht, Prahlerei, Hochstapelei
18. Schwindeleien, Lügen, Unaufrichtigkeit
19. Naschhaftigkeit
20. Diebereien, Betrügereien

E. Störungen im Tätigkeits- und Leistungsbereich

1. Spielstörungen oder Interessenmangel (Unfähigkeit zur altersmäßigen Spiel- bzw. Selbstbeschäftigung)
2. Intellektuelles Schul- bzw. berufliches Versagen, Auffassungsstörungen
3. Zerstreutheit, Vergeßlichkeit, Konzentrationsstörungen
4. Verspieltheit, Träumerei
5. Langsamkeit, Initiativlosigkeit
6. Arbeitsunlust, Faulheit
7. Arbeitswut, Überfleiß
8. Unreinlichkeit, Unpünktlichkeit, Unordentlichkeit
9. Pedanterie, Übersauberkeit, Überordentlichkeit

Ursachenschema kindlicher Verhaltensstörungen

1. Angeborene oder erworbene Behinderung oder Abweichung innerhalb des Bewegungsapparates oder der Sinnesorgane
2. Begleit- und Folgeerscheinungen von Krankheiten der Organe mit innerer Sekretion
3. Begleit- und Folgeerscheinungen von Erkrankungen des peripheren, zentralen oder vegetativen Nervensystems
4. Psychotische Störungen
5. Mängel oder Unausgeglichenheiten der Begabungsausstattung
6. Konstitutionelle Abweichungen des Trieb-, Gefühls- und Willenslebens, der Grundstimmungen und der Reizempfindlichkeit
7. Allgemeiner Entwicklungsrückstand
8. Entwicklungsunausgeglichenheiten und -krisen (z.B. Akzelerationen, Integrationsmängel der Persönlichkeit usw.)
9. Neurotische Fehlentwicklungen
10. Innere Verwahrlosungen (Schwächen oder Fehlentwicklungen in der Bildung des stellungsnehmenden Systems und der Ideale)
11. Aktuelle Konflikte (ohne Persönlichkeitssstörung, situationsbedingt)

Der Psychologe Bornemann bietet für kindliche Verhaltensstörungen eine Klassifizierung von Ursachen an (Tabelle 2).

Tabelle 2 Ursachen kindlicher Verhaltensstörungen nach Bornemann

I. Ursachen im körperlichen Bereich

1. Mängel innerhalb des Bewegungsapparates oder der Sinnesorgane
2. Erkrankungen der Organe der inneren Sekretion
3. Nachwirkungen von sonstigen Erkrankungen oder Begleiterscheinungen von ausbrechenden Erkrankungen
4. Erkrankungen des peripheren, zentralen oder vegetativen Nervensystems
5. Psychotische Störungen

II. Entwicklungsstörungen

1. Körperlich seelische Akzeleration
2. Körperlich seelische Retardation
3. Disharmonische Entwicklung

III. Konstitutionelle seelische Störungen

1. Mängel oder Unausgeglichenheit der Begabungsausstattung
2. Konstitutionelle Mängel innerhalb der psychischen Struktur (Temperament, Antriebe, Wille, Gemüt, Halt)

IV. Soziale Umwelt

1. Unvollständige oder disharmonische Familie
   a) Vollwaise, b) Vaterwaise, c) Mutterwaise, d) Stiefvater, e) Stiefmutter, f) Adoptiv- oder Pflegeeltern, g) unehelich, außerehelich, h) Ehe geschieden, Eltern leben getrennt
2. Geschwisterkonstellation
   a) ältestes Kind, b) jüngstes Kind, c) einziges Kind, d) Junge unter Schwestern, e) Mädchen unter Brüdern
3. Wirtschaftliche Notlage, Wohnraumenge
4. Besondere Schicksalsschläge, Flucht, Umsiedlung, Todes- oder Krankheitsfälle
5. Störenden Umgebungseinflüsse

V. Falsche Erziehungseinstellung

1. Erziehungsmüdigkeit
2. Fehleinstellung in der Erziehung
   a) überfordernde Erziehung, b) verwöhnende Erziehung, c) lieblose Erziehung, d) launisch, wechselnde, inkonsequente Erziehung

VI. Neurotische Entwicklung auf Grund unverarbeiteter Erlebnisse

1. Einmalige schockartige Erlebnisse
2. Seelische Dauerbelastungen

III. Täglicher Einfluß auf die Seele

Wir sind in unserem ganzen Leben täglich von äußeren (zum Beispiel Eltern, Erziehung, Kindergarten, Schule und Beruf und den damit vermittelten gesellschaftlichen Werten und Regeln) und von inneren Prozessen beeinflußt. Beide stehen in einer Wechselwirkung zueinander. Man kann die verschiedenen Einflußmöglichkeiten auf die Seele am besten anhand der Entwicklungsphasen des Menschen aufzeichnen, wobei es unmöglich ist, der Vielfalt aller subjektiven Erlebnisse und Reaktionen eines Individuums gerecht zu werden.
Der Versuch, das Leben in Entwicklungsstadien und die damit verbundenen Einflüsse auf den Menschen einzuteilen, ist bis in das Altertum zurückzuverfolgen.

Wir wollen folgende Einteilung vornehmen:

- pränatale Phase
- Neugeborenenphase
- Säuglingsalter
- Kleinkindalter
- Kindergarten- und Schulzeit
- Pubertät
- Adoleszenz
- Erwachsenenphase
- Midlife-crisis
- Alter

Pränatale Phase

Zwar liegen noch keine eindeutigen Untersuchungen für diese Phase vor, dennoch ist anerkannt, daß die emotionale Situation der Mutter (Freude beziehungsweise Ablehnung der Schwangerschaft, Partnerschwierigkeiten während dieser Zeit) und die soziokulturelle Situation (Milieu, finanzielle Situation, Umweltbedingungen, Reaktionen der Umwelt auf die Schwangerschaft) einen starken Einfluß auf das noch ungeborene, aber wachsende Kinderleben haben.
Wissenschaftler stellten bei Ungeborenen eine Zunahme der Herzfrequenz und hektische Körperbewegungen kurz vor einem Schwangerschaftsabbruch fest. Auch gibt es Untersuchungen, die darauf hinweisen, daß ungewollte Kinder häufiger vor dem errechneten Termin geboren werden.
Die psychologische Bedeutung der pränatalen Phase wird von manchen Autoren allerdings erheblich überschätzt.
Angeblich wissenschaftliche Modelle und Vorstellungen zu dieser Phase bringen den Leser eher zum Lachen als zum Nachdenken. In der Zeitschrift «Dynamische Psychiatrie», herausgegeben von dem Neurologen und Psychiater Dr. GÜNTER AMMON, schreibt der Ammoniter – wie die Gefolgsleute von AMMON (vielfach Laien und keine Psychologen) genannt werden – Dr. SAHLBERG, Studienrat und Wirtschaftsjournalist, unter dem Titel «Der kreative Prozeß und seine peri- und pränatalen Wurzeln»:

«Die embryonale Phase dauert etwa vom 1. bis 4. Monat. Es gibt noch kein Bewußtsein, aber eine Körperempfindung. Sie wird vor allem bestimmt durch den Herzschlag der Mutter; es ist ein pulsierendes Dasein, getragen von rhythmischen Energien. Es entsteht eine bejahende Haltung, geöffnet für die Zufuhr von Energien, Grundlage von Rezeptivität und Hingabefähigkeit. Der mütterliche Orgasmus wird vollzogen, als intensive kosmische Lusterfahrung.
Bei Ambivalenz beziehungsweise Ablehnung bildet sich daneben ein negatives Proto-Ich, das sich selbst ablehnt. Unlustgefühle gegenüber dem mütterlichen Herzschlag und seinen negativen Botschaften können zu dem Versuch führen, aus dem Herzschlagrhythmus herauszukommen in einen ersten Totstellreflex.
Etwa mit dem 5. Monat wird der Embryo bewußtseinsfähig (und damit zum

Fötus). Es ereignet sich ein erstes Bewußtwerden, ein erstes Erwachen, das Gefühl: ‹Ich bin da. Was ist das? Gerade eben war nichts da› –; ein ungeheures Staunen, als Gefühl unendlicher Ausdehnung im Horchen in diese so total neue Existenz… Es folgt die allmähliche Entdeckung der Füße und Beine, Hände und Arme als Möglichkeiten der Bewegung, als Orte der Empfindung, die zum Ich gehören. Dann wird die Wand des Uterus wahrgenommen, sowie Plazenta und Nabelschnur, und damit die Empfindung der Berührung durch die Reaktion der eigenen Haut darauf. Der Uterus wird erforscht. Geräusche weden registriert, Herzschlag und Darmgeräusche der Mutter, dann auch Stimmen von außen. Allmählich wird der Tagesablauf gelernt: Schlaf und Wachen mit der Mutter, ihr Aufstehen, Toilette, Essen, Arbeiten et cetera – (nicht in unseren Begriffen, aber als Vorgänge). Der Fötus erfährt Lust und Unlust: Lust durch Reize wie Geschaukeltwerden, Unlust durch Mangel an Reizen oder durch negative Reize. Der Fötus nimmt die Gefühle der Mutter wahr; ihre positive oder negative Einstellung zum Fötus erzeugt in ihm gutes oder schlechtes Befinden. Er sucht Lust, bleibt sie aus, versucht er sich selbst zu befriedigen, durch Trinken von Fruchtwasser oder durch Selbstreizung wie Strampeln und Hautzucken (was später ein nervöser Vorgang werden kann, eine Reizgier, die nicht mehr zu befriedigen ist). Die negative Einstellung der Mutter kann zu einem ‹intrauterinen Hospitalismus› mit Resignation und pränataler Depression führen…

…Der Vater wird wahrgenommen durch seine Stimme, vor allem durch die Gefühlsreaktionen der Mutter auf ihn.

Der Fötus erlebt die sexuellen Erfahrungen der Mutter mit. Sie können bedrohlich sein, durch den Druck des Vaters und seinen Penis oder durch Angst der Mutter vor Sexualität. Hat die Mutter hier positive Erlebnisse, so erlebt der Fötus den Orgasmus der Mutter als ekstatische Verschmelzung, die ihm ein überaus positives Seinsgefühl vermittelt. Es kann vorkommen, daß der Fötus durch die Füße etwa die Mutter sexuell erregt, zuerst zufällig, dann lernt er, daß er sich auf diese Weise Lustgefühle verschaffen kann. Er wird tiefes Vertrauen in Sinn und Erfolg seines Handelns gewinnen.

Am Ende der fötalen Phase wird es eng. Es entsteht der Drang nach Befreiung…

Es erfolgt die Geburt selbst als Befreiung, als Erfahrung von Raum, von Bewegungsmöglichkeit, dann das Atmen, als Anschluß an ein neues Energiefeld. Der erste Schrei ist eine Kontaktaufnahme. Im günstigen Fall wird die Geburt als Eigenleistung erlebt, die neue Abgrenzung als positive Selbständigkeit. Im negativen Fall, bei starker Ambivalenz der Mutter, kann die Geburt als Ausstoßung, Austreibung, als Fall in den Tod empfunden werden; die neue Existenzweise kann lebenslänglich die Tönung von Nichtexistenz behalten.»

Für Ammoniter wird die pränatale Phase zum Kult. Die Aussagen sind wissenschaftlich nicht belegbar.

Wissenschaftliche Untersuchungen gibt es für das «Geburtstrauma», dem bekannte Psychoanalytker, wie Otto Rank, eine entscheidende Funktion beim Aufbau von Angstaffekten zuweisen.

Neugeborenenphase – Säuglingsalter

Die Reaktionsmöglichkeiten eines Neugeborenen sind eingeschränkt, sein Gehirn ist noch nicht ausgereift, und seine Reaktionsmöglichkeiten sind beschränkt. Das Neugeborene ist weitgehend passiv, nur aufnehmend, hilflos allen Einflüssen ausgeliefert und auf eine Person angewiesen, die seine Bedürfnisse befriedigt. Es ist aber schon in der Lage, Lust und Unlust auszudrücken und – wenngleich in eingeschränkter Weise – mit seiner Umwelt zu kommunizieren.

Der Säugling ist schon ein kleiner Mensch und beginnt mit der ersten aktiven Kontaktaufnahme (Lächeln) und lernt Vertrautes von Fremdem zu unterscheiden.

Sie oder er lauscht der menschlichen Stimme, folgt Gesichtern mit Kopf- und Augenbewegungen und läßt sich durch Herumtragen beruhigen.

Durch Weinen, Schreien und Vokalisieren versucht das Baby, Erwachsene auf sich aufmerksam zu machen. Mit Blickkontakten, aber auch mit Saugen und Greifreflexen hält es die Verbindung zur Umwelt aufrecht. Blickabwendung oder Versteifung des Körpers zeigen den Abbruch dieser Kontakte.

Bewegungen werden nachgeahmt, die Sprache der Eltern wird mit synchronen Bewegungen begleitet, und ab 2 Monaten dient das Lächeln zur Stimulation der Eltern und damit zur ersten Säugling-Eltern-Kommunikation.

Mit etwa 8 Monaten beginnen Kinder zu fremdeln. In dieser Phase entwickelt der Mensch das Urvertrauen, die wichtigste Basis für sein weiteres Kontaktverhalten. Wie entscheidend diese Zeit für die gesamte psychische, das heißt seelische Entwicklung ist, läßt sich deutlich an den schwerwiegenden Konsequenzen erkennen, die zum Beispiel die Trennung von der Mutter oder Vernachlässigung durch die Mutter nach sich ziehen. Stern beobachtete dramatische Erlebnisse wie Urängste, Trennungsängste, aber auch schwere körperliche und psychische Entwicklungsstörungen bei Heimkindern, denen die Mutterliebe fehlte.

Im Zuge der Gleichberechtigung übernimmt heute vielfach der Vater diese «Mutterrolle».

Lange Zeit galt die «Deprivationstheorie», die besagt, daß Säuglinge, die in den ersten Lebensjahren von der Mutter getrennt werden und in Heimen oder Kindergärten aufwachsen, schwere psychische, emotionelle und intellektuelle Schäden erleiden. Diese Schäden seien nach längerem Aufenthalt sogar irreversibel. Jeder Säugling brauche eine konstante Bezugsperson.

Die Ursache der Deprivationsschäden wird darin gesehen, daß Kinder, die in Heimen aufwachsen, zwar ausreichend Nahrung und Körperpflege erhalten, daß ihnen aber die für ihre psychische Entwicklung notwendige liebende Zuwendung in Form von Ansprache und Körperkontakt nicht in ausreichendem Maße zuteil wird.

Diese Theorie paßte in die Atmosphäre der Nachkriegszeit. Die «Väter» dieser Theorie gegen «arbeitende Mütter» waren die Amerikaner SPITZ (Psychoanalytiker), GOLDFARB (Psychologe) und der britische Psychoanalytiker BOWLBY.

Auf dem internationalen Würzburger «Symposium für Psychiatrie des Kindes- und Jugendalters» 1986 berichtete eine Züricher Arbeitsgruppe von ihren Untersuchungen aus den Jahren 1958 bis 1974. Sie kam zu dem Ergebnis, daß ein zuverlässiges, freundliches, dem Säugling zugewandtes Pflegemilieu, auch außerhalb der Familie, ein Kind nicht schädigt. Säuglinge seien in psychischer Hinsicht wohl nicht so leicht verletzlich, wie die Theorie von der Ausbildung der Persönlichkeit durch die frühe Mutter-Kind-Beziehung behauptet. In psychologischer Hinsicht seien Säuglinge sogar relativ «umweltresistent». In vielen Untersuchungen würden die Einflußmöglichkeit und Unentbehrlichkeit einer Mutter bei der Säuglingserziehung total überbewertet.

Psychisch gestörte Eltern können die Entwicklung ihres Kindes negativ beeinflussen, ebenso wie Eltern, die durch falschen Ehrgeiz ihre Kinder einem unentrinnbaren Leistungsdruck aussetzen. Untersuchungen zeigten hier, daß Väter deutlich leistungsorientierter sind als Mütter. In Studien konnte gezeigt werden, daß psychische Störungen der Kinder und der Beruf und das Einkommen des Vaters – Faktoren, die die wirtschaftlichen Lebenschancen einer Familie bestimmen – einander insgesamt wechselseitig bedingen.
Die äußeren Bedingungen sind für die frühkindliche Entwicklung natürlich mit entscheidend. Vernachlässigung, unzureichende Zuwendung und mangelnde Liebe sind sicher schädlich, allerdings haben neuere Studien nicht nachweisen können, daß Säuglinge, die unter solchen Bedingungen aufwachsen, eine lebenslange, durch nichts wiedergutzumachende Schädigung erleiden.
Mütterliche Liebe und Zuwendung ist zwar wichtig, aber nicht unersetzbar. Auch eine begrenzte Zahl konstanter, freundlicher Betreuungspersonen kann einem Säugling gute Entwicklungschancen geben.
Daraus ergibt sich, daß Mütter von kleinen Kindern aus entwicklungspsychologischer Sicht ohne schlechtes Gewissen einer Erwerbstätigkeit nachgehen können, wenn eine optimale Betreuung ihrer Kinder gewährleistet ist.

Kleinkindalter

Als frühe Kindheit bezeichnet man die Lebenszeit eines Kindes bis zum Eintritt in den Kindergarten. In der Zeit vor dem Eintritt in den Kindergarten oder die Vorschule unterliegt das Kind primär und ausschließlich den Einflüssen der Familie und damit der Familiensituation, die ausgeglichen, gespannt oder gar aggressiv sein kann. Die Familie ist Vermittler eines bestimmten ethischen, religiösen und/oder moralischen Weltbildes. Ein Kind durchläuft in dieser Zeit zwei entscheidende Phasen:

1. Es beginnt seine eigene Selbständigkeit zu erkennen – von Freud wird der Begriff «anale Phase» auf das Kontrollieren des eigenen Stuhlgangs bezogen. – Das Kind erreicht die Fähigkeit, seine Muskeln bewußt zu kontrollieren und zu beeinflussen. Damit ist ihm die Möglichkeit zum Umgang mit der Umwelt gegeben. Der Umgang mit der Umwelt wird durch das Erlernen der Sprache noch erheblich erweitert. Es tritt an die Umwelt mit seinen Bedürfnissen heran. Die Zeit des ersten Trotzes, der ersten Durchsetzungsversuche beginnt.
2. Es erwacht das Interesse am eigenen Geschlecht, und die infantile Sexualentwicklung beginnt. In diese Phase fallen auch die ersten Masturbationsversuche (Selbstbefriedigung) sowie ein erstes Identifizieren mit dem eigenen Geschlecht beziehungsweise dem gleichgeschlechtlichen Elternteil.
   Die Kinder sind besonders sensibel gegenüber dem eigenen Körper (Exkremente, Geschlechtsteile, Sexualität) und seiner Verfügungsgewalt über die Umwelt.

Im Kindesalter durch die Eltern erfahrene Sexualerziehung in der Erinnerung erwachsener Psychotherapiepatienten im Vergleich zu Nichtpatienten gleichen Alters, Geschlechts und Bildungsgrades aus städtischen Vollfamilien (nach Böttcher, 1968)

Frage	Psychotherapiepatienten Prozent	Nichtpatienten Prozent
Ausscheidung tabu	65,8	43,8
Nacktheit tabu	77,5	65,0
Körpererkundung tabu	74,0	57,3
Verlegenheit bei sexuellen Gelegenheitsinformationen	67,0	43,3
Mangel an sexueller Aufklärung	87,5	76,0

Je nachdem, welche Reaktionen (Strafe, Unterdrückung, aber auch Lob, Bekräftigung und Liebe) ein Kind auf sein Handeln erhält, entwickeln sich Selbstvertrauen, Autonomie, Schamgefühl, Zweifel, Ausdrucksfähigkeit (auch in bezug auf Haß- und Liebesgefühle), Frustration, Toleranz, Minderwertigkeitsgefühle und Freiheit im Umgang mit der Sexualität.
Die Geburt eines Geschwisterkindes kann in dieser Zeit zu einer schweren seelischen Krise führen, die sich darin äußert, daß das Kind in Verhaltensmuster einer früheren Entwicklungsstufe zurückfällt, die es eigentlich überwunden hatte. Aus Angst vor Liebesverlust wird zum Beispiel wieder eingenäßt, um dadurch die Beachtung und Zuwendung der Mutter zu erzwingen. Der bisher beschriebene Zeitraum ist für die gesunde Entwicklung der Seele und Psyche entscheidend.

- In der Psychoanalyse und anderen Therapieformen wird versucht, Aufschlüsse über Erlebnisse und Ereignisse in dieser Zeit zu gewinnnen.
- Psychologische Gutachten, zum Beispiel bei Triebtätern, Gewaltverbrechern und Mördern, beziehen sich meistens auf diese Zeit – sehr oft zum großen Unverständnis der Opfer, da Probleme in dieser Zeit dem Täter nicht selten Strafminderung einbringen.

Kindergarten- und Schulzeit

Diese Phase ist geprägt von der Herauslösung aus der bisher bekannten Umwelt und einer zeitweiligen Trennung von Bezugspersonen und den damit verbundenen Ängsten und den ersten Anpassungsversuchen an eine fremde Umwelt. Entscheidend ist, wie das Kind subjektiv das Eintreten in den Kindergarten erlebt, ob als Abschiebung durch die Eltern oder als freiwillige Wandlung.
Die Einflüsse auf die Seele werden jetzt primär bestimmt durch: die Trennung von den Eltern, das Einstellen auf eine neue Situa-

tion, auf neue Bezugspersonen, die Möglichkeit der Persönlichkeitsentfaltung im Kindergarten, Aufbau von Kontakten zu Gleichaltrigen, verbunden mit dem Aufbau von Hierarchien in einer Gruppe und den dadurch erworbenen Verhaltensstrategien.

In der Schule beginnt dann der sogenannte Ernst des Lebens. Neben strikter Zeiteinteilung (Stundenplan) und der damit verbundenen Reduktion der Kontaktmöglichkeiten zu Gleichaltrigen auf die Pausen, dem Anwesenheits- und Beteiligungszwang stehen Kinder plötzlich unter Leistungsdruck, der sich darüber hinaus in einem abstrakten Beurteilungssystem äußert.

Dies kann zusammen mit der Reaktion der Eltern auf die Schulnoten zu Schulangst, Stress, Versagensängsten und Motivationsverlust führen. Die alarmierend hohen Zahlen von Schülerselbstmorden während der Zeugnisausgabezeiten weist auf den starken seelischen Einfluß dieser Faktoren hin.

Keine andere Institution ist in den letzten Jahren so ins Kreuzfeuer der Kritik geraten wie die Schule, sowohl von politischer als auch von pädagogisch-psychologischer Seite. Begriffe wie Krisenphänomene, Krankheitsbild der Schule, Problemfeld Schule, Negativauslese und Schulversagen beherrschen die Diskussionen.

Jeder heute in der Bundesrepublik lebende Mensch über 20 Jahre hat diese Institution durchlaufen und kann sich noch an seine Ängste, Freuden und Gefühle erinnern. Allerdings wird diese Zeit in der Erinnerung oft zum Positiven verklärt. Sprüche wie «Du wirst schon erkennen, daß die Schulzeit die schönste Zeit ist» oder «Du lernst fürs Leben und nicht für die Schule» klingen wohl als Ratschläge oder Mahnungen von seiten der Eltern oder Lehrer jedem noch im Ohr. Diese Sätze klingen zynisch angesichts der Zahlen, die zum Beispiel in pädagogischen und psychologischen Zeitschriften veröffentlicht werden: Jedes 5. Kind gilt heute als «Schulversager». Etwa 5 bis 10 Prozent der schulpflichtigen Kinder werden als «untauglich» zurückgestuft. Die Zahl der als «verhaltensauffällig» beschriebenen Schüler liegt bei 25 bis 60 Prozent. Begriffe wie «Schulangst», «Leistungsdruck», «Konzentrationsstörungen», «Verweigerungen» und immer wieder «Legasthenie» sind häufig in pädagogischen Berichten zu finden.

Was ist passiert? Sind die Schüler «dümmer», die Lehrer «unfähiger», Schulen «lascher» als früher? Meinungen wie diese hört man immer häufiger aus dem Munde «älterer Semester».
Es hat sich etwas verändert, es hat sich sogar sehr viel verändert. Schulische Erfolge beziehungsweise Mißerfolge bestimmen immer mehr das soziale Ansehen, die Zukunftsperspektiven, die familiäre Situation und das Selbstwertgefühl. Immer ausgeklügeltere Systeme der Selektion führen zu immer früher einsetzender Be- und Verurteilung von Kindern in bezug auf ihre schulische Leistungsfähigkeit.

Wechsel des häuslichen Erziehungsmilieus seit der Geburt bei Normalschülern unterschiedlicher Schulleistungen der Klassen 1 bis 8 (aus RÖSLER 1967)

Häusliche Erziehung	Leistungsstarke Prozent	Leistungsschwache Prozent
Immer durch dieselbe Person	58,6	44,9
Wechsel einzelner Personen	36,4	28,6
Totaler Erziehungswechsel	5,0	26,5

Der Pädagoge ERHARD WIEMER weist in einem Bericht «Schulversagen» auf das Problem der schulischen Selektion hin.

«Schulische Selektion (Negativauslese) hat heute erschreckende Ausmaße angenommen, bis zur annähernden Perfektion. Der Selektionismus als inneres Prinzip von Schule und des Bildungswesens insgesamt dokumentiert sich in unterschiedlichen Erscheinungsformen, hat verschiedene Ursachen und bewirkt schwerwiegende negative Folgen für die Betroffenen.»

Fortschreiten der Etikettierung führt heutzutage immer schneller dazu, daß Schüler als «verhaltensauffällig», «störend», «konzentrationsschwach» abgestempelt und zum Teil schulaktenkundig werden. Wie leicht ein Schüler als «verhaltensgestört» von Psychologen und Pädagogen abqualifiziert wird, ist im Kapitel «Was ist eine kranke Seele?» schon beschrieben.
Mammutschulen – oft gerade die als neues Schulmodell gepriesene Gesamtschule – und die dadurch bedingte Anonymität verhindern oft eine konzentrierte Auseinandersetzung mit dem betreffenden Schüler. Ein immer differenzierteres Schulsystem (A-, B- und C-Kurse, Gymnasien, Gesamtschule, Realschule, Hauptschule, Sonderschule) legt die Möglichkeit nahe, «schwierige Schüler» abzuschieben und damit die Verantwortung für sein Verhalten abzugeben. So werden «unbequeme» Schüler von Schule zu Schule versetzt, bis sie in der Sonderschule landen, da hier angeblich «Experten» für «solche Fälle» sitzen.
Im 5.-Juni-Bericht der Bundesregierung 1980 wurde festgehalten, daß ca. 30 bis 40 Prozent der Sonderschüler nicht in diese Einrichtung gehören, da sie sozial, aber nicht geistig geschädigt sind und dementsprechend ganz anders gefördert werden müßten. Halten wir also fest, daß sich ein Kind ab seinem 5. Lebensjahr einem Einordnungs-, Selektierungs- und Etikettierungssystem ausgesetzt sieht, dem es irgendwie gerecht werden muß.
Aber auch der Leistungsanspruch in den Schulen ist gestiegen, hier besonders in den naturwissenschaftlichen Fächern. Die wenigsten Eltern sind wohl heute in der Lage, ihren Kindern in den höheren Klassen in Fächern wie Mathematik oder Physik zu helfen; dennoch wird von den Kindern verlangt, gute Leistungen zu erbringen. – Oft nach dem Motto «Du sollst es einmal besser haben als wir». – Schulische Überforderungen und die dadurch entstehenden seelischen Nöte werden von den wenigsten Eltern erkannt, oftmals aber auch bewußt nicht wahrgenommen. Stellen Sie sich bitte die Schwierigkeit eines Schülers vor, der sich den Anforderungen der Schule nicht gewachsen sieht und zu Hause wiederum eben diesen Anforderungen ausgesetzt ist.

Nervöse Symptomatik nach Angaben der Mutter bei Kindern gleicher mittlerer Schulnoten von 2,0 bis 2,3, Alters-, Geschlechts- und sozialer Zusammensetzung, aber unterschiedlicher Einstellung der Eltern zu ihrer Schulleistung (aus Teichmann 1969)

Symptom	Kinder unzufriedener Eltern Prozent	Kinder zufriedener Eltern Prozent
Öfter Kopfschmerzen	28	24
Schlechte Esser	14	6
Nächtliches Aufschreien, Schlafwandeln	10	10
Leicht abgespannt, ermüdbar	24	12

Schulstress

Nach einer Umfrage der Sonderforschungsgruppe an der Universität in Bielefeld ist es klar, daß zwischen Schulstress und Pillensucht ein enger Zusammenhang besteht. Die Zahl der Jugendlichen, die in der Schule Schwierigkeiten haben, nimmt zu und damit auch die Bereitschaft der Schüler, zu Psychopharmaka zu greifen. In einer repräsentativen Befragung von 1700 Jugendlichen im Alter von 12 bis 17 Jahren fanden die Wissenschaftler heraus, daß fast ein Drittel aller vom Schulstress geplagten Mädchen und Jungen Medikamente schlucken.
Besonders gefragt sind bei den Schülern und Schülerinnen nicht

nur Beruhigungs-, Schlaf- und Anregungsmittel, sondern auch Arzneimittel gegen Erkältung, Grippe, Kopfschmerzen, Allergien und Schlankheitspräparate.
Dabei greifen Mädchen häufiger zu Medikamenten als Jungen. Nicht nur der Schulstress, sondern auch das Verhalten der Eltern darauf ist ein, oft der entscheidende, Grund für die Pillenschluckerei. Vielfach haben Eltern kein Verständnis für die Schwierigkeiten und Schulkonflikte ihrer Kinder. Viele hoffen dann, mit Hilfe von Pillen schnell eine Konfliktlösung voranzutreiben. Es versteht sich, daß bei einer derart vordergründigen Sichtweise der Weg zum Arzneimittelmißbrauch nicht weit ist.
Die Umfrage stellte weiter fest, daß Jugendliche schon sehr früh die Verhaltensweisen der Erwachsenen kopieren. Da die Erwachsenen in der Bundesrepublik erhebliche Mengen von Tabletten, gerade auch Psychopharmaka, schlucken, sind sie für die Jugendlichen ein schlechtes Vorbild.

Stressreaktionen auf verschiedenen Beobachtungsebenen, unterschiedliche Reaktionen, die Eltern und Pädagogen bekannt sein sollten:

Selbstbeobachtung	Fremdbeobachtung	Körpervorgänge
Erregtheit, Gespanntheit	Angriff oder Flucht	Blutdruckanstieg
Angst, Ärger, Wut Verzweiflung und Ausweglosigkeit	Kopflosigkeit Beeinträchtigung psychischer und motorischer Leistungen	Erhöhte Muskelspannung, Herzfrequenz, Magensäurekonzentration und Katecholaminausschüttung

Der Pädagoge Harald Knoche führt in seinem Artikel «Familiäre Bedingungen bei Konzentrations- und Leistungsstörungen» Studien an, aus denen hervorgeht, daß schon Grundschüler durch ihre Arbeit in der Schule im gleichen Umfeld belastet sind wie Erwachsene durch Halbtagsarbeit. Vom 12. Lebensjahr an haben Schüler etwa genauso schwere Belastungen ihrer Konzentrationsfähigkeit hinzunehmen wie Erwachsene in einer 40-Stunden-Woche. Nach dem 16. Lebensjahr wird die Belastung zum Beispiel bei Gymnasiasten zum Teil noch größer.
Die psychophysische Beanspruchung von Schülern entspricht heute sehr häufig der des berufstätigen Erwachsenen in einem vergleichbaren Berufsfeld (zum Beispiel geistige Arbeit).
In Prüfungssituationen ist diese Belastung sogar – gemessen an den Werten der Indikatoren psychophysischer Faktoren – denen von zum Beispiel Testpiloten und Rennfahrern (Bern 1982) vergleichbar. Die Belastung erreicht ein Maß, das nicht mehr nur als Angst, sondern sogar als Bedrohung empfunden wird.
Neben der zu erbringenden schulischen Leistung müssen Kinder und Jugendliche ihr Rollenverhalten erlernen und es möglichst flexibel gestalten können. Jeder, Lehrer, Eltern, Freunde, stellt dabei andere Anforderungen. Paul Chance und Josua Fischmann stellen in einem Referat: Entwicklung/Das Auf und Ab im Leben eines Teenies, im September 1987 fest:

> «... Schule, das heißt auch Begegnungen mit Freunden und Lehrern, Möglichkeiten zu sportlicher und musischer Betätigung und zum Eigenstudium. Die Fächer wechseln stündlich und zu jedem Fach haben die Schüler eine andere Einstellung. Gleichzeitig macht die Schule jedoch nur einen Teil ihres Lebens aus. Teenager können während eines einzigen Tages Schüler, Arbeiter, Kind, Mitglied einer Mannschaft, Künstler, Ausgestoßene, Freund oder Freundin darstellen und anderes mehr sein ... Die verschiedenen Rollen und Umgebungen der Teenager bewirken, daß ihre Stimmungen sehr viel häufiger umschlagen als bei arbeitenden Erwachsenen.»

Es stellt sich die Frage nach einer «normalen» Entwicklung eines «normalen» Kindes in einer «normalen» Schule, einer «normalen» Familie, eingebettet in eine «normale» Gesellschaft.
Kindliche Entwicklungen, Schule, Familie und gesellschaftliche Bedingungen kann man, wenn man die schulischen Nöte und

Ängste eines Kindes verstehen will, nicht getrennt voneinander sehen.
Haben Kinder wirklich, laut der Beantwortung einer großen Anfrage der SPD durch die Bundesregierung, «so gute Entwicklungsvoraussetzungen wie noch nie»? Hierzu einige Zahlen:

1,3 Millionen Kinder leben in arbeitslosen Familien.
6 Prozent aller Kinder leben in Familien von Sozialhilfeempfängern
2,3 Millionen Kinder leben bei Alleinerziehenden
Jährlich lassen sich 120000 Menschen scheiden, etwa 95000 Kinder sind hiervon betroffen
Zum Zeitpunkt der Einschulung haben etwa 50 Prozent der Kinder mehr oder weniger funktionale Störungen
Fast jedes 5. Kind leidet an Hautallergien

Welche Auswirkungen haben diese Faktoren? Wie wirken sie sich auf die psychische Situation von Kindern aus? Nehmen wir, die Erwachsenen, die Aspekte nicht ernst genug in bezug auf unsere Kinder? Fragen über Fragen ohne Antworten.

Freundschaft

Einen wichtigen Einschnitt stellt das Entwickeln und Ausbilden von Freundschaften dar. Freundschaften unterscheiden sich durch ihre Freiwilligkeit von der unfreiwillig festgelegten Beziehung zu den Eltern, anderen Verwandten, Nachbarn oder Lehrern. Entscheidend für die Fähigkeit, Freundschaften zu bilden und zu erhalten, sind unter anderem die früheren familiären Einflüsse in bezug auf Vertrauen und Selbstwertgefühl. Freundschaften und die damit verbundenen Gefühle (Vertrauen, Offenheit, Enttäuschung) stellen wohl einen der wichtigsten Bezugspunkte für die Seele während des ganzen Lebens dar.

Pubertät

Die Pubertät ist gekennzeichnet durch die geschlechtliche Reife und die Erfahrung der Sexualität am eigenen Körper, durch das Erwachen des sexuellen Interesses gegenüber der Geschlechtlichkeit anderer Menschen, durch die Emanzipation vom Elternhaus, die Entwicklung von Zukunftsperspektiven und den Aufbau einer Lebensstrategie. Diese Zeitspanne ist ein Prozeß der «Findung der eigenen Identität».
Schon das sexuelle Interesse von Schulkindern richtet sich auf die Zeugung eines Kindes und dessen vorgeburtliche Entwicklung. Die Reaktion der Eltern, die Aufklärung dieses bis dahin behüteten Geheimnisses ihrer Elternschaft soll für das spätere Sexualleben und die psychische Gesundheit von entscheidender Bedeutung sein. Eine Umfrage bei 3500 Männern und Frauen kam zu folgendem Ergebnis:

«Der massive Einfluß auf das spätere Sexualempfinden der Frau scheint von der Erziehungshaltung der Eltern auszugehen. In allen weiblichen Störungsgruppen sind Frauen, die ihre elterliche Erziehung als streng bezeichnen, ungefähr 3½mal so stark vertreten, wie Frauen, die sich normaler Libido und orgastischer Potenz erfreuen… Beim weiblichen Geschlecht besteht jedenfalls kein Zweifel, daß die statistische Wahrscheinlichkeit, eine gute Libido und orgastische Fähigkeiten zu entwickeln, durch allzu strenge und dann auch meist intolerante, prüde, verängstigende, sexuelle Regungen verdrängende Erziehung erheblich reduziert wird.»

In einer falschen Sexualerziehung werden von den Eltern meist die Ausscheidungsvorgänge tabuisiert. Die eigene Nacktheit wird verborgen und die Betrachtung der Geschlechtsorgane damit verhindert. Unbeholfenheit und Verlegenheit bei der zufälligen Erwähnung von Liebesbeziehungen und Tabuisieren oder nicht Beantworten sexueller Fragen der Vorschulkinder sind oft Grund für spätere Probleme. In Untersuchungen werden solche Fehler von Psychotherapiepatienten beider Geschlechter häufiger als von hierzu befragten Nichtpatienten erfahren.
Jungen werden vom Geschlechtstrieb früher betroffen als Mädchen und gehen eher zur Masturbation über.
Die Selbstbefriedigung wird häufig von Älteren angeregt oder abgeschaut. Das durch die Masturbation neu gewonnene

Zeitpunkt der ersten Masturbation (Angaben in Prozent) nach Befragung von GRASSEL und BACH, 1979

	Mädchen	Jungen
Vor dem 14. Geburtstag	28	61
Vor dem 15. Geburtstag	39	82
Vor dem 16. Geburtstag	49	92
Vor dem 17. Geburtstag	53	94

«schöne Gefühl» wird nicht selten durch ein schlechtes Gewissen belastet.

Zum Geschlechtsverkehr kommt es bei den meisten Jugendlichen zwischen dem 16. und 18. Lebensjahr.

Im Zeitraum zwischen 14 und 18 Jahren werden Mädchen relativ häufig von männlichen Jugendlichen und Erwachsenen sexuell belästigt. Nach einer Umfrage von LITTMANN und SZEWCZYK in der DDR gaben 66 Prozent der befragten Studenten an, daß sie vor dem 14. Lebensjahr Opfer heterosexueller Verführungsversuche beziehungsweise exhibitionistischer Akte waren.

In einer differenzierten Untersuchung stellten die beiden Autoren weiter fest, daß das Tatgeschehen für die Zukunft und damit die Entwicklung der Jugendlichen nur dann erhebliche Auswirkungen hatte, wenn es mit Gewaltanwendung verbunden war, über einen längeren Zeitraum wiederholt wurde und zur Zerstörung der Familienverbindung führte. Die bloße Wahrnehmung einer sexuellen Handlung alleine hatte dagegen nur geringe Auswirkung, besonders für sexuell vorerfahrene Mädchen.

Die Pubertät ist geprägt durch das ständige Infragestellen des bisher Dagewesenen und das Experimentieren mit neuen, auch von der Gesellschaft tabuisierten Möglichkeiten, um sein eige-

nes Leben zu leben. Dies führt zu Konflikten mit den Eltern (Autoritätskonflikte) und nicht selten zu einem Infragestellen der Gesellschaft und ihrer Normen. Es ist dies eine Phase der seelischen Verunsicherung, in der der Jugendliche sich, getrieben von dem Bestreben, sich vom Elternhaus zu lösen, bereitwillig anderen Einflüssen öffnet.
Das eigene Selbstwertgefühl ist weitgehend von der Anerkennung Gleichaltriger abhängig. Wichtig ist die Stellung in der Gruppe, der Clique, und die Attraktivität gegenüber dem anderen Geschlecht.
Nach einem Lehrbuch für medizinische Psychologie aus der DDR von Rösler und Szewczyk bezieht sich die Phase der Verselbständigung in der Pubertät sicher nicht unberechtigterweise auch auf das Konsumverhalten.

«... von 14 Jahren an gefährdet der Heranwachsende seinen guten Gesundheitszustand am meisten durch zu frühe Verselbständigung im Konsumverhalten, und es kommt alles darauf an, ihn davon zu überzeugen, daß er selbst ihn für das ganze Leben festigen und untergraben kann.»

Pubertät ist auch die Zeit der Suche nach einem Sinn des Lebens und einem individuellen, eigenen Lebensstil. Die Seele ist in dieser Zeit sehr manipulierbar, was eine Vielzahl von Gefahren in sich birgt. Viel zu häufig entwickeln sich in dieser Lebensphase Drogenabhängigkeit und Jugendkriminalität, nicht selten – ähnlich wie auch Sektenabhängigkeit – aus einem Gruppenzwang heraus.

Adoleszenz

Die an die Pubertät anschließende Zeit der Adoleszenz ist für die meisten Jugendlichen durch den Zwang gekennzeichnet, aus allen möglichen und vorstellbaren Relationen im Bereich der persönlichen Beziehungen, des Berufes, der möglichen Lebensüberzeugungen und der damit verbundenen Verpflichtungen die für sie vielversprechendste Lebensform auszuwählen. Nach der «Freiheit» und den «Experimentiermöglichkeiten» der Pubertät steht die Seele jetzt den Notwendigkeiten der Realität gegenüber und muß einen Kompromiß zwischen diesen und dem eigenen Wollen finden (Berufsausbildung, Lehre, Kontakte und Beziehungen). Jugendarbeitslosigkeit erschwert für viele diesen eigenen Findungsprozeß sehr.

Erwachsenenphase

Der Übergang zwischen Adoleszenz und Erwachsensein ist fließend und unterliegt individuellen Schwankungen. Die Erwachsenenphase wird definiert als eine Zeit der Konsolidierung und Erhaltung des bisher Erlernten und Gefühlten. Hinzu kommt ein erstes Bilanzziehen:
Was kann ich? Was werde ich schaffen? Was werde ich nie schaffen?
Im Vordergrund stehen die durch die komplexe Sozialstruktur der Gesellschaft erzeugten verschiedenen Rollenerwartungen, sowohl im Berufs- als auch im Privatleben. Viele Einzelaspekte können schnell zu Rollenkonflikten führen: Übernahme von Verantwortung zum Beispiel bei einer Familiengründung, Erwartungen an sich selber, berufliche Erfolge beziehungsweise Mißerfolge, Existenzängste, Arbeitslosigkeit und die private Situation mit intakten oder strittigen Partnerbeziehungen, Probleme der Kindererziehung.
Die Partnerschaft Mann–Frau beeinflußt – gleich ob innerhalb oder außerhalb traditionellen Rahmens gestaltet – soziales, psychisches, aber auch körperliches Wohlbefinden erheblich.
Verheiratete haben eine höhere Lebenserwartung und sind nach psychologischen Untersuchungen in nahezu allen Altersgruppen psychisch stabiler, gefestigter, körperlich gesünder und sozial angepaßter als Ledige, Geschiedene oder Verwitwete. Daraus folgert man, daß psychiatrische Patienten im Vergleich zu Gesunden seltener in einer Partnerschaft gebunden sind. Daraus läßt sich aber nun keineswegs schließen, daß die Ehe den

Aktuelle Konflikte von Psychotherapiepatienten (Angaben in Prozent; nach FROESE, 1985)

Konfliktbereich	Männer	Frauen
Partnerkonflikte	15,2	18,1
Berufskonflikte	20,3	12,1
Soziale Konflikte	8,1	8,0
Familienkonflikte	7,3	13,9
Traumatische Erlebnisse	–	0,4

Wert eines Gesundbrunnens hat, denn in manchen Partnerschaften wird erheblich gelitten. Unglückliche Paare weisen höhere Zahlen von Neurosen als Ursache und Folge chronisch gestörter Partnerbeziehungen auf.

VAILLANT, ein amerikanischer Psychologe, fand 1978 in seinen Untersuchungen zum Beispiel heraus, daß psychische Erkrankungen bei geschiedenen Männern seltener sind als bei Männern, die in unglücklichen Ehen leben, aber weit häufiger als bei Männern in einer harmonischen Partnerschaft.

Der körperliche Gesundheitszustand und das seelische Wohlbefinden steigt in gleicher Reihenfolge.

Eine Trennung vom Partner erhöht nicht nur das Risiko für sich wiederholende Trennungen, sondern auch für psychische Erkrankungen. Insgesamt suchen Personen, die geschieden sind oder getrennt leben, wesentlich häufiger eine psychiatrische Behandlung auf als Verheiratete, Verwitwete oder Ledige.

Das Bild des Ehepartners bei zufriedenen und unzufriedenen Eheleuten (nach KATZ et al., 1963)

Befragten-Gruppe	Dem Ehepartner zugeschriebene Eigenschaften
«Zufriedene» Ehemänner	kameradschaftlich, tüchtig, verläßlich, liebevoll, gütig, zart
«Zufriedene» Ehefrauen	verständnisvoll, tüchtig, gütig, verläßlich, gutmütig
«Unzufriedene» Ehemänner	launisch, sorglos, unreif, reizbar, anspruchsvoll, hoch hinaus wollend
«Unzufriedene» Ehefrauen	anspruchsvoll, reizbar, unruhig, launisch, unstet

Midlife-crisis

In der «Krise der Mitte des Lebens», Midlife-crisis, zieht der Mensch ein weiteres Mal Bilanz über sein vergangenes Leben und entscheidet über seinen weiteren Lebensweg. In dieser Zeit wirken viele Veränderungen der Umwelt und Veränderungen an sich selbst auf die Seele ein.

Der Mensch nimmt wahr, daß er altert. Medizinische Symptome: nachlassende Produktion von Geschlechtshormonen, Abnahme und Verlust von Zeugungsfähigkeit, Verlust der körperlichen Aktivität durch Erschlaffung der Haut und Muskelkraft. Es treten Veränderungen in der Familiensituation auf. Die Kinder ziehen aus, das ehemals so gut vorbereitete «Nest» ist leer.

Das Altern, die Pflegebedürftigkeit oder der Tod der eigenen Eltern werden erfahren. Dies führt zu einer Konfrontation mit der eigenen Endlichkeit. In dieser Phase wird das Leben von dem Betroffenen als Begrenzung und als Wiederholung erlebt. Es gibt nichts Neues mehr!

Das Altern

Im Alter sieht sich der Mensch heute meist einer mehr oder minder offen gezeigten Geringschätzung gegenüber, da er nicht mehr aktiv am Produktionsprozeß teilnehmen kann. Die Pensionierung und die damit verbundene Lebensumstellung, verknüpft mit einer neuen finanziellen Situation (Rente oder Pension sind immer geringer als das letzte Nettogehalt), ist oft ein psychisches Problem.

Berentung und Pensionierung und damit das Ausscheiden aus dem Berufsleben signalisieren in unserer Gesellschaft den Beginn des Alterns. Nach dem Ausscheiden aus dem Berufsleben fühlt sich der ältere Mensch seiner «Daseinsberechtigung» beraubt. Die Gesellschaft braucht ihn nicht mehr. Die moderne «Kleinfamilie» braucht ihn auch nicht, und es ist auch gar kein Platz für ihn da.

Die große Kluft zwischen jung und alt zeigt sich in einer Umfrage bei Medizinstudenten, die in der überwiegenden Mehrzahl ältere Bürger für vergangenheitsorientiert, destruktiv, affektiv, labil und übermäßig um ihre Gesundheit besorgt halten. Diese Vorurteile von Medizinstudenten in der DDR – aber sicher ist dieses Ergebnis nahtlos auf die bundesrepublikanischen Verhältnisse übertragbar – belasten von vornherein das zukünftige Verhältnis Arzt zu älteren Patienten. Der alternde Mensch übernimmt recht häufig diese Vorurteile und behindert sich damit selber in seiner weiteren Entwicklung. Der einzelne würde sein Alter eher akzeptieren können, wenn eine Gesellschaft «ihre Alten» nicht so gering schätzen würde, sie nicht nur als die Volkswirtschaft belastende, statistische Größen sehen würde.

Wie sensibel und abwehrend ältere Menschen auf Begriffe rea-

gieren, zeigt sich in der Bundesrepublik. Hier hat sich bisher keine Zeitschrift für die Zielgruppe der älteren Bürger etablieren können, die im Titel Worte oder Zeilen wählte, die ans Alter erinnern (zum Beispiel Das goldene Zeitalter, Das Alter, Seniorenpost, Senioren-Magazin, Lebensabend et cetera).
Ein weiteres Vorurteil ist, daß im Alter Sex nicht möglich sei. Teilweise wird von einem «geschlechtslosen Alter» gesprochen. Untersuchungen beweisen, daß es eine hohe Abhängigkeit des geschlechtlichen Verlangens vom Gesundheitszustand gibt. Der Gesundheitszustand war allgemein bei den sexuell Aktiven besser als bei sexuell inaktiven.
Männer geben im Alter den Geschlechtsverkehr häufiger aus Potenz- oder Libidoverlust auf, während Frauen ihn eher aus Partnerverlust aufgeben.
Natürlich beeinflußt der Gesundheitszustand älterer Menschen auch ihre psychische Situation erheblich. Doch nicht nur der subjektive Gesundheits- oder Krankheitszustand ist von Bedeutung, sondern wesentlich ist auch die Einstellung zu sich selber.
Ältere Menschen, die positiv zum Alter stehen, sind verhältnismäßig geringer belastet als Menschen, denen das Alter Beschwerden macht.
Die Reaktion der Familie, besonders der eigenen Kinder (Abschieben der Eltern in ein Pflegeheim oder Zuteilung einer Rolle im Familienverband beziehungsweise das Zugestehen von Selbständigkeit und Autonomie auch im Alter), das Sterben des Partners und der Freunde, Krankheit und dadurch eventuell bedingte Hilfsbedürftigkeit zusammen mit dem Gewahrwerden des Herannahens des eigenen Todes haben Einfluß auf die Seele und können zu schweren Depressionen, zu Isolationsgefühlen und Vereinsamung bis hin zum Herbeisehnen des eigenen Todes führen.

Die Medien und die Werbung

Zu den alltäglichen Einflüssen, denen wir bewußt oder unbewußt ausgesetzt sind, gehören die Werbung und die Massenmedien.
Jede 35. DM, die der Bundesbürger erwirtschaftet (gemessen am Bruttosozialprodukt), wird für Werbezwecke ausgegeben. Werbung in und durch Massenmedien begleitet uns überall: Anzeigen in Zeitungen, Hochglanzbeilagen, Bandenwerbung in Stadien und auf Sportlern, Hörfunkreklame, Fernsehreklame, die Postwurfsendungen aller Art im Briefkasten, Werbung auf Fahrzeugen, Schleichwerbung in Film und Fernsehen, Unterbrecherwerbung im Privatfernsehen …
Wir werden be- und umworben, permanent und allgegenwärtig, von einigen hundert bis zu mehreren tausendmal am Tag, wie einige Schätzungen der Verbraucherrundschau ergaben. Werbung «unser täglich Brot», das wir zu uns nehmen, ob wir wollen oder nicht.
Eine Umfrage ergab, daß Jugendliche täglich im Durchschnitt 129,7 Minuten fernsehen. Das Fernsehen ist zu einer der beliebtesten und wichtigsten Freizeit-«Beschäftigungen» für Jugendliche und Erwachsene geworden.
Kann unsere Seele diese Flut von Beeinflussungsversuchen unbeschadet überstehen, ist sie manipulierbar durch die Vielzahl an akustischen und optischen Reizen, die für ein bestimmtes politisches, gesellschaftliches Meinungsbild, ein bestimmtes Rollenverhalten oder aber auch ein gewisses Konsumverhalten «werben», oder nicht?

Die Seele beeinflussen und nutzen

Ein alltägliches Beispiel ist die Darstellung der Frauen in der Werbung und den meisten Unterhaltungssendungen. Hier wird die weibliche Rolle, obwohl sie sich in den letzten Jahrzehnten verändert hat, auf das typische Klischee der Mutter, der Hausfrau, der «Schönheit» reduziert. Selbst die allmählich in der Werbung auftretende «Karrierefrau» wirbt meist doch für

Kosmetik oder Haushaltsartikel, die ihr mehr Schönheit, Verehrung, Erfolg und Freiheit verschaffen sollen. Eines dieser Blätter geht zum Beispiel regelmäßig mit dem Slogan «Die Frau von heute…» und den dazu entsprechenden schlanken, netten, sportlichen, «bildhaft emanzipierten» jungen Frauen auf Kundenfang.

Ein Titelgestaltungs- und ein Titelthementest bei etablierten Frauenzeitschriften (FÜR SIE, FREUNDIN, BRIGITTE, PETRA, PRIMA, MAXI) hat ergeben:
Die Frauen, die vor einer Kaufentscheidung stehen, schauen ganz spontan auf die Titelthemen. Das Titelthema oder mehrere interessante Titelthemen sind kaufentscheidend. Tests über zwei Jahre haben ergeben, daß immer wieder Weihnachtshefte, Bastelhefte, Hefte mit Diätvorschlägen und mit Frisuren-Schwerpunktthemen ganz besonders stark gekauft werden. Das heißt, alle großen deutschen Frauenzeitschriften kommen zu ganz bestimmten Terminen immer mit den gleichen Themen heraus. Dabei werden Diätthemen möglichst über 2 oder 3 Hefte verteilt, damit die Leserin «bei der Stange» bleibt.
Nicht mehr attraktiv als Titelthema ist die Mode. Jede Leserin erwartet Mode in jeder Frauenzeitschrift. Ein Schwerpunktthema Mode motiviert die Masse der Käuferinnen nicht, eine Zeitschrift zu kaufen.
Das Testen von Titelthemen ist stark verbreitet. Der Hamburger Bauer-Verlag soll mit einem Marktforschungsinstitut zusammenarbeiten, das alle Hefte, alle Titel, alle Titelthemen meistens über das ganze Jahr testet. Die Chefredakteure bekommen Order, ihre Hefte weitgehend nach den Anforderungen der Marktforschungsvorgaben zu gestalten. Alle Verlage machen sporadisch Marktforschung, in der Regel, wenn es ihnen schlecht geht. Das Ergebnis ist, daß alle Frauenzeitschriften Ende August/Anfang September mit Themen wie: Jetzt schon an Weihnachten denken! herauskommen.
Helle Hintergründe auf der Titelseite sind verkaufsfördernd. Hellhaarige und hellhäutige Frauen sind gefragt. Die «Titelfrauen» müssen eine liebenswürdige Ausstrahlung haben. Unterschwellig kam bei Diskussionen mit Leserinnen immer wieder heraus, daß die Titelfrau so aussehen müsse, als ob sie die

«Freundin» sein könnte und nicht die «Feindin, die Konkurrentin».
Bei PETRA und COSMOPOLITAN, den etwas «ausgeflippteren» Zeitschriften, spielen diese Überlegungen eine geringere Rolle, das Model muß nur witzig und «schrill» aussehen.
Die Werbebranche verleibt sich alles ein, was sich zu Geld machen läßt, und deformiert zum Teil politische und soziologische Begriffe wie Emanzipation und Ökologie zu leicht erhältlichen Konsumartikeln.
Wie sonst läßt sich die plötzliche Flut «alternativer», biologischer, natürlicher und umweltverträglicher Produkte erklären? Besonders auf dem Wasch-, Reinigungs- und dem Lebensmittelsektor.
Meistens erfüllen die Produkte die Vorstellung, die solche Zusatzbezeichnungen beim Verbraucher erwecken, nicht. Dieser neigt zu einer Überinterpretation der ökologischen Argumente für ein Produkt, obwohl er die angepriesene Umweltverträglichkeit nicht überprüfen kann. Er ist den Informationen des Herstellers und dessen Vermarktungskonzepten ausgeliefert.
Die elektronischen Medien wie Fernsehen, Film und Video haben natürlich eine besondere Bedeutung für die Werbung, weil diese Medien inzwischen die Freizeit vieler Menschen beherrschen.
Rasante Schnittfolgen, viele bunte Bilder, eingängige, rhythmische Musik, auswechselbare Produkte, Texte, die häufig wenig oder gar keinen Zusammenhang mit dem Werbebild erkennen lassen: das sind die Zutaten für Werbespots.
Auch für die politische Meinungsbildung werden die Medien immer wichtiger. Schon Goebbels erkannte die manipulativen Möglichkeiten von Rundfunk und Film (Ufa-Wochenschau) für die Politik des 3. Reiches.
Heute zeigen die vielen politischen Werbespots vor Wahlen oder Aktionen wie zum Beispiel anläßlich der Volkszählung in Rundfunk, Presse und Fernsehen, welche Bedeutung unsere Politiker diesen Medien zukommen lassen.
Die Werbung entwickelte in den letzten Jahren in zunehmendem Maße ein starkes Interesse an der Psychologie.
Es entwickelte sich die Spezialdisziplin «Werbe- und Marktpsychologie». Die Befunde der Psychologie (Eindrucksbildung, Kon-

formitätsverhalten, Stereotypenbildung, Meinungsänderung, soziale Urteilsbildung und Lerntheorien) werden für die Werbung genutzt.

Wer kennt nicht die Meinungsumfragen von Marktforschungsinstituten auf der Straße, die Konsum- und Kaufverhalten hinsichtlich Formen, Farbe und Darstellung eines Produktes untersuchen.

Lutz von Rosenstiel und Peter Neumann weisen in ihrem Buch «Einführung in die Markt- und Werbepsychologie» darauf hin, daß vor allem die Absatzwerbung mit der Darstellung eines angeblich «normalen» Lebensstandards arbeitet, der fast immer über der Realnorm liegt. Hierbei macht sie sich die geringe Kommunikation zwischen den Kleinfamilien in unserer Gesellschaft zunutze, die dazu führt, daß ein Großteil der Informationen über die Mehrheit der Mitmenschen indirekt, das heißt über Darstellungen in den Medien, erfolgt. Diese manipulierten Informationen aus zweiter Hand führen dann zur sogenannten «pluralistischen Ignoranz», das heißt, jeder denkt, nur ihm ginge es schlechter und allen anderen besser. Folgen davon sind Unzufriedenheit auf materiellem Gebiet und eine Verstärkung des Leistungsverhaltens mit dem Ziel, den materiellen Wohlstand zu verbessern.

Die Werbung schafft also oft künstliche Bedürfnisse und liefert die Bedarfserfüllung, das Produkt, gleich mit. Vor allem Kinder sind oft Zielobjekte von Werbestrategien, mit denen Kaufdruck auf die Eltern erzeugt werden soll.

Heiko Ernst führt in seinem Artikel «... und täglich schnappt die Falle zu» (aus Psychologie heute, 1984) unter anderen folgendes Beispiel für Manipulationstechniken an:

«Kurz vor Weihnachten erscheint ein bestimmtes Spielzeug auffallend häufig im Fernsehen, so daß viele Kinder ‹heiß› darauf werden und solange ‹quengeln›, bis die Eltern es ihnen zu Weihnachten versprechen. Allerdings ist das Produkt in keinem Laden zu erhalten. ‹Gerade vergriffen› heißt es. Also kaufen die Eltern ein anderes Geschenk. Kurz nach Weihnachten taucht das Spielzeug plötzlich in den Werbespots und in den Schaufenstern der Geschäfte wieder auf. Was dazu führt, daß die Kinder erneut darauf ‹heiß› werden und auf die Einhaltung des Versprechens pochen. In den meisten Fällen geht die Rechnung der Spielzeugindustrie auf: Das Spielzeug wird gekauft, obwohl ein Weihnachtspielzeug bereits erstanden wurde. Ironischerweise hat das Ganze noch einen pädagogischen Aspekt: Die Eltern zeigen ihren Kindern, daß man Versprechen einhält.»

Rudolf Schneider stellt folgende, aus psychologischer Sicht plausibel erscheinende Gründe, mit denen man den «Erfolg» von Werbespots (Fernsehen und Rundfunk), vor allem bei jüngeren Kindern, erklären kann, heraus:

1. Werbespots erfordern nur eine kurze Aufmerksamkeitsspanne,
2. sie enthalten meistens kurze und einfache, auch der Sprachentwicklung von Kindern im Vorschulalter angemessene Sätze,
3. sie sind meistens in ein unterhaltsames Rahmenprogramm eingebettet,
4. sie beziehen sich auf die Gegenstände der alltäglichen Umwelt der Kinder,
5. sie behandeln erstrebenswerte und attraktive Situationen und emotionale Zustände, sie kommen den kindlichen Bedürfnissen nach Umwelterklärung und -bewältigung entgegen, wobei diese Aufgabe meist aber nur scheinbar eingelöst wird.

Neben dem Verbreiten von Werbung kommt den audiovisuellen Medien (TV, Video) eine immer größere Bedeutung bei der Freizeitgestaltung, vor allem bei Kindern und Jugendlichen, zu. Neueste Zahlen über die Reichweite audiovisueller Medien verdeutlichen, daß etwa 70 Prozent der Jugendlichen täglich den Fernsehapparat (Fernsehprogramme, Video, Telespiele) nutzen, während Printmedien (Bücher, Zeitschriften, Zeitungen) nur jeden zweiten Jugendlichen erreichen. Vor allem hinsichtlich der Verbreitung des neuen Mediums Video lassen sich vier mögliche Folgen für das Freizeitverhalten von Jugendlichen ableiten:

1. Videokonsum soll zur Videosucht führen, also das Bedürfnis nach weiterem Videokonsum produzieren.
2. Die zeitliche Inanspruchnahme durch Video führt zu einer «Einengung des aktiven Freizeitbereiches der Jugendlichen», «Verengung der Interessen» und «Passivität und Konsumorientierung».
3. Die Konzentration auf Video bewirkt eine «Entsinnlichung der Lebenswelt» und führt zu einem «Leben aus zweiter Hand».
4. Schließlich werden Initiative und Phantasie beeinträchtigt.

Die seit langem kontrovers geführte Diskussion über Folgen von Gewaltdarstellung in Fernseh-, Kino- und Videofilmen stellt einen herausragenden Problembereich in bezug auf Kinder und Jugendliche dar. Während sich die pädagogische Fachwelt noch immer über die Auswirkung von Märchen auf das kindliche Gemüt streitet, ist das Anschauen von harten Sex-, Porno-, Horror- und Kriegsfilmen auf Video für viele Jugendliche längst eine Art Mutprobe geworden, und Kinofilme wie «Rambo III» werden mit dem Prädikat «besonders wertvoll» ausgezeichnet. In seinem Praxisbericht («Beitrag zur Beziehung von Video-Filmkonsum und Kriminalität in der Adoleszenz» aus: Praxis der Kinderpsychologie und Kinderpsychiatrie) stellt G. Klosinski die Hypothese auf, daß besonders bei auffällig grausamen und ungewöhnlichen Straftaten Jugendlicher und Heranwachsender an die Möglichkeit des Videos als Mitverursacher der Kriminalität gedacht werden muß. Die unterschiedlichen theoretischen Ansätze hinsichtlich der Relation zwischen Gewaltdarstellung und Aggressivität bei Kindern und Jugendlichen lassen sich grob in vier Hypothesen zusammenzufassen:

1. Die Stimulationshypothese besagt, daß mediale Gewaltdarstellung das persönliche Gewaltpotential anregt, da sie zum Nachahmen reizt (Imitationshypothese) und das Verhalten enthemmt.
2. Die Katharsishypothese setzt dagegen, daß das Miterleben von Gewaltakten den Abbau aufgestauter Aggressionen bewirke und dadurch zur Vermeidung eigener gewaltsamer Handlungen beitrage.
3. Nach der Habitualisierungshypothese führt das ständige Ansehen von Brutalitäten zur Abstumpfung gegenüber realer Gewalt, so daß man an anderen verübte Grausamkeit mit zunehmender Gleichgültigkeit erlebe.
4. Die Inhibitionshypothese meint dagegen, daß das Miterleben von Gewaltszenen die Abneigung gegenüber realer Brutalität verstärke und dadurch die Neigung zu eigener Gewaltausübung zurückgehe.

Abgesehen von den Auswirkungen auf das Aggressionsverhalten, zeigt eine Publikation von A. Schmidtke und H. Häfner,

1986 («Die Vermittlung von Selbstmordmotivation und Selbstmordhandlung durch fiktive Modelle» in: Der Nervenarzt 57, S. 502 bis 510), welche Folgen Fernsehserien, die mit fiktiven Identifikationsfiguren arbeiten, auf die Psyche Jugendlicher haben können.

In der Serie «Tod eines Schülers» hatte ein 19jähriger Schüler erhebliche Probleme mit den Eltern, der Schule und der Freundin. Die Probleme schienen ihm nicht lösbar, und er tötete sich selbst, indem er sich von einem Zug überrollen ließ. Verglichen mit anderen Zeiträumen stieg kurz nach der Sendung in der BRD die Anzahl von Selbsttötungen meist männlicher, gleichaltriger Jugendlicher signifikant an, wobei die Tötungsmethode der im Fernsehen gezeigten entsprach.

IV. Vom kleinen Tic bis zur schweren Krankheit

Körperliche Reaktionen auf seelische Belastungen sind den meisten Menschen aus eigenem Erleben oder aus der Beobachtung ihrer Umwelt bekannt. Jeder kennt feuchte Hände – vermehrte Schweißsekretion – bei Angst und Aufregung oder den trockenen Mund bei Prüfungssituationen oder wenn man vor einem größeren Publikum einen Vortrag halten muß. Auch die Angst vor dem Erröten in Situationen, die als unangenehm empfunden werden, oder die Angst vor Tieren wie Hunden, Mäusen, Pferden, Schlangen oder Spinnen gehören in diesen Bereich.

Ruckartige Bewegungen, die mit unwiderstehlichem Zwang immer wiederkehren – häufig bei nervösen Kindern –, gehören in das weite Grenzgebiet, in dem es schwer ist, zwischen noch normalem und schon pathologischem Verhalten zu unterscheiden. Meist betreffen diese Tics die Gesichtsmuskulatur, doch auch andere Muskeln oder Muskelgruppen sind betroffen. So gibt es zum Beispiel Kinder, die mit relativ gleichförmigem Bewegungsablauf die Schultern hochziehen und wieder senken.

Am häufigsten treten derartige Tics im Alter von 6 bis 8 Jahren auf, Jungen sind dreimal häufiger betroffen als Mädchen. Manchmal ist ein Schreckerlebnis die auslösende Ursache.

In der psychoanalytischen Literatur wird der Tic als präverbales Ausdrucksgeschehen beziehungsweise als ein Rückgriff auf eine frühe Gebärdensprache angesehen. FREUD (1895) hat eine Patientin mit einem Schnalztic beschrieben, die ihren kranken Vater pflegen mußte und deshalb nicht ausgehen konnte und das Symptom immer dann bekam, wenn der Vater einschlief.

Einseitige Gesichtstics, die zweifelsfrei eine organische Ursache haben, treten nicht selten nach einer peripheren Fazialisparese (Gesichtslähmung) auf.

Schreibkrampf, Schiefhals, Störungen der Regelblutung und der Blasenentleerung können seelische Ursachen haben. Es können sich aber auch verschiedenartigste körperliche Erkrankungen dahinter verbergen. Prinzipiell können körperliche und seelische Erkrankungen zu nicht einfach voneinander unterscheidbaren körperlichen und seelischen Symptomen führen. Daher sollten nichtärztliche Psychotherapeuten bei solchen Störungen nur im Auftrag eines Arztes tätig werden.
Es gibt einen weiteren Übergangsbereich zwischen gesund und krank. Für die Frage, ob ein bestimmtes Beschwerdebild als krank und damit als behandlungsbedürftig angesehen werden soll, sind Dauer, Häufigkeit und Ausprägung der Symptome nicht so entscheidend wie das subjektive Erleben bzw. der Leidensdruck des Betroffenen.

Ein Fall aus der Praxis:
Eine jetzt 32jährige Studienrätin, die bei ihren Eltern mit einem 2 Jahre älteren Bruder und einer 3 Jahre jüngeren Schwester aufwuchs, war schon in der Kindheit schüchtern und kontaktscheu. Im Alter von 14 Jahren litt sie erstmals unter der Furcht zu erröten, die sich immer dann einstellte, wenn unter Gleichaltrigen offen oder versteckt sexuelle Themen angesprochen wurden. Dieses Symptom verlor sich ohne jede Behandlung im Alter von 16 Jahren, als sie ihren ersten Freund kennenlernte, mit dem sie im 18. Lebensjahr sexuelle Kontakte aufnahm. Während des Studiums im Alter von 24 Jahren mußte sie mehrere Referate halten und hatte dabei große Schwierigkeiten, weil sie wieder fürchtete zu erröten und zusätzlich stottern mußte. Trotz der mit diesem Symptom verbundenen Angst und den vegetativen Begleitsymptomen, wie Schwitzen, Zittern und Stuhldrang, konnte sie diese Symptome ohne fremde Hilfe soweit unterdrücken, daß sie ihre Referate halten konnte. Sie beendete ihre Ausbildung als Lehrerin.
Mit 28 Jahren heiratete sie einen 5 Jahre älteren Mann, den sie anfänglich zwar sehr liebte, aber zunehmend innerlich ablehnte, weil er zu trinken begann. Sein ständiger Alkoholgeruch störte sie so sehr, daß sie seit einem ¾ Jahr den ehelichen Verkehr verweigerte. Etwa zum gleichen Zeitpunkt wechselte sie die Schule und begegnete dort einem gleichaltrigen Kollegen, in dessen Gegenwart sie errötete, schwitzte, stotterte und einen so heftigen Stuhldrang bekam, daß sie das Lehrerzimmer verlassen mußte. Die Ursachen dieser Symptome waren ihr nicht bewußt. Sie fürchtete sich immer stärker vor den geschilderten Symptomen, da sie an Intensität zunahmen und schließlich dazu führten, daß sie kein Gespräch mit ihren Kollegen – gleich welchen Geschlechts – mehr führen konnte, ohne unter der Furcht zu leiden, zu erröten und zu stottern, was natürlich unweigerlich diese Symptome provozierte.

Als sie keinen Ausweg mehr wußte, suchte sie ihren Hausarzt auf, der sie zunächst für 3 Wochen krankschrieb. In dieser Zeit war sie beschwerdefrei, aber je näher der erste Arbeitstag rückte, um so unruhiger und ängstlicher wurde sie. Ihr erster Schultag endete damit, daß sie die Schule fluchtartig wieder verließ.
In einer 12wöchigen psychotherapeutischen Behandlung gelang es, ihr schrittweise deutlich zu machen, daß ihre Ängste und Symptome letztlich der Triebabwehr dienten. Der Stuhldrang diente dazu, einer ihr unangenehmen Situation zu entfliehen. Außerdem begab sie sich damit auf eine infantile Stufe, wo Stuhldrang für viele Kinder einen ausgesprochen erotischen Lustcharakter hat. Nachdem ihr diese Zusammenhänge in vielen Gesprächen bewußtgemacht werden konnten, wurde ihre Angst zu erröten geringer. Damit stellte sich auch eine Symptomlinderung ein. Der entscheidende Durchbruch wurde mit der Technik der «paradoxen Intention» erzielt, das heißt, sie sollte versuchen, die als ängstigend erlebten Symptome mit aller Kraft willentlich herbeizuführen. Dadurch wurde sie schließlich symptomfrei. Entscheidend für den positiven Ausgang der Behandlung war die Mitbehandlung des Ehemannes, dem es in kurzer Zeit gelang, seinen Alkoholmißbrauch einzustellen.
Diagnose: Erythrophobie, das heißt Errötungsangst.

Dieses Beispiel zeigt, wie ein an sich harmloses und in der Jugend häufiges Symptom unter bestimmten Bedingungen zu einer ernsten Erkrankung werden kann.

Phobie: Die Angst vor ...

Jeder von uns lebt mit verborgenen Ängsten. Die verborgene Angst kann schnell zu einer akuten Angst werden. Oft genügt nur die Vorstellung bestimmter Situationen, Geräusche, Bilder oder Gegenstände, um Übelkeit, Schwindel, Zittern, Schweißausbrüche oder Herzschmerzen zu verursachen.
Phobien nennen Mediziner diese Zustände nach dem altgriechischen Wort phobos für Angst.
Phobische Neurosen beinhalten immer die Angst vor bestimmten Situationen, und es gibt keinen Lebensbereich, der nicht phobisch besetzt werden kann. Häufig sind Ängste vor Plätzen und Straßen (Agoraphobie) und vor geschlossenen Räumen (Klau-

strophobie). Nicht selten sind auch verschiedenste Tierphobien, wie Ängste vor Schlangen, Mäusen, Ratten, Insekten und Spinnen. Gerade die Tierphobien machen deutlich, daß zwischen «normalem» und «krankhaftem» Verhalten bei den neurotischen Störungen kein grundsätzlicher, sondern nur ein gradueller Unterschied besteht.

Phobien werden innerhalb von Verhaltenstherapien mit Desensibilisierung behandelt. Desensibilisierungs-Behandlung ist ein Ausdruck, der auch bei der Behandlung von Allergien verwendet wird. Über einen längeren Zeitraum wird der Allergiker mit den Stoffen, gegen die er allergisch ist – in geringen Konzentrationen –, konfrontiert, um für die Zukunft dagegen gefeit zu sein.

Durch die Verhaltenstherapie sollen Anpassungsmechanismen ausgelöst werden, die es dem Betroffenen erlauben, ängstigende Situationen allmählich besser zu ertragen.

Die Frage: Warum liegt die Phobie vor? ist relativ nebensächlich. Allein durch die Konfrontation mit der Angst kann der Therapeut einen Patienten ermutigen, sich der Angst zu stellen. Die Phobie verschwindet in der Regel nicht, aber sie kann durch Lernprozesse in der Therapie besser beherrscht werden. Der Patient hat es gelernt, mit seiner Phobie umzugehen. Zur Behandlung der im Volksmund «Platzangst» genannten Agoraphobie, bei der ein Mensch Angst hat, über weite Plätze zu gehen oder Massenveranstaltungen zu besuchen, kann die Gruppentherapie nützlich sein. Die Gruppe geht gemeinsam in Einkaufszentren oder ins Fußballstadion. Fluggesellschaften haben gegen die Flugangst von Psychologen geleitete Kurse eingerichtet. Es wird berichtet, daß eine amerikanische Fluggesellschaft mehr als 2000 «Flugängstliche» am Boden schulte und auf einem Abschluß-Testflug examinierte. Der therapeutische Erfolg war in der Mehrzahl der Fälle ermutigend.

Die Verhaltenstherapie hat sich in den letzten Jahren fortentwickelt und arbeitet nur noch selten mit der systematischen Desensibilisierung. Meist wird versucht, nach gründlicher Analyse der Beschwerdesymptomatik, ein am Einzelfall orientiertes symptombezogenes Therapiemodell zu entwickeln, das zum Beispiel darin bestehen kann, daß bei einer Agoraphobie zunächst die Eheproblematik des Betroffenen bearbeitet wird.

Wichtige Phobien:

Akrophobie	Höhenangst	Gynophobie	Angst vor Frauen
Agoraphobie	Platzangst	Hematophobie	Angst vor Blut
Ailurophobie	Angst vor Katzen	Hydrophobie	Angst vor Wasser
Algophobie	Angst vor Schmerzen	Iatrophobie	Angst vor Ärzten
		Keraunophobie	Angst vor Gewitter
Androphobie	Angst vor Männern	Klaustrophobie	Angst in geschlossenen Räumen
Anthophobie	Angst vor Bienen		
Astrophobie	Angst vor Unwetter	Klinophobie	Angst vor Betten
		Kynophobie	Angst vor Hunden
Autophobie	Angst vor dem Alleinsein	Mysophobie	Angst vor Mikroben und Ansteckung
Aviophobie	Angst vor dem Fliegen		
		Nekrophobie	Angst vor Leichen
Belonephobie	Angst vor Nadeln	Nosophobie	Angst vor Krankheiten
Botanophobie	Angst vor Pflanzen		
Chromophobie	Angst vor bestimmten Farben	Nyktophobie	Angst vor der Nacht
		Ombrophobie	Angst vor Regen
Dezidophobie	Entscheidungs-angst	Ophidiophobie	Angst vor Schlangen
Dormatophobie	Angst, an ein Haus gefesselt zu sein	Peccatophobie	Angst vor Sünde
		Pädophobie	Angst vor Kindern und Puppen
Elektrophobie	Angst vor Elektrizität		
		Sophophobie	Angst vor dem Lernen
Entomophobie	Angst vor Insekten		
Ergophobie	Angst vor Arbeit	Thanatophobie	Angst vor dem Tod
Gamophobie	Angst vorm Heiraten		

Psychoanalytisch orientierte Autoren sprechen bei der gleichen Symptomatik von phobischen Angstneurosen und versuchen, dem Kranken die angstauslösenden Mechanismen, die auf die reale phobische Situation verschoben sind, bewußtzumachen. Sie gehen davon aus, daß der phobischen Angstneurose ein unbewußter Sinn zugrunde liegt, der immer in der Abwehr eines unbewußten Konfliktes gesucht werden muß.

Phobien und generalisierte Angsterkrankungen sind mit hoher Wahrscheinlichkeit häufiger, als sie diagnostiziert werden. Sie verstecken sich nicht selten hinter vielfältigen vegetativen und organischen Beschwerden und führen oft zu einer ausgedehnten

apparativen Diagnostik, die in aller Regel nur zur Chronofizierung der Angstsymptomatik beiträgt.
Allerdings darf nicht übersehen werden, daß es auch eine Reihe von körperlichen Erkrankungen gibt, die Angst auslösen können; das sind vor allem Hyperthyreose (Schilddrüsen-Überfunktion), das Phäochromozytom (hormonproduzierender Tumor der Nebenniere), Herzkrankheiten, Bluthochdruck, aber auch Hirntumore und Epilepsie.
Gelangen Patienten mit Angsterkrankungen schließlich zum Psychiater, werden sie meist mit Benzodiazepinen (eine spezielle Gruppe von Psychopharmaka), Antidepressiva und niedrig dosierten Neuroleptika-Gaben behandelt. Insbesondere mit Benzodiazepinen ist rasch ein guter Therapieerfolg erzielbar, allerdings muß bedacht werden, daß diese Präparate die Grundstörung nicht beseitigen können, einen sedierenden Effekt haben und zur Abhängigkeit führen.
Antidepressiva und Neuroleptika sind bei den beschriebenen Phobien Therapiemittel der zweiten Wahl. Zwänge sind uns allen bekannt. Jeder war schon einmal in der Situation, daß eine Melodie ihm nicht aus dem Kopf gehen wollte, oder er unter Umständen wiederholt kontrollieren mußte, ob die Tür der Wohnung abgeschlossen, das Licht gelöscht und der Gashahn zugedreht ist. Die Unterlassung von Zwangshandlungen kann heftige Angst auslösen, ihre Ausführung bringt Erleichterung, die in pathologischen Fällen meist nur vorübergehend ist.
Zwänge sind nach Jaspers eine «der letzten Tatsachen des Seelenlebens». Zwangsgedanken, Zwangsantrieb und Zwangshandlungen können bei vielen relativ gesunden Menschen vorkommen, sie können aber auch zur Krankheit werden. Es gibt Menschen, die unruhig werden, wenn Bücher, Manuskripte oder sonstige Gegenstände nicht ausreichend geordnet sind. Zwangssymptome werden als fremdartig, störend und unvereinbar mit dem bewußten Denken erlebt. Es gibt Menschen, die sich dem Zwang zu wiederholter Körperreinigung nicht entziehen können, ihr Leben erschöpft sich in einem Kampf um absolute Sauberkeit, der ihre ganzen Energien verbraucht und dazu führt, daß ihr Leben sich in einem paradoxen Sauberkeitsritual erschöpft, das zum Beispiel zu schweren Veränderungen der Haut ihrer Hände führt und ein normales Leben unmöglich macht.

Unerwünschte Wirkungen von Psychopharmaka vom Benzodiazepin-Typ

1. Begleitsymptome	Müdigkeit an Tage («hang over»), psychomotorische Leistungsbeeinträchtigung
2. Individuelle Überdosierungssymptome	
a) psychisch	Somnolenz, Apathie, Verwirrtheit
b) körperlich	Schwindel, Ataxie, Gangstörung, Sturz, Dysarthrie
3. Paradoxe Reaktionen	Reizbarkeit, Hyperaktivität, Schlaflosgkeit, Depression
4. Absetz-(«Rebound»-) Symptome	Wiederauftreten verstärkter Angst oder Schlaflosigkeit; Auslösung eines zerebralen Anfalls
5. Abhängigkeitsentwicklung	Entzugssymptome
6. Seltene Symptome unterschiedlicher Genese	z. B. Kopfschmerzen, Libidoverlust, Störungen des Gastrointestinaltraktes, Blutbildveränderungen, Hautallergien

Häufiger als man glaubt, sind auch blasphemische Zwangsimpulse mit dem Drang, bei feierlichen und zeremoniellen Gelegenheiten, etwa in der Kirche, bei Beerdigungen und bei öffentlichen Veranstaltungen, obszöne Worte von sich zu geben. Solche blasphemischen Zwangsimpulse sind zum Beispiel von GOTTFRIED KELLER bekannt, die ihn besonders in seinen Jugendjahren quälten. Der Dichter deutete diese Zwangsimpulse später als eine Art unbewußten Experimentes, um die Allgegenwärtigkeit Gottes zu prüfen:

«So gereichte es mir eine Zeit lang zu nicht geringer Qual, daß ich eine krankhafte Versuchung empfand, Gott derbe Spottnamen, selbst Schimpfworte anzuhängen, wie ich sie etwa auf der Straße gehört hatte. Mit einer Art behaglicher und mutwillig zutraulicher Stimmung begann immer diese Versuchung, bis ich nach langem Kampfe nicht widerstehen konnte und im vollen Bewußtsein der Blasphemie eines jener Worte hastig ausstieß, mit der unmittelbaren Versicherung, daß es nicht gelten solle, und der Bitte um Verzeihung; dann konnte ich nicht umhin, es noch einmal zu wiederholen, wieder auch die reuevolle Genugtuung und so fort, bis die seltsame Aufregung vorüber war. Vorzüglich vor dem Einschlafen pflegte mich diese Erscheinung zu quälen.»

Auch G. Th. Fechner (1801–1887), der Leipziger Philosoph und Psychophysiker, litt unter Zwangsimpulsen. In seinen Tagebüchern schilderte er folgendes:

«Ein Hauptsymptom meiner Kopfschwäche bestand darin, daß der Lauf meiner Gedanken sich meiner Seele entzog. Wenn ein Gegenstand mich nur einigermaßen tangierte, so fingen meine Gedanken an, sich fort und fort um denselben zu drehen, kehrten immer dazu zurück, bohrten, wühlten sich gewissermaßen in mein Gehirn ein und verschlimmerten den Zustand desselben immer mehr, daß ich das deutliche Gefühl hatte, mein Geist sei rettungslos verloren, wenn ich mich nicht mit aller Kraft entgegen stemmte. Es waren oft die unbedeutendsten Dinge, die mich auf solche Weise packten, und es kostete mich oft Stunden, ja tagelange Arbeit, dieselben aus meinen Gedanken zu bringen… Meine geistige Beschäftigung bestand also, statt im Denken, in einem beständigen Bannen und Zügeln von Gedanken. Ich kam mir dabei manchmal vor, wie ein Reiter, der ein wildgewordenes Ross, das mit ihm durchgegangen ist, wieder zu bändigen versucht, oder wie ein Prinz, der sich gegen sein Volk empört und der allmählich Kräfte und Leute zusammensucht, sein Reich wieder zu erobern.»

Auch Otto von Bismarck berichtete, daß ihn Zwangsgedanken heimsuchten:

«Die Stille nach Mitternacht ist schrecklich, sie weckt alle bösen Geister meines Gemütes und läßt sie ein Opfer meiner Phantasie werden, um denen zu entgehen ich aufstehen und lesen oder schreiben muß.
Bei vielen derartigen Gedanken habe ich Debatten im voraus gedacht, die Gegner sprechen lassen und meine Erwiderung gegeben, auch bin ich aus Furcht, meine anscheinend so effektvollen Gedanken und Worte zu vergessen, aufgestanden und habe dieselben sorgfältig zu Papier gebracht. Nie habe ich dieselben jedoch für brauchbar empfunden; sie waren stets zu sub-

til, um unter praktischen Leuten verwendbar zu sein, und Papier und Tinte, die sich stets an der Seite meines Bettes befinden, waren nutzlos verschwendet.»

Derartige Zwänge können ein solches Ausmaß annehmen, daß sie das Leben eines Menschen gänzlich beherrschen, ihn unfrei und zum Sklaven von Gedanken machen, die er nicht als die eigenen empfindet. So gibt es Zwangsneurotiker, die in helle Aufregung geraten, wenn ein Messer verkehrt herum liegt, und fürchten, daß dadurch einer am Tisch sterben müsse. Es gibt Zwangsneurotiker, die sich den geschilderten Zwangserscheinungen so wenig entziehen können, daß sie arbeitsunfähig werden. Trotz wiederholter Kontrollen gelingt es ihnen nicht, ihre Zweifel zu beruhigen. Ihre abnorme Gewissenhaftigkeit treibt sie immer aufs neue zur Wiederholung ihrer Zeremonie. Die meisten Zwangsneurotiker müssen stets die gleiche Ordnung wiederfinden, jede Veränderung beispielsweise der Dinge auf ihrem Schreibtisch oder der Kissen auf ihrem Sofa beunruhigt sie tief, sie neigen zu starken Schuldgefühlen, Entschlußlosigkeit und Grübelsucht, aggressive Ausbrüche kommen gelegentlich vor. Zwangsneurotiker zeichnen sich häufig durch eine starke sexuelle und aggressive Triebhaftigkeit und ein sehr strenges Gewissen aus. Es gibt auch Hinweise für eine genetische Disposition zur Zwangsneurose. Zwangsneurosen sind schwer zu behandeln und werden meist chronisch. Etwa 10–20 Prozent der schweren Zwangskrankheiten gehen in Psychosen über. Die Übergänge von leichten, skurril wirkenden Zwangsphänomenen, die die meisten von uns aus dem täglichen Leben kennen, zur schweren Zwangskrankheit sind fließend.

Hysterische Neurosen

Eine der häufigsten Formen krankhafter Erlebnisverarbeitung wird seit alters her als Hysterie bezeichnet. Der Begriff ist vom griechischen Wort «hystera» abgeleitet und heißt Gebärmutter. Hippokrates vermutete dort den Sitz der Krankheit und war der Auffassung, daß diese Störung nur bei Frauen vorkomme. Diese

Ansicht hat sich zwar als unrichtig erwiesen, sie zeigt aber, daß schon sehr früh sexuellen Konflikten bei der Entstehung dieses vielschichtigen und schillernden Krankheitsbildes eine bedeutsame Rolle zugeschrieben wurde.
J. Breuer und S. Freud veröffentlichten 1895 die Falldarstellung der Anna O. in ihren «Studien über Hysterie».

«Anna O. war bei Beginn ihrer Behandlung (1880) 21 Jahre alt und ein überdurchschnittlich intelligentes, phantasiebegabtes Mädchen, das systematisch Tagträumereien nachging, die sie als ihr ‹Privattheater› bezeichnete. Im Juli 1880 erkrankt ihr Vater, den sie verehrt und liebt, an einer Pleuritis (Brustfellentzündung) und stirbt im April 1881 an den Folgen dieser Krankheit. Während der ersten Monate der Krankheit pflegt Anna ihren Vater aufopfernd und verzichtet auf alle anderen Aktivitäten. Doch nach und nach befällt sie ein schwerwiegender Schwächezustand, sie verliert den Appetit, nimmt an Gewicht ab und kann ihre Aufgabe schließlich nicht mehr erfüllen. Sie wird – ein Symptom des Vaters imitierend – von schweren nervösen Hustenanfällen geschüttelt. Später entwickelt sich ein Schielen, das sich bei Erregung verstärkt und zu Doppelbildern führt.
Außerdem kommt es zu einer ‹Lähmung› der vorderen Halsmuskeln, und Anna O. kann den Kopf nur noch bewegen, wenn sie ihn zwischen den hochgezogenen Schultern einklemmt. Im weiteren Verlauf entwickelt sich eine Gefühllosigkeit des rechten Armes, des rechten Beines, später greift die gleiche Störung auf das linke Bein und den linken Arm über. Sprachstörungen treten auf, es wird mühsam, Worte zu finden, Grammatik und Syntax verändern sich, und schließlich wird sie völlig unfähig zu sprechen. Vorübergehend ist Anna O. nur noch in der Lage, Englisch zu sprechen, reagiert aber, wenn sie ihre Umgebung auf Deutsch anspricht, unauffällig. Als ihr Vater im April 1881 stirbt, gerät Anna O. in einen Zustand äußerster Erregung, dem eine tiefe, einige Tage dauernde Niedergeschlagenheit folgt. Ihr Gesichtsfeld engt sich ein. Als sie einen Blumenstrauß betrachtet, den man ihr geschenkt hat und über den sie sich sehr freut, sieht sie nur noch jeweils eine Blume. Sie gibt an, die Gesichter von Menschen, die sie kennt, nicht wiederzuerkennen. Breuer beginnt mit ihr tägliche Gespräche, teils im Wachzustand, teils in Hypnose und läßt sich von ihren Phantasien und Traumbildern berichten. Sie selbst nennt dieses Verfahren ‹talking-cure› oder etwas spöttisch ‹chimney sweeping›. Schritt für Schritt gelingt es so, die Symptome auf ihren Ursprung zurückzuführen und sie damit zum Verschwinden zu bringen.»

Breuer, der den Abschluß der Behandlung im Juni 1882 beschrieb, stellte fest, daß die Patientin damals

«frei von allen unzähligen einzelnen Störungen war, die sie früher dargeboten hatte. Dann verließ sie Wien für eine Reise, brauchte aber noch längere Zeit, bis sie ganz ihr psychisches Gleichgewicht gefunden hatte. Seitdem erfreut sie sich vollständiger Gesundheit.»

Diese Darstellung war offenbar zu optimistisch, denn einen Monat nach ihrer letzten Behandlung durch BREUER begab sie sich ins Bellevue-Sanatorium in Kreuzlingen am Bodensee, wo sie wegen einer schweren Morphin-Abhängigkeit behandelt wurde. Auch nach der Entlassung war sie noch nicht morphinfrei. Über das weitere Leben der Anna O., die Berta Pappenheim hieß, wissen wir heute gut Bescheid. Sie war die Tochter eines reichen jüdischen Kaufmannes in Wien, widmete sich der Sozialarbeit unter Juden, reiste durch ganz Europa und starb 1936 im Alter von 77 Jahren.

Noch einige Jahre benutzte FREUD die Hypnose als Instrument, um seinen Patienten ihre krankmachenden Erinnerungen bewußtzumachen. Bald mußte er allerdings entdecken, daß viele Patienten nicht hypnotisierbar waren. Im Sommer 1898 reiste er nach Nancy, um bei BERNHEIM und LIEBAULT, den damals führenden Hypnotiseuren Europas, mehr über die Hypnose zu lernen. Dort erfuhr er von BERNHEIM, daß es auch ihm häufig nicht gelang, seine Patienten zu hypnotisieren. Dies war der Grund, eine neue Methode zu entwickeln, um pathogene Erinnerungen ins Bewußtsein zu heben, und so entstand die Methode der freien Assoziation, die auch dazu dient, verdrängte Erinnerungen ins Licht des Bewußtseins zu führen.

Da seelische Konflikte zu verschiedenartigsten körperlichen Symptomen führen, spricht man auch von Konversion oder Konversionshysterie. Konversionssymptome sind häufig und sollen nach Literaturangaben bei 25 Prozent der Patienten in Allgemeinkrankenhäusern auftreten, werden aber häufig als Ausdruck einer Organerkrankung verkannt und gelangen gar nicht in den Gesichtskreis eines psychotherapeutisch ausgebildeten Arztes.

Kriterien, die auf eine Konversionssymptomatik hinweisen:

Farbig-dramatische, aber vage Symptombeschreibung, Vergangenheit mit vielen Störungen, Abklärungen und Angriffen, deren Indikation unklar bleibt.

Selbstbezogenheit, psychische Labilität, Exzentrizität, Eitelkeit, fordernde Abhängigkeit.

Flache Beziehungen, Partnerwechsel, Scheidungen, trotz sexuell provozierendem Verhalten Frigidität, Impotenz.

Medikamentabusus. Selbstmordversuche.
Symptome entsprechen nicht anatomischen und physiologischen Gegebenheiten.
Die Diagnose einer Konversionssymptomatik ist sicher, wenn sich folgende Kriterien erhärten lassen:
Zeitliches Vorangehen eines seelischen Konflikts. Belegbarkeit der Symptomwahl. Belegbarkeit der Symptomlokalisation. Neutralisierung des Konflikts.

Ein Fall aus der Praxis:
Eines Morgens erwacht der 56jährige Versicherungsangestellte K. D. und bemerkt, daß ihm seine Beine nicht gehorchen, als er vom Bettrand aufstehen will. Er hat keine Schmerzen, spürt mit den Fingerspitzen die Haut seiner Oberschenkel. Er kann alles wahrnehmen. Seine Frau ruft: «Beeil dich, es ist schon spät.» Er springt auf und läuft ins Bad, als sei alles in Ordnung.
Aber die Sache geht ihm nicht mehr aus dem Kopf. Er hat Angst, ernsthaft krank zu sein, und nimmt sich vor, einen Arzt aufzusuchen, weil er seit einigen Monaten auch unter einem unangenehmen Ohrensausen leidet. Bisher hat er mit noch niemandem gesprochen. Merkwürdig ist, daß dieses Ohrensausen an den Wochenenden nie auftritt. Beim Gedanken an seinen Arbeitsplatz überfällt ihn ein eigentümliches Unbehagen. Er kaut nur noch lustlos an seinem Brötchen und legt es schließlich hin. K. D. ist seit über 25 Jahren Versicherungsangestellter und hat sich von der Pike an hochgearbeitet.
Seit einem halben Jahr hat er einen neuen Abteilungsleiter, der Volljurist ist und zwei neue Mitarbeiter, ebenfalls Akademiker, mitgebracht hat.
Herr D. hat das Gefühl, daß ihn sein neuer Vorgesetzter nicht schätzt, und leidet darunter.
Eine gründliche Untersuchung beim Ohrenarzt ergab, daß alles in Ordnung ist. Der Arzt sagt: «Sie haben nichts. Vielleicht sind Sie überarbeitet. Sie sollten 14 Tage ausspannen.» Herr D. wird krankgeschrieben und fühlt sich in dieser Zeit ausgesprochen wohl. Er denkt, wie recht der Ohrenarzt doch hat. Als er seine Arbeit wiederaufnehmen will, ist das Ohrensausen wieder da, und seine Beine versagen erneut. Er schafft es zwar noch, zum Bus zu gehen, es gelingt ihm jedoch nicht, in den Bus einzusteigen. Herr D. geht zu einem anderen Arzt, der ihn gründlich untersucht und erklärt, daß er nichts Krankhaftes finden kann, und ihn deshalb an einen Neurologen überweist. Der Neurologe untersucht Herrn D. sehr gründlich und erklärt ebenfalls, daß er organisch gesund ist. Er rät, einen Psychotherapeuten zu konsultieren. Dieser interessiert sich ausführlich für sein Privatleben und möchte alles über seinen Arbeitsplatz wissen.
Besonders interessiert ihn, wann das Ohrensausen angefangen hat und welche Konflikte es mit dem neuen Vorgesetzten gibt. Herr D. geht gerne zu seinem Psychotherapeuten, der freundlich ist, zuhören kann und an seinen Problemen Anteil nimmt. Das Ohrensausen und die Schwäche in seinen Beinen werden jedoch nicht besser. Trotzdem geht Herr D. regelmäßig und

pünktlich zu den vereinbarten Sprechstunden. Plötzlich sagt er einen Termin ab, mit der Begründung, er müsse Überstunden machen. Als er zum nächsten Termin erscheint, ist er wie ausgewechselt, er wirkt jünger, elastischer und berichtet, daß er wieder gesund sei. Das Ohrensausen ist verschwunden, und die Beine funktionieren wie früher.
Was war geschehen? Herr D. ist an einen anderen Arbeitsplatz versetzt worden. Den dortigen Abteilungsleiter kennt er schon seit über 10 Jahren und versteht sich gut mit ihm. Die Milieuveränderung hat also zu einer spontanen Heilung der konversionsneurotischen Symptomatik geführt.

An diesem Beispiel werden zwei Dinge deutlich:

1. Konflikte des alltäglichen Lebens können bei entsprechend veranlagten Menschen zu schwerwiegenden gesundheitlichen Beeinträchtigungen führen.
2. Die Prognose neurotischer Konflikte ist um so besser, je aktueller die zugrundeliegende Konfliktsymptomatik ist.

Die Symptomatik der Konversionshysterie ist außerordentlich bunt, und es gibt kaum eine Symptomatik, die nicht hysterisch bedingt sein kann. Am häufigsten sind Lähmungen der Extremitäten, sogar Querschnittslähmungen kommen vor, aber auch Bewegungsstörungen wie Tics, Zittern, Muskelzuckungen, Einengung des Gesichtsfeldes oder sogar seelisch bedingte Blindheit. Im Ersten Weltkrieg waren die Lazarette überfüllt von Soldaten mit hysterischen Schüttellähmungen. Seitdem sollen eindeutig hysterische Symptome seltener geworden sein, und es besteht eine Tendenz zum häufigeren Auftreten von organneurotischen Symptombildungen wie Gastritis, Ulkus und Hypertonie, die keinen so starken Ausdruckscharakter wie zum Beispiel hysterische Lähmungen haben.

Ein Fall aus der Praxis:
Der Patient wuchs mit 2 Geschwistern bei seinen Eltern auf. Er hat die Volksschule bis zum Schluß besucht und eine Lehre als Maurer absolviert, bis 1986 war er in seinem Beruf tätig. Seitdem arbeitet er als Bergmann im Salzbergwerk der Entsorgungsanlage Gorleben. Er ist seit 1983 verheiratet, Kinder gingen aus der Ehe nicht hervor.
Am 12.05.1987 arbeitete er im Schacht. Dabei verklemmte sich sein Hammer, und er mußte ihn mit dem Hammer eines Arbeitskollegen freimachen. Danach legte er eine kurze Pause ein, und ein Obersteiger setzte die Arbeit fort. Kurze Zeit später knackte es im Schacht, und ein etwa 1,5 Tonnen großer Ring stürzte aus 5 bis 6 Meter Höhe herab. Herr D. erlitt nur Schürfungen und Prellungen, ein Arbeitskollege wurde getötet, zwei Arbeitskollegen wurden schwer verletzt. Bei der Schilderung des Unfallereignisses bricht Herr D.

in Tränen aus. Nach Abschluß der Behandlung wegen der Prellungen und Schürfungen trat Herr D. mit seiner Ehefrau einen Urlaub an, auf einem Flug in Richtung Rhodos geriet das Flugzeug in einen Sturm und wurde so geschüttelt, daß er fürchtete, das Flugzeug würde abstürzen. Er hatte, obwohl seine Ehefrau bei ihm war und ihn beruhigte, Schweißausbrüche und fürchterliche Angst. Während des Urlaubs auf Rhodos erlebte er ein leichtes Erdbeben, dabei traten wiederum schreckliche Angstzustände auf. Ende 1987 fuhr er erstmals wieder in den Schacht ein, dabei nahm er einen merkwürdigen Geruch wahr. Er war deshalb wieder zurückgefahren, die Ursache des Geruchs hatte man nicht klären können. Beim erneuten Einfahren in den Schacht roch wieder nach Brand. Es wurde festgestellt, daß eine Leitung durchgeschmort war; seitdem leidet der Proband unter so starken Ängsten, daß er nicht mehr in der Lage ist, unter Tage zu arbeiten. In der Folgezeit verstärkten sich die Ängste zunehmend und wurden so intensiv, daß allein der Gedanke, unter Tage zu fahren, Schweißausbrüche, Hitzewallungen, Herzrasen und Zittern bei ihm auslöste. Im Rahmen einer stationären psychotherapeutischen Behandlung von 1½ Monaten wurde festgestellt, daß eine überwiegend depressiv-mißtrauische angstneurotische Reaktionsdynamik vorliegt. Die Genese der Störung konnte nicht genauer geklärt werden. Hypothetisch wurde angenommen, daß es sich um eine frühe Individuationsstörung handelt. Man gewann den Eindruck, daß der Proband mit seiner labilen Persönlichkeitsstruktur im allgemeinen adäquat umgehen kann. Der tödliche Arbeitsunfall eines Kollegen habe ein latent vorhandenes Angstpotential aktiviert. In engeren Gesprächen gelang es, die Angst des Patienten zu deaktualisieren, allerdings konnte nicht erreicht werden, den Patienten so weit zu stabilisieren, daß er wieder in der Lage war, unter Tage zu arbeiten.

Psychogene Anfälle sind nicht so selten, wie man denken könnte. Dr. Th. Lempert berichtete auf einem neurologischen Kolloquium im Klinikum München-Groß Hadern von 150 Patienten aller Altersgruppen aus meist unteren sozialen Schichten, die unter psychogenen Anfällen litten.

72 Prozent der Erkrankten waren arbeitslos. Typisch für das Krankheitsbild ist eine situativ emotionale Auslösung der Anfälle, ein unauffälliges EEG, unübliche Anfallsmuster, andere Konversionssymptome und ein auffälliger psychischer Befund. Durch psychotherapeutische Maßnahmen waren nach 2 Jahren 34 Prozent der Patienten dieser Studie anfallfrei geworden, bei weiteren 22 Prozent hatte die Zahl der Anfälle abgenommen. Daraus ist ableitbar, daß die Behandlung psychogener Anfälle schwierig und nur teilweise erfolgreich ist.

Hypochondrische Neurosen

Ängstliche Sorge um das leibliche Wohlergehen ist vielen aus eigenem Erleben bekannt. Unklare Schmerzen beunruhigen, versetzen uns in Sorge, verschwinden und werden vergessen. Ängstliche Sorge um die eigene Gesundheit kann aber zur alles beherrschenden Krankheit werden. Anders als beim Phobiker liegt das Angstobjekt nicht mehr in der Außenwelt, sondern ist in den eigenen Körper gerückt. Diese Angst kann sich auf die Funktion fast aller Organe beziehen und geht nicht selten mit phantastischen Vorstellungen einher. Bevorzugtes Objekt dieser ängstlichen Befürchtungen ist der Bauch, die Verdauung, das Herz mit seinen Funktionen, die Leber, der Harnapparat, die Geschlechtsorgane und auch das Gehirn. Besonders häufig treten hypochondrische Entwicklungen in der zweiten Lebenshälfte auf. Oft ist es nicht leicht, zwischen arteriosklerotisch bedingten und psychosomatisch bedingten Herzbeschwerden zu unterscheiden. Viele Patienten mit einer Angina pectoris sind nicht nur beruflich belastet, sondern bei den meisten findet man auch psychodynamisch direkt oder indirekt wirkende Trennungserlebnisse, zum Beispiel Scheidung oder Tod naher Bezugspersonen. Bei Patienten mit arteriosklerotisch bedingter koronarer Herzerkrankung besteht eine psychische Belastung meist schon über viele Jahre, bei den meisten Patienten mit einer vasospastischen Angina pectoris liegt die psychische Belastung nur Tage bis Monate zurück. Auffällig ist nicht selten der psychiatrische Befund: Diese Patienten sind häufig unfähig, Gefühlen wie Wut und Trauer Ausdruck zu verleihen.

Eine hypochondrische Entwicklung kann auch durch die Erkrankung eines nahstehenden Menschen ausgelöst werden. Eine 35jährige, bis dahin stets fröhliche und lebenszugewandte Frau war Augenzeugin, als ihre Nachbarin, mit der sie befreundet war, einen Schlaganfall erlitt. Danach stellten sich bei ihr Herzbeschwerden ein. Sie klagte über einen dauernden Druck im Bereich der linken Brustseite, das Herz wurde als glühend und drückend empfunden, sie gab an, der ganze Körper zittere innerlich, die Haut sei wie Feuer, der Kopf fühle sich so an, als wenn er von einer dicken Hornschicht bedeckt wäre. Jede kleine Mißempfindung wertete sie als sicheres Krankheitszeichen und

war nur im Rahmen einer längerfristigen psychotherapeutischen Behandlung davon zu überzeugen, daß ihr nichts Ernsthaftes fehle.
Es wird geschätzt, daß 10 bis 15 Prozent der Patienten eines niedergelassenen Arztes Herzneurotiker sind. Sie gehören zu den schwierigsten Patienten, weil es nicht genügt, sie gründlich zu untersuchen und echte kardiovaskuläre Krankheiten auszuschließen, sondern weil es außerordentlich wichtig ist, sie ernst zu nehmen – was dem organmedizinisch orientierten Arzt häufig schwerfällt. Ihnen muß gesagt werden, daß sie keine organische Herzerkrankung haben, sondern eine seelische Störung, die auch ernst zu nehmen sei und Beschwerden mache. Nach Prof. Dr. Horst-Eberhard Richter ist es falsch, diesen Patienten «harmlose» Mittel zu verordnen, in deren Beipackzettel steht, daß sie auch bei organischen Herz-Kreislauf-Erkrankungen verordnet werden können. Dadurch wird die Angst noch weiter geschürt. Nach Richter brauchen Herzneurotiker vor allem eines: den starken, kompetenten Arzt, der für sie da ist, an den sie sich in ihrer «kindlichen Angst» klammern und den sie idealisieren können. Sobald sie sich dessen sicher sind, fangen sie an, sich zu emanzipieren, und riskieren allmählich wieder, ohne ständige Furcht zu leben.

Aids-Aufklärung mobilisiert Ängste: Aids-Phobie

HIV-Infektionen sind zweifellos für die sexuell aktive Bevölkerung eine reale Gefahr, und Aufklärung ist notwendig. Daß übertriebene Aufklärung auch zu gesundheitlichen Schäden führen kann, beweist die zunehmende Zahl der Patienten mit einer Aids-Phobie.
In der Bundesrepublik sollen inzwischen mehr Menschen an einer Aids-Phobie leiden als an der Immunschwäche selbst. Die Beratungsstellen der staatlichen Gesundheitsämter werden bis zu 75 Prozent von Ratsuchenden aufgesucht, die nicht zu einer Risikogruppe gehören. Latente Ängste wurden bei diesen Patienten durch die Aufklärungskampagnen aktiviert, und sie jagen von einem Aids-Test zum anderen. Dr. Christian Floto und Prof. Horst Hettwer von der Universität Osnabrück be-

fragten 198 Gesundheitsämter in der Bundesrepublik und alle Aids-Selbsthilfeorganisationen nach ihren Erfahrungen in der Beratungspraxis.

> «Die Aids-Phobie ist eine immer ernster zu bewertende psychische Krankheit. Auf unsere Frage nach dem Anteil dieser Gruppe von Ratsuchenden zeigte sich, daß dieser in jedem zweiten Gesundheitsamt über 50 Prozent, in jedem dritten sogar über 75 Prozent liegt.»

Häufig wird nach einem einmaligen «Seitensprung» in einer stabilen Partnerschaft und durch die damit zusammenhängenden Schuldgefühle eine Aids-Phobie in Gang gesetzt.

> «Die Berater geraten in die Rolle von Beichtvätern. Am Test werden Schuldgefühle festgemacht, und das Höllenfeuer bis zum Untersuchungsergebnis wird als Läuterung wie eine Buße oder eine Bestrafung empfunden.»

Die Osnabrücker Wissenschaftler sehen die Ursache für diese neue Erkrankung in einem Zusammenspiel zwischen der neurotischen Primärstruktur der Betroffenen und den «Medienorkanen der Aids-Aufklärung».
Auf einer Tagung in Stuttgart zum Thema «Aids-Wirklichkeiten» äußerte sich der in den Vereinigten Staaten lebende Psychotherapeut Karl Watzlawick, daß eine in apokalyptischen Farben ausgemalte Aids-Epidemie der «wissenschaftliche Betrug des Jahrhunderts» sein könnte.

> «Die wahre Epidemie liegt in der Leichtfertigkeit, mit der sich absurde Ideen auf der Welt ausbreiten.»

Richtig ist sicher, daß niemand zum gegenwärtigen Zeitpunkt abschätzen kann, wie und in welchem Ausmaß sich die HIV-Infektion in den nächsten Jahrzehnten ausbreiten wird. Wieviel Prozent der HIV-Positiven an Aids erkranken werden, ist zum gegenwärtigen Zeitpunkt nicht genau bekannt, und es ist nicht auszuschließen, daß sich bei zunehmender Infektionsrate das Sexualverhalten ändern wird. Safer-Sex-Kampagnen sind ebenso irreal wie eine Aids-Phobie. Die Behauptung, daß die Ausbreitung der Seuche dadurch gestoppt werden könne, daß man konsequent Kondome benutzt, ist inzwischen widerlegt. Aus einer Zusammenstellung von Studienergebnissen von Prof. Dr. G. Frösner vom Max-von-Pettenkofer-Institut in München geht hervor, daß die «Aids-Epidemie» so nicht zu stoppen ist und die Wirksamkeit von Kondomen überschätzt wird. In den

USA wurde eine Kondomstudie abgebrochen, weil es aufgrund der inzwischen vorliegenden Erkenntnisse gesichert ist, daß Kondome nicht ausreichend vor einer HIV-Infektion schützen und daher ein Infektionsrisiko nicht ausschließen.
Wissenschaftlich konnte nicht geklärt werden, warum die Wirksamkeit von Kondomen so begrenzt ist, aber es ist leicht vorstellbar, daß Schleimhautverletzungen im Bereich des Mundes der Übertragungsweg sein könnten. Nach Berechnungen von FRÖSNER gibt es nur eine einzige wirksame Möglichkeit, die Aids-Ausbreitung zu stoppen, und zwar durch langfristige Beziehungen zwischen treuen, nicht infizierten Partnern, die mindestens 4 Jahre zusammenleben.
Prof. FRÖSNER hält es für eine sinnvolle Strategie, die Sexualpartner jeweils danach auszusuchen, ob anamnestische Risiken bestehen, und empfiehlt eine breite Durchuntersuchung der in Frage kommenden Bevölkerung, damit alle sexuell aktiven Personen ihren Infektionsstatus und auch den ihrer Sexualpartner kennen. Ob sich diese Vorschläge verwirklichen lassen und ob sie sinnvoll sind, ist sehr zweifelhaft.
Die Aids-Epidemie wird sich – jedenfalls nach dem gegenwärtigen Stand der Erkenntnisse – nur dann wirkungsvoll eindämmen lassen, wenn es breiten Bevölkerungskreisen gelingt, ihren Sexualtrieb rational zu steuern.
Geistig-seelische Stabilität kann hier ebenso wie in vielen anderen Bereichen des Lebens zu einem bedeutsamen Prophylaktikum werden. Eine ganz andere Frage ist jedoch, ob dies erreichbar sein wird.

Macht Kirche krank?

Unter der Überschrift «Sexualstörungen infolge ekklesiogener Neurosen» berichtet der Mediziner THOMAS über drei Jahrzehnte Tätigkeit im Rahmen der Ärztlichen Lebensmüdenbetreuung in Berlin. Bei 90 Prozent der hilfesuchenden zwangsneurotischen Patienten lag der Ursprung ihrer Erkrankung in «ekklesiogen»-neurotischen Einflüssen. Zwangskranke dieser Art sind nach wissenschaftlichen Untersuchungen in hohem Grade selbstmordgefährdet.

«Die Bezeichnung ‹ekklesiogen› folgt dem medizinischen Sprachgebrauch, Krankheiten nach ihrem Ursprung zu benennen, wie zum Beispiel auch ‹iatrogene Erkrankung› eine vom Arzt verursachte Krankheit bezeichnet. Mit dem krankmachenden Wirken der Kirche ist also die sichtbare Kirche als religiöses Körperorgan und Organisation mit ihren verschiedenen Einrichtungen der Lehre, der Erziehung und der Sozialarbeit gemeint.»

THOMAS berichtet, daß er «ekklesiogene» Neurosen in Bereichen mit pseudo-christlicher, moralisierender Erziehung in der ganzen Welt fand.

Der Begriff «Sünde» war jahrhundertelang nach der kirchlichen Verkündung mit dem Begriff «Sexualität und Geschlechtlichkeit» verbunden. Bisher hat es keine christliche Sexualethik geschafft herauszustellen, daß Sexualität an sich nichts Schlechtes ist und daß zum Beispiel Selbstbefriedigung nirgendwo in der Bibel als Sünde bezeichnet wird. Dies gilt auch für andere sexuelle Verhaltensmuster. So sind es die kirchlichen Vorschriften, die die Gläubigen bedrängen, und, um es mit Matthäus 18,6 zu sagen, sie «binden unerträgliche Lasten in Mühlsteine auf» und machen die Menschen krank.

Immer wird davon geredet, daß wir uns in einer aufgeklärten Gesellschaft befinden. Die Zahlen, die THOMAS vorlegt, widersprechen dem deutlich.

Der Autor geht von etwa 3 Millionen ärztlich behandlungsbedürftigen neurotischen Kranken aus, von denen bis 50 Prozent an einer «ekklesiogenen» Neurose leiden.

Unter 22000 Patienten der Ärztlichen Lebensmüdenbetreuung in Berlin wurden 7000 Neurotiker festgestellt, von denen allein 3000 als «ekklesiogen» erkrankt eingestuft wurden. Dies ist immerhin ein Anteil von knapp unter 50 Prozent.

Ekklesiogene Neurosen gehen nach THOMAS mit häufig ernsten sexuellen Symptomen einher. Ärztlicherseits muß auf diese Zusammenhänge hingewiesen werden, der Patient muß aufgeklärt und es müssen therapeutische Schritte eingeleitet werden.

«Als erstes seien hier die von uns als ‹Onanie-Skrupulanten› bezeichneten Patienten genannt, bei denen untilgbare Schuldgefühle, ständige Entmutigung, vielerlei Ängste und Zweifel und ähnliches, aber auch Stottern, Harnlaßstörungen und schwerste Formen der Verstopfung auffielen. Hinter all diesen Gruppen stand die krampfhafte Angst: ‹Da darf nichts raus.› Von die-

Allgemeine Angaben zu den Ratsuchenden in der Ärztlichen Lebensmüdenbetreuung Berlin

Unter den insgesamt 22 000 Patienten behandelten wir

1500	kirchliche Amtsträger, davon	
900	Pfarrer	
540	evangelische	
240	katholische	
110	freikirchliche	
10	sonstige	
Geschlecht:	männlich	1000
	weiblich	500
Selbstmord-gefahr:	(kurz) nach einem Selbstmordversuch	120
	in Selbstmordgefahr	550
Alter:	unter 30 Jahren	150
	zwischen 31 und 50 Jahren	950
	zwischen 51 und 60 Jahren	260
	über 60 Jahre	140
Herkunft:	aus Berlin (West)	870
	aus der Bundesrepublik	500
	aus dem Ausland	75
	aus der DDR	55

Der Anteil der «ekklesiogen» Erkrankten in der Zahl unserer neurotischen Patienten ist zwischen 1960 und 1980 von 30,8% auf 43,6% angestiegen. Das liegt vermutlich an dem wachsenden Bekanntheitsgrad der Eigenart unserer Tätigkeit in der Ärztlichen Lebensmüdenbetreuung.

Patienten mit sexueller Symptomatik:

Wie oft ekklesiogen?

	Patienten insgesamt	davon «ekklosiogen» Prozent
Onanieskrupulanten (Skrupel beim Onanieren)	1300	97
Homosexuelle	300	94
Deviante	300	80
davon Sadomasochisten	170	80
Frigidität	550	90
Impotenz (erektile Dysfunktion)	350	65

sen Onanie-Skrupulanten litten 97 Prozent an einer ‹ekklesiogenen› Neurose, das heißt, diese hohe Zahl von Patienten war fast ausschließlich durch unmittelbaren oder mittelbaren kirchlichen Einfluß erkrankt.»

Eine besonders krasse Form der Leibesfeindlichkeit stellen die sogenannten ‹verheirateten Jungfrauen› dar. MAX B. CLYNE veröffentlichte dazu eine Arbeit: ‹Virgin WIVES – ein Circulus vitiosus› (Sexualmedizin 11/1973) und nannte Zahlen verschiedener Gynäkologen, die unter ihren Patientinnen bis zu 5 Prozent ‹verheirateter Jungfrauen› fanden. Mit der Betonung, daß diese Frauen zumeist vom ‹schmutzigen Koitus› nichts wissen wollten, deutet er einen möglichen ‹ekklesiogen›-neurotischen Ursprung der Störungen an, ohne ihn jedoch zu nennen.

«Alle ‹verheirateten Jungfrauen› unter unseren Ratsuchenden (nach mindestens fünf-, durchschnittlich achtjähriger Ehe) waren Pfarrfrauen. Wenigstens fünfzigmal hörten wir von unseren Ratsuchenden: ‹Wir wollten unbedingt unberührt in die Ehe gehen und blieben auch trotz vieler Versuche ‹rein›. In der Hochzeitsnacht merkten wir erst, daß mein Mann impotent ist.›»

Patienten mit psychosomatischer Symptomatik:

Wie oft «ekklesiogen»?

	Patienten insgesamt	davon «ekklosiogen» Prozent
Dysmenorrhe	320	30
Amenorrhoe	198	4
Anorexie	11	90
Stottern	76	20
Miktionsstörungen	31	40
Verstopfung	984	2
Rückenschmerzen	1219	2

Besondere Erfahrungen wurden in der Ärztlichen Lebensmüdenbetreuung auch mit den Schwierigkeiten Homosexueller gesammelt.

«Typischerweise hatten sich männliche Jugendliche zunächst einem Mädchen zugewandt, sich verliebt und verabredet. Da sie aber unter der Einwirkung einer strengen ‹christlichen› Erziehung standen, wurden die meist völlig harmlosen Kontakte als sündhaft verdächtigt, oder sie wurden als geradezu unsittlich verboten.»

Ein Psychologe brachte dies auf eine allgemeine Formel:

«Wem der Weg zum anderen Geschlecht (besonders durch religiös begründete Verbote) versperrt wird, der wird homosexuell.»

Dieser Ausspruch kann sicher nicht alle Probleme der Homosexualität in ihrer Vielschichtigkeit lösen oder angehen, aber er kann auf die Verantwortung der Christen allgemein und insbesondere der christlichen Erzieher hinweisen.

THOMAS faßt in seinem Bericht zusammen:

Patienten mit psychischer Symptomatik:

Wie oft «ekklesiogen»?

	Patienten insgesamt	davon «ekklosiogen» Prozent
Zwangsneurosen	532	94
davon religiöse Skrupel	70	100
Neurotische Depressionen	910	90

«Bei der Ärztlichen Lebensmüdenbetreuung läßt sich im Grenzbereich zwischen Theologie und Medizin ein besonderes Krankheitsbild ausmachen: die ‹ekklesiogene› Neurose. Die davon betroffenen Patienten – zu einem hohen Prozentsatz auch kirchliche Würdenträger – leiden unter der Auswirkung einer pseudo-christlichen, moralisierenden Erziehung.»

Die gleichen Konflikte, die zu einer ekklesiogenen Neurose führen können, sind Ursache dafür, daß weltweit etwa 80 000 katholische Priester ihren Beruf «an den Nagel» gehängt haben. In jedem Fall ist die berufliche Sphäre mitbetroffen. Der Geistliche kann seine berufliche Funktion schlechter erfüllen und in Extremfällen sogar seine wirtschaftliche Existenz verlieren. THOMAS wies darauf hin, daß

«viele ekklesiogene Neurosen verhindert werden könnten, wenn in Kirchen und Familien eine wahrheitsgetreue biblische und natürliche Sexualerziehung gelehrt und praktiziert würde».

Er fordert, daß unter anderem in den von der katholischen Kirche abgehaltenen Vorbereitungskursen auf die Ehe auch Fragen der Erotik und Sexualität eingeschlossen werden sollen. Dies sei um so notwendiger, als auch ein beträchtlicher Teil des kirchlichen «Fußvolks» zu ekklesiogenen Neurosen neigt.

Psychosomatische Medizin

Die Zusammenhänge zwischen körperlichen Erscheinungsformen, Störungen, Krankheiten und seelischen Ursachen, also psychosomatischen Ursachen, sind im Sprachgebrauch vielfach abzulesen. Die Umgangssprache sagt zum Beispiel: «Mir läuft die Galle über.» Tatsächlich reagiert auf vegetative, auf seelische Störungen stets das Organ, das sowieso der Schwachpunkt eines Organismus ist. Das heißt also, wer sowieso zu Gallenreaktionen neigt, der wird tatsächlich spüren, wie es ihm bitter aufsteigt, wenn er sich geärgert hat, wenn er etwas «herunterschlucken muß», das seine Seele schlecht verkraften kann.

Ganz ähnlich ist der Ausspruch «Mir ist eine Laus über die Leber gelaufen». Ein Ärgernis macht sich bemerkbar in der Leberarbeit, die dann insuffizient durch Mehr- oder durch Minderarbeit Beschwerden macht, das Ärgernis zu verarbeiten sucht.

«Das liegt auf den Schultern» oder «Das sitzt mir im Rücken» sind Synonyme für eine Last, die schwer zu tragen ist – zu schwer zu tragen für die Seele allein, so daß der Körper spürbar Hilfestellung leisten muß. Tatsächlich wird berichtet, daß manche Ischialgien durchaus nicht vom Heben einer Bierkiste in den Kofferraum ausgelöst wurde, sondern vom Ärger darüber, daß der Ehemann eine Bierkiste zuviel nach Hause gebracht hat.

Die Wirbelsäule ist das Stützorgan des Körpers und bestimmt die Haltung des Menschen, was sich in vielen Redensarten zeigt:

«Sein Haupt stolz erhoben tragen»
«Nackenschläge einstecken»
«Den Kopf in den Sand stecken»
«Rückgrat zeigen»
«Etwas auf den Buckel nehmen»
«Einen breiten Buckel haben»

«Mir springt der Kopf» oder «Das halte ich im Kopf nicht aus» sind Aussagen alltäglichen Sprachgebrauchs für besonders große geistige Arbeitsaufwendungen, intellektuelle Entscheidungen oder auch Überraschungen, die im Kopf verarbeitet werden müssen.

Die Reihe läßt sich fortsetzen. «Jetzt bist du mir auf den Fuß getreten», meint die Störung durch einen anderen, die durchaus nicht körperlicher Art ist. «Ich habe jemanden in der Hand» ist soviel wie der sichere Zugriff auf eine andere Persönlichkeit, selbst wenn die weit entfernt ist. Dagegen stammt die Redewendung «Der tanzt mir auf der Nase herum» wahrscheinlich aus dem tierischen Bereich, weil die Nase der Bereich ist, den das Tier im Reflex nicht erreichen kann, um den Störenfried zu verscheuchen.

Für jeden Bereich im Organsystem kann man Sprüche aus der Umgangssprache angeben:

Herz/Kreislauf:
«Herzlichen Anteil nehmen»
«Ein Stein fällt vom Herzen»
«Sich etwas zu Herzen nehmen»
«Ein Herz aus Liebe verschenken»

Atmungsorgane:
«Haucht sein Leben aus»
«Atemlos vor Schreck sein»
Im Büro ist «dicke Luft»

Magen- und Darmtrakt:
Probleme «frißt man in sich hinein»
«Man schluckt Vorwürfe»
«Etwas schlägt auf den Magen»
«Man hat die Hosen voll»
«Man ist ein armer Schlucker»

Muskeln und Gelenke:
«Man ist ein schlaffer Sack»
«Man hat keinen Halt»
«Er ist aber aufrichtig»
«Jemand reißt sich zusammen»

Haut:
«Es geht etwas unter die Haut»
«Jemand wird blaß vor Schreck»

«Man errötet vor Scham»
«Man fährt aus der Haut»
«Jemand hat eine Elefantenhaut»

Für den Therapeuten reicht es oft, im ersten Anamnesegespräch ganz genau auf die Formulierungen zu hören, die der Patient gebraucht. Da liegt oft bereits der Schlüssel zu den Störungen, die den Patienten in die Praxis geführt haben. Die psychosomatische Medizin beschäftigt sich mit seelischen und sozialen Vorgängen, die für die Entstehung von Krankheiten bedeutsam sind. Daß Emotionen mit physiologischen Prozessen einhergehen, ist uns allen bekannt, man denke nur an den Hungrigen, dem beim Anblick oder beim Riechen von Speisen das Wasser im Mund zusammenläuft, oder daran, daß die Wahrnehmung erotischer Reize zu physiologischen Veränderungen der Sexualorgane führt. Es ist heute gesichert, daß Affekte über das vegetative Nervensystem Veränderungen von Organfunktionen bewirken.

Der russische Verhaltensforscher PAWLOW konnte durch Untersuchungen an Hunden nachweisen, daß sich die Speichel- und Magensaftsekretion konditionieren läßt. Bei Hunden tritt eine Speichelsekretion auf, wenn sie Futter sehen (es läuft ihnen, «menschlich» gesprochen, das Wasser im Munde zusammen). Dabei handelt es sich um einen angeborenen Reflex. PAWLOW ließ nun immer vor der Futterdarbietung eine Glocke ertönen, und nach einiger Zeit sonderte der Hund auch Speichel ab, wenn er nur den Glockenton hörte. Der angeborene Reflex ließ sich nach einem Lernprozeß also auch durch einen Reiz auslösen, der ursprünglich keine Wirkung auf den Reflex hatte. Aus dem angeborenen Reflex war ein konditionierter Reflex geworden. Diese Versuche haben bewiesen, daß es auch bei Tieren Lernprozesse gibt, die zu einer Verhaltensänderung der Organe führen. Damit konnte experimentell nachgewiesen werden, daß zwischen körperlichen Reaktionen und Verhaltensprozessen Beziehungen bestehen. (Pawlowsche Hunde)

Andere Untersuchungen bewiesen, welch große Bedeutung seelische Einflüsse auf die Magenfunktion haben.

Die Versuchsperson hatte nach einer Verätzung der Speiseröhre im Alter von 9 Jahren eine totale Verengung der Speiseröhre und mußte sich durch eine Magenfistel ernähren. An einem fünf-

markstückgroßen heraustretenden Stück Magenschleimhaut konnten die Funktionsabläufe direkt beobachtet werden. Fast unter natürlichen Bedingungen konnten die Wirkungen von psychischen Einflüssen des täglichen Lebens (Ärger, Kummer, Verstimmungen, Angst, Enttäuschungen und so weiter) auf die Magenschleimhaut untersucht werden.
Generell gab es zwei Reaktionen:

1. Zu einer Steigerung der Magensaftsekretion und der Durchblutung der Schleimhaut kam es zum Beispiel bei appetitanregenden Vorstellungen, Wut, aufreizenden Gesprächen, Unruhezuständen, akuten Belastungen, Sorgen und Schlaflosigkeit: «Bei inneren Konfliktsituationen mit unerfülltem Angriffs- und Abwehrwunsch».
2. Eine Verminderung der Magensekretion wurde bei ängstlichen Befürchtungen, Lustlosigkeit, trauriger Verstimmung und Selbstvorwürfen beobachtet: «Bei der Tendenz zur Flucht oder zum Ausweichen vor einer affektgeladenen Situation.»

Anerkannte Gastroenterologen berichten, daß ursprünglich psychisch ausgelöste funktionelle Veränderungen zu anatomisch nachweisbaren Geschwürbildungen im Magen-Darm-Kanal führen können.
Aufgrund vielfältiger Untersuchungen darf angenommen werden, daß die inneren Organe auf Umweltreize und auf Erinnerungen, Vorstellungen und Wünsche reagieren und daß so ein Krankheitsprozeß in Gang gesetzt werden kann.
Andererseits ist aber nicht zu übersehen, daß vergleichbare äußere Einflüsse bei verschiedenen Individuen zu unterschiedlichen Reaktionen führen und daß es keine charakteristischen psychologischen Situationen gibt, die mit Sicherheit zu dieser oder jener Organerkrankung führen.
Die Besonderheit der psychosomatischen Medizin besteht darin, daß sie sich um eine ganzheitliche Betrachtung bemüht und seelische, psychosoziale, physikalische und chemische Krankheitsfaktoren in gleicher Weise berücksichtigt. Dazu gehört auch, daß die seelischen Auswirkungen körperlicher Krankheiten berücksichtigt werden, die einen erheblichen Einfluß auf die Weiterentwicklung und die Bewältigung einer organisch ausgelösten Krankheit haben können.

Daraus ergibt sich, daß alle Krankheiten einer psychosomatischen oder somatopsychischen Betrachtungsweise zugänglich sind.

Die Beziehungsketten

1. *Sozialer Konflikt*
   veränderte psychische Einstellung
   veränderte Emotionalität
   veränderte Hirnfunktion
   veränderte Funktion innerer Organe und des Gehirns
   «psychosomatische» Erkrankung
   verändertes psychophysisches Verhalten und Erleben

Dieser Ablauf ist typisch für das Entstehen einer psychosomatischen Erkrankung. Verstärkt wird die Konfliktsituation, wenn bei bestehender Erkrankung eine Anpassung an diese nicht gelingt oder sich berufliche oder private Konfliktsituationen einstellen, über lange Zeit halten und nicht gelöst werden können.

2. *Organische Krankheit*
   psychische Verarbeitung
   veränderte Emotionalität
   verändertes Verhalten und Erleben im sozialen Raum (somatopsychische Reaktion)

3. *Organische Krankheit*
   veränderte psychische Einstellung
   veränderte Emotionalität
   veränderte Funktion im Zerebrum
   Störung der Funktion innerer Organe
   verändertes Verhalten und Erleben im sozialen Raum
   «psychosomatische» Erkrankung

Unter psychosomatischen Krankheiten im engeren Sinn versteht man eine Gruppe von körperlichen Krankheiten unbekannter Ursache, bei deren Entstehung seelische Faktoren eine größere Rolle spielen sollen als bei den meisten anderen körperlichen Krankheiten. Es wird angenommen, daß psychosomatischen

Krankheiten ein emotionaler Konflikt zugrunde liegt, der durch neurotische Symptombildung nicht bewältigt werden kann und auf ein bestimmtes Organsystem transformiert wird, das überbeansprucht wird und erkrankt.
Im Jahre 1912 entwickelte ALFRED ADLER (ein Freud-Schüler) den Begriff der «Organminderwertigkeit», um die Spezifität der Organwahl zu erklären. Psychosomatische Symptome haben Ausdruckscharakter und einen kommunikativen Aspekt, deshalb wird sogar von «Organsprache» gesprochen.
Psychosomatische Erkrankungen lassen sich nach der Symptomatik einteilen. Vegetative Störungen, körperliche oder somatische Beschwerden, psychische Symptome.

Einteilung nach der Symptomatik:
- Vegetative Störungen
- Körperliche oder somatische Beschwerden
- Psychische Symptome

Zu den vegetativen Störungen gehören:
- Schweißausbrüche
- Schwindel
- Schlafstörungen
- Inappetenz
- Tachykardien (Steigerung der Herzfrequenz auf bis 150–180 Schläge pro Minute)
- Gewichtsabnahme
- psychosexuelle Störungen
- Diarrhoe (Durchfall)
- Harndrang
- Parästhesien, auch Kälteparästhesien (Muskelschwäche)

Körperliche oder somatische Beschwerden äußern sich in:
- Herz-Kreislauf-Beschwerden
- Magen-Darm-Beschwerden
- Globus-Symptom (Gefühl eines im Hals steckenden Gegenstandes, Trockenheitsgefühl, Schluckzwang)
- Kopfschmerzen
- Muskelschmerzen
- Muskelspannungen

- Atembeschwerden (Atemwege, Atemsperre, Atemnot)
- Skelettbeschwerden
- Blasen-Nieren-Beschwerden
- Hauterkrankungen
- Beschwerden der Sinnesorgane
- Beschwerden aus dem Bereich des Endokrinums

Im Zentrum steht eine Beeinträchtigung der Erlebnisfähigkeit. Zugehörige Symptome sind:
- Unruhe
- Schlaflosigkeit
- Leistungseinbuße
- allgemeine Verstimmbarkeit bis hin zu depressiven Zustandsbildern
- Ängstlichkeit
- Konzentrationsverlust und Merkfähigkeitsstörungen
- Antriebsminderung
- Müdigkeit
- Abgeschlagenheit
- Störungen der Libido

Die häufigsten Ursachen psychosomatischer Erkrankungen und damit seelischer Spannungszustände sind
- zurückgehaltene oder nicht ausgelebte Aggressionen
- fehlende Selbstbehauptung
- mangelnde Ausdrucksfähigkeit
- unausgelebte Spannungszustände

Schon vor circa 50 Jahren stellte man fest, daß die somatischen Beschwerden von typischen Verhaltensmustern begleitet werden.

Symptom	**Spezielle Fehlverhaltensweise**
Kopfschmerz und Migräne	Sehr bedacht auf Leistung und gleichzeitig in der Befürchtung lebend, der Forderung, die man an sich selbst stellt, nicht genügen zu können.
Schlafstörung	Sorgen, Gedanken, Befürchtungen, die

	intensiv beschäftigen. Mangel an Hingabefähigkeit.
Herzphobie	Verlangen nach bergender Liebe.
Herzneurose bzw. Angstneurose	Angst vor dem In-der-Welt-Sein. Verlust einer Person, an die man sich angelehnt hatte.
Asthma und Atemsyndrom	Ein «Nein» zu der Welt mit gleichzeitigem, nicht geäußertem Protest. Hohe moralische Forderungen, die an sich selbst und die Umwelt gestellt werden. Sehnsucht nach Kontakt und wirklicher Liebe.
Magenbeschwerden	Sehnsucht nach Liebe durch Gefüttertwerden. Tief sitzende Aggressionen gegen die Welt.
Obstipation (Verstopfung)	Haltung des Retensiven, der Zurückhaltung von allem, besonders von Besitz, aber auch von Gefühlen. Hingabegestört.
Durchfall	Meint, immer hergeben zu müssen. Gleichzeitig sehr aggressiv, ohne die Aggressivität äußern zu können. Die Wut, «die sitzt im Bauch».
Husten	Sehr oberflächliche und sehr bewußtseinsnah erlebte, aber nicht geäußerte Aggression. «Ich huste dir etwas».

Psychosomatische Erkrankungen der Atmungsorgane

Die Atmung reagiert empfindlich auf emotionale Veränderungen, sie ist auch Mittel des Ausdrucks. Sie enthüllt dem Beobachter emotionelle Vorgänge. Traurigkeit vermindert die Atemtiefe, Freude erhöht sie, ängstlich gespannte Menschen haben eine oberflächliche irreguläre Atmung. Husten ist ein typisches psychosomatisches Symptom mit aggressivem Ausdruckscharakter.

«Asthma ist durch ‹Anfälle von Atemnot› charakterisiert, begleitet von Zeichen der bronchialen Obstruktion, die zwischen den Anfällen ganz oder teilweise rückbildungsfähig ist. Den Anfällen entspricht ein akuter Anstieg des Atemwegswiderstandes» (Deutsche Liga zur Bekämpfung der Atemwegserkrankungen, 1980).

Wenngleich gesichert ist, daß bei manchen Patienten vorwiegend immunologische und infektiöse Ursachen für die Asthmaanfälle verantwortlich sind, gibt es jedoch auch eindeutige Hinweise dafür, daß Veränderungen im parasympathischen Nervensystem einen Asthmaanfall auslösen können. Asthmatiker sind nach JORES oft überempfindlich gegen Gerüche, und ihnen fehlt das Urvertrauen in die Welt. Ursache für das fehlende Urvertrauen soll eine frühe Beziehungsstörung des Asthmatikers zu seiner Mutter sein, die zu einer «frühen – oralen Fixierung» geführt hat.
Eindrucksvoll schilderte MARCEL PROUST, der später an schweren Asthmaanfällen litt, wie er seine Mutter in der Kindheit erlebte.

«Mein einziger Trost, wenn ich schlafen ging, war, daß Mama heraufkommen und mir einen Kuß geben würde, wenn ich bereits lag. Aber dies Gute-Nacht-Sagen dauerte nur so kurze Zeit, sie ging sobald schon wieder, daß der Augenblick, da ich sie heraufkommen und dann in dem Gang mit der Doppeltür das leise Rascheln ihres Gartenkleides aus blauem Musselin mit kleinen strohgeflochtenen Quasten hörte, für mich ein schmerzlicher Augenblick war. Er kündigte schon den nächsten an, der auf ihn folgen sollte, wo sie mich verlassen haben und wieder unten sein würde. Das ging so weit, daß ich mir beinahe wünschte, dies von mir so heißersehnte Gute-Nacht-Sagen möge erst so spät wie möglich stattfinden und die Gnadenfrist, in der Mama noch nicht gekommen wäre, zöge sich recht lange hin. Manchmal, wenn sie, nachdem sie mich geküßt hatte, die Tür öffnete, um zu gehen, wollte ich sie zurückrufen und ihr sagen: Gib mir noch einen Kuß, aber ich wußte, daß sie dann auf der Stelle ihr strenges Gesicht zeigen würde, denn das Zugeständnis, das sie meiner Trauer und Aufregung machte, indem sie heraufkam und mit diesem Friedenskuß gute Nacht sagte, verdroß jedesmal meinen Vater, der das Zeremoniell übertrieben fand; viel lieber hätte sie mich diesen Wunsch, diese Gewohnheit aufgeben sehen, als mich darin noch zu unterstützen, daß ich einen zweiten Kuß von ihr wollte, wenn sie schon an der Tür war. Hätte ich sie nun aber erzürnt, so machte das die ganze Beschwichtigung meines Herzens, die sie mir einen Augenblick zuvor geschenkt hatte, als sie ihr liebevolles Antlitz über mein Bett neigte und es mir darbot wie die Hostie einer Friedenskommunion, bei der meine Lippen ihre leibhaftige Gegenwart und die Kraft, einzuschlafen, von ihr empfingen, zunichte.»

Besonders häufig ist das Hyperventilationssyndrom, das oft zu einer vorübergehenden Benommenheit und zu Ohnmachten führt. Den Betroffenen ist nicht immer bewußt, daß sie vertieft und schneller atmen als üblich, sie sind auch nicht in der Lage, auf Aufforderung ihren Atemrhythmus zu ändern. Infolge der vermehrten Atmung kommt es zu einem Sinken des CO_2-Spiegels im Blut, zu Benommenheit, Angst und zu Mißempfindungen in Händen und Füßen.
Die Ursachen dieser Störung der Atemtätigkeit sind vielfältig, häufig treten sie bei Patienten mit einer hysterischen Persönlichkeitsstruktur auf. Sie können aber auch Ausdruck einer aktuellen Konfliktsituation sein.

Psychosomatische Krankheiten des Herz-Kreislauf-Systems

Es entspricht der allgemeinen Erfahrung, daß Affekte die Herz-Kreislauf-Funktionen nachhaltig beeinflussen und sowohl zu einer Beschleunigung als auch zu einer Verminderung des Herzschlags, zu einem Blutdruckanstieg und einem Blutdruckabfall führen können. Daß Emotionen auch den Spannungszustand der Gefäße beeinflussen können, ergibt sich aus der Beobachtung, daß bei Wut und Erregung ein Erröten und Erblassen des Gesichtes beobachtet wird. In sorgfältigen Untersuchungen konnte nachgewiesen werden, daß Angst und Wut auch von Veränderungen des Herzschlagvolumens, des zirkulierenden Blutvolumens, des peripheren Kreislaufwiderstandes und des Sauerstoffverbrauchs begleitet werden.
Besonders charakteristisch sind mit Angst verbundene Störungen der Herztätigkeit, unregelmäßiger Herzschlag, Herzklopfen, Schwindel, Schweißausbrüche und Zittern, so daß man von «Herzneurosen» gesprochen hat. Denselben Sachverhalt bezeichnete FREUD, der diese Symptomatik übrigens auch aus eigenem Erleben kannte, als «Angstneurose». Internisten sprechen von «funktionellen Herzbeschwerden».
Statistische Untersuchungen haben allerdings nachweisen können, daß das Risiko, an einer Herzkrankheit zu sterben, für diese

Menschen im Vergleich zu einer unausgelesenen Kontrollgruppe geringer ist.
Es wird vermutet, daß emotionelle Belastungen auch bei der Entstehung der koronaren Herzkrankheiten eine Bedeutung haben, weil sie zu Gefäßspasmen und auch zu Störungen des Fettstoffwechsels führen können.
Emotionelle Belastungen als Ursache des Herzinfarktes können nach Ansicht einiger Autoren sogar eine größere Rolle spielen als Diätfehler oder Nikotinmißbrauch.
Aber auch bei Patienten, die einen Herzinfarkt – aus welchen Ursachen auch immer – erlitten haben, ist die Wahrscheinlichkeit, daß sie ihre Erkrankung überwinden, um so höher, je besser sie sozial eingebunden sind.

«Lebensqualitätsforschung ist nur dann ergiebig, wenn auch die psychosozialen Aspekte einer Krankheit stärker berücksichtigt werden»,

sagte Prof. Dr. MAX J. HALLHUBER aus Bad Berleburg während des 100. Arzt-Patienten-Seminars der Deutschen Herzstiftung in Frankfurt. HALLHUBER berichtete über eine US-Studie an 2320 männlichen Überlebenden eines akuten Myokardinfarktes, die 2 ½ Monate nach dem Ereignis psychosomatisch untersucht und anschließend drei Jahre beobachtet wurden. Bei der Vorhersage der Sterblichkeit kam den psychosozialen Parametern für die Beurteilung der Prognose die gleiche Bedeutung wie den klinischen Untersuchungsmethoden zu.

«Das Besondere an dieser Untersuchung ist die auffällige Bedeutung von sozialen Aktivitäten in der Freizeit. Die Analyse aller Parameter ergab, daß mit 3 von 5 Parametern die Überlebenden von den Nicht-Überlebenden deutlich unterschieden werden konnten: zum Beispiel die häufige Teilnahme an kulturellen Veranstaltungen, Partys und Besuchen von Freunden sowie Vereins- und Stammtischzugehörigkeit.»

Psychosomatische Krankheiten des Verdauungsapparates

Chronische Bauchschmerzen, Durchfall und Verstopfung können seelische Ursachen haben. Chronische Darmträgheit wird vorwiegend bei ängstlichen, depressiv-verstimmten, äußerlich zwar ruhigen, aber innerlich gespannten, kontaktarmen Perso-

nen beobachtet. Obstipation soll gehäuft bei geizigen Menschen auftreten (Stuhl = Geschenk), deren Hingabevermögen gestört ist.
Störungen des Eßverhaltens sind häufige ernstzunehmende Erkrankungen. 35 Prozent der Bevölkerung der BRD sind übergewichtig, das heißt, ihr Gewicht liegt um 20 Prozent über dem nach BROCA errechneten Idealgewicht.

Zur Berechnung des Normalgewichtes wird die vom französischen Arzt Dr. BROCA entwickelte Formel benutzt. Zur Berechnung des Idealgewichtes müssen vom Normalgewicht für Männer 10 Prozent und für Frauen 15 Prozent abgezogen werden.
Normalgewicht in Kilogramm = Körpergröße in Zentimeter minus 100.

Hormonelle Störungen sind selten die Ursache des Übergewichtes, meist besteht ein fehlentwickeltes Eßverhalten. Die Kalorienzufuhr ist höher als der Kalorienverbrauch. Nach psychoanalytischer Auffassung befriedigen die Eßexzesse nicht den Hunger nach Nahrung, sondern die Sehnsucht nach Liebe und Zärtlichkeit. Frühkindliche Verhaltensmuster bleiben bestehen oder werden wieder aktiviert. In der Umgangssprache heißt es: «Fresser werden nicht geboren, sondern erzogen.»
Übergewicht ist ein Risikofaktor für Arteriosklerose, Bluthochdruck, Diabetes und Fettstoffwechselstörungen. Bei einem Übergewicht von 50 Prozent steigt die Diabetes-Häufigkeit von 2 Prozent auf 10 Prozent.
Die Ursachen der Fettsucht sind noch immer unklar. Neben psychologischen Faktoren, die zum Eßverhalten des «heimlichen, unheimlichen Essers» führen, werden in den letzten Jahren zunehmend genetisch bedingte Stoffwechselbesonderheiten diskutiert, die zur Entstehung der Adipositas (Fettsucht) beitragen.
Die ersten intensiven Gefühle des Kleinkindes stehen im direkten Zusammenhang mit seinem Eß- und Verdauungsrhythmus. Das gesamte kindliche Universum dreht sich um das Nahrungsbedürfnis. Wird das Kleinkind hochgehoben und gefüttert, fühlt es sich wohl und erleichtert, es hört auf zu schreien. Essen wird auf diese Weise fast identisch mit Wohlbehagen, Sicherheit, Zuwendung und Liebe. In der weiteren Entwicklung wird Nahrungsaufnahme auch mit anderen emotionalen Komplexen assoziiert, dazu gehören Besitzansprüche (die sich auf Essen, Liebe, Gegen-

stände richten), Habgier, Eifersucht und Neid. Diese aggressiven Gefühle werden als sozial unerwünscht angesehen und deshalb verdrängt. Sie sind dem Betroffenen nicht bewußt, können aber trotzdem eine krankmachende Wirkung entfalten.

Als Kind lernen wir zuerst, unsere Emotionen im Zusammenhang mit der Nahrungsaufnahme auszudrücken. Nahrung beruhigt, vermittelt ein Gefühl der Zufriedenheit und Sicherheit. Aufkommendes Hungergefühl führt dazu, daß Kinder schreien und weinen. Später machen Kinder die Beobachtung, daß es nicht nur zum eigenen Wohlbefinden, sondern auch zu dem der Eltern beiträgt, wenn es «schön ißt».

Im späteren Leben lernen wir, unsere Emotionen auf andere Weise auszudrücken. In Krisen- und Belastungssituationen kommt es jedoch häufig vor, daß Menschen auf die zuerst erlernten Reaktionen zurückgreifen, und so wird verständlich, daß Völlerei ihren Grund in mangelnder Liebe und Zuwendung und gestörter Selbstachtung haben kann. Essen wird zur magischen Handlung, die Liebe und Zuneigung ersetzen soll. Wer Kummer hat, tröstet sich häufig durch Kuchen und Süßigkeiten, und das Fett, das er (oder sie) ansetzt, nennen wir «Kummerspeck».

Ein Fall aus der Praxis:

Petra ist 35 Jahre alt, 167 cm groß und wiegt 100 kg. Ihr Mann ist ein erfolgreicher Industrieller und «tut» alles für sie. Petra konsultiert die angesehensten Diätspezialisten und reist von einer Abmagerungskur zur anderen. Geld spielt keine Rolle. Um ihre 2 Kinder braucht sie sich keine Sorgen zu machen, die werden von der Haushälterin und einer erfahrenen Erzieherin betreut. Die Abmagerungskuren sind nicht völlig erfolglos, Petra nimmt in 6 Wochen 15 kg ab, doch nach einigen Monaten hat sie wieder ihr altes Gewicht. Freunde und Bekannte können nicht verstehen, warum sich Petra so gehen läßt. Doch plötzlich wird alles anders. Ihr Mann stirbt bei einem Verkehrsunfall, seine Firma muß ein Jahr später Konkurs anmelden, und Petras Situation erscheint hoffnungslos. Ihr bleibt nichts als das Haus, einige Wertsachen und die Lebensversicherung des Mannes.

Innerhalb von 6 Monaten nimmt Petra 40 kg ab, sie beginnt eine Ausbildung zur Fremdsprachenkorrespondentin und ist trotz beruflicher Belastung in der Lage, sich besser um ihre Kinder zu kümmern als früher. 2 Jahre später heiratet sie einen Arzt, den sie während einer Kurbehandlung kennengelernt hat. Man sieht ihr an, daß die Ehe glücklich ist, sie bekommt ein drittes Kind und bleibt schlank. Man könnte von einem «Wunder der Liebe» sprechen. Dieses Wunder ist aber verständlich, wenn man etwas mehr über ihre Lebensgeschichte weiß.

Petra wuchs als Einzelkind auf. Ihr Vater war Bäcker, die Mutter arbeitete mit im Geschäft. Beide Eltern hatten wenig Zeit, sich um ihr Kind zu kümmern. Um so mehr wurde Petra materiell verwöhnt, jeder Wunsch wurde ihr von den Augen abgelesen. Sie besuchte die Realschule und anschließend die höhere Handelsschule, war erfolgreich, beliebt und auffällig hübsch. Während sie eine Dolmetscher-Schule besuchte, lernte sie einen 15 Jahre älteren Mann kennen, heiratete rasch und bekam zwei Kinder. Petras Erwartungen in die Ehe wurden erfüllt, jedenfalls äußerlich, ihr Mann behandelte sie wie eine Prinzessin. Nach der Geburt des zweiten Kindes zog er sich jedoch immer mehr von ihr zurück, schlief in seinem Zimmer und sagte, daß er für Liebesromantik keine Zeit habe, seine Firma sei ihm wichtiger. Petra sprach mit niemandem darüber, war traurig und wußte keinen Rat. Sie begann Kuchen und Süßigkeiten in unvorstellbaren Mengen zu essen, dann fühlte sie sich wohler. Nachts wurde sie wach, war unruhig, ängstlich und gespannt und konnte erst wieder einschlafen, nachdem sie wahllos Schinken- und Käsebrot in sich hineingestopft hatte.
Rückblickend wird Petras Situation verständlich. Fehlende Liebe führt zur Regression auf eine frühere Entwicklungsstufe. Nahrungsaufnahme wird unbewußt gleichgesetzt mit Liebe und Zuwendung.
Die Geschichte Petras läßt auch erkennen, daß eine psychosomatische Betrachtungsweise nicht symptomorientiert sein darf, weil das Krankheitssymptom meist erst dann verständlich wird, wenn die sozialen Beziehungen des Patienten gründlich analysiert werden.

Die engen Beziehungen zwischen Nahrungsaufnahme und körperlichem und seelischem Wohlergehen sind uns allen bekannt. Die Einnahme von Mahlzeiten dient nicht nur der Nahrung, sondern hat auch Symbolcharakter, dient der Freude, der Anregung und Entspannung und wird nicht nur in der Kindheit mit «geliebt und umsorgt werden» gleichgesetzt. Unsere Umgangssprache ist reich an Formulierungen, die auf die psychosomatische Bedeutung der Nahrungs- und Verdauungsvorgänge hinweisen:
Liebe geht durch den Magen; ich bin es satt; mir dreht sich der Magen um, wenn ich daran denke; vor etwas Schiß haben; eine mächtige Wut im Bauch haben; er ist ein Schleimscheißer, ein Korinthenkacker; ich habe dich zum Fressen gern; es ist zum Kotzen; da kommt einem der Kaffee hoch; da bleibt einem die Spucke weg.
Gefühle wie Befriedigung, Liebe, Vertrauen und Sicherheit werden in der Kindheit zuerst nach der Nahrungsaufnahme erlebt, während Hunger zu starken Unlustgefühlen führt.

Marcel Proust hat seine Empfindungen beim Genuß einer Tasse Tee und eines Stücks Biskuit eindrucksvoll geschildert:

«Ich hob den Löffel zum Munde, nachdem ich vorher ein Stückchen des Kuchens hineingetan hatte. Im Augenblick, in dem die Flüssigkeit mit dem Kuchen meinen Gaumen berührte, erzitterte ich bei dem außerordentlichen Erlebnis, das in mir auftauchte. Wie aus blauem Himmel hatte mich eine entzückende Glückseligkeit ergriffen, von deren Ursprung ich keine Ahnung hatte.»

Proust konzentrierte sich auf die Ursprünge dieses Glücksgefühls, und plötzlich taucht eine Szene aus seiner frühen Jugend auf, die ihn den Ursprung seines Glücksgefühls verstehen läßt. An einem Sonntagmorgen hatte ihm seine Tante Tee und Biskuit vorgesetzt. Alles erstand wieder vor seinen Augen, das Sommerhaus, Nachbars Garten und der Ort Combray.
Wenn man bedenkt, wieviel Zeit und Mühe jeden Tag auf die Essenszubereitung verwandt wird, dann überrascht es nicht, daß alle damit verbundenen Vorgänge im menschlichen Leben seit früher Kindheit eine bedeutsame Rolle spielen. Verhaltensstörungen, die mit der Nahrungsaufnahme zusammenhängen, sind schon im frühen Kindesalter häufig. Ungenügende Zuwendung, gedankliche Abwesenheit, Eile und Hast beim Stillen kann ein Kind in der Regel weder ausleben noch überwinden, sondern nur verdrängen. Dies kann die Grundlage für neurotische Entwicklungen sein. Einander entgegengesetzte Gefühlsregungen, wie ein zur Nahrungsaufnahme bereiter Organismus bei einer unbewußten Ablehnung der Mutter durch das Kind, können zu Verkrampfungen und damit zum Erbrechen führen.

Bestimmte Körpersymptome sind als direkter Ausdruck emotionaler Phänomene (Organsprache) verstanden worden.

Etwas nicht hinunterschlucken können =
Eßstörungen, Schluckbeschwerden
Angeekelt sein =
Appetitlosigkeit, Brechreiz, Erbrechen, Gewichtsabnahme
Überfordernde Bemühungen, etwas zu verdauen, sich anzueignen =
Magenschmerzen, Hypermotilität, Pyderusspasmus, Ulkus

Chronische Unmöglichkeit, etwas verarbeiten zu können =
Schmerzen, Enterokolitis, Kolon irretabile
Etwas nicht hergeben können =
chronische Verstopfung

Wenn diese Interpretationen von Körpersymptomen durch STAEHLIN nicht im Sinne einer mathematischen Gleichung, sondern als Deutungsmöglichkeit verstanden werden, dann sind sie hilfreich beim Verständnis psychosomatischer Erkrankungen. Allerdings darf nicht übersehen werden, daß neben seelischen Konflikten auch körperliche Ursachen zur Manifestation einer Erkrankung beitragen und daß es im Einzelfall sehr schwer ist zu erkennen, welche Faktoren für die Entstehung der Krankheit die entscheidende Bedeutung haben. Patienten mit einem Magengeschwür sind häufig extrem leistungsbezogen und sehnen sich gleichzeitig nach Zuwendung, Unterstützung und Liebe. Derartige Konflikte sind häufig und finden sich sowohl bei Gesunden als auch bei Menschen mit anderen Krankheiten. Es ist sicherlich richtig, neben der üblichen organmedizinischen Diagnostik auch die Konflikte jedes einzelnen Patienten mit in die Untersuchung und Behandlung seiner Erkrankung einzubeziehen.

Die Hungerkrankheit (Anorexia nervosa)

Die Anorexia nervosa ist eine geheimnisvolle, schwer verständliche Krankheit. Sie entwickelt sich vorwiegend bei jungen Mädchen, kann aber auch bei Jungen in allen Altersgruppen vorkommen. Etwa 5 Prozent der jungen Mädchen sollen an einer Pubertätsmagersucht, wie das Krankheitsbild auch genannt wird, leiden. Das Wesen der Krankheit besteht nicht in einem Fehlen des Hungergefühls, sondern in der Furcht, dick zu werden, oder im Zwang abzumagern. Die Patientinnen halten eine strenge Diät ein, verlieren rasch an Gewicht, und die Regelblutung setzt meist aus. Dünnsein gibt ihnen das Gefühl von Stolz, Macht und Leistung. Häufig absolvieren sie ein ausgedehntes körperliches Trainingsprogramm, und ihre Leistungsfähigkeit

steht im krassen Gegensatz zu ihrem reduzierten körperlichen Zustand. Die Patientinnen wirken wie abgemagerte Gerippe, Beine und Arme sind dünn wie Besenstiele, alle Rippen sind zu sehen, Arme und Beine sind von einem Haarflaum bedeckt, ihre Gesichtshaut ist oft leicht gelblich, und sie wirken ausgezehrt und krank.
Bei manchen Patientinnen kommt es zu heimlichen, meist nächtlichen Freßorgien, worauf mit heftigen Schuldgefühlen und einer depressiven Verstimmung reagiert wird.
Nicht selten sind provoziertes Erbrechen, ein Mißbrauch von Diuretika und Abführmitteln. Aus psychoanalytischer Sicht wird die Anorexia nervosa als Störung der Persönlichkeitsentwicklung oder als Regression in die orale Phase verstanden. Magersüchtige Mädchen sind nicht in der Lage, ihre sexuelle Erwachsenenrolle anzunehmen. Die Nahrungsverweigerung hat den Sinn, die Entwicklung normaler weiblicher Körperformen zu behindern.

Ein Fall aus der Praxis:
Kornelia ist 18 Jahre alt, 175 cm groß und wiegt nur 40 kg. Sie besucht die letzte Klasse eines Gymnasiums und ist eine überdurchschnittlich gute, dabei aber zwanghaft strebsame Schülerin. Ihr Vater ist 58 Jahre alt und erfolgreicher Handelsvertreter, die Mutter ist Hausfrau. Noch vor einem halben Jahr wog Kornelia 76 kg. Einen Freund hatte sie bisher nicht. Bei ihrer Mutter beschwerte sie sich darüber, daß Jungen hinter ihr herpfiffen. Über sexuelle Dinge wird in der Familie nicht gesprochen, es herrscht ein Klima rigider Triebfeindlichkeit. Kornelia hat sich diesen Normen angepaßt. Auf die Frage, ob sie einmal einen Freund hatte, reagiert sie entrüstet. Reichliches Essen lehnt sie ebenso als «tierisch» ab wie jegliche sexuelle Regung. Seit Beginn ihrer Erkrankung reden die Eltern den ganzen Tag auf sie ein und versuchen, sie zu «ordentlichem Essen» zu bewegen. Sie bauen allerlei Leckereien um sie auf, die bislang in der Familie verpönt waren. Der Vater beschäftigt sich intensiv mit dem Körper seiner Tochter und berichtet, er habe sie vorsätzlich überrascht, als sie nackt im Bad stand. Aus väterlicher Sorge sei er verpflichtet, sich über den körperlichen Zustand seiner Tochter zu informieren. In Kornelias Augen sind ihre Eltern Menschen, für die Triebbefriedigung einen hohen Wert hat und die sie deshalb verachtet. Mit ihrem Aussehen ist Kornelia zufrieden, ihr fehlt jede Krankheitseinsicht.
Nach der Klinikaufnahme verschlechterte sich der Zustand von Kornelia zunächst, sie nahm innerhalb von 14 Tagen 7 kg an Gewicht ab und mußte vorübergehend intravenös ernährt werden.
Das Gewicht der Patientin wurde nur alle 14 Tage kontrolliert, über Essen

wurde nicht gesprochen. Im Verlauf einer 3monatigen stationären Psychotherapie gelang es, der Patientin Einsicht in ihre Problematik zu vermitteln. Sie konnte jetzt ihre Eltern besser akzeptieren, begann zu essen und zuzunehmen.

Charakteristisch für Anorexia nervosa sind Untergewicht, eine Störung des Körperschemas, die Furcht, dick zu werden, und das Fehlen eines Krankheitsgefühls. Es ist daher oft außerordentlich schwer, die Patienten von der Notwendigkeit einer Behandlung zu überzeugen.

Ein Fall aus der Praxis:
Verzweifelt saßen die Eltern der 16jährigen Beate im Sprechzimmer. «Herr Doktor, das Kind wiegt nur noch 41 kg», polterte der Vater, «dabei ist sie 1,72 m groß. Hier muß endlich etwas passieren.»
Der Vater ließ noch ein paar markante Flüche los, berichtete über übliche Schwierigkeiten, die sich in den letzten Monaten zwischen Eltern und Kind eingestellt hatten. Während der ganzen Unterhaltung sagten Tochter und Mutter kein Wort. Die Mutter begleitete vielmehr das Schimpfen ihres Mannes mit Weinen und leisem Schluchzen. Die Tochter berichtete über Widerwillen gegenüber jeder Art von Nahrung und daß sie zu Hause zwar unter dem Zwang ihres Vaters manchmal gegessen habe, aber: «Ich habe mich danach sofort übergeben müssen.» Seit 2 Jahren hatte Beate keine Menstruation mehr, obwohl die Menstruation schon mit 12 Jahren begonnen hatte.
Zu Hause wurde viel gestritten, und seit über einem Jahr sprachen die Eltern über Scheidung, die sich aber aus finanziellen Gründen bisher noch nicht verwirklichen ließ. In der Schule gehörte das Mädchen zu den Besten, hier aber auch keine persönlichen Kontakte und Freundschaften zu Klassenkameraden.
Diagnose: Anorexia nervosa – Magersucht.

Nicht immer gelingt es, die psychologischen Ursachen einer Anorexia zu klären und die Störung erfolgreich zu behandeln. Manche Patienten entwickeln eine Psychose, andere sind allen Therapiebemühungen zum Trotz nicht zu heilen und verhungern. Eine der Anorexia verwandte Eßstörung ist die Bulimie (= Ochsenhunger). Die Störung tritt meist episodisch auf. Charakteristisch ist der unwiderstehliche Drang, große Mengen zu essen, in dem Bewußtsein, daß dieses Verhalten anormal ist. Nach bulimischen Anfällen, in denen sich die Patienten ihrem Zwang zu essen nicht erwehren können, folgt meist eine depressive Verstimmung mit Selbstvorwürfen wegen des übermäßigen Essens und ein selbstinduziertes Erbrechen. Es werden große Mengen oft unappetitlich zusammengemischter hochkalorischer Speisen verschlungen, bis Bauchschmerzen eintreten. Erbrechen lindert die Bauchschmerzen meist. Im Gegensatz zu Anorexie-Patienten ist bei Patienten mit einer Bulimie das Körpergewicht meist normal, und sie sind krankheitseinsichtig. Manche Patienten betreiben zusätzlich einen Medikamenten- und Alkoholmißbrauch, andere sind psychisch weitgehend unauffällig, und es gelingt ihnen oft, lange ihre «Freßanfälle» geheim zu halten. Die bulimischen Anfälle werden als eine besondere Form der Aggression verstanden. Dies ließ sich bei einer Patientin beobachten, die in der Nacht vor der Hochzeit ihrer Schwester den riesigen Hochzeitskuchen verschlang.

Bluthochdruck

Man unterscheidet verschiedene Arten von Bluthochdruck. Läßt sich eine organische Ursache nachweisen, wird von symptomatischer Hypertonie gesprochen, alle anderen Formen des Bluthochdrucks, bei denen sich keine organisch faßbare Ursache nachweisen läßt, werden als essentielle Hypertonien bezeichnet. In der Bundesrepublik sollen 6,3 Millionen Menschen an einer essentiellen Hypertonie leiden. Als wichtige Folgekrankheiten sind Schlaganfälle und Herzkrankheiten bekannt. Psycho-physiologische Untersuchungen haben ergeben, daß es bei Stress zu einem Anstieß der Pulsfrequenz und des Blutdruckes kommt. Etwa 25 Prozent aller Soldaten verschiedener Nationen hatten einen um so höheren Blutdruck, je näher sie der Front waren. Man nimmt an, daß dauernde psychische Spannungen zu Stoffwechselveränderungen und Veränderungen des Spannungszustandes der Gefäße führen können. Insbesondere aggressive Impulse, die nicht ausgelebt werden, sollen zu einer Erhöhung des Blutdruckes führen. Hochdruckpatienten fällt es schwer, Wut und Ärger zu äußern, sie leben in einem ständigen Konflikt von Gefügigkeit und verdrängten Aggressionen. Folgende Faktoren sollen für die Entstehung einer essentiellen Hypertonie bedeutsam sein:

gehetzte Lebensweise, hohes Anspruchsniveau, Drang nach mehr Wissen und Können, mehr Erfolg, Anerkennung und Macht.

In einer Studie an Patienten mit labilem Bluthochdruck wurden folgende Belastungsfaktoren herausgearbeitet (Angaben in Prozent):

1. ausgeprägte berufliche Belastungssituation	33
2. Störungen der Arzt-Patienten-Beziehung	32
3. Chronische Konfliktkonstellation	30
4. Ausgeprägte familiäre Belastungssituation	26
5. Massive Selbstwertprobleme	20
6. Aktueller Objektverlust/Trauerreaktion	16

Unbestreitbar ist, daß der Bluthochdruck eine erhebliche soziale Bedeutung hat, wie sich aus den oben angeführten Zahlen ergibt. Die Vorstellung, daß eine scharfe Trennung zwischen körperlichen und seelischen Krankheiten möglich sei, hat sich als falsch erwiesen. Leider wird durch die Organisation unseres Gesundheitswesens und die in unserer Gesellschaft herrschenden Vorstellungen nicht rechtzeitig daran gedacht, daß viele Gesundheitsstörungen auch seelisch mitverursacht sein können. Viele Symptome, die gewöhnlich der Hypertonie zugeschrieben werden, wie zum Beispiel Müdigkeit, Benommenheit, Herzklopfen, Schlaflosigkeit, Kopfschmerz und Abgeschlagenheit, sind uncharakteristisch, und es spricht viel dafür, daß sie Ausdruck der Ambivalenz von aggressiven Impulsen und Abhängigkeitsbedürfnissen sind.

Erkrankungen des Bewegungsapparates

Der Düsseldorfer Psychosomatiker LIESENFELD fand psychosomatische Zusammenhänge bei schmerzhaften Muskelverspannungen:

Cervikale Schmerzen (Hals-, Nacken-):	möglicherweise Ausdruck einer emotional erschwerten «Behauptung» eines hartnäckigen «Gesichtswahrens».
Dorsalgie	Ausdruck von Trauer, Verzweiflung.

(Rücken-schmerzen)	Kompensatorisch kommt es zur zwanghaft steifen und aufrechten Haltung.
Lumbalgie (Lendenweh, sogen. Hexenschuß)	Ausdruck einer psychischen Überlastung, gebeugte Haltung.
Brachialgie (Armschmerz)	Ausdruck einer gehemmten Aggression. Entladungsimpulse im motorischen Bereich werden zurückgehalten.

Bei Erkrankungen des Bewegungsapparates, die mit psychosomatischen Abläufen in Zusammenhang gebracht werden, sind Muskelkontraktionen sehr häufig. Diese Muskelverspannungen infolge psychischer Ursachen können überall auftreten, am häufigsten werden sie aber in den einzelnen Wirbelsäulenabschnitten beobachtet.

Um eine organische Erkrankung auszuschließen, muß in eine entsprechende Diagnostik umgesetzt werden. Aber immer dann, wenn sich keine pathologischen Befunde und damit organische Ursachen finden lassen oder wenn ein Mißverhältnis zwischen dem Befund und dem geschilderten Beschwerdebild besteht, muß an psychosomatische Zusammenhänge gedacht werden. Dabei ist gerade die Anamnese wichtig, um die Frage des Zeitpunkts des ersten Auftretens der Symptome zu klären und eventuell mit abgelaufenen Konfliktsituationen in Verbindung zu bringen. Immer wenn Rückenschmerzen auch durch die Einnahme von Antirheumatika oder Analgetika nicht gemindert werden können, muß an eine psychosomatische Erkrankung gedacht werden. Der Schweizer Rheumatologe Dr. A. Weintraub stellt einen Einzelfall vor, den die Ärzte Zeitung unter der Überschrift: «Rückenschmerzen aus Angst, zur Homosexualität zu stehen», den Ärzten präsentiert.

Ein 23jähriger Patient mit Rückenschmerzen, Herz- und Magenschmerzen zeigt bei der Untersuchung durch mehrere Ärzte keine somatische Ursache. Weintraub berichtet, daß er dem Patienten erklärt habe:

«Ich weiß, daß Sie leiden, ich weiß, daß Sie Schmerzen haben – irgend etwas ist los.» Danach hätten sie beide lange geschwiegen. Erst nach 10 Minuten aktiven Schweigens und der Versicherung, daß der Arzt kein Moralist sei, hatte der Patient es geschafft zu sagen: «Herr Doktor, ich glaube, ich bin homosexuell.»

In diesem Fall ist die Angst des Mannes, zur Homosexualität zu stehen, die Ursache für seine körperlichen Beschwerden geworden. Eine Psychotherapie wurde ihm angeraten, um seine Homosexualität anzunehmen.
Weintraub berichtet weiter, daß häufig Gastarbeiter Schwierigkeiten hätten, sich in dem neuen Land einzuleben. Dieses «Nicht-Fuß-fassen-Können» käme häufig in rheumatischen Fuß-, Knie- und Beinproblemen zum Ausdruck.
Wichtig ist für die Patienten, so Weintraub, daß man ihre Schmerzen ernst nimmt und ihnen eventuell ein möglichst harmloses Medikament, in der Regel ein Psychopharmakon, verschreibt. Darüber hinaus wird auf körperorientierte Therapien in Form von Tanztherapie oder autogenem Training hingewiesen.
Diese sicher ernst zu nehmenden Erläuterungen werden unter dem Begriff: «Psycho-Rheumatologie» berichtet; der neue Wortschatz läßt schmunzeln.
Nach Untersuchungen des Berliner Ärztekammerpräsidenten Dr. E. Huber ist die Zahl der Rückenschmerzen-Patienten sehr groß. Jeder 12. Patient beim Hausarzt und jeder 3. beim Orthopäden klagt über Kreuzschmerzen. Jede 5. Krankschreibung in der Bundesrepublik erfolgt wegen Rückenschmerzen oder wegen rheumatischer Beschwerden. Eine Untersuchung in den Vereinigten Staaten ergab, daß gerade in den Jahren 1969 bis 1976, während einer Zeit, wo die Menschen von schwerer körperlicher Arbeit durch Maschinen entlastet wurden, die Bandscheibenerkrankungen um 50 Prozent zunahmen. Auch hierzulande sind es Bankangestellte, Verwaltungsangestellte, die häufiger an Bandscheibenschäden leiden als Schwerstarbeiter in der Industrie.
Psychosomatische Modelle sagen: Wer ständig Stärke im täglichen Beruf zeigen muß, verliert den natürlichen Rhythmus zwischen An- und Entspannung. Er verkrampft sich im Lendenbereich und steht unter Dauerspannung. Akute Ischiasbeschwerden melden sich zu Wort, wo das Dominanzgebaren nicht mehr durchzuhalten ist.

Bei Hinweisen der Ärzte auf psychische Ursachen kämpfen die Patienten in der Regel häufig um die Berechtigung ihrer körperlichen Beschwerden. Denn um einen defekten Körper kümmert sich die gigantische «Gesundheitsindustrie» mehr als um eine kranke Seele.
In der Zukunft mögen diese Ergebnisse bedeuten, daß jede Befindlichkeitsstörung, jeder Schmerz, der nicht unmittelbar diagnostisch zu erklären ist, mit dem Begriff «psychosomatisches Leiden» etikettiert wird und dadurch für den einzelnen Betroffenen an Bedeutung und Schwere gewinnt.
Wir müssen überlegen, ob wir uns nicht durch unsere Diagnosebegriffe und gerade die vielfältigen Forschungen im Bereich der Psyche ein Heer von psychisch Kranken «heranziehen». Daß Mediziner und Psychologen nur interessiert sein können, den Krankenzustand zu vergrößern, ist erklärlich. Jede Behandlung bringt Geld, und gerade psychische Erkrankungen brauchen eine lange Behandlungsdauer.
Das Thema «Rückenschmerzen und Psychosomatik» ist ein Hit des letzten Halbjahres. Auf einer interdisziplinären Tagung in München weist der Mediziner Schorf darauf hin, daß bei allen Rückenschmerzen, bei denen nach 3 bis 6 Monaten adäquater somatischer Therapie keine Besserung eintritt, an psychotherapeutische Behandlung gedacht werden muß.

Schorf gibt Tips, welche Umstände beim behandelnden Arzt den Verdacht auf psychogene Einwirkungen bei chronischen Kreuzschmerzen erwecken sollen:

- Patienten mit psychogen überlagerten Schmerzen beschreiben diese oft unpräzise und mit Gleichgültigkeit
- es kommt auch vor, daß ein solcher Patient mit gewinnendem Lächeln von unerträglichen Schmerzen berichtet
- wenn keine ausreichenden somatischen Befunde für die Schmerzen zu erkennen sind
- wenn Analgetika nicht nur in der Schmerzlinderung völlig versagen, sondern es sogar zu einer Kausalitätsumkehr kommt, also der Patient meint, erst durch die Therapie richtig krank geworden zu sein
- wenn der Patient berufliche oder partnerschaftliche Sorgen hat oder unter Depressionen, Ängsten leidet.

Die häufigsten, meist psychosomatisch bedingten Sexualstörungen sind Impotenz und Frigidität. Unter Impotenz versteht man bei einem geschlechtsreifen Mann eine teilweise oder vollständige Unfähigkeit, den Geschlechtsverkehr auszuüben oder Lust dabei zu empfinden. Sexuelle Funktionsstörungen sind beim Mann häufig mit Angst verbunden, weil in unserem Kulturkreis das Selbstbewußtsein der Männer häufig weitgehend von ihrer sexuellen Leistungsfähigkeit abhängt. Der Psychiater A. H. CHAPMAN meint dazu:

> «Selbst wenn ein Mann ein angesehener Richter, Industriekapitän, ein nationaler Golfchampion oder ein berühmter Physiker ist, fühlt er sich wertlos und entwürdigt, wenn er jenen Akt nicht mehr vollziehen kann, den Hunde, Kaninchen und Ratten mit dem Menschen gemeinsam haben.»

Sexuelle Funktionsstörungen führen zu einem ausgeprägten Vermeidungsverhalten, das durch die Angst vor dem Versagen bedingt ist und die Störung verstärkt.

Jeder Mann kann aus irgendeinem Grund vorübergehend impotent sein. Eine Erektion tritt dann ein, wenn sich die Gefäße unter der Haut des Penis mit Blut füllen. Dieser Vorgang wird von willkürlich nicht beeinflußbaren nervösen Mechanismen gesteuert. Schon leichter Stress kann dazu führen, daß das Blut aus den Gefäßen wieder abfließt und sich der Penis nicht aufrichten kann beziehungsweise wieder erschlafft. Angst, Übermüdung, eine fremde Umgebung, Drogen, Alkohol und vieles mehr können zu einer vorübergehenden Impotenz führen. Erst wenn sich der Betroffene wegen dieser Störungen übertriebene Sorgen macht oder wenn er von seiner Partnerin verspottet wird, kann dieser Zustand chronisch werden. Patienten mit Potenzstörungen finden nur schwer zum Arzt, und wenn sie einen Arzt aufsuchen, äußern sie meist nur uncharakteristische Beschwerden im Urogenitalbereich, weil sie sich ihrer eigentlichen Störung schämen.

Die vorzeitige Ejakulation (Ejaculatio praecox) ist die häufigste Form der Potenzstörung. Die Betroffenen ejakulieren oft schon, wenn ihr Penis die Vagina gerade erst berührt oder kurz nach seiner Einführung. Gelegentlich tritt diese Störung auch bei

Männern nach längerer sexueller Enthaltsamkeit auf. Wenn es wiederholt zu vorzeitigen Ejakulationen kommt und der Mann von seiner Partnerin deswegen verspottet wird, kann der Zustand chronisch werden. Angst und Schuldgefühle erhöhen die Wahrscheinlichkeit zukünftiger Mißerfolge. Oft gelingt es, diese relativ harmlose Funktionsstörung durch eine entsprechende Beratung zu beseitigen. In chronischen Fällen, in denen die Potenzstörung Ausdruck von verdrängter Angst, Haß und Verachtungsgefühl sein kann, ist eine aufdeckende Psychotherapie erforderlich.

Ehe oder eheähnliche Beziehungen sind ein idealer Nährboden für seelische Krisen, weil die Intensität solcher Beziehungen Wunden aus der Kindheit sichtbar werden und die Sozialfassade abbröckeln läßt. Längst vernarbt geglaubte Wunden werden aufgerissen und führen zu Mißverständnissen zwischen den Partnern, die nicht Ausdruck eines aktuellen Konflikts sind, sondern Wiederholung einer unverarbeiteten Krise aus der Kindheit.

Der männlichen Impotenz entspricht die weibliche Frigidität (lat.: frigidus = kalt). Frigidität ist in ihren verschiedenen Formen, wie fehlendes sexuelles Verlangen, mangelnde Erregbarkeit, Unfähigkeit zum Orgasmus oder nach dem Koitus zur Entspannung zu kommen, nicht so leicht zu erkennen wie die Impotenz. Die Ursachen dieser Störung sind vielfältig. Sie können Ausdruck von Sexualangst sein, die durch eine prüde körperfeindliche Erziehung oder negative Erlebnisse mit einem anderen Partner bedingt sind. Nicht selten allerdings ist die scheinbare Frigidität, die nur dadurch entsteht, daß der männliche Partner nicht zärtlich genug ist und nur an die eigene Befriedigung denkt.

Schmerzen beim Geschlechtsverkehr können durch eine fehlende Lubrikation (Absonderung einer Gleitsubstanz aus bestimmten Drüsen) bedingt sein. Starke Schmerzen beim Einführen des Penis sprechen für eine Entzündung der Scheide (Vagenitis) und sollten Anlaß für eine gynäkologische Untersuchung sein. Bei sexuellen Versagungsängsten, die zu einem Vermeidungsverhalten geführt haben, hilft häufig ein Sensualitätstraining, das von Masters und Johnson entwickelt worden ist.

Schritt für Schritt wird in der Realität geübt – und zwar zu Hause geübt. In der Praxis wird zunächst mit dem Paar besprochen, was sie im sexuellen Bereich überhaupt noch angstfrei erleben können. Etwa: Schmusen, aber nur, wenn andere dabei sind, denn der sexualphobische Partner hat Angst, daß es nicht beim Schmusen bleibt, wenn sie alleine sind. Dann vereinbart dieses Paar zum Beispiel, zu Hause zärtlich zueinander zu sein, die Partner verpflichten sich, nur bis zu einer gewissen Grenze zu gehen. Und so wird langsam weiter«gearbeitet». Das Tempo bestimmt alleine das Paar, der Psychotherapeut ist nur Katalysator, bis schließlich der Sexualphobiker sein Vermeidungsverhalten überwunden hat, bis das Paar problemlos miteinander schlafen kann und selbst der kranke Partner das genießt. Parallel dazu werden natürlich alle Dinge besprochen, die sich im Zusammenhang mit der sexuellen Problematik in dieser Partnerschaft entwickelt haben. Das geschieht im Gespräch beim Therapeuten... In das verhaltenstherapeutische Konzept können auch noch ein paar Tricks eingebaut werden. Zum Beispiel bei Männern mit Ejaculatio praecox die «Squeeze-Methode», mit der der vorzeitige Samenerguß beeinflußt werden kann: Der Penis wird mit Zeigefinger, Mittelfinger und Daumen am Übergang vom Schaft zur Eichel zusammengedrückt, wenn der Patient unwiderstehlichen Drang verspürt, der zur Ejakulation führt. Dann kann er mit einem kräftigen Druck die Erregtheit wieder «herunter bugsieren».
Eine andere Methode ist die «Tease-Technik»: Männer mit Erektionsstörungen spielen praktisch mit der Erektion. Wenn ihr Penis erigiert ist, konzentrieren sie sich auf etwas anderes. So verschwindet die Erektion, wenden sie sich wieder der sexuellen Situation zu, kommt die Erektion wieder. Der Grundgedanke dahinter ist, daß der Patient merkt, daß er dem Verschwinden der Erektion nicht völlig hilflos ausgeliefert ist, daß er Herr der Situation sein kann.
Diese Techniken sind nach Ansicht von Prof. KOCKOT aber nur als Teil einer psychotherapeutischen Behandlung sinnvoll einsetzbar.

Depressionen

Von der traurigen Verstimmung bis zur Krankheit

Traurig gedrückte Verstimmungszustände sind uns allen aus eigenem Erleben bekannt. Dabei handelt es sich meist um die Reaktion auf schmerzliche Verluste, eigenes Versagen oder Enttäuschungen.

Das Wort «Depression» ist heutzutage in aller Munde und wird häufig gleichbedeutend mit den Begriffen Mißbefindlichkeit, Unlust, Niedergeschlagenheit, Hoffnungslosigkeit oder Resignation gebraucht. In «depressiven» Zuständen ist die Stimmung gedrückt, häufig kommen Angstgefühle hinzu, das Dasein wird nicht mehr als lustvoll, sondern als eintönig und farblos empfunden. Manchmal schlägt diese Verstimmung der Seele auch ins Körperliche, und der Betroffene fühlt sich physisch abgeschlagen, matt. Sein Körper scheint nicht mehr so zu funktionieren wie gewohnt und gewünscht. Der Depressive ist weniger leistungsfähig und schaut besorgt in die Zukunft.

Eine traurige Verstimmung ist eine normale Reaktion auf Verlustereignisse, Frustrationen und Enttäuschungen und dauert meist nur Stunden oder Tage.

Ein vergleichbarer Stimmungswechsel kann auch im Rahmen biologischer Vorgänge auftreten. So erleben sich zum Beispiel nicht wenige Frauen vor Eintritt der Periode als bedrückt und depressiv verstimmt.

Aber auch nach positiven Erlebnissen, zum Beispiel nach der Rückkehr aus einem schönen Urlaub, nach einem bestandenen Examen oder nach anderen freudigen Erlebnissen, kann es zu ähnlichen depressiven Verstimmungen kommen. Derartige Befindlichkeitsschwankungen gehören noch in die Spielbreite der Norm. Sie bedürfen keiner Behandlung, weil sie spontan abklingen und die Leistungsfähigkeit kaum jemals ernsthaft beeinträchtigen, wenngleich derartige Verstimmungen auch zu zwischenmenschlichen Problemen oder Spannungen zwischen Partnern führen können. Die Lebenserfahrung lehrt, daß Menschen außerordentlich verschieden auf negative Erfahrungen reagieren. Das hängt von ihrem Naturell, ihrer Persönlichkeitsstruktur, aber auch von ihrer Prägung durch die Umwelt, in der sie aufgewachsen sind, ihrer Einstellung zu sich und zur Welt und nicht zuletzt von ihrer religiösen Überzeugung ab. Es gibt Menschen, denen eine pessimistische Grundhaltung angeboren zu sein scheint, sie sind von Natur aus ernst, nehmen alles schwer, sind besonders gründlich, gewissenhaft und ordentlich.

Es gibt aber auch Ereignisse, die selbst stabile und optimistische Menschen in eine tieftraurige Verstimmung hineingeraten lassen, aus der sie nur schwer wieder hinausfinden. Exemplarisches Beispiel für schwerste seelische Dauerveränderungen sind die Menschen, die dem grausamen Terror der Konzentrationslager entkamen und die sich von den erlebten unvorstellbaren Schrecken nie mehr erholt haben, sondern unter Nervosität, Schlafstörungen, Ängstlichkeit, Schreckhaftigkeit, Angstgefühlen, Konzentrations- und Gedächtnisstörungen sowie einer Neigung zur Niedergeschlagenheit und Ruhelosigkeit leiden.

Es gibt auch Depressionen, die durch eine Fehlentwicklung in der Kindheit und frühen Jugend verursacht sind. Man spricht dann von einer neurotischen Depression.

Warum wird ein Mensch depressiv?

Die Ursachen depressiver Erkrankungen sind vielfältig. Neben körperlichen Krankheiten sind die seelische Entwicklung eines Menschen, seine Persönlichkeitsstruktur, seine aktuellen Beziehungen zu anderen Menschen, seine Wünsche und die Möglichkeiten, diese durchzusetzen, ursächlich für die Entstehung einer depressiven Erkrankung, aber auch «endogene Faktoren». Endogen bedeutet: im Körper entstehend, aus innerer Ursache, aber auch anlagebedingt, ererbt.

Ein wichtiger Hinweis auf die Beteiligung endogener Faktoren ist das gehäufte Vorkommen depressiver Erkrankungen in der Familie. Es gibt viele Beweise dafür, daß für die Entstehung einer depressiven Erkrankung Veränderungen chemischer Überträgerstoffe im zentralen Nervensystem – Mediziner nennen diese Stoffe: Neurotransmitter – verantwortlich sind. An

den Nervenenden löst der elektrische Impuls die Freisetzung chemischer Substanzen aus. Diese Neurotransmitter, was übersetzt nichts anderes als Überträger von Nerv zu Nerv heißt, übertragen die Erregung des einen Nervs über einen Spalt – den synaptischen Spalt – auf einen anderen Nerv oder direkt auf Muskelzellen. Als Neurotransmitter sind Acetylcholin, Noradrenalin, Dopamin, Serotonin und andere bekannt. Nicht gesichert ist allerdings die Frage, ob diese nachweisbaren biochemischen Veränderungen Ursache, Auslöser oder lediglich ein chemisches Symptom einer durch andere Ursachen ausgelösten Fehlsteuerung sind.
Einige Forscher vertreten die Auffassung, daß pathologische Enzymveränderungen bei allen Depressionen vorkommen. Die Ursache dieser Enzymstörungen ist bisher noch nicht geklärt.
Walter Birkmayer formuliert:

«Für alle Lebensvorgänge ist eine Enzymaktivität generelle Voraussetzung. Die enzymatische Kapazität eines Organismus ist im genetischen Code festgelegt. Diese genetisch determinierte biochemische Energie dient zum Vollzug aller organischen Leistungen und aller Adaptationsvorgänge (Anpassungsvorgänge).
Je nach Quantität der Milieuanforderungen besteht eine enzymatische Erschöpfung, die zur Insuffizienz der biochemischen Überträgerstoffe (Noradrenalin, Dopamin, Serotonin) führt, wodurch das bunte Bild der Depression ausgelöst werden kann. Die weltweite Zunahme der Depressionen zeigt an, daß die modernen Lebensbedingungen das Energiekontingent des Organismus überfordern, was zur biochemischen Dekompensation führt.»

Wie häufig sind Depressionen?

Depressionen sind häufige Erkrankungen. Das Morbiditätsrisiko, das heißt die Wahrscheinlichkeit, daß eine Person im Laufe ihres Lebens an einer Depression erkrankt, beträgt nach Untersuchungen für Männer 8 bis 12 Prozent und für Frauen 20 bis 26 Prozent.
Die Häufigkeit von Depressionen wird von Experten der WHO auf 3 Prozent der Bevölkerung geschätzt. Es ist daher anzunehmen, daß es etwa 100 Millionen Menschen auf der Erde gibt, die

Die wichtigsten Neurotransmitter

ACETYLCHOLIN: Erster, etwa um 1920 entdeckter Neurotransmitter. Findet sich sowohl als Überträgerstoff zwischen motorischen Nerven und Skelettmuskeln als auch in den Synapsen (Verbindungen) im zentralen und vegetativen Nervensystem. Das vegetative Nervensystem, auch autonomes System genannt, ist weitgehend von unserem Willen unabhängig. Das vegetative Nervensystem teilt sich in 2 Systeme: den Sympathikus und den Parasympathikus. Beide «Nervensysteme» sind – einer dem anderen – Gegenspieler, z. B. führt eine Erregung des Sympathikus zur Pupillenerweiterung, zur Zunahme der Pulsfrequenz, zur Harnverhaltung, während eine Erregung des Parasympathikus genau zum Gegenteil: zur Pupillenverengung, zur Verlangsamung des Pulses und zur Harnentleerung führt.
In den letzten Jahren häufen sich die Befunde, die dafür sprechen, daß einer Störung der ACETYLCHOLIN-Bildung im zentralen Nervensystem (ZNS) eine wichtige Rolle bei der Entstehung der ALZHEIMERschen Krankheit zukommt.

NORADRENALIN: Überträgersubstanz im vegetativen und zentralen Nervensystem. Besonders hohe Konzentrationen dieses Überträgerstoffes wurden an den sympathischen Nerven nachgewiesen.

DOPAMIN: Erst 1958 als Überträgersubstanz im Gehirn entdeckt. Werden die Nervenzellen, die Dopamin bilden, im Hirn zerstört oder die Bildung der Substanz gestört, zeigen sich bei dem Betroffenen die Symptome der Parkinsonschen Krankheit mit Tremor (Zittern) und Starrsinn.

SEROTONIN: Überträgersubstanz im zentralen Nervensystem. Wurde hauptsächlich im Hirnstamm, im Zwischenhirn (Hypothalamus), im nucleus caudatus und in der Zirbeldrüse nachgewiesen.

Es gibt noch zahlreiche andere Überträgerstoffe im Nervensystem, auf die aber hier nicht eingegangen werden soll.

in irgendeiner Form an einer diagnostizierbaren Depression leiden und denen durch eine geeignete Therapie geholfen werden könnte. Bezüglich der erkannten Depressionen spricht man von der Spitze eines Eisberges. Ein großer Teil der depressiven Störungen werden nicht erkannt.
In einer Umfrage über depressive Erkrankungen, an der sich 584 praktische Ärzte in der Bundesrepublik Deutschland beteiligten, waren etwa 50 Prozent der befragten Ärzte der Meinung, daß bis zu 5 Prozent ihrer Patienten an Depressionen leiden.
Ein Drittel der Ärzte schätzte diesen Anteil sogar auf bis zu 10 Prozent ein. Fast 91 Prozent bejahten die Frage, ob sie den Eindruck hätten, daß Depressionen zunähmen.
Diese hohen Zahlen mögen überraschen. Sie erklären sich daraus, daß alle verschiedenen depressiven Syndrome mit erfaßt wurden.
Das Geschlechterverhältnis Männer zu Frauen beträgt etwa 1 : 2. Diese Zahlen gelten nicht für schwere manisch-depressive Erkrankungen, die bei Männern und Frauen etwa gleich häufig vorkommen sollen.
Solche statistischen Angaben sind allerdings mit großer Zurückhaltung zu betrachten. Die Kriterien für die Annahme der Diagnose einer Depression sind in den verschiedenen Studien unterschiedlich. Man kann davon ausgehen, daß Frauen im allgemeinen ihre emotionelle Befindlichkeit ausführlicher und zuverlässiger schildern als Männer. Allerdings gibt es Hinweise dafür, daß Männer in den letzten Jahren zunehmend häufiger bereit sind, offen über ihre emotionellen Probleme zu sprechen.

Soziokulturelle Faktoren der Depression

Schon die Griechen wußten, daß unsere Denk- und Verhaltensstile durch soziale Bedingungen geprägt werden. Jede Epoche hat ihre eigene Art zu denken. Wichtig ist, zu berücksichtigen, daß die menschliche Seele nie die ganze Realität wahrnimmt, sondern nur bestimmte Bereiche. Welchen Bereichen eine besondere Bedeutung zukommt, wird durch gesellschaftliche Faktoren bestimmt, und viele Argumente sprechen dafür, daß die Anfälligkeit für Depressionen, die in den letzten Jahrzehnten in der westlichen Welt deutlich zugenommen hat, mit unserem Lebensstil, unseren Denk- und Verhaltensweisen zusammenhängt. Damit ist nicht gesagt, daß die genannten Faktoren die alleinige Ursache für das Entstehen einer Depression sind, sondern nur, daß sie zur Entstehung der Depression einen wesentlichen Beitrag leisten. Dafür spricht unter anderem, daß es in einigen Entwicklungsländern (Indien, Irak, Neu-Guinea) mehr männliche als weibliche Depressive gibt.

Es ist diskutiert worden, daß möglicherweise die jahrhundertealte soziale Benachteiligung der Frauen dazu geführt hat, daß Frauen in unserem Kulturkreis häufiger an Depressionen erkranken als Männer.

Einige Autoren haben die Auffassung vertreten, daß Mädchen in einer Gesellschaft, in der in einigen Familien Jungen immer noch höher geschätzt werden als Mädchen, bei der Geburt eines Bruders häufig einen Liebesverlust erleiden und daß dieses Erlebnis dazu führt, daß die Frauen häufiger an Depressionen erkranken als Männer. Diese Überlegung läßt sich jedoch mit den geschilderten Beobachtungen der transkulturellen Psychiatrie nicht in Einklang bringen.

Wenn diese Überlegungen richtig wären, müßte mit zunehmender Gleichberechtigung der Frau die Zahl der depressiven Männer steigen. Warten wir es ab!

Ein weiterer Faktor, der sicherlich dazu beiträgt, daß Depressionen in unserer Gesellschaft zunehmen, liegt darin, daß die traditionellen Werte in den letzten Jahren an Verbindlichkeit verloren haben und daß bisher alle Versuche, die alten Werte durch neue zu ersetzen, gescheitert sind und sich daher ein Gefühl der Sinnlosigkeit ausgebreitet hat – dieses Gefühl ist vermutlich der Akker, auf dem Sekten und Psychokulte säen und ihre Mitglieder «ernten».

Schon 1942 schrieb A. Camus im Mythos von Sisyphos:

> «...In einem Universum, das plötzlich der Illusion des Lichts beraubt ist, fühlt der Mensch sich fremd. Aus diesem Verstoßen-Sein gibt es für ihn kein Entrinnen, weil er der Erinnerung an eine verlorene Heimat oder der Hoffnung auf ein gelobtes Land beraubt ist.»

Es ist schwer zu bestimmen, welchen soziokulturellen Faktoren eine entscheidende Bedeutung bei der Entstehung einer depressiven Symptomatik zukommt, sicher ist, daß geschiedene oder verwitwete Personen und Arbeitslose häufiger an Depressionen erkranken.
Noch entscheidender für die Bewältigung von Ereignissen – die auch von außen gesehen bedrückender erscheinen als die Ereignisse selbst – ist die Art, wie sie verarbeitet werden. Oder um mit Epiktet zu sprechen:

«Nicht die Dinge selbst sind es, die uns unglücklich machen, sondern die Einstellung, die wir zu ihnen haben.»

Wie erkennt man Depressionen?

Leitsymptom der Depression ist eine eigenartige, schwer in Worte zu fassende Verstimmung. Die Betroffenen klagen über Lust- und Interessenlosigkeit, über Ziel-, Mut-, Wert-, Freud- und Hoffnungslosigkeit, so daß man vom Syndrom der «-Losigkeit» gesprochen hat. Der bekannte Begriff der Traurigkeit kennzeichnet die Qualität depressiven Gestimmtseins nicht ausreichend, denn einige Depressive leiden gerade darunter, daß sie unfähig sind, über einen Verlust Trauer zu empfinden. Ihnen fehlt die emotionale Resonanz, sie leiden unter einem «Gefühl der Gefühllosigkeit» und einer «erlebten Leblosigkeit». Kraepelin (1913) hat von einem Verlust der «inneren Anteilnahme» und der «gemütlichen» Ansprechbarkeit gesprochen. Depressive Gestimmtheit ist in einer besonderen Weise leibnah. Sie wird als eine «Beängstigung, vom Oberbauch und der Herzgegend ausgehend» empfunden. Grillparzer beschreibt dieses Lebensgefühl als «ein unerträgliches, lauwarmes Hinschleppen», als ein «schlappes, geisttötendes Einerlei».
Klagen über verschiedenartige körperliche Beschwerden sind daher bei endogen Depressiven häufig.

Prozentuale Verteilung der körperlichen Symptome bei endogenen Depressionen:

	Prozent
Schlafstörungen	98
Müdigkeit	83
Engegefühl in Hals und Brust	75
Appetitstörungen	71
Obstipation	67
Gewichtsverlust	63
Kopfschmerzen	42
Schmerzsyndrom Nacken/Wirbelsäule	42
Magen-Darm-Beschwerden	36
Herzbeschwerden	25

Angst, oder besser Furcht, als Reaktion auf eine Bedrohung ist eine normale Affektäußerung. In der Fachsprache wird zwischen Angst und Furcht unterschieden, wobei Furcht immer mit einer realen Situation verknüpft ist. Die Angst ist einmal das A und O der Psychiatrie genannt worden und kann vielfältige Ursachen haben, die bewußtseinsfern und deshalb nicht leicht zu erkennen sind.

Bei Depressiven kommt es nach statistischen Erhebungen bei 60 bis 70 Prozent der Betroffenen zu Angstzuständen, ohne daß ein äußerer Anlaß vorliegt. Die Angst des Depressiven ist in besonderer Weise leibnah und mit vielfältigen körperlichen Beschwerden verknüpft. Es gibt Depressive, die Angst vor allem und jedem haben. Die Angstobjekte wechseln ständig, so daß von einer «vollkommen leeren und inhaltslosen Angst» gesprochen wurde. Inhaltlich kreisen die Ängste Depressiver vor allem um Befürchtungen – bis hin zu wahnhaften Vorstellungen – vor der Bedrohung der eigenen Gesundheit, der materiellen Sicherheit (Verarmungsideen) und um das Heil der Seele (in Form von Versagens- und Schuldideen).

Häufig sind Störungen des Antriebs. Die Kranken leiden an fehlender Initiative, Willens- und Entschlußfreudigkeit, und sind unfähig, selbst einfache Handlungen zielgerichtet auszuführen.

Tätigkeiten, die sonst leicht und ohne wesentliche Anstrengung verrichtet wurden, werden zur unerträglichen Qual, werden verlangsamt durchgeführt und immer wieder unterbrochen. Der Haushalt kann nicht mehr in Ordnung gehalten werden, das Bereiten einer Mahlzeit oder das Schreiben eines Briefes stellen eine unüberwindbare Hürde dar. In Extremzuständen verharren die Patienten regungslos im Bett und werden pflegebedürftig (depressiver Stupor. Stupor = Erstarrung, Betäubung). Zu dieser Antriebshemmung gehören auch Störungen des Denkens, des Gedächtnisses und des Zeiterlebens. Das Denken verliert seine Schnelligkeit, wird langsam, träge und ist gekennzeichnet durch Einförmigkeit und Ideenarmut.
Manche dieser Patienten meinen, an einer Hirnkrankheit zu leiden. GRIESINGER (1867) wies schon darauf hin, wie wichtig es sei, die Denkstörung der Depressiven von Demenzen (hirnorganisch bedingten geistigen Funktionsstörungen) abzugrenzen. Das Zeiterleben Depressiver ist dahingehend verändert, daß für sie die Zeit unendlich langsam zu vergehen scheint. Auch Störungen des Raumerlebens und Körper-Schema-Störungen stellen sich ein.
Etwa 20 bis 40 Prozent der Depressiven leiden an einer in den meisten Fällen stimmungsabhängigen Wahnthematik. Am häufigsten sind in unserer Gesellschaft der Schuld- und Versündigungswahn. Es stellt sich die Frage, ob dies die Überreste der christlichen Religionen sind in einer immer unchristlicheren Zeit.
Depressionen äußern sich manchmal nur in körperlichen Symptomen, zum Beispiel in Schmerzen im Bereich des Kopfes, des Bauches, der Brust oder der Wirbelsäule, ohne daß mit diesen Schmerzzuständen eine wahrnehmbare seelische Symptomatik einhergeht. Derartige Krankheitsbilder werden als «larvierte Depression» oder depressio sine depressione bezeichnet.
BONHOEFFER beschrieb bereits 1912 Patienten mit einer atypischen endogenen Depression:

> «Kranke, die dem Arzt ausschließlich körperliche Klagen vorbringen und die depressiven Symptome in Abrede stellen.»

Appetitstörungen mit Gewichtsabnahme wurden bereits 1913 von KRAEPELIN beschrieben. Außerdem kommt es häufig zu Libido- und Potenzstörungen und einem Aussetzen der Regelblutung.

Verschiedene Formen der Depression

Der Unterscheidung von endogenen, neurotischen und reaktiven Depressionen wurde früher große Bedeutung beigemessen. Man war der Überzeugung, daß endogene Depressionen in erster Linie einer somatischen Behandlung mit Psychopharmaka und einer Heilkrampfbehandlung zugänglich sind, während neurotische Depressionen auf eine antidepressive Behandlung nicht ansprechen und daher als Domäne psychotherapeutischer Verfahren angesehen wurden.

Bald erkannte man die Schwierigkeit der Abgrenzung von endogenen und psychogenen Depressionen und die vielfältigen Überschneidungen beider Krankheitsbilder.

In den letzten Jahren hat sich die Ansicht durchgesetzt, daß auch neurotische Depressionen auf eine Behandlung mit Psychopharmaka ansprechen und daß bei der Behandlung endogener Depressionen auf den Einsatz psychotherapeutischer Methoden nicht verzichtet werden kann.

Einerseits wird die Auffassung vertreten, bei endogenen und reaktiven Depressionen handele es sich um eine Krankheit in unterschiedlichen Ausprägungsgraden, so daß eine klare Abgrenzung nicht möglich sei. Andererseits wird angenommen, daß es zwar einen grundsätzlichen Unterschied zwischen endogenen Depressionen und depressiven Neurosen gibt, daß aber beide Erkrankungen gleichzeitig auftreten können. Oder, anders ausgedrückt, daß es endogene Depressionen gibt, deren Erscheinungsbild von reaktiven und neurotischen Zügen geprägt ist.

Die strenge Unterscheidung von endogenen und nicht-endogenen (reaktiven, neurotischen) Depressionen wird zunehmend verlassen, deshalb wird jetzt von einem «depressiven Syndrom» gesprochen, das, wie KIELHOLZ betont, «keine diagnostischen Rückschlüsse auf seine Genese (Entstehungsbedingungen)» erlaubt. Nach wie vor wichtig ist die Abgrenzung organischer Ursachen, die zur Entstehung eines depressiven Syndroms führen können, da bei diesen Depressionen grundsätzlich eine andere Therapie erforderlich ist. Mit erfolgreicher Behandlung der körperlichen Erkrankung bessert sich auch das depressive Syndrom.

Somatische, das heißt körperliche Ursachen für die Entstehung depressiver Erkrankungen:

- Zerebrale Gefäßsklerose (Hirndurchblutungsstörungen)
- Hirnatrophie (Hirnschwund)
- Hirntumor
- Hirnschädigung durch Unfall
- Parkinsonsche Erkrankung
- Herz-Kreislauf-Erkrankungen
- Lebererkrankungen
- Hormonelle Störungen
- Viruserkrankungen in der Erholungsphase
- Chronische Vergiftungen durch Alkohol, Schlafmittel, Schmerzmittel, psychisch wirkende Substanzen

Medikamente: Reserpinhaltige Präparate gegen den Bluthochdruck, zum Beispiel das Präparat SERPASIL (heutzutage ist aber die Behandlung des Bluthochdruckes mit Reserpin überholt)

Alpha-Methyldopa, L-Dopa, Corticosteroide, Neuroleptika und andere

Weil verschiedenste körperliche Erkrankungen zu einem depressiven Syndrom führen können, ist neben einer ausführlichen Anamnese und einer Analyse der depressiven Symptome immer eine körperliche Untersuchung des depressiven Patienten erforderlich. Außerdem kann auf apparative Zusatzuntersuchungen, zum Beispiel EEG (Hirnstrombild), Computertomogramm, Kernspintomographie und andere, oft nicht verzichtet werden.

Die Diagnostik depressiver Syndrome

Erschreckend viele Menschen erkranken an depressiven Syndromen. Nicht selten endet die Melancholie mit einem Suizid. Die weit verbreitete Meinung, nur schwer Depressive seien wirklich suizidgefährdet, ist falsch. Auch Patienten mit gering ausgeprägten Symptomen sind potentielle Selbstmordkandidaten. Je mehr Menschen diese Symptome kennen, um so eher wird es

möglich sein, die Kranken frühzeitig einer zielgerichteten Behandlung zuzuführen. Kaum eine andere potentiell lebensgefährliche Erkrankung wird so häufig *nicht* rechtzeitig diagnostiziert wie die verschiedenen depressiven Krankheitsbilder. Andererseits werden Depressionen aber auch zu schnell und häufig diagnostiziert. Die Diagnostik ist oft zeitaufwendig und schwierig, weil häufig nicht alle typischen Symptome vorhanden sind und sich Depressionen oft schleichend über Wochen und Monate mit uncharakteristischen Klagen entwickeln.
Häufig wird über allgemeine Leistungsschwäche, ständige Müdigkeit, Appetitlosigkeit, Verstopfung, Gewichtsverlust und Schlafstörungen geklagt. Affektive Veränderungen wie Traurigkeit, Antriebsarmut und tiefgreifende Hoffnungslosigkeit kommen erst im weiteren Verlauf hinzu und verleiten Arzt und Patient dazu, die psychischen Symptome als verständliche Reaktionen auf die körperlichen Beschwerden anzusehen.

Deshalb sollen hier einige körperliche Symptome besonders herausgehoben werden:

Allgemeine Abgeschlagenheit
Ständiges Müdigkeitsgefühl
Schlafstörungen (Ein- und Durchschlafstörungen, morgendliches Früherwachen), aber auch extrem vermehrtes Schlafbedürfnis ohne Erholungswert
Appetitstörungen – selten gesteigerter Appetit
Gewichtsverlust
Übelkeit, Brechreiz
Kopfschmerzen
Druckgefühl in Hals und Brust
Herz- und Kreislaufstörungen
Störungen der Atmung, von Magen und Darm
Schwindelgefühl
Diffuse, attackenweise auftretende Nervenschmerzen
Libidoverlust
Impotenz
Frigidität
Schwitzen, Frieren, Zittern
Tagesschwankungen des Befindens

Recht häufig findet man bei depressiv Kranken ein reduziertes Selbstwertgefühl, die Patienten fühlen sich wertlos, neigen zu Selbstvorwürfen und werden von Schuldgefühlen geplagt. Affektfähigkeit und Antrieb sind gestört, die Betroffenen klagen über Antriebslosigkeit und innere Leere, werden traurig und hoffnungslos, sehen ihre persönlichen Angelegenheiten tief pessimistisch und haben keine positiven Zukunftsperspektiven. Relativ charakteristisch ist eine psychomotorische Hemmung, die Patienten wirken verlangsamt, unflexibel und starr. Wenngleich es auch stark klagende Depressive gibt, so ist die Mehrzahl der Kranken doch eher zurückhaltend bei der Schilderung ihrer Beschwerden. Deshalb ist es wichtig, gezielt nach entsprechenden Symptomen zu fragen, sobald sich der Verdacht ergibt, daß eine depressive Erkrankung vorliegen könnte.

Fragenbeispiele bei Verdacht auf eine depressive Erkrankung nach KIELHOLZ:

Können Sie sich noch freuen?
Fällt es Ihnen schwer, Entscheidungen zu treffen?
Haben Sie noch Interesse an etwas?
Neigen Sie in letzter Zeit vermehrt zum Grübeln?
Plagt Sie das Gefühl, Ihr Leben sei sinnlos geworden?
Fühlen Sie sich grundlos müde, schwunglos?
Haben Sie Schlafstörungen?
Spüren Sie irgendwelche Schmerzen, einen Druck auf der Brust?
Haben Sie wenig Appetit, haben Sie an Gewicht verloren?
Haben Sie Schwierigkeiten in sexueller Hinsicht?

Der wichtigste diagnostische Hinweis auf ein depressives Syndrom ist die Unfähigkeit, Freude zu empfinden. Während sich traurige Menschen bei entsprechender Ablenkung durchaus freuen können, sind Depressive dazu nicht fähig.
Man denke nur an Beerdigungen, bei denen man oft erlebt, daß die Hinterbliebenen am Grab vor Leid fast zusammenbrechen, aber bei der anschließenden gemeinsamen Mahlzeit plötzlich lachen können, wenn jemand über den Verstorbenen spricht und eine lustige Anekdote aus seinem Leben erzählt. Dies wäre einem Depressiven nicht möglich.
Depressive Erkrankungen haben in der Mehrzahl der Fälle eine günstige Prognose. Die größte Gefahr besteht darin, daß sich der

Patient suizidiert, das heißt Selbstmord begeht. Das Suizidrisiko bei endogen depressiven Patienten ist 30mal höher als in der Allgemeinbevölkerung. Deshalb sollte immer direkt danach gefragt werden, ob der Lebensmut des Betroffenen beeinträchtigt ist oder ob er gar unter drängenden Suizidideen leidet, deren er sich nicht – allein – erwehren kann.
Es stimmt nicht, daß Menschen, die viel von Selbstmord sprechen, sich nicht umbringen werden, eher ist das Gegenteil richtig.

Endogene Depressionen

Bei endogenen Depressionen unterscheidet man monopolare und bipolare Formen. Patienten, die an einer monopolaren Depression leiden, erkranken ausschließlich mit depressiven Episoden unterschiedlicher Dauer und Schwere.
Statistisch hat sich nachweisen lassen, daß eine Korrelation zwischen Periodizität und Bipolarität besteht, das heißt, je mehr depressive Phasen ein Patient durchgemacht hat, um so größer wird die Wahrscheinlichkeit, daß er im weiteren Verlauf auch manisch wird. Anders ausgedrückt: Je mehr depressive Phasen ein Kranker durchgemacht hat, um so größer wird die Wahrscheinlichkeit, daß er an einer manisch-depressiven Erkrankung beziehungsweise einer bipolaren affektiven Psychose leidet.
Während Kraepelin noch die Ansicht vertrat, daß es monopolare affektive Erkrankungen nicht gibt, hat sich das Konzept der monopolaren Depression weltweit durchgesetzt.

Manie: ein Spiegelbild der Depression?

Nach wie vor umstritten ist, ob es auch monopolare Manien gibt, das heißt Patienten mit manischen Erkrankungen, die nie depressiv werden.
Zwar entsprechen sich das depressive und das manische Syndrom nicht durchgehend spiegelbildlich, trotzdem kann die Manie über weite Strecken als Umkehrbild der Depression be-

schrieben werden. Anstelle der herabgesetzten Vitalität bei der Depression tritt eine stark gesteigerte Vitalität, der Traurigkeit entspricht die manische Verstimmung und der Hemmung Ideenflucht, Rede- und Betätigungsdrang.

Ein Fall aus der Praxis:
Eine 20jährige, bislang unauffällige und sozial gut eingeordnete Bankangestellte schläft seit etwa 8 Wochen nur 2 bis 3 Stunden pro Nacht, fühlt sich dabei aber nicht erschöpft, sondern stimmungsmäßig gehoben. Ihre Abende verbringt sie entgegen ihren früheren Gewohnheiten in Gaststätten, sie raucht und trinkt viel. Ihrem Verlobten, den sie im nächsten Jahr heiraten wollte, gibt sie abrupt den Laufpaß und verbringt ihre Abende mit Zufallsbekanntschaften, bei denen sie auch übernachtet. Den besorgten Eltern fällt auf, daß die früher von ihr bekannte Ordnung einer unvorstellbaren Unordnung gewichen ist. Sie sammelt in ihrem Zimmer die unmöglichsten Gegenstände, die eigentlich in einen Mülleimer gehören, kauft Schuhe, Handtaschen und Kosmetika in unvorstellbaren Mengen, die ihre finanziellen Möglichkeiten weit übersteigen, und hat bei mehreren Firmen und Versandhäusern Einrichtungsgegenstände bestellt, die sie nicht benötigt. Wiederholt hat sie in Hotels übernachtet, ohne die Hotelrechnung am nächsten Morgen zu begleichen. Von ihren Angehörigen auf dieses Verhalten angesprochen, reagiert sie aggressiv und gereizt. Als man feststellt, daß sie ihr Konto um 20000 DM überzogen hat, entschließt man sich zur Einweisung in eine psychiatrische Klinik, dort wird die Diagnose einer manischen Phase gestellt. Zur Vorgeschichte wird bekannt, daß ihr Vater wiederholt wegen einer endogenen Depression stationär behandelt wurde.

Hauptsymptom der manischen Verstimmung ist eine grundlose Heiterkeit. Die Kranken sind freudig erregt, ihre Stimmung ist blendend. Meist fehlt jede Einsicht in das Krankhafte ihres Zustandes. Auch ihr Verhalten und Aussehen spiegelt die gehobene Stimmungslage und das gesteigerte Selbstbewußtsein wider, sie erscheinen verjüngt, sehen strahlend aus, bewegen sich schnell, elegant und sicher und kennen keine Hemmungen mehr. Die gehobene Stimmung geht einher mit einem Gefühl erhöhter Leistungsfähigkeit und häufig auch mit einer erheblichen Überschätzung des eigenen Wertes.
Ihr Denken ist flüchtig einfallsreich, und es kommt zu einem ständigen Wechsel des Denkziels. Die Kranken sind schlagfertig und witzig, fühlen sich ihren Mitmenschen überlegen, deren Schwächen sie rasch erkennen und nicht immer taktvoll verspotten. Kritisches Abwägen und besonnenes Überlegen ist ih-

nen fern, sie werden beherrscht von einem gesteigerten Rede-, Bewegungs- und Betätigungsdrang. Entschlüsse werden sofort in Handlungen umgesetzt, deren Konsequenzen meist nicht wahrgenommen werden, weil schon das nächste Projekt angesteuert wird. So kommt es zu unsinnigen Geldausgaben, gewagten Spekulationen, Schwindeleien, sexuellen und alkoholischen Exzessen und Entgleisungen.

Manisch Kranke kennen kein Ermüdungsgefühl. Sie fühlen sich auch nach 24stündiger Aktivität frisch und leisten viel. Trotz guten Appetits kommt es infolge einer unvorstellbaren Überaktivität nicht selten zu einer Gewichtsabnahme. Manischer Wahn ist in der Regel aus der gehobenen Grundstimmung ableitbar und besteht meist in Größenideen, die aber nur mit verhaltenem Nachdruck vertreten werden und im Gegensatz zum schizophrenen Wahn meist rasch korrigiert werden können.

In vielen Punkten imponiert Manie als die «endogenste» aller Psychosen, dabei ist mit «endogen» nicht nur negativ gemeint, daß wir über die Entstehung der Erkrankung letztendlich nichts Genaues wissen, sondern es soll auch betont werden, daß die Erkrankung eigengesetzlicher verläuft als andere Psychosen. Wenn auch versucht wurde herauszuarbeiten, daß Belastungssituationen für die Auslösung von Manien verantwortlich sein können, so erscheint dies noch weniger einleuchtend als die Annahme, daß endogene Depressionen unter Entlastung exazerbieren, d. h. sich verschlimmern.

Lange Zeit wurde angenommen, daß die Prognose der Manien günstig ist, weil sich die akute Symptomatik meist innerhalb von einigen Monaten zurückbildet und Defektbildungen – wie bei Schizophrenien – nicht zu erwarten seien.

Neuere Untersuchungen haben aber gezeigt, daß es auch nach Manien nicht selten zu einer Persönlichkeitsumstrukturierung kommt und daß das Ausgangsniveau der Persönlichkeit nicht wieder erreicht wird.

Schizoaffektive Psychosen: Eigenständige Erkrankungen oder Bindeglieder zwischen schizophrenen und affektiven Psychosen?

Die Klassifikation psychiatrischer Krankheitsbilder wird auch heute noch weitgehend durch die Vorstellungen KRAEPELINS beeinflußt, der 1899 die endogenen Psychosen in Dementia praecox (Schizophrenie) und manische depressive Erkrankungen einteilte. Die klinische Beobachtung lehrt aber, daß es endogene Psychosen gibt, die sich weder der einen noch der anderen Gruppe ohne Zwang zuordnen lassen. Deshalb spricht man von «Randpsychosen», «Mischpsychosen» und «schizoaffektiven Psychosen» und unterteilt diese Erkrankungen unter verschiedenen Gesichtspunkten weiter, auf die hier nicht im einzelnen eingegangen werden soll.
Es gibt auch Wissenschaftler, die annehmen, daß es nur *eine* Psychose gebe. In der Lehre von der «Einheitspsychose» spielen die schizoaffektiven Erkrankungen als Übergangsgruppe zwischen manisch depressiven Erkrankungen und Schizophrenie eine besondere Rolle.
Grundsätzlich sind die manisch depressiven Erkrankungen untereinander, trotz aller Verschiedenheit zwischen einer gehemmten, agitierten oder hypochondrischen Depression und einer Manie als Gruppe, ähnlicher als die schizophrenen Psychosen.
Schizoaffektive Erkrankungen sind Psychosen, bei denen neben einer depressiven oder manischen Symptomatik auch schizophrene Denkstörungen, Wahnideen und Halluzinationen vorkommen. Schizoaffektive Erkrankungen treten im allgemeinen früher auf als rein affektive Psychosen und haben eine günstigere Heilungstendenz als schizophrene Psychosen.

Ein Fall aus der Praxis:
Ein 29jähriger kaufmännischer Angestellter entwickelte nach Schilderung seiner 26jährigen Verlobten im gemeinsamen Italienurlaub ungewohnte Verhaltensweisen, die sich anfangs als Rastlosigkeit bei der Besichtigung von Kulturdenkmälern, in einem verstärkten Redefluß und Schlafstörungen äußerten. Bei Rückkehr nach Hause habe der Patient entgegen seinen sonstigen Gewohnheiten viel mehr Alkohol getrunken, er sei zunehmend laut geworden und habe eine erstaunliche Fröhlichkeit an den Tag gelegt. Seit

Jahren interessiere er sich für Kulturreisen im Mittelmeerraum, da Kunsthistorie sein Hobby sei. Nach der Rückkehr habe er fortwährend davon gesprochen, er habe Hunderte von Seiten mit Erinnerungen vollgeschrieben, und Familienangehörigen und Arbeitskollegen gegenüber geäußert, daß er ein ganz bekannter Archäologe sei und seine schriftlichen Ausführungen das wohl wesentlichste Fachbuch ergeben würden. Mehreren Verlagen habe der Patient das Manuskript zur Veröffentlichung angeboten. Einige Tage vor dem Besuch seiner Verlobten in der Allgemeinpraxis habe sich der Zustand dahingehend verändert, daß er geäußert habe, nicht nur ein bekannter Wissenschaftler zu sein, sondern daß er von himmlischen Strukturen gesandt worden sei und daß ihm das gesagt worden sei. Diese würden ihn von außen manipulieren und steuern, teilweise seien sie auch dafür verantwortlich, daß seine Gedanken aus dem Kopf gezogen würden. Wiederholt äußerte der Patient seiner Verlobten gegenüber Angst vor Anfeindungen anderer Machtstrukturen, die es auf seine wissenschaftlichen Leistungen abgesehen hätten und die ihn zerstören wollten. Auch das würde ihm von Stimmen in Rede und Gegenrede mitgeteilt. Die Eigenanamnese ergab nach Schilderung der Verlobten einige Jahre zuvor eine mehrmonatige Phase, in der er sehr bedrückt gewesen sei und die Vorstellung geäußert habe, schwer krank zu sein und nicht mehr gesund werden zu können. In dieser Zeit habe ihr damaliger Freund kaum gegessen, stundenlang habe er grübelnd im Zimmer gesessen, morgens sei es mit ihm am schlimmsten gewesen. Durch eine ambulante Behandlung mit einem Psychopharmakon durch einen niedergelassenen Nervenarzt habe sich der Zustand aber sehr bald gebessert und sich in den folgenden Jahren nicht mehr wiederholt.
Bei der Untersuchung in der gemeinsamen Wohnung fällt die Psychose durch eine submanische Stimmung, eine Steigerung der Psychomotorik und des Antriebes, durch eine Minderung der Affektivität, durch Verfolgungsvorstellungen, akustische Halluzinationen, durch eine Ideenflucht und eine Fremdbeeinflussung, durch eine Verminderung der Konzentration und verschrobene Verhaltensweisen bei einer Kritikminderung auf.

(Entn.: R.M. Schulte, Psychiatrie in Praxis und Theorie, München, Bern, Wien, San Francisco 1987.)

Während die Differentialdiagnose endogener Psychosen – zutreffender ist es freilich, von einer Differentialtypologie zu sprechen, da es zuverlässige Unterscheidungskriterien nicht gibt – früher vorwiegend dazu diente, möglichst frühzeitig etwas über Verlauf und Ausgang der Erkrankung aussagen zu können, ist die Unterscheidung der verschiedenen Formen endogener Psychosen durch die Einführung einer differenzierten Therapie auch für die Praxis wichtiger geworden. Lithium und Carbamazepin (die Präparate TEGRETAL, TIMONIL) wirken bei manischen und manieähnlichen Syndromen sowohl therapeutisch als auch prophylaktisch.

Opium und die Behandlung der Depression

Bis zum Jahre 1938 gab es keine gezielte Depressionsbehandlung. In sehr schweren Fällen, die mit einem erheblichen Leidensdruck einhergingen, behandelte man mit Opium.
Erstaunlicherweise beobachtete man bei der Opiumbehandlung von Depressiven so gut wie nie süchtige Entwicklungen. Diese Beobachtung ist schwer zu erklären und hat zu vielfältigen Spekulationen Anlaß gegeben. Am wahrscheinlichsten scheint die Annahme, daß Opiate selbst bei längerfristiger Einnahme nicht zur Abhängigkeit führen, wenn sie in einem bestimmten «Setting» verabreicht werden und «suchtspezifische» Persönlichkeitsstrukturen nicht vorliegen.

Ist Elektroschock noch eine vertretbare Therapie?

1938 wurde von L. VON MEDUNA der Cardiazol-Schock und im gleichen Jahr von den Italienern CERLETTI und BINI die «Elektroschock»-Behandlung eingeführt, die man besser als Elektrokrampftherapie bezeichnen sollte. Grundlage der Einführung dieses Behandlungsverfahrens war die klinische Beobachtung, daß sich die Symptomatik an Geisteskranken oft schlagartig bessert, wenn sie – aus welchen Gründen auch immer – einen Krampfanfall hatten. Außerdem glaubte man, aus statistischen Untersuchungen ableiten zu können, daß Epilepsie und Schizophrenie nie gleichzeitig auftreten, und nahm an, daß diese Krankheiten sich gegenseitig ausschließen.
Spätere Untersuchungen haben ergeben, daß diese Überlegungen falsch waren. Ursprünglich wurde die Elektrokrampftherapie bei allen Psychosen eingesetzt, unter anderem auch deshalb, weil keine anderen wirksamen Behandlungsverfahren zur Verfügung standen. Zweifellos wurde – aus heutiger Sicht – hier oft zuviel des Guten getan. Allerdings muß man einräumen, daß

eine rückschauende Betrachtung die Dinge nicht immer gerecht zu beurteilen vermag. Durch viele Untersuchungen ist gesichert, daß die Elektrokrampftherapie bei endogenen Depressionen zu einem positiven Behandlungserfolg führt. Eine weitere allgemein anerkannte Indikation ist die perniciöse Katatonie, die allerdings in den letzten Jahrzehnten aus ungeklärten Gründen immer seltener beobachtet wird. Bei der Katatonie handelt es sich um eine Form der Schizophrenie mit Störungen der Willkürmotorik (häufig Bewegungsstarre, aber auch plötzliche Erregungszustände mit Selbstverletzungen oder Angriffen gegen Dritte). Die perniciöse Katatonie ist eine akute, lebensbedrohliche psychische Erkrankung mit starker psychomotorischer Unruhe, abnormer Beeinflußbarkeit und impulsiven Handlungen. Die Kranken verharren oft Stunden in einmal eingenommenen, auch unbequemen Körperstellungen mit einer Erhöhung des Muskeltonus, außerdem kommt es zu Fieberschüben mit Temperaturen über 40 °C.

Die Elektrokrampftherapie wird seit 1957 zunehmend seltener angewandt, nachdem KUHN bei der Suche nach einem besseren Neuroleptikum als Chlorpromazin das Imipramin entdeckt hatte, das sich bei Schizophrenen als unwirksam erwies, jedoch bei depressiven Patienten zu nachhaltigen Besserungen führte. Ursprünglich wurde die Elektrokrampftherapie ohne muskelentspannende Medikamente durchgeführt. Dabei kam es zu Arm-, Bein- und Wirbelbrüchen, also erheblichen Komplikationen, die erst dann nicht mehr auftraten, als in den 50er Jahren die Elektrokrampftherapie in Barbiturat-Narkose unter Muskelrelaxation durchgeführt wurde.

Eine weitere Verbesserung der Elektrokrampftherapie besteht in einer einseitigen Reizung der nicht dominanten Hemisphäre, weil dadurch Dauer und Ausmaß der Gedächtnisstörung nach dem Elektroschock vermindert wird. Ursprünglich wurden die Elektroden beidseits in der Schläfenregion angelegt, heute wird beim Rechtshänder die rechte (nicht dominante) Gehirnhälfte und beim Linkshänder die linke Gehirnhälfte gereizt.

Diese Methode wurde erstmals 1956 von dem argentinischen Psychiater THENON und unabhängig von ihm im Jahre 1958 von LANCESTER in England eingeführt.

Inzwischen hat sich diese Methode international durchgesetzt, weil nachgewiesen werden konnte, daß sie bei gleicher Wirksamkeit nebenwirkungsärmer ist.
H. SAUER und H. LAUTER berichten, daß 1979 in Großbritannien etwa 30 000 Patienten mit der Elektrokrampftherapie behandelt wurden. Aus Dänemark, Schweden und den Vereinigten Staaten liegen Zahlen in gleicher Größenordnung vor.
In den USA wird seit 1980 die Elektrokrampftherapie sogar zunehmend häufiger eingesetzt, weil sie die Dauer schwerer Depressionen abzukürzen vermag. In der Bundesrepublik sollen im Jahre 1985 schätzungsweise nur 500 Patienten mit einer Elektrokrampftherapie behandelt worden sein; das hat weniger rationale als vielmehr ideologische Gründe.
Seit Anfang der 70er Jahre geriet die Psychiatrie in der Bundesrepublik zunehmend ins Blickfeld kritischer, wenn auch nicht immer sachlicher Diskussionen. Der «Elektroschock» wurde in diesen Auseinandersetzungen geradezu zum Symbol einer repressiven Psychiatrie. Dadurch sank verständlicherweise bei den Patienten die Bereitschaft, sich den überspitzt dargestellten Risiken dieser Methode auszusetzen, aber auch bei den Psychiatern, sie anzuwenden.

JA zur Elektroschock-Behandlung

Die Bedenken gegen die Elektrokrampftherapie sind über weite Strecken nachvollziehbar. Allerdings dürfen die Ängste von Ärzten vor einer zugegebenermaßen nicht ganz harmlosen Therapie nicht dazu führen, daß Patienten eine unter Umständen lebensrettende Therapie vorenthalten wird. Jede wirksame Therapie hat Nebenwirkungen, selbst die Psychotherapie.
Die kritische Frage ist immer, ob das mögliche Risiko einer Behandlung größer ist als der Nutzen der gewählten Therapie. Wenn das wahrscheinliche Behandlungsrisiko größer ist als das Risiko des natürlichen Verlaufs der Erkrankung, sollte man ein anderes therapeutisches Verfahren anwenden oder von einer Behandlung absehen. Diese Überlegungen gelten für jede ärztliche Behandlungsmaßnahme.

Die Wirksamkeit der Elektrokrampftherapie ist eindeutig bewiesen. Sie vermag insbesondere schwere und therapieresistente depressive Erkrankungen nachhaltig zu bessern. Allerdings kommt es innerhalb von 3 Wochen zu einer Rückfallrate von etwa 26 Prozent, so daß es sinnvoll ist, im Anschluß an eine Elektrokrampftherapie eine medikamentöse Behandlung einzuleiten.

Die Risiken der Elektrokrampfbehandlung bestehen bei Beachtung der Kontraindikationen vorwiegend in einer Erinnerungsstörung, die sowohl die Zeit vor als auch die Zeit nach der Krampfbehandlung betreffen kann. Bei der jetzt üblichen einseitigen Elektrokrampftherapie der nicht dominanten Hemisphäre treten diese Störungen in deutlich geringerem Umfang auf als bei der früher angewandten bilateralen, das heißt zweiseitigen Elektrokrampftherapie und bilden sich meist nach Tagen bis Wochen zurück.

Zu Hirnschädigungen führt die Elektrokrampftherapie nicht, und es ist sehr schwer, behandlungsbedingte Erinnerungsstörungen sicher von krankheitsbedingten Erinnerungsstörungen abzugrenzen. Bei der Diskussion dieser Nebenwirkungen der Elektrokrampftherapie wird von ihren Gegnern häufig nicht berücksichtigt, daß die Elektrokrampftherapie in etwa 90 Prozent der Fälle zu einer richtungweisenden Besserung der depressiven Symptomatik führt, die unbehandelt für den Betroffenen nicht nur unsägliches Leid bedeutet, sondern auch zum Suizid führen kann.

Exemplarisch wird die heilsame Wirkung der Elektrokrampfbehandlung durch die Selbstschilderung des Schriftstellers R. Toynbee belegt:

«Mehr als 2 Monate sind vergangen, seit meine elektrische Heilkrampftherapie in Bristol beendet ist, und seit 6 Wochen bin ich fast völlig frei von Depressionen. Glücklicherweise kein besonderer Überschwang. Aber nach 3 Jahren in einem Verlies hat die verzweifelte Ungläubigkeit eines Gefangenen plötzlich wieder dem normalen Tageslicht Platz gemacht... Wie absurd erscheint mir das ganze ‹humane Geschrei› gegen die Elektroschockbehandlung.»

Abschließend ist festzustellen, daß die Elektrokrampftherapie ein bewährtes, im Vergleich zur Schwere der Erkrankung und zu den anderen zur Verfügung stehenden therapeutischen Maßnahmen risikoarmes Therapieverfahren darstellt, dem in der Behandlung psychiatrisch Kranker in der Bundesrepublik wieder ein gebührender Platz eingeräumt werden sollte und das dort, wo es indiziert ist, den Patienten nicht aus ideologischen Gründen vorenthalten werden darf.

Es trifft sicher zu, daß es Patienten gibt, die zu viele Elektrokonvulionstherapien bekommen haben oder bei denen diese Behandlung von vornherein nicht indiziert war. Die unrichtige Anwendung einer therapeutischen Methode sollte jedoch trotz aller berechtigter Kritik nicht dazu führen, die gesamte Methode zu verwerfen.

Tabletten gegen Depressionen?

Die klinische Erfahrung an Tausenden von Patienten hat bestätigt, daß die medikamentöse Behandlung von depressiven Syndromen wirksam, sicher und relativ nebenwirkungsarm ist.

Die Basis einer fachgerechten Behandlung depressiver Störungen bildet zweifellos die Verordnung antidepressiv wirkender Psychopharmaka, obwohl es falsch wäre, ausschließlich medikamentös zu behandeln.

Der Wiener Psychiater HANS HOFF (1897 bis 1969) hat zu Recht immer wieder darauf hingewiesen, daß, wenn man einem Depressiven nur Medikamente verschriebe, man so handeln würde, als wenn man einem um Hilfe schreienden Ertrinkenden lediglich einen Rettungsring zuwerfen würde, ohne sich darum zu kümmern, ob er diesen auch erreicht bzw. ob es ihm gelingt, an Land zu kommen. Dieser Vergleich verdeutlicht, daß eine erfolgreiche Behandlung psychischer Störungen in den meisten Fällen in einer Kombination von pharmakologischen und psychotherapeutischen Methoden bestehen muß.

Den Anfang neurochemischer Theoriebildungen zur Entstehung der Depression bilden Beobachtungen an Bluthochdruck-Patienten (Hypertoniker) in den 50er Jahren, bei denen sich unter der Behandlung depressive Syndrome entwickelten. In Tierversuchen konnte gezeigt werden, daß Reserpin – ein Stoff aus der Rauwolfia-Pflanze – zu einer Störung der Signalübertragung von einer Nervenzelle auf die andere führt. Die im Körper einer Nervenzelle entstehende elektrische Erregung pflanzt sich entlang des Hauptfortsatzes der Nervenzelle (Axon) fort. Damit es zu einer Übertragung des elektrischen Impulses auf die benachbarte Nervenzelle kommt, muß dieser in ein chemisches Signal umgewandelt werden. Dieses Prinzip gilt für alle Arten der Informationsvermittlung zwischen Nervenzellen. Man spricht deshalb oft von «nasser» Reizübertragung. Tierexperimentelle Untersuchungen konnten nachweisen, daß es nach Gabe von Reserpin zu einer Entleerung der kleinen Bläschen (synaptische Vesikel) kommt, in denen die Neurotransmitter gespeichert sind. Synapsen sind die Kontaktstellen zwischen Nervenzellen, aber auch zwischen Nerven- und Muskelzellen. Die Übertragung «einer Information» erfolgt durch biochemische Substanzen, die Transmitter oder auch Überträgersubstanzen.

Größte Aufmerksamkeit wurde der Stoffgruppe der Katecholamine – Noradrenalin und Dopamin – und dem Serotonin zugewandt. In diesem Zusammenhang sei erwähnt, daß das Parkinson-Syndrom, dem ein zunehmender Dopaminmangel in den Basalganglien (Kerngebiete des Zwischenhirns) zugrunde liegt, nicht nur durch Tremor (Zittern), Rigor (gesteigerte Muskelspannung), Akinese (Bewegungsarmut) und vegetative Störungen gekennzeichnet ist, sondern häufig auch mit Depressionen einhergeht.

1965 wurde von SCHILDKRAUT die Katecholamin-Mangel-Hypothese (Mangel von Noradrenalin und Dopamin) und 1967 von COPPEN die Serotoninmangel-Hypothese der Depression formuliert, die auch heute noch wichtige Teilaspekte dieser Erkrankung und der Wirkung der Psychopharmaka erklären können. In den letzten Jahren hat sich allerdings gezeigt, daß Antidepressiva mit hoher Wahrscheinlichkeit auch andere Neurotransmitter beeinflussen und daß es klinisch wirksame Antidepressiva gibt, die weder eine nachweisbare Wirkung auf den Serotonin- noch auf den Noradrenalin-Stoffwechsel haben.

Die Vielzahl der vorliegenden und zum Teil widersprüchlichen Befunde ist zum gegenwärtigen Zeitpunkt noch nicht in eine umfassende widerspruchsfreie Theorie einzuordnen. Trotzdem besteht kein Zweifel daran, daß depressive Syndrome mit einer Störung des Neurotransmitter-Stoffwechsels einhergehen.

«Ein Enzymchaos der synthetisierenden und der abbauenden Enzyme ist als Träger der Depression anzusprechen» (WALTER BIRKMAYER).

Die Frage, ob die beschriebenen biochemischen Veränderungen die Ursache depressiver Verstimmungen sind oder ob die im Körperbereich nachgewiesenen Veränderungen die Folge bewußter oder unbewußter psychischer Vorgänge sind, kann noch nicht mit letzter Sicherheit beantwortet werden. Wahrscheinlich besteht sowohl die Möglichkeit, daß bestimmte Veränderungen im Hirnstoffwechsel zu spezifischen psychischen Veränderungen führen, als auch die, daß langandauernde psychische Belastungen eine Veränderung im Hirnstoffwechsel nach sich ziehen. Beim gegenwärtigen Stand des Wissens kann nur gesagt werden, daß mit schweren depressiven Verstimmungen biochemische Veränderungen des Hirnstoffwechsels einhergehen, die die Ursache der seelischen Veränderungen sein können, aber nicht müssen.
Bisher gibt es noch keine biochemischen Verfahren, die es in der klinischen Praxis mit Sicherheit erlauben würden, eine endogene Depression von einer psychoreaktiven Depression zu unterscheiden.

Wer bekommt welches Antidepressivum?

Für die Praxis der psychopharmakologischen Behandlung ist eine strenge Klassifikation der Depressionen von untergeordneter Bedeutung. Es hat sich gezeigt, daß sowohl endogene als auch psychogene und somatogene Depressionen auf eine antidepressive Behandlung ansprechen.
Die Zahl der zur Verfügung stehenden Medikamente ist so umfangreich, daß es selbst für den Fachmann schwer ist, alle Substanzen im Hinblick auf ihre Wirkungen und Nebenwirkungen ausreichend sicher zu beurteilen. Daher beschränken sich die meisten Psychiater auf die Anwendung einer begrenzten Zahl von Medikamenten, mit deren Wirkungen, Neben- und Wechselwirkungen sie vertraut sind (s. Tabelle).

Über die Art des im Einzelfall anzuwendenden Antidepressivums entscheidet nicht so sehr die vermutete Ursache eines depressiven Syndroms, sondern Ausprägung und Intensität der klinischen Symptomatik. Leichte psychoreaktive Verstimmungen, die für den Betreffenden keine schwerwiegende Beeinträchtigung darstellen, bedürfen in aller Regel keiner medikamentösen Behandlung.
Zu beachten ist, daß die antidepressive Wirkung meist erst nach 14 Tagen bis 3 Wochen einsetzt und daß der Patient anfänglich nur Nebenwirkungen wie Mundtrockenheit, Schwitzen, Akkomodationsstörungen (Anpassungsstörungen der Augenlinse) und ein Zittern im Bereich der Hände bemerkt. Es ist deshalb wichtig, die Patienten darüber aufzuklären und nach Möglichkeit die Dosis nur allmählich zu steigern, da dann die Nebenwirkungen deutlich geringer sind.

MAO-Hemmer

Die Synthese der Überträgerstoffe folgt in den Mitochondrien der Nervenzelle. Die Mono-amino-oxidase (MAO), ein Enzym, baut überschüssige Überträgerstoffe in der Nervenzelle ab und stellt so das physiologische Gleichgewicht wieder her. In diesen Prozeß greifen die MAO-Hemmer ein.
Mono-amino-oxidase-Hemmer werden in der Bundesrepublik nur selten angewandt, weil es bei gleichzeitiger Aufnahme von tyraminhaltigen Nahrungsmitteln wie Bier, Wein, Hühnerleber, reifem Käse, eingelegtem Fisch, Saubohnen-Hülsen und Bierhefeextrakten, zu Bluthochdruck-Krisen kommen kann. Bei gleichzeitiger Einnahme eines MAO-Hemmers und eines (trizyklischen) Antidepressivums kann es zu Rastlosigkeit, Schwindel, Zittern, Muskelzuckungen, Krämpfen und Fieber bis über 40 Grad kommen. Die übrigen Nebenwirkungen der MAO-Hemmer ähneln denen der trizyklischen Antidepressiva. Trotz dieser gravierend erscheinenden Nebenwirkungen sind MAO-Hemmer brauchbare Antidepressiva, da es immer wieder Patienten gibt, die nicht auf andere Antidepressiva reagieren, aber gut auf MAO-Hemmer ansprechen.

Präparat-Name (Grundstoff/Generic)	Durchschnittliche Tagesdosis in mg
Neuroleptika mit geringer antidepressiver Wirkung	
Neurocil (Levomepromazin)	50–100
Truxal	
Taractan (Chlorprothixen)	75–200
Melleril (Thioridazin)	75–200

Nebenwirkungen der Neuroleptika:

Gegenanzeigen

a. Akute Vergiftungen mit zentraldämpfenden Pharmaka und Alkohol
b. Vorsicht bei vorgeschädigtem Herzen

Nebenwirkungen

a. Dyskinesien, d.h. schmerzhafte Fehlhaltungen oder -bewegungen (z.B. Schiefhals)
b. Parkinsonoid, d.h. durch das Medikament hervorgerufene Symptome wie bei der Parkinsonschen Krankheit
c. Akathisie, d.h. Unfähigkeit zum ruhigen Sitzenbleiben
d. Provokation epileptiformer Anfälle
e. Malignes neuroleptisches Syndrom (Fieber, Rigor, Akinese, vegetative Entgleisung, Bewußtseinstrübung bis zum Koma)
f. Anticholinerge Wirkungen z.B. Blasenentleerungsstörungen, Verstopfung, Störungen des scharfen Sehens von Objekten in wechselnden Abständen, Sekretionsstörungen der Speichel- und Schweißdrüsen, Tachykardie, Auslösung einer Augeninnendruckerhöhung (Glaukom = grüner Star)
g. Kreislaufstörungen
h. Magen-Darm-Störungen
i. Störungen der Blutbildung
j. Hautreaktionen
k. Photosensibilisierung
l. Cholostase, d.h. Gallenabflußstauung
m. Kornea- oder Linseneinlagerungen (Langzeittherapie in hohen Dosen)
n. Erregungsleistungsstörungen des Herzens
o. Hormonelle Störungen (z.B. Regelanomalien, sexuelle Störungen)

Häufigkeit unerwünschter Wirkungen unter der ambulanten Behandlung mit Neuroleptika in Nervenarztpraxen in Prozent der Symptomnennungen (mod. nach SCHMIDT)

Müdigkeit	18,3
Antriebsstörungen	17,8
Parkinsonoid	15,4
Tardive Dyskinesien	14,7
Innere Unruhe	9,5
Akathisie	5,3

Antidepressiva	Durchschnittliche Tagesdosis in mg		Durchschnittliche Tagesdosis in mg
STANGYL (Trimopramin)	75–200	TRAUSABUN (Melitracen)	50–250
APONAL SINQUAN (Doxepin)	75–200	TOFRANIL (Imipramin)	75–200
LAROXYL SAROTEN TRYPTIZOL (Amitriptylin)	75–200	GAMONIL (Lofepramin)	70–210
EQUILIBRIN (Amitriptylinoxid)	60–180	ANAFRANIL (Clomipramin)	50–150
LUDIOMIL Maprotilin	75–225	ACETEXA NORTRILEN (Nortriptylin)	50–125
TOLVIN (MIANSERIN)	40–120	PERTOFRAN (Desipramin)	50–150
NOVERIL (Dibenzepin)	120–480		

Nebenwirkungen der Antidepressiva:

Gegenanzeigen

a. Kombination mit MAO-Hemmern
b. Akute Vergiftungen mit zentraldämpfenden Pharmaka und Alkohol
c. Akute Delirien
d. Engwinkelglaukom, d. h. Augeninnendruckerhöhungen
e. Prostataadenom (Vergrößerung) mit Restharnbildung
f. Vorsicht bei vorgeschädigtem Herzen
g. Hinweis: Vorsicht bei erhöhter Krampfbereitschaft

Nebenwirkungen
Die Nebenwirkungen der Antidepressiva sind vorwiegend vegetativer Art. Es können unterschiedliche und sogar entgegengesetzte Wirkungen auftreten, je nachdem, welche zentralen oder peripheren vegetativen Effekte durch das Antidepressivum bewirkt werden.

a. Sedierung
b. Schwindel, Unruhe, Schlafstörungen
c. Anticholinnerge Wirkungen (z. B. Mundtrockenheit, Verstopfung, Harnverhaltung, Störungen des scharfen Sehens von Objekten in wechselnden Abständen, Auslösung einer Augeninnendruckerhöhung (Glaukom = grüner Star), Tachykardie
d. Erregungsleitungsstörungen des Herzens
e. Muskelzittern
f. Blutdruckabfall (selten)
g. Schwitzen (selten)
h. Extrapyramidale Störungen (sehr selten), d. h. Störungen des Muskeltonus und der Bewegungsabläufe
i. Blutbildveränderungen (sehr selten)
j. Zerebrale Krampfanfälle (sehr selten)
k. Bei Wegfall der Antriebshemmung: Suizidtendenz
l. Leberfunktionsstörungen (selten)
m. Überempfindlichkeitsreaktionen (z. B. Hautreaktionen)
n. Delirante Zustände
o. Sexuelle Störungen

	Durchschnittliche Tagesdosis in mg
THOMBRAN (Trazodon)	75–200

Nebenwirkungen THOMBRAN:
Gelgentlich treten auf:
Müdigkeit (vor allem zu Beginn der Behandlung), Magen-Darm-Beschwerden, Schwindel, Mundtrockenheit, Schlafstörungen, Kopfschmerzen, Blutdruckabfall, Unruhe, beschleunigter Herzschlag.

In seltenen Fällen können auftreten:
Hauterscheinungen (z. B. allergische Hautausschläge), Sehstörungen, Verstopfung, Blutdruckerhöhung, Verwirrtheitszustände, Priapismus, d. h. schmerzhafte, andauernde Erektion, Übelkeit, Brechreiz, Zittern, Gewichtszu- oder Gewichtsabnahme.
Die meisten der genannten Erscheinungen können Symptome der Depression sein und sind nicht unbedingt auf die Behandlung mit THOMBRAN zurückzuführen.

	Durchschnittliche Tagesdosis in mg
VIVALAN (Viloxazin)	150–300

Nebenwirkungen VIVALAN:

Gegenanzeigen

Magen-Darm-Geschwüre, Leberinsuffizienz.

Nebenwirkungen

Gelegentlich Magen-Darm-Störungen, Kopfschmerzen, Schlafstörungen, Unruhe, leicht manische Zustände.

Häufigkeit unerwünschter Wirkungen unter ambulanter Behandlung mit Antidepressiva in Nervenarztpraxen in Prozent der Symptomnennungen (mod. nach Schmidt)

	ohne Absetzkonsequenz	mit Absetzkonsequenz
Mundtrockenheit	17,6	5,1
Müdigkeit	14,9	11,8
Schwindel	10,5	8,2
Obstipation	8,3	3,0
Tremor	7,1	4,2
Innere Unruhe	4,5	12,4
Herzsensationen	3,9	4,8
Schlafstörungen	3,7	7,9
Oberbauchbeschwerden	3,3	5,7
Kopfschmerzen	2,5	4,8

Aminpräkursoren	Durchschnittliche Tagesdosis in mg
L-TRYPTOPHAN (L-Tryptophan)	3000–4000
LEVOTHYM (L-5-Hydroxy-Tryptophan)	200–300

Nebenwirkungen der Aminpräkursoren:

Gegenanzeigen
a. Schwere Leberfunktionsstörungen
b. Schwere Nierenfunktionsstörungen
c. Hyper-Serotonismus
d. Vorsicht bei Hypertonie

Nebenwirkungen
a. Blutdruckveränderungen (selten)
b. bei Überdosierung: Schwindel, Kopfschmerzen

MAO-Hemmer	Durchschnittliche Tagesdosis in mg
PARNATE (Tranylcypromin)	10–20
JATROSOM (T. + Trifluo-Perazin)	10–20

Nebenwirkungen MAO-Hemmer:
a. Leichter Blutdruckabfall
b. Zentralnervöse Stimulation; Schlafstörungen
c. Kurzzeitige paradoxe Blutdrucksteigerung, evtl. mit Okzipitalkopfschmerz

Hinweis:
Keine tyraminreichen Lebensmittel essen, z.B. keine stark gereiften Käsesorten, Hefe- oder Fleischextrakte, Fischzubereitungen (Halbkonserven), Geflügelleber, Schokolade, Pferdebohnen; keine Nahrungsmittel, die nicht frisch sind oder die nicht frisch zubereitet aus der Tiefkühltruhe oder einer soeben geöffneten Konservendose stammen; nicht mehr als 0,25 Liter Bier oder Wein pro Tag trinken. Frischkäse (z.B. Quark) ist erlaubt.

In der Bundesrepublik ist nur ein MAO-Hemmer zugelassen, der meist in einer festen Kombination mit einem Neuroleptikum als JATROSOM verordnet wird.
Bei Patienten, deren depressives Syndrom mit einem phobischen Angstsyndrom einhergeht, ist eine Monotherapie mit MAO-Hemmern indiziert, vorausgesetzt, daß sie die unter dieser Therapie unbedingt erforderliche Diät einhalten.

Diagnostische Kriterien für das phobische Angstsyndrom

1. Plötzlicher, spontaner, unerklärlicher Anfall, gekennzeichnet durch Gefühle des Schreckens, vegetative Angstsymptome und Fluchtreaktion
2. Mögliche Symptome während eines Anfalls:
   a) Angst, Schrecken, Hilflosigkeit, drohendes Verhängnis
   b) Phasen von Angst mit folgenden körperlichen Symptomen:
      1. würgendes Gefühl oder Erstickungsangst, Atemnot
      2. Schwindel oder Schwäche
      3. Zittern
      4. Prickeln, heiße oder kalte Schauer
      5. Schmerzen in der Brust oder Unbehagen
      6. Übelkeit
      7. Herzklopfen oder schneller Herzschlag
      8. plötzliches Leeregefühl in der Magengrube
3. Angst vor Plätzen, an denen die Anfälle auftreten
   a) öffentliche Plätze (Restaurant, Geschäfte, Busse usw.)
   b) Furcht des Patienten, daß er keinen sicheren Platz erreichen kann, zum Beispiel seine Wohnung

Prophylaktische Behandlung manisch-depressiver Erkrankungen

Lithium wurde 1949 von CADE zur Behandlung der Manie erstmals empfohlen. Lithium ist ein einwertiges Metall, das in der Natur nicht frei, sondern nur als Salz vorkommt. Es findet sich in geringen Spuren auch im menschlichen Gewebe, seine physiologische Bedeutung ist bisher nicht bekannt.

Lithium wirkt prophylaktisch bei manisch-depressiven Erkrankungen, Manien und einigen Depressionen.

Der Schwerpunkt der Anwendung von Lithium ist die Vorbeugung von rezidivierenden manisch-depressiven und/oder depressiven Phasen.

Außerdem wird Lithium zur Behandlung von einigen nichtpsychiatrischen Erkrankungen (Horton-Kopfschmerz, Schilddrüsenüberfunktionskrisen) eingesetzt.

Es ist nicht entscheidend, welches Lithiumsalz angewandt wird. Wichtig ist, daß eine bestimmte Lithiumkonzentration im Blut erreicht wird. Während der Lithiumbehandlung sollte die Konzentration im Blut anfänglich einmal wöchentlich und später alle 2 bis 6 Monate kontrolliert werden.

Die Blutentnahme zur Lithiumbestimmung soll morgens, und zwar 10 bis 14 Stunden nach der letzten Lithiumeinnahme, erfolgen. Lithium führt relativ häufig zu einem feinschlägigen Tremor (Zittern), der sich nach Gabe von sogenannten Beta-Blockern zum Beispiel Beloc, Beloc Mite zurückbildet.
Bei etwa 10 Prozent der Patienten, die mit Lithium behandelt werden, entwickelt sich eine Schilddrüsenvergrößerung, in seltenen Fällen auch eine Hypothyreose (Schilddrüsenunterfunktion), deshalb sollte vor Beginn jeder Lithiumbehandlung und später in größeren Abständen die Schilddrüsenfunktion überprüft werden. Einige Patienten klagen unter der Lithiumbehandlung über eine Gewichtszunahme, deshalb wird eine Beeinflussung des Kohlenhydratstoffwechsels durch Lithium für möglich gehalten. Die schwerwiegendste Gefahr einer Lithiumbehandlung besteht in einer Überdosierung, die in suizidaler Absicht und bei körperlichen Erkrankungen auftreten kann. Sie geht mit hohem Fieber, Erbrechen und Durchfällen einher. Warnsignale einer beginnenden Lithiumvergiftung sind: Benommenheit, Schläfrigkeit, Konzentrationsstörungen, Muskelschwäche oder Muskelzuckungen, Gangstörungen, grobschlägiger Tremor, verwaschene Sprache, Schwindel und Durchfall.
Kontraindikationen einer Lithiumbehandlung sind: Nierenfunktionsstörungen und schwere Herz- und Kreislauferkrankungen. Da unter Lithium ein leichter Anstieg von kindlichen Mißbildungen beobachtet wurde, ist bei Frauen im gebärfähigen Alter eine sichere Verhütung erforderlich, wenn eine Lithiumbehandlung eingeleitet wird.
Wenn Lithium als Prophylaktikum unwirksam ist oder wegen unerwünschter Nebenwirkungen abgesetzt werden muß, besteht eine wirksame Alternative in einer Behandlung mit Carbamazepin (Tegretal, Timonil).

Probleme bei der Langzeitbehandlung

Trotz aller Fortschritte der Psychopharmakologie sind insbesondere Langzeitbehandlungen schwieriger geworden, weil die Patienten eine regelmäßige Medikamenteneinnahme als erhebliche Beeinträchtigung empfinden. Vor allem Maniker vermissen

die als angenehm empfundene Antriebssteigerung und Überaktivität. Hinzu kommt, daß die sich ausbreitende Antidrogenhaltung bei Patienten und ihren Angehörigen zu einer Angst vor einer Medikamentenabhängigkeit bei einer langfristigen Behandlung geführt hat.
Diese Sorge ist bei einer Behandlung mit Antidepressiva, Lithium oder Carbamezepin mit Sicherheit unbegründet.

Antidepressiva, eine Waffe im Kampf gegen den Schmerz

Antidepressiva haben nicht nur einen sedierenden, angstlindernden und stimmungsaufhellenden Effekt, sondern auch eine nicht unwichtige analgetische, das heißt schmerzlindernde Wirkung, die insbesondere für die trizyklischen Antidepressiva gesichert ist. Der Mechanismus dieser Wirkung ist noch nicht ausreichend geklärt, vermutet wird, daß diese Antidepressiva auf das absteigende endogene Schmerzkernsystem im Hinterhorn des Rückenmarkes wirken. Dieses übt einen Einfluß auf die Schmerzleitung aus. Diskutiert wird jedoch auch, ob die schmerzlindernde Wirkung der Antidepressiva darin besteht, daß der Schmerz anders bewertet wird oder daß sich etwas im Neurotransmitterstoffwechsel ändert. Deshalb sind Antidepressiva auch geeignete Medikamente zur Behandlung von chronischen Kreuz- und Kopfschmerzen.
Besonders gut sprechen Patienten mit Spannungskopfschmerz auf die Behandlung mit trizyklischen Antidepressiva (SAROTEN, LAROXYL, TRYPTIZOL) an.
Antidepressiva sind eine nebenwirkungsarme, wirkungsvolle Möglichkeit, um chronische Kopfschmerzen zu lindern.

Medikamentöse Begleitbehandlung bei depressiven Syndromen

Gut zwei Drittel aller Depressiven, nach anderen Schätzungen sogar alle, leiden unter Angst. Soziale Ängste treten bei allen Depressiven häufig auf. Außerdem kommen psychotische, wahnhafte Ängste wie Schuld oder Verarmungsideen oder Angst vor Strafe vor. Oft ist das Ausmaß der Angst, die eine Depression begleitet, schwer zu erkennen. Bei gehemmt depressiven Patienten wird selbst starke Angst häufig übersehen. Bei agitiert Depressiven hingegen äußert sie sich in rastlosen Bewegungen, Fortdrängen oder Anklammern, manchmal auch Jammern. Die Schlafstörung ist ein Leitsymptom des depressiven Syndroms und wird von den Patienten in der überwiegenden Mehrzahl als sehr quälend erlebt.

Die Wirkung der Antidepressiva setzt nur verzögert ein, meist erst nach 2 bis 3 Wochen. Daher ist häufig, zumindest in den ersten Wochen, eine Zusatzmedikation erforderlich. Hier eignen sich besonders Benzodiazipinderivate, die zu den meistverordneten Pharmaka gehören und Angst lösen, entspannend, psychovegetativ stabilisierend und schlafanstoßend wirken. Eine stimmungsaufhellende antidepressive Wirkung konnte für diese Präparate – im Gegensatz zu den Angaben in verschiedenen Publikationen und Pharma-Werbebroschüren – bisher nicht mit ausreichender Sicherheit nachgewiesen werden. Trotzdem handelt es sich um eine sinnvolle und erforderliche Zusatzmedikation, die jedoch nur zeitlich begrenzt eingesetzt werden sollte, da es bei längerfristiger Anwendung von Benzodiazepinen zu Mißbrauch und Abhängigkeit kommen kann. Nicht vergessen werden soll aber, daß Benzodiazepine bei richtiger Anwendung die sichersten und nebenwirkungsärmsten Psychopharmaka sind!

Eine Abhängigkeit von Benzodiazepinderivaten wird fast ausschließlich bei Patienten mit neurotischen und psychosomatischen Störungen beobachtet. Statistisch gesehen ist die Gefahr einer Abhängigkeit von Tranquilizern (Beruhigungsmitteln) eher gering.

Untersuchungen ergaben, daß bei 100000 Verschreibungen zwei neue Mißbrauchfälle auftreten.

Wenn die übliche Therapie versagt: Therapieresistente Depressionen

Über 70 Prozent der Depressionen sprechen gut auf die übliche antidepressive Behandlung an, die grundsätzlich psychotherapeutisch unterstützt werden sollte. Wenn die Behandlung nach ausreichend hoher Dosierung mehrerer Antidepressiva aus unterschiedlichen Gruppen über jeweils 4 Wochen nicht anspricht, ist zu prüfen, ob im Einzelfall eine Infusionstherapie mit Antidepressiva erfolgversprechend ist. Eine Infusionstherapie wirkt psychisch entlastend.

Sie erlaubt den Patienten eine Regression, vermittelt ihnen das Gefühl, mehr Zuwendung zu bekommen und in ihrem Leiden akzeptiert zu werden, anders als beim «nur» Tabletten schlucken. Bei der Infusion wird die Leber umgangen, so daß, trotz niedriger Dosen, rascher eine Wirkung eintritt.

Pharmakologische und psychologische Gründe sprechen also für eine Infusionstherapie mit Antidepressiva.

Andere Möglichkeiten sind zusätzlicher Schlafentzug oder eine Kombination von Antidepressiva mit MAO-Hemmern oder Lithium, mit Serotoninpraekursoren wie L-Thryptophan oder eine zusätzliche Gabe von Trijodthyronin (ein Schilddrüsenhormon) in geringen Dosen.

In Fällen, in denen die übliche Dosierung der Antidepressiva nicht hilft, ist eine Überschreitung der üblichen Dosen zu empfehlen, da es Patienten gibt, die ihre Medikamente aufgrund einer genetisch bedingten höheren Abbaugeschwindigkeit in der Leber schneller verstoffwechseln.

Falls man mit diesen Maßnahmen nicht zu einem befriedigenden Erfolg kommt, ist eine Elektrokrampfbehandlung die Therapie der Wahl. Seit sie in Narkose und unilateral auf der nicht dominanten Hemisphäre und nach Muskelrelaxation durchgeführt wird, ist sie als am schnellsten wirksame, sichere und risikoarme antidepressive Therapie zu empfehlen.

Leider wird die Heilkrampfbehandlung in der Bundesrepublik nur noch relativ selten angewandt und aus ideologischen, irrationalen Gründen stark abgelehnt. In Ländern wie zum Beispiel den USA, in denen lange Krankenhausbehandlungen wegen Depressionen von den Krankenkassen nicht komplikationslos bezahlt werden, wird die Elektrokrampfbehandlung viel häufiger angewandt als in der Bundesrepublik.

Sonnenlicht als Therapie oder Lichttherapie

Schon Kraepelin hat eine Gruppe depressiver Patienten beschrieben, deren Erkrankung im Herbst mit einem erhöhten Schlafbedürfnis und einer Gewichtszunahme begann. Neue Untersuchungen weisen darauf hin, daß diese Symptome häufiger vorkommen als früher angenommen. Viele dieser Kranken spüren eine Besserung ihrer saisonabhängig auftretenden affektiven Erkrankung, wenn sie aus nördlichen Breiten in den Süden reisen. Diese Beobachtungen und die Selbsterfahrung vieler Menschen weisen darauf hin, daß natürliches Sonnenlicht eine ausgesprochen positive Wirkung auf den Gemütszustand hat.
Bei Patienten mit einer «Winterdepression» scheint der Melatoninspiegel erhöht zu sein, und sie sprechen gut auf eine Lichttherapie an.
Die Applikation von hellem Licht (über 2000 Lux) bewirkt bei Winterdepressionen eine deutliche Besserung, wenn sie über 3 Stunden vor Tagesanbruch und 3 Stunden nach dem Dunkelwerden angewandt wird. Die Besserung setzt bereits nach 2–3 Tagen ein und hält so lange an, wie die Lichtbehandlung dauert. Eine Behandlung mit Licht einer geringeren Lichtstärke oder Gelblicht führte zu keiner Besserung der depressiven Symptomatik. Die besseren Kenntnisse der physiologischen Mechanismen, die der circadianen Rhythmik zugrunde liegen, haben zu der Annahme geführt, daß affektive Psychosen möglicherweise sehr viel mit der Störung dieser Rhythmen zu tun haben.
Auch im EEG konnte nachgewiesen werden, daß depressive Patienten häufig während der zweiten Nachthälfte und am frühen Morgen aufwachen, nur kurze Traumphasen haben und Tiefschlaf in der zweiten Nachthälfte nur selten erreichen.
Möglicherweise werden weitere Untersuchungen ergeben, daß eine dem desynchronisierten rhythmusgebenden inneren System besser angepaßte antidepressive Medikation dazu beitragen kann, die «Verstellung» der inneren Uhr bei Depressiven schneller rückgängig zu machen.

Biologische Rhythmen und Depression oder chronobiologische Therapien der Depression

Entsprechend dem Konzept einer multifaktoriellen Genese depressiver Syndrome ist neben dem Einsatz somatischer immer auch ein Einsatz psycho- und soziotherapeutischer Behandlungsmethoden erforderlich. Die Art der Therapie hat sich immer nach der Schwere und der individuellen Ausgestaltung der Symptomatik zu richten.

In jedem Fall angebracht ist ein ausführliches, geduldiges, patienten- und problembezogenes Gespräch, in dem der Therapeut versuchen muß, den Konflikthintergrund ausreichend zu erhellen. Dies wird fast nie im Rahmen eines einmaligen Gesprächs möglich sein. Am wichtigsten ist, daß der Patient empfindet, daß man sich ihm bedingungsfrei emotional zuwendet. Regelmäßige Gespräche sind wichtig, in denen sich eine Vertrauensbasis entwickeln kann. Es kommt darauf an, die Anteile nichtdepressiven Verhaltens zu stärken, die Eigenaktivität des Patienten zu fördern und die durch die Krankheit entstandenen, mit verursachten oder sie bedingenden Konflikte mit dem Patienten zu erörtern. Von besonderer Bedeutung ist, daß sich der Kranke angenommen fühlt. Alle Aufforderungen, sich zusammenzureißen, sind ebenso unangebracht wie das Anzweifeln von Wahnideen oder die Behauptung, es gehe dem Patienten schon viel besser, wenn er das noch nicht so empfindet. Hilfreich ist es, immer zu betonen, daß seine Störung kein Einzelfall ist, daß sich seine Krankheit gut behandeln lasse und eine günstige Prognose habe.

Der Patient sollte darüber aufgeklärt werden, daß Schuldgefühle und Versagensängste typisch für seine Erkrankung sind. Offen und vorurteilslos sollte die Suizidgefahr angesprochen werden, dadurch wird der Kranke entlastet. Richtig ist, die Angehörigen so früh wie möglich in das Gespräch einzubeziehen, damit sie verstehen, daß es schädlich ist, den Patienten immer wieder aufzufordern, sich zusammenzureißen, da ein wesentliches Charakteristikum der Depression darin besteht, daß der Kranke «nicht kann, obwohl er will». Unbedingt muß versucht werden, Patienten von weitreichenden Entscheidungen abzuhalten, solange sie sich noch in der depressiven Phase befinden.

Schlafstörungen und Tagesschwankungen von Stimmung und Antrieb sind Leitsymptome depressiver Erkrankungen. Etwa 90 Prozent der endogen Depressiven klagen über Schlafstörungen. Seltener kommt es zu einem verlängerten, nicht erholsamen Schlaf, der bis zu 16 Stunden andauern kann. Es wurde beobachtet, daß Depressive, die eine Nacht am Schlafen gehindert wurden, am nächsten Morgen eine deutliche Besserung des Allgemeinbefindens, der Stimmung und des Antriebes bemerkten.

Der Schlafentzug, der neuerdings nur in der zweiten Nachthälfte erfolgt, kann eine, wenn auch nur vorübergehende, Besserung von Depressionen bewirken. Die Reaktion auf Schlafentzug ist auch ein prognostisches Kriterium insofern, als nachgewiesen werden konnte, daß Patienten, die auf Schlafentzug positiv reagieren, auf die Behandlung mit trizyklischen Antidepressiva gut ansprechen. Schlafentzug ist zwar eine aufwendige, aber eine verträgliche und unschädliche Methode, um die Beschwerden depressiver Patienten bis zum Eintritt der Wirkung der Antidepressiva zu lindern. Ein antidepressiver Effekt kann auch durch eine Phasenverschiebung des Schlafes erzielt werden. Dabei wird der Schlaf nicht entzogen, aber die Schlafzeit von gewöhnlich 23 bis 7 Uhr auf 17 bis 1 Uhr verlegt. Durch diese Phasenverschiebung des Schlafes gelingt es häufig, innerhalb von 2 Wochen die depressive Symptomatik zu lindern.

Die Erforschung der 24-Stunden-Rhythmen hat zu einem neuen Verständnis der Depression, aber auch von Schlaf und Angst, geführt. Man nimmt an, daß die Tagesperiodik des Menschen, die ungefähr 25 Stunden +/– 0,5 Stunden beträgt, von äußeren Bedingungen unabhängig ist und vom Organismus selbst erzeugt wird. Dafür sprechen Untersuchungen der Tagesperiodik in Höhlen unter Ausschluß der mit dem Tag-Nacht-Wechsel verbundenen Zeitinformationen.

Der Schlaf-Wach-Rhythmus scheint vom nucleus suprachiasthmaticus, der im Hypothalamus – einem Teil des Zwischenhirns – gelegen ist, gesteuert zu werden und spricht auf Serotonin als Überträgersubstanz an.

Bei der Reaktion des Organismus auf Licht spielen die Epiphyse und das in ihr synthetisierte Melatonin eine wesentliche Rolle.

Dauertherapie mit trizyklischen Antidepressiva führt bei zyklothymen Patienten manchmal zu einem raschen Wechsel von Manie und Depression, also zu einer Beeinflussung der Frequenz der biologischen Zyklen. Lithium verlangsamt die circadianen Rhythmen. Noch sind die Erkenntnisse lückenhaft, aber es zeichnet sich ab, daß alle biologischen Therapieverfahren bei Depressionen, einschließlich des Elektroschocks, eine Wirkung auf die 24-Stunden-Rhythmen und die Erregungsübertragung im Bereich des synaptischen Spalts haben.

Das Wetter, die Umwelt und die Depressionen

Einflüsse von Wetter und Klima auf den menschlichen Organismus werden heute nicht mehr in Frage gestellt.
Bei Untersuchungen von über 17000 psychiatrischen Patienten stellte man fest, daß Patienten mit einer Depression sich in etwa 50 Prozent der Fälle als sehr wetterfühlig bezeichneten. Depressive Patienten leiden im Verhältnis zu anderen psychiatrisch Kranken wesentlich häufiger und wesentlich stärker unter dem Wetter.
Wettereinflüsse machen sicher nicht krank, aber sie beeinträchtigen einen Depressiven erheblich und können die Krankheit verstärken.
Die folgende Tabelle zeigt die Zeiträume der häufigsten stationären Aufnahme von Patienten mit Depressionen. (Siehe Tabelle S. 173 und S. 174).

Das Problem: Sucht und Suchterkrankungen

Das Phänomen Sucht ist so alt wie die Menschheit. Es wurde viel darüber nachgedacht und geschrieben. Trotzdem ist die Frage, warum sehr viel mehr Menschen mit Drogen in Kontakt kommen, als abhängig werden, nicht mit ausreichender Sicherheit

Krankheitsbild	Aufnahmemaximum	
	Männer	Frauen
Gesamtkollektiv der Depressiven	März	1. Frühjahrshälfte
Reaktive Depressionen	März – September	Spätherbst – Mai – Juni
Periodische Depressionen	2. Sommerhälfte – Herbst	2. Frühlingshälfte – Sommer
Neurotische Depressionen	Dezember – August	Frühlingsbeginn – Sommerbeginn – Herbstbeginn
Erschöpfungs-depressionen	1. Frühlingshälfte, Juni – November	1. Winterhälfte – August – Oktober
Involutions-depressionen	Mai – Juli – November	1. Frühlingshälfte – Sommerbeginn
Übrige depressive Zustandsbilder	Herbst	April – September – November

zu beantworten. Ebenso schwer zu beantworten ist die Frage, warum sich im Einzelfall eine Suchtkrankheit entwickelt.
Obwohl bei dem Begriff Sucht zunächst an Alkohol-, Medikamenten- und Drogenabhängigkeit gedacht wird, ist nicht zu übersehen, daß es auch mittelunabhängige Suchterkrankungen gibt: zum Beispiel Spielsucht, Arbeitssucht oder süchtiges sexuelles Verhalten. Der Begriff «Sucht» ist vieldeutig, er hängt zusammen mit dem Wort «siech = krank». Sucht kann daher eine Krankheit meinen, aber auch auf eine Fehlhaltung (zum Beispiel Verschwendungssucht, Habsucht, Eifersucht) hinzielen.
Die zuletzt genannten Begriffe haben einen eindeutig wertenden Charakter mit negativen Vorzeichen.
Jede Richtung menschlichen Interesses kann süchtige Formen annehmen: die Arbeit wie auch die Trägheit, ja sogar der ästhetenhafte Lebensstil.

Umwelteinflüsse als Auslöser von Depressionen:

I. *Psychische und psychosoziale Auslöser der Depression:*

- Bestimmte *chronische Umweltreize*, deren quälende Intensität nicht objektiv, sondern nach der subjektiven Verarbeitungsmöglichkeit des Betroffenen beurteilt werden sollte.
- Langdauernde *affektive Spannungen* mit vegetativen und Schlafstörungen.
- *Umzug* oder Wohnungswechsel.
- *Verlust* entscheidender Bezugspersonen bzw. *Störungen* der familiär-häuslichen Sphäre durch Erkrankung, Tod oder Trennung (z. B. auch Wegzug der Kinder).
- *Häusliche Differenzen* und Belastungen (z. B. Konflikte mit Hausbewohnern).
- Änderung des Arbeitsplatzes.
- Berufliche *Zurücksetzungen* oder Übergehungen, aber auch Beförderung.
- Plötzliche *Entlastung* nach längerdauerndem psychophysischen Stress.
- Neue, schwer zu integrierende *Rollenverpflichtung*.
- Erotische und *sexuelle* Probleme.
- Bedrohung des sozialen *Prestiges* (Arbeitsplatz, Finanzen u. a.)

II. *Somatische Auslöser*

- Kur- und Erholungsaufenthalte (!).
- Abmagerungskuren.
- Grippale Infekte, Pneumonien, Hepatitiden, Thrombophlebitiden u. a..
- Schädel-Hirn-Traumata, wobei auch leichtere Unfälle zur Diskussion stehen. Ein Dauerschaden bleibt im allgemeinen jedoch nie zurück. Später wieder auftretende Phasen sind im Rahmen des endogenen Geschehens zu sehen und nicht mehr auf das einmalige Trauma zu beziehen.
- Frakturen oder Verletzungen anderer Art usw.

Nach der WHO-Definition von 1957 handelt es sich bei Drogensucht um ein Stadium periodischer oder chronischer Berauschung durch die wiederholte Einnahme einer (natürlichen oder synthetischen) Droge.

Zu den typischen Kennzeichen gehören:

ein überwältigender Wunsch oder das Bedürfnis, den Drogengebrauch fortzusetzen und sich die Droge unter allen Umständen zu verschaffen;
eine Tendenz, die Dosis zu erhöhen;
eine seelische und körperliche Abhängigkeit von den Wirkungen der Droge;
eine zerstörerische Wirkung auf den einzelnen und die Gesellschaft.

In der Bundesrepublik rechnet man mit etwa 2,2 Millionen Suchtkranken. Diese Zahl setzt sich zusammen aus 50 000 Drogenabhängigen (Durchschnittsalter 25 bis 27 Jahre), 300 000 bis 800 000 Medikamentenabhängigen (Durchschnittsalter 35 Jahre) und etwa 1,5 bis 1,8 Millionen Alkoholabhängigen (Durchschnittsalter 31 bis 50 Jahre).
Bei den Medikamentenabhängigen sind Frauen mit 90 Prozent vertreten. Bei den Alkoholabhängigen dominieren Männer mit 70 Prozent.
Aus psychoanalytischer Sicht wird angenommen, daß die Ursache aller Süchte eine gestörte Persönlichkeit ist. Nach Ansicht von Suchtexperten mangelt es an seelischer Organisation des Süchtigen, an einem Reizschutz nach innen. Durch das Rauschmittel werde ein künstlicher Reizschutz gesucht, der eine Herabsetzung der psychischen Schmerzempfindlichkeit bewirke. Die stimulierende Wirkung der Droge habe eine stützende Funktion für das schwach ausgebildete Ich.
Süchtige sollen sich durch eine stärkere narzißtische Verwundbarkeit, die mit Gefühlen der Depression und der inneren Leere verbunden ist, auszeichnen. Das Suchtmittel werde zu einem symbolischen Liebesobjekt, zu dem Fetisch, der eine magische Lusterfüllung bewirke.
Eugen Drewermann sieht, wie auch L. Szondi, in der Sucht

«eine permanente Prothese für die veruntreute Mutter, für die verlorene Dualunion». Von dieser zentralen Einsicht her ordnen sich alle Fragen der Genese, Diagnose und Prognose der Suchtproblematik. – Was immer Gegenstand oder Befriedigungsmittel einer Sucht sein mag: Alkohol, Drogen, Arbeit, Onanie, Diebstahl, Spiel oder Frauen (Männer) – in allen sucht der Süchtige letztlich seine verlorene Mutter beziehungsweise deren Ersatzpartner, und mit ihr verlangt er wie ein Kind nach Sicherheit, Halt, Geborgenheit, Anerkennung und Annahme. So wichtig einem Kind die Gegenwart der Mutter, so wichtig ist dem Süchtigen das Mittel seiner Sucht, das die Mutter vertritt; nur in seiner Nähe fühlt er «Selbstachtung, Selbstentfaltung, die Rechtfertigung seines Daseins und Soseins. Er ‹wird bestätigt›. Die Annahme durch das erste Objekt des Anklammerungstriebes, durch die Mutter, ermöglicht es dem Kind, sich selber anzunehmen, und mit eben dieser Leidenschaft klammert sich der Süchtige an sein Befriedigungsmittel. Es ist der einzige Ort, das einzige Ding, an dem er fühlt, daß er leben darf; es ist im eigentlichen Sinne Fetisch, eine pars pro toto allen Lebensverlangens. Auf jede Unterbrechung des Einheitserlebens mit dem Suchtmittel reagiert der Süchtige daher mit Vernichtung und Selbstentwertungsgefühlen. Im Grunde fürchtet er alles, was zur Unabhängigkeit, Abtrennung und Freiheit nötig ist; und so klammert er sich an sein Suchtmittel wie ein Ertrinkender an eine Schiffsplanke. Sein Wunsch, so angenommen zu werden, wie er ist, macht sich als eine absolute Überforderung an die Umgebung geltend, die keinerlei Zurückweisung duldet und im Grunde jede Veränderung ausschließt.»

So einleuchtend und interessant diese Überlegungen auf den ersten Blick erscheinen, so schwach ist ihre empirische Basis. Kenner der Problematik haben darauf hingewiesen, daß es «keine einheitliche Persönlichkeitsstruktur» gibt, die zur Drogenabhängigkeit disponiert.
Zutt kommt zu der Überzeugung, daß

«Süchtigkeit eine Gefahr des Menschen ist und nicht einiger weniger Willensschwacher».

Es gibt inzwischen Hinweise darauf, daß die Metabolisierung (im Körper ablaufende Umwandlung von Stoffen zu besser ausscheidbaren Substanzen) des Alkohols bei Menschen, die alkoholkrank werden, anders zu verlaufen scheint als bei Menschen, die kontrolliert trinken. Auch ein unterschiedliches Ansprechen des zentralen Nervensystems auf Alkoholzufuhr könnte die Ursache dafür sein, daß die Anfälligkeit, alkoholkrank zu werden, für bestimmte Menschen erhöht ist. Nach Untersuchungen reagieren eineiige Zwillinge im Hinblick auf den Grad der Synchro-

nisation des EEG-Musters nach Alkoholzufuhr weitgehend identisch. Alkoholiker haben im allgemeinen ein schlechter synchronisiertes Ruhe-EEG im Vergleich zu Nichtalkoholikern, und bei Alkoholikern kommt es zu einer stärkeren Synchronisation des EEGs nach Alkoholzufuhr.
Wenngleich diese Befunde weiterer Überprüfung bedürfen, so scheint doch die klinische Erfahrung dafür zu sprechen, daß außer Umwelteinflüssen im weitesten Sinne und Persönlichkeitsfaktoren auch anlagebedingten Faktoren bei der Manifestation von Suchtkrankheit eine nicht zu vernachlässigende Bedeutung zukommt. Ebenso wichtig ist es, zu berücksichtigen, daß alle Drogen, die zu Abhängigkeit führen, biochemische Prozesse im Hirn verändern und dadurch auch psychodynamische Faktoren beeinflussen, da Stimmung, Antrieb, Wahrnehmung und Kritikfähigkeit durch die Veränderung der Hirnstoffwechselprozesse beeinflußt werden.
Wegen der Vieldeutigkeit des Begriffes Sucht wurde im Jahre 1964 durch die WHO der Begriff Abhängigkeit eingeführt. Nach dieser Definition gilt als Droge jede Substanz, die im lebenden Organismus eine oder mehrere Funktionen zu ändern vermag. Vor allem sind damit Stoffe gemeint, die eine Wirkung auf das zentrale Nervensystem (ZNS) ausüben, also Alkohol, Medikamente und Rauschmittel («psychotrope Substanzen»). Die Merkmale der Abhängigkeit sind in den einzelnen Stoffgruppen unterschiedlich, deshalb wurden von der WHO 1964 sieben Stoffgruppen aufgeführt, die zu Abhängigkeit führen.

1. Morphine
2. Barbiturate und Alkohol
3. Kokain
4. Cannabis
5. Amphetamine
6. Khat
7. Halluzinogene

Zusätzlich ist noch die Nikotinabhängigkeit und die Abhängigkeit von Opiatantagonisten zu erwähnen. Die nicht mittelgebundenen süchtigen Fehlhaltungen wie Spielsucht, Eßsucht, Arbeitssucht, sexuelles Suchtverhalten werden gesondert behandelt.

Abhängigkeit vom Morphintyp

Schon bei den frühen Kulturen des Vorderen Orients waren Mohnanbau und Opiumgewinnung bekannt. Noch heute wird es in gleicher Weise geerntet wie in vorantiker Zeit. Die Mohnkapseln werden kurz vor der Reife am Abend angeritzt, und der austretende Saft wird vor Tagesanbruch mit Mohn- oder Feigenblättern abgestreift, die später zu speziellen Opiumkuchen und Opiumballen geformt werden. In der Türkei und in Persien wird Opium durch Rauchen in einer Wasserpfeife und durch Essen konsumiert. Diese Suchtformen spielen in Europa keine Rolle. Hauptbestandteil des Opiums ist das Morphin, das einen schmerzlindernden, sedativ-narkotischen, die Harnausscheidung hemmenden und antidepressiven Effekt hat, außerdem führt es dosisabhängig zu einer zentralen Erregung. Heroin hat eine 5fach stärkere schmerzstillende Potenz als das Morphin. Es wurde Ende des vorigen Jahrhunderts in die Medizin eingeführt und, nachdem man seine starken Suchtpotenzen erkannte, bald in der Medizin nicht mehr genutzt. Seit Ende der 60er Jahre ist Heroin zunächst in den USA und später auch in Europa zu einem sich unter Jugendlichen und jungen Ewachsenen epidemieartig ausbreitenden Suchtmittel geworden. Nach den Angaben der «Hauptstelle gegen die Suchtgefahren» wurde die Zahl der Heroinabhängigen in der Bundesrepublik im Jahre 1981 auf 65000 geschätzt. Nach einer Veröffentlichung der Ärztezeitung vom 12. Januar 1989 gab es 1988 mehr Suchttote als je zuvor.

«Noch nie zuvor hat die Rauschgiftsucht in der Bundesrepublik so viele Menschen das Leben gekostet wie im vergangenen Jahr. Nach einer vorläufigen Bilanz des Bundeskriminalamtes (BKA) haben 1988 mehr als 660 Personen ihre Drogenabhängigkeit mit dem Leben bezahlt. Hinzu kommt eine bei Suchttoten hohe Dunkelziffer. Rauschgiftfahnder sprechen von einem traurigen Rekord: ‹Der bisherige Höchststand der Drogenopfer lag 1979 bei 623 Personen›»,

sagt Jürgen Jeschke, Leiter der Abteilung Rauschgiftbekämpfung beim BKA in Wiesbaden. Ein Grund für die vielen Todesfälle ist nach Einschätzung der Drogenexperten die hohe Qualität des von Dealern angebotenen Heroins. Viele Süchtige, die den Stoff im Straßenverkauf beziehen, seien Reinheitsgrade von etwa 20

Prozent gewohnt. Die Polizei habe 1988 Heroin sichergestellt, bei dem dieser Wert teilweise über 60 Prozent lag. Mancher Fixer setze sich mit dem besonders sauberen und deshalb äußerst gefährlichen Stoff den «goldenen Schuß».

Auch aus Hamburg wurde berichtet, daß Heroin bei Jugendlichen Haschisch als Droge Nr. 1 abgelöst habe. Eine regelrechte Heroinwelle überschwemmt die Großstädte der Bundesrepublik. Hamburger Rauschgiftexperten ermittelten, daß Nachfrage und Heroinangebot so groß seien wie nie zuvor. Auf das Konto des Heroins kamen allein im Hamburg im Jahre 1988 62 Todesopfer.

«Die Süchtigen, aber auch die Dealer, die Heroin zu Dumpingpreisen anbieten, werden dabei immer jünger»,

betonte Hans Bergmann vom Hamburger Rauschgiftdezernat. Die dramatische Entwicklung der Drogenszene spiegelt sich nach seinen Worten auch in der Zahl der Tatverdächtigen wider. Etwa 200 Dealer wurden allein in Hamburg im September 1988 festgenommen. Im Vergleichszeitraum des Vorjahres waren es nur 140. Die Zahl der Heroinsüchtigen in Hamburg stieg ebenfalls rapide an und liegt nach Schätzungen von Polizei und Beratungsstellen zwischen 4000 und 5000, vor 3 Jahren waren es erst 2500. In anderen Großstädten zeichnet sich eine vergleichbare Entwicklung ab. Heroin wird von den Jugendlichen nicht nur gespritzt, sondern immer häufiger auch geraucht. Dieser Einstellungswandel hängt mit der Angst vor Aids zusammen, aber auch mit dem Irrglauben, Heroinrauchen mache nicht süchtig.

Bei wiederholter Zufuhr von Opiaten, insbesondere von Heroin oder Morphin, kommt es zu psychischer, aber auch zu körperlicher Abhängigkeit, die zur Dosissteigerung zwingt. Gesucht wird das euphorisierende Gefühl, der «Kick». Heroin und Morphin gehören zu den Drogen, die am schnellsten zu körperlicher Abhängigkeit führen. Nicht selten werden Dosen benötigt, die das hundertfache der Ausgangsmenge betragen. Das weitere Leben des Heroinabhängigen ist geprägt durch eine ständige Furcht vor Abstinenzerscheinungen. Je nach Marktlage und persönlicher Disposition benötigt ein Fixer etwa 300 DM pro Tag. Daher ist Beschaffungskriminalität eine unausweichliche Folge der Opiatabhängigkeit.

Opiate und Opiatersatzmittel

Gesamtalkaloide des Opiums: PANTOPON, Tinktura Opii

Morphinderivate:

Methylmorphin	CODEIN
Diacetylmorphin	HEROIN
Dihydromorphin	DILAUDID
Dihydrocodein	DICODID
Acetyl-Dihydrocodein	ACEDICON
Di-Hydrox-codein	EUCODAL

Synthetische Morphinersatzmittel:

Pethidin	DOLANT
Ketobemidon	CLIRADON
Dextromoramid	PALFIUM, JETRIUM
Metadone	POLAMIDON, TICORDA

Opiatersatzmittel, die die Opiatwirkung antagonisieren:

Tilidin	VALORON
Pentazocin	FORTRAL
Buprenorphin	TEMGESIC

Heroin ist gut fettlöslich und gelangt noch schneller an den Wirkort als Morphin, dadurch ist wahrscheinlich ein höheres Abhängigkeitspotential bedingt. Nicht immer, aber in der Mehrzahl der Fälle, treten beim abrupten Absetzen von Morphinpräparaten Abstinenzerscheinungen auf, ihr Ausprägungsgrad ist individuell unterschiedlich und korreliert mit der Dauer der Abhängigkeit und der Höhe der letzten Dosis. Erste Entzugserscheinungen treten schon nach 4 Stunden auf. Häufig werden Tränenfluß, Nasenlaufen, Schlafstörungen, Kalt-Warm-Schauer, Schwitzen, Zittern, Gelenk- und Gliederschmerzen, Muskelsteifigkeit und ein beschleunigter Herzschlag beobachtet. Es kommt auch zu einem Ansteigen des Blutdruckes, einer Steigerung der Körpertemperatur, Brechreiz, Erbrechen und Durchfällen. Bei einer Morphinabhängigkeit sind die Entzugserscheinungen weniger intensiv als bei einer Heroinabhängigkeit.

Während vor 30 Jahren hauptsächlich Medizinalpersonen (Ärzte, Schwestern und Apotheker) morphinabhängig waren, weil sie leichteren Zugang zu der Droge hatten, spielt bei diesem Personenkreis Opiatabhängigkeit heute eine untergeordnete

Rolle. Dies hängt mit an Sicherheit grenzender Wahrscheinlichkeit mit der Erschwerung des Zugangs zu diesen Mitteln durch eine strengere Arzneimittelgesetzgebung zusammen. Das Hauptkontingent der Süchtigen besteht heute aus Jugendlichen. Die Ursachen sind sicher sehr vielfältig. Individuelle Not- und Konfliktsituationen spielen eine wichtige Rolle. Ein hoher Prozentsatz der drogenabhängigen Jugendlichen stammt aus zerrütteten Familienverhältnissen und war starren, verständnislosen Erziehungspraktiken ausgesetzt. Eine entscheidende Rolle spielt aber auch, neben den üblichen Generationskonflikten, eine alterstypische Neugier und Experimentierfreudigkeit in Verbindung mit einer fast unbegrenzten Verfügbarkeit von Drogen.

Wenn auch kaum ein Zweifel daran bestehen kann, daß Ursprungsmilieu, Verhalten und Erziehungsstil der Eltern von nicht unerheblicher Bedeutung für die Einstellung und den Umgang von Jugendlichen mit Drogen sind, so darf nicht übersehen werden, daß es auch gesamtgesellschaftliche und jugendimmanente Verhaltensweisen gibt, die von möglicherweise noch entscheidenderer Bedeutung für die Entstehung des gegenwärtigen Drogenproblems sind.

In unserem perfektionistisch organisierten Wohlfahrtsstaat, der die ursprünglich souveränen Bürger zu sozialpolitischen Schutzbefohlenen, eben zu sozialen Klienten verwandelt, kann auch der verrückteste Abenteurer der organisierten Fürsorge nicht mehr entrinnen.

Kurt Schelsky hat in seiner «Kritik der austeilenden Gerechtigkeit» die sozialpsychologischen Folgen in unserer Gesellschaft treffend beschrieben:

> «Der Sozialstaat produziert anstelle von Selbstbestimmung und Selbstverantwortung den Passiven, den nur von ‹der Gesellschaft› Fordernden und daher sich ihr maximal anpassenden Menschen.»

Daß Jugendliche Risiken suchen, die es ihnen erlauben, sich zu bewähren, daß sie sich abgrenzen von den Erwachsenen und Halt vorwiegend in ihrer Gruppe suchen, ist kein neues Phänomen unserer Zeit, sondern war schon immer das Merkmal eines fast «biologisch» zu nennenden Entwicklungsprozesses zur Selbständigkeit.

Hinzu kommt, daß Jugendliche immer und zu allen Zeiten neugierig waren und ihre Kräfte überschätzt haben. Der Reiz der Gefahr hat gerade für Jugendliche, aber nicht nur für Jugendliche, etwas Unwiderstehliches, und man muß sich fragen, ob Aufklärung – jedenfalls wie sie heutzutage in Publikationsorganen betrieben wird – wirklich die beste Vorbeugung ist oder ob diese Art der Aufklärung eher geeignet ist, Neugier anzustacheln als abzuschrecken.

Bei einer Untersuchung von Gymnasiasten ergab sich, daß 55 Prozent neugierig waren zu erfahren, welche Erlebnisse Drogen vermitteln. Nach einer gründlichen Aufklärungsaktion, die alle Risiken des Drogenkonsums detailgetreu schilderte, wurde eine erneute Befragung durchgeführt, die ergab, daß 64 Prozent der Jugendlichen Drogen probieren wollten.

Immer wieder hört man von Süchtigen, daß sie eigentlich nur die «künstlichen Paradiese» kennenlernen wollten und fest davon überzeugt waren, daß sie die Kraft haben würden, nach einigen Versuchen aufzuhören. Die Problematik der körperlichen und seelischen Abhängigkeit hätten sie erst verstanden, als es schon zu spät war.

Seit 1987 ist im Bereich harter Drogen ein explosionsartiger Anstieg zu verzeichnen. Von 1986 auf 1987 hat sich eine Steigerung von 30 Prozent ergeben, im nächsten Vergleichszeitraum von 1987 bis 1988 sogar eine um knapp 50 Prozent.

Bei den Konsumenten harter Drogen handelt es sich zum allergrößten Teil um Opiat-(Heroin-)konsumenten, weniger um Konsumenten von Kokain und Amphetaminen.

Die Schätzzahlen Drogenabhängiger in der Bundesrepublik wurden von 50000 auf 60000 des Jahres 1986 korrigiert und auf 80000 für das Jahr 1988.

Eine drogenfreie Gesellschaft gehört in den Bereich der Utopie. Trotzdem lohnt es sich sicher, nach Wegen zu suchen, die die Zahl der Suchtkranken und Suchttoten reduzieren. Erfolgversprechend ist nur ein Weg, der herausführt aus einer einseitig materiell orientierten Versorgungsgesellschaft und aufzeigt, daß das Leben einen Sinn haben kann. Sensationell aufgepeppte Pseudoaufklärungskampagnen, denen wir überall begegnen, haben Auflagenhöhe und Profit im Visier und sind letztlich blind für das Schicksal der Drogenkranken. Wenngleich die meisten Fixer, be-

Entwicklung neu erfaßter Konsumenten harter Drogen und der Drogentoten in der Bundesrepublik seit 1983

Jahr	Bundesrepublik Neu erfaßte Konsumenten harter Drogen	Drogentote
1983	2987	472
1984	3699	361
1985	3276	324
1986	3921	348
1987	5084 (+30%!)	442 (+27%)
1988	7526 (+48%)	674 (+52%)

vor sie an Heroin geraten sind, weiche Drogen genommen haben, so ist doch der zwangsläufige Umstieg von Haschisch auf Heroin statistisch nicht zu belegen. Auch werden nicht alle, die mit Heroin in Berührung kommen, zwangsläufig süchtig, manche beginnen mit dem «Sniefen» von Heroin und stellen den Konsum wieder ein. Am gefährlichsten ist die Injektion von Heroin, aber auch sie führt nicht zwangsläufig zur Abhängigkeit. Entscheidend ist häufig, ob die erste Drogenerfahrung negativ oder positiv war. Je positiver die Drogenwirkung erlebt wird, um so wahrscheinlicher ist, daß sich eine Abhängigkeit entwickelt. Der erste Drogenkonsum findet meist gemeinsam mit Freunden und Bekannten statt, so daß das Erlebnis der Drogenwirkung nicht nur von chemischen, sondern auch in einem ganz erheblichen Ausmaß von sozialen Faktoren beeinflußt wird. Nach mehrmaliger Injektion von Heroin kommt es so gut wie immer zur Abhängigkeit. Das bedeutet, daß eine einigermaßen ausgeglichene Befindlichkeit an einen bestimmten Opiatspiegel gebunden ist, nur dann besteht Leistungsfähigkeit und subjektives Wohlbefinden. Dieser Zustand dauert meist nur einige Stunden an und wird dann von beginnenden Entzugserscheinungen abgelöst. Aktivität und Interesse lassen nach, die Süchtigen leben nur noch von Injektion zu Injektion und in ständiger Angst vor Entzugserscheinungen, Rauschzustände werden immer seltener erlebt. Parallel zur Einengung des Interesses auf die Beschaffung des Suchtmittels geht ein zunehmender körperlicher Verfall. Fast alle Heroinsüchtigen haben eine «Hippie-Hepatitis» durchgemacht. Die größte Bedrohung ist in den letzten Jahren eine HIV-Infektion. Aber auch Syphilis und Röteln können durch unsaubere Injektionsnadeln übertragen werden, auch Gasbrand und Wundstarrkrampfinfektionen wurden beobachtet. Aus nicht ganz geklärten Gründen kommt es bei einem Teil der Süchtigen zu einem Zerfall der Skelettmuskulatur und einem schweren Schockzustand mit Nierenversagen, was nicht selten tödlich endet (Crash-Syndrom). Auch Krampfanfälle, meist in Entzugssituationen, werden beobachtet. In noch stärkerem Ausmaß als bei Alkoholkranken kommt es zu einem fortschreitenden Zahnverfall, dies hängt mit der mangelnden Mundhygiene und dem durch die Drogen reduzierten Speichelfluß zusammen.

Therapie der Drogenabhängigkeit

Obwohl sich in den letzten 15 Jahren die Therapieangebote deutlich verbessert haben, ist auch heute die Zahl der Therapieplätze, insbesondere für eine angemessene Langzeitrehabilitation, zu gering. Etwa 2000 Therapieplätze stehen in der Bundesrepublik für 50000 Heroinabhängige zur Verfügung. Diese Zahlen beweisen, daß gegenwärtig eine ausreichende und angemessene Hilfe für eine Vielzahl von Drogenabhängigen nicht möglich ist. Allerdings darf nicht verkannt werden, daß nur ein Teil der Drogenabhängigen therapiemotiviert ist. Es ist für Drogenabhängige charakteristisch, daß ihre Bereitschaft, sich einer Behandlung zu unterziehen, außerordentlich schwankend ist. Daraus erklärt sich auch die hohe Zahl der Therapieabbrüche.
Trotz zahlreicher Untersuchungen ist es bisher nicht gelungen, ein verbindliches Konzept für eine Erklärung der Entstehung

von Drogenabhängigkeit zu entwickeln. Drogenabhängigkeit hat multifaktorielle Ursachen. Neben kulturellen, sozialen und genetischen Faktoren kommt auch hirnphysiologischen Mechanismen eine entscheidende Bedeutung bei der Entstehung und Unterhaltung der Drogenabhängigkeit zu. Zunehmend diskutiert wird die Rolle des sogenannten Reward-Systems, das aus Arealen des limbischen Systems und des Hypothalamus besteht und für «Belohnungsmechanismen» verantwortlich sein soll.
Solange kein spezifisches Krankheitskonzept entwickelt worden ist, ergibt sich daraus zwingend, daß der Einsatz verschiedener therapeutischer Methoden gerechtfertigt ist. Ideologische Verhärtungen der Argumentation, wie sie gegenwärtig in der Diskussion um die Methadon-Behandlung zu beobachten sind, führen nicht weiter.
Gesichert ist, daß süchtiges Verhalten – unabhängig von der Art des Suchtmittels – hauptsächlich durch eine psychische Fehlhaltung unterhalten wird, die sehr verschiedene Ursachen haben kann, die aber letztlich dazu führt, daß der Betreffende immer wieder versucht, Erlebnisse, die er als angenehm empfunden hat, zu wiederholen.
Wenn diese Voraussetzung akzeptiert wird, so ergibt sich, daß Abstinenz der vernünftigste Weg zur Behandlung von Suchtkranken ist.
Täschner schreibt im Deutschen Ärzteblatt:

> «Abstinenz ist nicht das Ziel, sondern die Basis jeder Behandlung Suchtkranker. Die Therapieprinzipien beruhen auf der Überzeugung, daß soziale Selbstverfügbarkeit nur zu erreichen ist, wenn wir den einzelnen Drogenabhängigen für ein solches Ziel motivieren können. Die Behandlungsergebnisse sind in den dazu vorhandenen Einrichtungen gar nicht einmal so schlecht. Die Therapie der Drogenabhängigkeit ist also stets einen Versuch wert.»

Nach verschiedenen Untersuchungen wird in Langzeitprogrammen, die 1 bis 2 Jahre dauern, bei 20 bis 40 Prozent der Behandelten ein abstinentes Verhalten erreicht. Bei diesen Zahlen muß man allerdings berücksichtigen, daß die Studien unterschiedlich angelegt sind und daß vielfältige, vom Therapeuten nicht beeinflußbare Faktoren das Therapieergebnis nachhaltig beeinflussen. Besonders wichtig ist, eine tragfähige Beziehung zum Intimpartner zu entwickeln und die Abhängigen wieder ins Erwerbsleben einzugliedern, damit sie überhaupt in der Lage sind, in einem drogenfreien Leben positive Erfahrungen zu machen, um die Persönlichkeitsentwicklung zu fördern und ihre Motivation zu einem drogenfreien Leben zu stabilisieren. Rückfälle gehören zur Therapie der Suchtkrankheit und sind nicht unbedingt ein Zeichen für eine schlechte Prognose. Entscheidend ist, daß sie als Symptom der Krankheit von Betroffenen und vom sozialen Umfeld angemessen verarbeitet werden und nicht zu einem resignativen Verhalten führen.

Zwar ist es richtig, daß eine Suchtbehandlung dann die besten Ergebnisse verspricht, wenn der Kranke ausreichend motiviert ist und aus eigenem Antrieb Hilfe sucht. Aber die praktische Erfahrung lehrt, daß es nicht wenige Suchtkranke gibt, die durch einen erzwungenen Entzug, zum Beispiel im Rahmen einer Haftstrafe, erst in die Lage versetzt werden, ihre Situation kritisch zu reflektieren, und dann plötzlich zu einer Therapie bereit sind, zu der sie sich jahrelang nicht entschließen konnten. In seltenen Fällen gelingt es Heroinabhängigen sogar, aus eigenem Entschluß und ohne fachkundige Hilfe ihren Drogenkonsum einzustellen und ein unauffälliges, sozial integriertes Leben zu führen. Allerdings soll hier keinesfalls «Knast als Therapie» propagiert werden, denn es ist nur zu gut bekannt, daß unsere Strafanstalten alles andere sind als ein drogenfreier Raum.

Hinterfragt werden muß die theoretisch wünschbare Freiwilligkeit der Motivation zum Drogenentzug, denn der Entschluß zu einem drogenfreien Leben und die Kraft, dem psychischen Zwang, ein Rauscherlebnis herbeizuführen, zu widerstehen, resultieren immer aus den vielfältigen, nur zu gut bekannten Leiden, die mit einer Drogenabhängigkeit verbunden sind.

Ein noch nicht ausreichend erforschtes Phänomen ist die Tatsache, daß es Heroinabhängige gibt, die zwischen ihrem 30. und 40. Lebensjahr aus eigenem Antrieb und ohne Fremdhilfe «clean» werden und bleiben. Die zahlenmäßige Bedeutung dieses Phänomens ist ebenfalls unbekannt.

Aus diesen Überlegungen ergibt sich, daß eine Methadon-Behandlung nur in Ausnahmefällen, in denen Abstinenz – aus welchen Gründen auch immer – nicht mehr erreichbar ist, eingeleitet werden sollte.

Methadon ist ein Opiat, das zwar analgetisch atemdepressiv und suchterzeugend wirkt, aber nur eine verhältnismäßig geringe euphorisierende Wirkung hat. Die Wirkdauer beträgt 24 bis 36 Stunden. Es verhindert durch Besetzung der Opiatrezeptoren die typischen Entzugssymptome, wie Verlangen nach Drogen, Ängstlichkeit, Nervosität, Ratlosigkeit, Gähnen, Schwitzen, Tränenfluß, Nasenlaufen, Muskelkrämpfe, Schüttelfrost, Muskel- und Knochenschmerzen, um nur einige zu nennen. Schon in den 20er Jahren wurde versucht, Opiatabhängige mit Opiaten zu behandeln. Die Ergebnisse waren nicht sehr überzeugend. 1962 führte Prof. Dr. VINCENT P. DOLE die Methadon-Behandlung ein. Bei einem Gespräch mit der Ärztezeitung vom 1. März 1989 schilderte der Vater der Methadon-Therapie Entstehung und Wirkungen seiner Behandlungsmethode:

«Mir waren aus der Literatur die Bemühungen aus den 20er Jahren bekannt, Entzugsprogramme für Heroinsüchtige mit Morphin anzubieten. Heroin ist ja ein chemisches Derivat des Morphins. Im Körper wird Heroin unmittelbar in Morphin umgewandelt. Die Substanz, die bei Heroinsüchtigen wirkt, ist Morphin. In New York wurden damals Morphinsubstitutionskliniken eingeführt, da Morphin den Ärzten relativ leicht zugänglich war und nicht mit dem negativen Image des Unterwelthandels behaftet war wie Heroin. Die Programme waren jedoch schlecht organisiert und die Ärzte unzufrieden. Dann wurden die Gesetze bezüglich der Anwendung von Morphin strenger. Nach einigen Jahren wurden alle diese Kliniken wieder geschlossen. Die offizielle Stellungnahme lautete, daß eine Substitutionstherapie unethisch und verboten sei und nicht funktionieren könne. Für etwa 40 Jahre bestand dann das Dogma, daß Drogensüchtige nur durch Entzug aller Substanzen behandelt werden könnten.

Ich begann mich 1962 mit dem Thema zu beschäftigen. Mittlerweile hatte sich der Heroinhandel zu einem enormen Untergrundgeschäft ausgeweitet, das Milliarden von Dollar umsetzte. Die Bewältigung der Drogenabhängigkeit hat zwei Seiten. Natürlich muß der Zugang zur Droge verhindert werden. Gleichzeitig brauchen die Süchtigen jedoch eine adäquate Therapie, denn diese Sucht ist so stark, daß beim Versuch, das Problem allein durch Verbot der Droge zu lösen, lediglich Gewalt und Verbrechen gefördert werden.

Eine Kontrolle der Verfügbarkeit der Drogen muß mit einer Verminderung der Sucht kombiniert werden. Hier setzte mein Interesse an. Ich war damals Professor an der Rockefeller-Universität und sah, daß niemand meiner Forschungskollegen sich der Problematik von der wissenschaftlichen Seite her annahm. Es mußte aber etwas getan werden. Also begann ich danach zu forschen. Ich untersuchte noch einmal die Effekte von Morphin und stellte sehr bald fest, daß es einfach die falsche Substanz gewesen war. Morphin hat eine so kurze Wirkungsdauer, daß bereits nach 2 bis 3 Stunden Entzugserscheinungen auftreten. Mit solch einer Substanz kann der Süchtige nicht stabilisiert werden. Die Narkotika sind aber eine große Familie von Substanzen mit unterschiedlichen Eigenschaften. Also entwarf ich ein Programm, in dem wir alle Substanzen ausprobierten. Beim Methadon schließlich fanden wir eine günstige Eigenschaft. Die Substanz hat eine Wirkungsdauer von 24 Stunden, sie wird vom Gewebe aufgenommen und langsam gleichmäßig freigesetzt. Der Körper paßt sich an den konstanten Serumspiegel der Substanz an. In diesem Zustand – aus Gründen, die wir erst jetzt zu verstehen beginnen – verliert der Drogenabhängige die Entzugssymptomatik. Gleichzeitig sind die Körperfunktionen völlig normal, da sich der Körper anpaßt. Es ist unmöglich, einen Methadon-Patienten von einer normalen Person mittels klinischer Beobachtung zu unterscheiden.»

Heroinsucht wird also durch Methadonsucht ersetzt, die deshalb sozial verträglicher ist, weil Methadon länger wirkt, und man erhofft sich, daß die Beschaffungskriminalität durch diese Maßnahme abnimmt. Verminderung der Sterblichkeit, Abnahme des Hepatitis- und Aids-Risikos und berufliche Integration sowie Abnahme der Beschaffungsprostitution infizierter Fixerinnen werden für die Methadon-Behandlung ins Feld geführt. Es wird bezweifelt, daß der «Leidensdruck» von Drogenkranken, die nicht mit Methadon behandelt werden, eher zur Abstinenz führt, und behauptet, daß die Methadon-Behandlung nicht nur zu einem vorzüglichen Palliativerfolg (Palliativa = lindernde Mittel, die nicht gegen die Ursache der Krankheit selbst wirken) führe, sondern auch zu einem größeren Anteil von Drogenkranken, die dadurch in die Lage versetzt werden, abstinent zu werden. Gegner einer Ausweitung der Methadon-Behandlung führen zu Recht an, daß die Hauptproblematik bei Suchtkranken nicht der körperliche Entzug sei, sondern die Behandlung der seelischen Fehlhaltung. Diese würde unter der Methadon-Therapie naturgemäß unmöglich sein, weil die Sucht durch ständige Zufuhr eines Opiats aufrechterhalten wird. Außerdem sei es keineswegs so, daß Methadon-Programme breit akzeptiert werden, weil im Methadon die euphorisierende Wirkung weitgehend fehle, es mache keinen «Kick» und bringe kein «Feeling».
Ein weiteres Problem besteht darin, daß ausschließlich vom Heroin Abhängige seltener werden und die Mehrzahl der jugendlichen Drogenabhängigen einen Mischabusus betreiben.
Wenn eine Methadon-Behandlung so erfolgreich wäre, wie ihre Befürworter behaupten, gäbe es keine Methadon-Diskussion,

und man hätte in den USA das Drogenproblem im Griff. Dort wird Methadon seit vielen Jahren frei verschrieben. Da Methadon aber nicht euphorisierend wirkt und seine Nebenwirkungen nicht ungefährlich sind, kommt es bei vielen Süchtigen zu Mehrfachintoxikationen mit anderen euphorisierenden Stoffen und Überdosierungen. In den USA soll es inzwischen mehr Methadon-Tote als Heroin-Tote geben.
Die Erfahrungen aus der Schweiz sind auch nicht gerade positiv. Dort gab es zunächst ein streng kontrolliertes Methadon-Programm mit guten Ergebnissen. Unter dem Eindruck von Aids wurde die freie Ausgabe von Methadon begonnen. Dadurch sank die Nachfrage nach anderen Therapieformen schlagartig, und ein geplantes großes Therapiezentrum für den drogenfreien Entzug konnte wegen fehlender Nachfrage nicht mehr gebaut werden. Freie Methadon-Vergabe schränkt offensichtlich das Spektrum drogenfreier Therapieangebote ein, indem Abhängige demotiviert werden und den scheinbar leichteren Weg des Methadonkonsums einschlagen.
Prof. Dr. H. HIPPIUS, Direktor der psychiatrischen Klinik der Universität München, gab eine ausführliche Stellungnahme zu den sogenannten Methadon-Programmen ab.

«1. Von Länderministerien, Gesundheitsbehörden und anderen Instanzen werden zunehmend häufiger ‹Methadon-Programme› bekanntgegeben oder in Erwägung gezogen. Solche Maßnahmen werden im allgemeinen ohne Zögern und gezielt in die breite Öffentlichkeit getragen, werden dann auch sehr schnell in den Medien ausführlich dargestellt und – mit zumeist positiver Perspektive – öffentlich diskutiert.

Dieses Vorgehen ist nachdrücklich zu bedauern, weil es im Ansatz problematisch ist.

1.1. Methadon (Levo-Methadon; Warenzeichen: Polamidon) ist ein Opiat, das auch von sich aus suchterzeugend ist, das beim Entzug zu besonders schweren Entzugserscheinungen führt.

1.2. Es ist nicht auszuschließen, daß Methadon-Programme im Hinblick auf die Ausbreitung der HIV-Infektion nutzlos sind.

1.3. Im Hinblick auf die Entwicklung der Rauschmittelabhängigkeit in der Bundesrepublik ist zu befürchten, daß Methadon-Programme mehr Schaden als Nutzen bringen werden.

2. Der Einsatz von Methadon ist – unter Berücksichtigung des Betäubungsmittelrechts – in ärztlich begründeten Einzelfällen schon immer möglich gewesen und sollte auch in Zukunft bei strenger Indikationsstellung möglich bleiben. Dazu bedarf es jedoch nicht staatlich bekanntgegebener Methadon-Programme, sondern nur der sorgfältigen Definition der ärztlichen Indikation.

In diesem Zusammenhang ist zu unterscheiden zwischen

2.1. einer zeitlich begrenzten Anwendung (zum Beispiel bei einem Heroinabhängigen, bei dem ein notwendiger operativer Eingriff unverzüglich durchgeführt werden muß) und

2.2. langfristiger Anwendung (zum Beispiel bei einem HIV-positiven Heroinabhängigen im Finalstadium).

Der von vielen Seiten befürwortete breite Einsatz von Methadon im Rahmen von Entzugsbehandlungen ist ärztlich wissenschaftlich nicht begründet; bei der ärztlich indizierten Anwendung von Methadon bei schwerstkranken Patienten im Finalstadium handelt es sich um Einzelfälle.
Insgesamt hat die Erfahrung an den psychiatrischen Universitätskliniken in der Bundesrepublik in den zurückliegenden Jahren gezeigt, daß der kurzfristige sowie der langfristige Einsatz von Methadon nur in wenigen Einzelfällen indiziert und notwendig ist.

3. Den Empfehlungen und der Bekanntgabe von der Einrichtung von Methadon-Programmen liegen politische Entscheidungen zugrunde; sie sind für die Bundesrepublik aufgrund des Standes der wissenschaftlichen Erkenntnis unter Berücksichtigung der epidemiologischen Situation (sowohl hinsichtlich der HIV-Infektion als auch im Hinblick auf Häufigkeit und Ausbreitung der Rauschmittelabhängigkeit) ärztlich nicht zu begründen.

4. Es ist nicht gerechtfertigt, Berichte über Erfahrungen mit Methadon in anderen Ländern (zum Beispiel in den USA, in den Niederlanden und in der Schweiz) auf die Bundesrepublik zu übertragen, um daraus Grundlagen für die Empfehlung des Methadon-Einsatzes zu schaffen. Außerdem ist zu berücksichtigen, daß die Analyse der aus den USA, aus den Niederlanden und aus der Schweiz vorliegenden Berichte über Methadonanwendung keinesfalls zu dem Ergebnis führt, daß sich der Methadon-Einsatz im Hinblick auf die Suchtentwicklung in diesen Ländern bewährt hätte!

5. Die Empfehlung, Methadon in breitem Umfang im Rahmen von Programmen einzusetzen, geht an der Tatsache vorbei, daß die isolierte Heroinabhängigkeit bei den Abhängigen in der Bundesrepublik immer seltener festzustellen ist. Demgegenüber ist festzustellen, daß der Anteil der Polytoxikomanien (gleichzeitiger Gebrauch von mehreren Suchtstoffen) in der Bundesrepublik immer mehr zunimmt.

Die Anwendung von Methadon ist bei solchen polytoxikomanen Patienten von vornherein mehr als fragwürdig, da sich am Suchtverhalten des Abhängigen (gegenüber den anderen Suchtmitteln) nichts ändert.

6. Vom ärztlichen Standpunkt aus muß dem einzelnen Abhängigen immer wieder – auch nach noch so häufigen Rückfällen – die völlige Drogenfreiheit als das entscheidende Therapieziel dargestellt werden. Dieses prinzipielle Therapieziel darf auch dann nicht in Frage gestellt werden, wenn sich der Arzt im Einzelfall dazu entschließt, vorübergehend oder sogar auch langfristig (zum Beispiel bei einem Aids-kranken Heroinabhängigen im Finalstadium) Methadon einzusetzen.

7. Methadon-Programme sind schon deswegen abzulehnen, weil sie den Charakter der ‹Verstaatlichung› der Ausgabe eines Suchtmittels haben.

8. Die Annahme, durch breite Anwendung von Methadon könne die Beschaffungskriminalität und die Beschaffungsprostitution entscheidend verringert werden, ist nicht zu belegen.

9. Die bei den Süchtigen notwendigen Einstellungsänderungen und ebenso notwendigen Motivationsbildungen werden bei den methadonbehandelten Patienten erheblich erschwert und oft verhindert.

10. Durch die breite Einführung von Methadon wird die Attraktivität der drogenfreien Langzeitprogramme in nicht vertretbarem Maße beeinträchtigt.

Wenn alle aufgeführten Gesichtspunkte beachtet werden, wird es sich in Zukunft nur um sehr wenige Einzelfälle handeln, bei denen aus ärztlicher Indikation Methadon eingesetzt werden wird. Dabei sollte man diese Indikation nicht nur auf HIV-infizierte Patienten beschränken, sondern auch bei anderen schwerkranken Rauschmittelabhängigen (zum Beispiel bei Karzinompatienten mit Heroinsucht, bei denen in absehbarer Zeit der Tod zu erwarten ist) als ärztlich indiziert betrachten.

Die Indikationsstellung und Einleitung einer Methadonanwendung bei Opiatsüchtigen ist im Regelfall unter stationären Bedingungen vorzunehmen. Die Durchführung der Methadonanwendung ist in der nachfolgenden ambulanten Behandlung nur dort mit ausreichend ärztlicher Überwachung gewährleistet, wo Rund um die Uhr-Dienste bei durchgängiger 7tägiger Besetzung in der Woche vorhanden sind (zum Beispiel in psychiatrischen Universitätskliniken, die über Polikliniken verfügen).

Im Hinblick auf in Aussicht genommene weitere Maßnahmen einzelner Gesundheitsbehörden und in Anbetracht der in der breiten Öffentlichkeit geführten Diskussion über den Einsatz von Methadon ist für die Bundesrepublik zu fordern, daß jede ärztliche Anwendung von Methadon
1. den derzeitigen Stand der Wissenschaft zu berücksichtigen hat und

2. in jedem Einzelfall sorgfältig durch ärztliche und wissenschaftliche Überwachung analysiert wird.

Nur durch solche sorgfältig geplanten und überwachten, prospektiven langfristigen Untersuchungen an Rauschmittelabhängigen im eigenen Lande (unter den in der Bundesrepublik gegebenen Bedingungen) können Fehlentwicklung und Gefahren durch den Einsatz von Methadon vermieden werden.
Diese Sorgfalt vermißt man, wenn bereits jetzt – nach vergleichsweise kurzer Laufzeit einzelner Methadon-Programme – Todesfälle bei einzelnen Patienten aus diesen Programmen bekannt werden, ohne daß solche Zwischenfälle zum Anlaß genommen worden sind, unverzüglich Nutzen und Risiken einer bestimmten Vorgehensweise erneut gegeneinander abwägend zu bewerten.

Der Forderung nach (in Abständen zu wiederholenden) Nutzen-Risiko-Analysen der verschiedenen Vorgehensweisen mit Methadon (insbesondere Beobachtung von Todesfällen) werden zwei wenig tragfähige Argumente entgegengehalten:

1. Todesfälle im Rahmen eines Methadon-Programmes seien nicht auf das Methadon, sondern auf andere Ursachen (auf Überdosen anderer Suchtmittel oder Schmerzmittel) zurückzuführen.

Dieses Argument geht am Kern des Problems vorbei – es belegt letztlich nur die große Fragwürdigkeit des Methadon-Einsatzes im Hinblick auf den zunehmenden Trend zur Polytoxikomanie (siehe oben Punkt 5).

2. Der Erfolg eines Methadon-Programmes sei daran abzulesen, daß es – im Unterschied zu Behandlungsstrategien mit dem Ziel der Drogenfreiheit – keine oder nur seltene Therapieabbrüche gebe.

Dieses Argument ist schon deswegen nicht stichhaltig, weil es ja im Wesen der Sucht liegt, daß – beim Fortbestehen der Sucht – dem Süchtigen natürlich daran gelegen ist, sein Suchtmittel (beziehungsweise eine Teilration seines Suchtmittels oder bei Polytoxikomanen wenigstens eines seiner Suchtmittel) möglichst ohne jede Anstrengung und ohne jedes Risiko zu erhalten.

Abschließend sind als wichtigste Punkte dieser Stellungnahme zusammenfassend festzuhalten:
A) Vor der Einführung und Ausweitung der von Gesundheitsbehörden angebotenen Methadon-Programme muß gewarnt werden.
B) Bei Heroinabhängigkeit ist in Einzelfällen – bei Aids-Kranken im Finalstadium und bei Patienten mit anderen vergleichbaren schweren, zum Tode führenden Krankheiten – eine individuell indizierte und ärztlich sorgfältig überwachte Anwendung von Methadon gerechtfertigt» (Spektrum 18. Jahrgang, Heft 2, 1989).

Diesen kritischen Äußerungen eines renommierten deutschen Psychiaters ist nachhaltig zuzustimmen. Nicht unerwähnt bleiben sollte aber, daß die «Methadon-Programme» auch eine Alibifunktion haben und politisch motiviert sind. Man will der Öffentlichkeit suggerieren, daß die Fachleute segensreiche Therapien aus Ignoranz verhindert hätten, und glaubt, sich mit einem Griff in die therapeutische Mottenkiste kostengünstig aus der Verantwortung stehlen zu können. Aus Angst vor repressiven Maßnahmen wollen bundesdeutsche Drogenabhängige in den Niederlanden nicht in ihre Heimat zurück. Dem Jahresbericht des Deutschen Hilfsvereins für Jugend und Drogenberatung in Amsterdam – AMOK – aus dem Jahre 1987 ist zu entnehmen, daß die Situation deutscher Drogenabhängiger in Amsterdam sich in den letzten Jahren deutlich verschlechtert hat. Eine zunehmende physische, psychische und soziale Verelendung der deutschen Süchtigen sei die Folge der «Entmutigungspolitik», mit der die Niederländer seit 1985 vor allem gegen ausländische Drogenabhängige vorgehen. Den rund 7000 ausländischen Drogenabhängigen wird durch häufigen Polizeieinsatz, eine minimale medizinische Versorgung und den Ausschluß von niederländischen Therapieeinrichtungen der Aufenthalt immer schwerer gemacht. Ziel dieser Maßnahmen ist, daß die ausländischen Drogenabhängigen wieder in ihr Heimatland zurückkehren, weil die Niederländer verständlicherweise die Kosten für die Behandlung dieser Personengruppe nicht übernehmen wollen. Zur Rückkehr in die Bundesrepublik seien deutsche Süchtige nur dann bereit, wenn ihnen die Angst vor etwaigen Maßnahmen genommen werde und das Therapieangebot in der Bundesrepublik verbessert werden könne. Ein großer Teil der deutschen Drogenabhängigen ist erfahrungsgemäß nach AMOK HIV-positiv. 86 Prozent injizieren Rauschgifte intravenös, und unbenutzte Spritzen sind Mangelware. Vor 10 Jahren konnten noch 50 Prozent der Kosten für AMOK aus bundesdeutschen Mitteln aufgebracht werden, jetzt reichen diese Mittel nur noch für ⅕ des Etats. Zuschüsse des Auswärtigen Amtes, der Landschaftsverbände Rheinland und Westfalen-Lippe sowie des Bundeshilfswerks für Straffälligenhilfe mit insgesamt 84 000 DM 1987 reichten nicht einmal aus, um die Steigerung der Lohnkosten und die laufenden Ausgaben zu decken. Den Hauptanteil

der Gesamtausgaben von 491 000 Gulden trägt die Gemeinde Amsterdam. Aus niederländischer Sicht ist dies ein Beweis dafür, daß den deutschen Behörden das Schicksal deutscher Suchtkranker in den Niederlanden relativ gleichgültig sei.
Auch die deutsche Hauptstelle gegen die Suchtgefahren in Hamm sieht keine Notwendigkeit, weitere Methadon-Programme einzuführen. Es sollen erst die wissenschaftlichen Untersuchungsergebnisse zum Erprobungsvorhaben in Nordrhein-Westfalen abgewartet werden, ehe mit weiteren Methadon-Programmen begonnen wird, da die Substitution mit Methadon allenfalls eine symptomatische Behandlung sei. Bei realistischer Betrachtung wird man erkennen, daß das Drogenproblem nicht allein mit medizinischen Maßnahmen lösbar ist und daß es keine kostengünstige Lösung dieses Problems geben wird. Fortschritte sind nur dann zu erreichen, wenn die gesamtgesellschaftliche Bedeutung dieses Problems erkannt wird und man bereit ist, die notwendigen Mittel zur Verfügung zu stellen.

Designer-Drogen

In der Bundesrepublik wird seit Ende der 80er Jahre in vielen Küchen selbstgebraut: Designer-Drogen. Als Grundsubstanz werden von den Hobbychemikern Amphetamine benutzt, die chemisch verändert werden – und schon ist der neue Stoff fertig!
Die Drogen sind relativ billig und haben den «Vorteil», daß sie nicht gespritzt werden müssen.
Bei der Diskussion um Aids und Drogen steigen viele frühere Fixer auf die neuen Drogen um. Die einzelnen Designer-Gemische sind kurzlebig. Das, was heute in ist, ist morgen schon wieder out. Aber sicher ist, es folgt immer eine neue Droge nach. Das bereitet Medizinern und Kriminalisten sowohl bei der Behandlung als auch bei der Aufspürung von Drogenabhängigen erhebliche Probleme. Die Vielzahl der Drogen und die Entwicklung eigener Drogenkulturen, zum Beispiel bei den Skinheads, Poppern und Punkern, erhöht die Behandlungsschwierigkeiten.
Die gesundheitlichen Risiken von Designer-Drogen sind noch größer als die der herkömmlichen Drogen. Crack ist ein Kokain-

Derivat und noch gefährlicher als reines Kokain, weil es geraucht statt geschnupft wird. Dadurch ist das Abhängigkeitsrisiko und die Gefahr einer Überdosierung ähnlich hoch wie bei intravenös gespritztem Heroin. Der gefährliche Unterschied zum herkömmlichen Kokain-Schnupfen beruht beim Crack-Rauchen auf dem schnellen Anflug der Wirksubstanz bei Aufnahme über die Lunge. Crack-Raucher können die Dosierung kaum steuern, so daß sie das Rauschmittel häufig bis zur völligen körperlichen Erschöpfung inhalieren. Crack-Rauchen führt zu euphorischen oder depressiven Verstimmungen und sogar zu schizophrenieähnlichen Psychosen. Außerdem kommt es zu Pupillenerweiterung, Appetitlosigkeit, Bluthochdruck, beschleunigtem Herzschlag und Coronarspasmen mit der Gefahr eines Herzinfarktes, auch Atemlähmungen wurden beschrieben.

Die Soziologin DORA LIESENHOFF, Leiterin des Kölner Arbeitskreises Drogenhilfe, blickt fast mit Wehmut auf den klassischen Fixer. Nach ihrer Meinung ist er

«... aus der damaligen Flucht- und Protestbewegung hervorgegangen und zeigte Trotz und in seiner Sucht einen ausgeprägten Lebensstil, seine eigene Ideologie und bestimmte Wertvorstellungen. Sein Stoff war das Heroin, andere Drogen warf er nur ein, wenn Not am Mann war.

Heute driftet die Szene auseinander, sie wird vielschichtiger und unübersichtlicher. Der klassische Fixer ist zwar nicht ausgestorben, besorgniserregend ist aber der Trend zur Polytoxikomanie. Das Drogenproblem ist nicht mehr Ausdruck einer Protest- und Fluchtbewegung, sondern vielfach ‹nur› noch exzessives Konsummuster.»

Rauschgiftkriminalität

Die Rauschgiftkriminalität nahm im Jahre 1987 in der Bundesrepublik drastisch zu, und weitere Anstiege sind zu erwarten.

Das Bundeskriminalamt berichtet, daß die Bundesrepublik als Umschlagplatz für Rauschgifte aller Art, mit ihren Flughäfen und Seehäfen, eine wachsende Bedeutung erlangt. Im Bundesgebiet wurden 1987 320 kg Heroin (im Vorjahr nur 127 kg), 269 kg Kokain (im Vorjahr 186 kg) beschlagnahmt. Diese sichergestellten Mengen sind aber nur die Spitze eines Eisberges. Wo in Bereichen die Anstiege besonders deutlich waren, zeigt die Statistik des BKA mit den erstmals polizeilich registrierten Konsumenten harter Drogen:

	1986	1987
Amphetamine	513	740
Kokain	684	832
Sonstige	163	280
Heroin	2600	3200

Als Methode der Eindämmung der Rauschgiftkriminalität liest sich in einem Presseorgan:

> ... so hat der Bundesminister bereits eine Änderung des Betäubungsmittelrechts ins Auge gefaßt, um die im Rauschgifthandel kriminell erworbenen Gewinne besser abschöpfen zu können.

Drogenterminologie

abgewrackt zusammengebrochen nach exzessivem Gebrauch von Stimulantien
acid LSD-25
Afghan Haschisch
anfixen (anturnen) jemand zum intravenösen Mißbrauch verleiten oder anlernen
ausflippen 1. Zustand «schlechter Gefühle» unter Drogeneinfluß
2. durch Drogenmißbrauch bedingte Umstellung des bisherigen Lebensweges (Abbruch der Schulausbildung. Wechsel des Freundeskreises. Beginn des sozialen Abstiegs)
3. Gefühlsmäßiger Ausbruch, häufig mit Verlust der Eigenkontrolle verbunden
Besteck Utensilien zum Spritzen
Captas Fenethyline (Captagon)
clean nicht unter Einfluß von Drogen sein
cold turkey (Gänsehaut) Entzug von Opiaten ohne medikamentöse Stützung
comedown das unangenehme Gefühl beim Zurückkehren von einem Trip mit LSD, aber auch speed
crystal Methylamphetamine (Pervitin) in Kristallform
Dealer Drogenhändler
downers Mittel mit dämpfender Wirkung wie Barbiturate, Meprobamat, Gluthimid
drücken schießen, spritzen, knallen = Rauschgift i. v. injizieren
dunkelbrauner Pakistani intensiv wirkendes Cannabis aus Pakistan
Echoeffekt Wiederkehren der – meist unangenehmen – Halluzinogenwirkung ohne erneute Stoffaufnahme, auch: flashback
einwerfen oral aufnehmen (z. B. «einen Trip [= LSD] einwerfen»)

feeling das Gefühl des ausgeglichenen Wohlseins nach Drogenaufnahme, spezifisch auch «M'feeling» usw.
Fixe Spritze, Injektionsspritze
fixen intravenös injizieren
flash erste, lichtblitzartige Sensation nach i.v.-Injektion eines Betäubungsmittels
flash-back siehe Echoeffekt
Gipsy Haschisch mit Opium versetzt
Goldener Schuß beabsichtigte oder unbeabsichtigte Einnahme einer Überdosis eines Rauschgiftes (meist Heroin)
grass Marihuana
Grüner Türke Cannabis aus der Türkei
gun Injektionsbesteck
H Heroin (ausgesprochen «eitsch»)
Hasch Cannabis (Haschisch)
high Euphorie nach Cannabis-Aufnahme, aber auch nach anderen Drogen
Horror-Trip Panikzustand nach Halluzinogenmißbrauch
horse Heroin
joint Marihuanazigarette: auch Tabakzigarette mit Haschisch
junk Stoffe, die man fixen kann
junkie der Fixer
Kick flash von i.v.-Gaben von Kokain, Ritalin
Kif Haschisch, eigentlich aus Marokko
Koks Kokain
Libanese besondere Arten von Haschisch
M Morphin
Meter eigentlich: Kubikzentimeter, Menge der injizierten Lösung
Mikros LSD-Mikrotrips
O Opium
piece Haschisch
Po Methadon (Polamidon)
pot Marihuana
Prelus Phenmetrazin (Preludin)
Pumpe Injektionsbesteck
pusher Rauschmittelverteiler, -händler
Reise siehe Trip
Rita Methylphenidat (Ritalin)
scene Drogenmilieu, Treffpunkt von Händlern und Konsumenten
schießen intravenös injizieren
Schimmelafghan besonders potentes Haschisch
Schnee Kokainkristalle
Schnüffeln Inhalieren von Lösungsmitteln aus Leimen, Reinigungsmitteln, Verdünnern (sniffing)
shake Zustand wie Schüttelfrost, als Drogenreaktionen bei i.v.-Applikation. Wohl durch Verunreinigungen hervorgerufen
shit Haschisch
shotgun besondere Anwendungsweise von Haschisch: Eingefüllt (mit Tabak) in eine Pfeife, eine zweite Person bläst den Rauch durch das Mundstück ins Gesicht des Verbrauchers. Beim Einatmen rasche, starke Wirkung
Sniefen Schnupfen: Einnahme eines Rauschgiftes (z.B. Heroin oder Kokain) durch die Nase
speed Methylamphetamine (Pervitin). Auch zuweilen für andere weckaminartige Stoffe
speed ball Mischung von Heroin mit zumeist Kokain. Das Kokain soll hierbei anregend wirken, damit der Rauschzustand durch die betäubende Wirkung des Heroins nicht «verschlafen» wird. Anwendung erfolgt intravenös.
Stereoschuß gleichzeitige Injektion in beide Venen, wodurch der «flash» blitzartig und verstärkt eintritt
Stoff Rauschmittel
strecken Vermischen eines Rauschgiftes mit anderen (z.T. sehr gefährlichen) Stoffen, um auf diese

Weise mehr Material verkaufen zu können und mehr Geld zu erhalten

trip Intoxikation mit einem Halluzinogen: der entstehende Ausnahmezustand. Aber auch eine Gebrauchsdosis des Halluzinogens

Türke Haschisch aus der Türkei

User Drogenverbraucher

Vietnam-Röhre Marihuana, im Chillum geraucht, angereichert mit Haschisch

Alkohol

Alkohol ist nach wie vor die Droge Nummer eins, deren Bedeutung und Gefahren leicht unterschätzt werden, weil sie überall verfügbar und Alkoholtrinken in Maßen ein normales Konsumverhalten ist. Die soziologische, psychologische und medizinische Forschung hat gezeigt, daß Alkholmißbrauch als soziales Problem nicht von der Höhe des Pro-Kopf-Verbrauchs an Alkohol in der Bevölkerung abhängig ist. In Weinländern wie Frankreich, Italien und Spanien spielt Trunkenheit trotz hohen Alkoholkonsums eine relativ geringe Rolle, weil Alkohol dort als Bestandteil der Mahlzeiten regelmäßig getrunken wird. In Ländern wie Finnland und Schweden mit einer Art «Prohibition» kommt Alkoholmißbrauch als soziales Problem häufig vor, trotz eines sehr viel geringeren «Pro-Kopf»-Verbrauchs. Das weist darauf hin, daß Umgang mit Alkohol gelernt werden kann und daß den Trinksitten eine große Bedeutung beim Umgang mit der Droge Alkohol zukommt.

Alkoholmißbrauch war allerdings schon immer weit verbreitet und erreichte im mitteleuropäischen Raum im 16. Jahrhundert einen Höhepunkt. Martin Luther und Sebastian Frank prangerten in ihren Predigten den «Saufteufel» an, der «Leib und Seele» verderbe.

Was bedeutet Promille?

Alkohol gelangt durch die Aufnahme in Magen und Darm ins Blut und wird dort gleichmäßig mit der gesamten Körperflüssigkeit gemischt. Der Flüssigkeitsanteil am Körpergewicht beträgt bei Männern 70 Prozent, bei Frauen 60 Prozent.

Promille bemessen das Verhältnis von Körperflüssigkeit und Alkohol. Promille bedeutet: pro Tausend. Die Promille-Zahl gibt an, wie viele Teile Alkohol in jeweils 1000 Teilen Blut enthalten sind. Die Anteile werden in Gramm berechnet. «1 Promille» bedeutet, in einem Liter Blut (1000 ml mit dem Gewicht von ca. 1000 g) ist 1 Gramm reiner Alkohol enthalten. Ein «Glas» eines alkoholischen Getränks enthält etwa 10 bis 12 Gramm reinen Alkohol. Aus der Zahl der getrunkenen Gläser läßt sich annähernd der Blutalkoholspiegel ermitteln. Der Organismus verbrennt etwa je Stunde 0,1 Promille Alkohol. Daraus läßt sich die Zeit, die bis zur Ausnüchterung vergehen muß, errechnen.
Die einfache Formel zur Bestimmung der Blutalkoholkonzentration:
getrunkener Alkohol in Gramm = Körpergewicht in Kilogramm × 0,7.
Nach den Schätzungen der Deutschen Hauptstelle gegen die Suchtgefahren (DHS) sind wahrscheinlich 1,8 Millionen Bundesbürger alkoholkrank. Alkoholabhängige finden sich in allen Bevölkerungsschichten, Alters- und Berufsgruppen, bei Jugendlichen, Soldaten, Studenten, Arbeitern, Freiberuflichen und leitenden Angestellten. Das Verhältnis von Männern zu Frauen beträgt zur Zeit 3 : 1, allerdings nimmt der Frauenalkoholismus deutlich zu.

Alarmierende Zunahme des Jugendalkoholismus

Etwa 20000 Jugendliche in der Bundesrepublik sind alkoholkrank oder stark gefährdet. Die Süchtigen werden immer jünger, schon 10jährige sind regelmäßig berauscht, und die Mädchen holen auf: Fast ein Drittel der jugendlichen Alkoholiker ist weiblich. 75 Prozent aller Alkoholkranken erlebten ihren ersten Vollrausch bei Familienfeiern oder im Elternhaus. Während es bei Erwachsenen oft Jahre dauert, bis sich eine behandlungsbedürftige Suchtkrankheit manifestiert, werden Kinder und Jugendliche schon nach einigen Monaten abhängig. Alkoholbedingte körperliche Erkrankungen entwickeln sich bei Kindern und Jugendlichen sehr viel rascher als bei Erwachsenen. 10 Prozent aller Vergiftungen im Kindesalter sind durch Alkohol bedingt.

Bei einem 6jährigen Schulkind führt die Aufnahme von einem ¾ Liter Bier zu einem Blutalkoholspiegel von fast 2 Promille und kann tödlich wirken. Alkohol wird von Jugendlichen getrunken, um in der Disco gut drauf zu sein oder um Sorgen, Konflikte und Kontaktschwierigkeiten im Alkohol zu ertränken.
Die Entwicklung in der DDR ist nicht weniger dramatisch. Dort haben etwa 15 Prozent der Jugendlichen ihren ersten Alkoholrausch im Alter von 14 Jahren, teilte kürzlich das DDR-Fernsehen mit.

Wie wirkt Alkohol?

Alkohol wird relativ rasch von den Schleimhäuten des Mundes und des Magen-Darm-Kanals aufgenommen. Die Alkoholresorption ist 60–90 Minuten nach dem letzten Alkoholkonsum abgeschlossen. Die Blutalkoholkonzentration entspricht in etwa der Konzentration im Gehirn. Nur 5 bis 10 Prozent der Alkoholdosis werden durch die Nieren, die Lungen, die Haut unverändert ausgeschieden, der überwiegende Teil des Alkohols wird in der Leber verstoffwechselt. Die Abbaugeschwindigkeit des Alkohols ist individuell unterschiedlich und beträgt beim Mann ca. 0,1 g/kg Körpergewicht und bei der Frau 0,085 g/kg Körpergewicht pro Stunde.
Es gibt erhebliche Schwankungen der Abbaugeschwindigkeit des Alkohols. Seit langem ist bekannt, daß es in Japan, China und Korea Menschen gibt, die Alkohol ausgesprochen schlecht vertragen. Selbst nach Genuß nur geringer Mengen Alkohol treten bei diesen Menschen, die meist mongoloider Abstammung sind, sogenannte Flushing-Symptome – Gesichtsrötung, Zunahme der Herzfrequenz, Unterleibsbeschwerden und anderes – auf. Als Ursache dieser Alkoholunverträglichkeit wurde eine unzureichende Entgiftung von Acetaldehyd, das aus dem Alkohol durch die Alkoholdehydrogenase gebildet wird, beschrieben.
Insgesamt gibt es 3 Alkohol abbauende Enzyme, auf die hier nicht näher eingegangen werden soll. Bei Kindern ist dieses Enzymsystem noch unzureichend entwickelt, deshalb können für sie schon relativ kleine Alkoholmengen gefährlich werden.
In kleinen Dosen kann Alkohol das subjektive Wohlbefinden stei-

gern und einen als stimulierend erlebten Effekt haben, obwohl er primär dämpfend wirkt. Schon in mittleren Dosen kommt es zu einer Verlangsamung des Hirnstrombildes. Das Unterscheidungsvermögen optischer und akustischer Reize und das Dunkelsehen werden schlechter. Alkohol erhöht die Schmerzschwelle, beschleunigt in kleinen Dosen die Atmung, während höhere Dosen zu einer Atemlähmung führen können. Die Muskelkraft wird herabgesetzt, die Sekretion von Speichel, Magensaft und Pankreassekret wird angeregt. Durch Reizung spezieller Hirnteile kommt es zu einer verstärkten Urinproduktion. Das Kurzzeitgedächtnis wird beeinträchtigt, die Stimmung ist unter Alkoholeinfluß gehoben, die Kritikfähigkeit vermindert.

Chronischer Alkoholkonsum führt zu schwerwiegenden Störungen des Magen-Darm-Traktes, der Leber, der Bauchspeicheldrüse, aber auch zu Veränderungen des Zucker- und Fettstoffwechsels, des blutbildenden Systems und zu kardio-vaskulären Erkrankungen.

Besonders schwerwiegend sind die durch chronischen Alkoholismus ausgelösten neuro-psychiatrischen Erkrankungen.

Eine der bekanntesten Folgen des Alkoholabuses ist die Alkoholhepatitis, die schließlich zu einer Leberzirrhose führt. Appetitlosigkeit, Übelkeit, Erbrechen, Schmerzen im rechten Oberbauch, vermehrtes Schwitzen sind die häufigsten subjektiven Symptome. Verläßliche epidemiologische Daten über die Häufigkeit alkoholbedingter Lebererkrankungen gibt es für die Bundesrepublik nicht. Bei Berücksichtigung auch leichter Formen der Lebererkrankung nimmt man an, daß etwa 1 bis 1,5 Prozent der Bevölkerung an einer alkoholischen Lebererkrankung leiden.

Es gibt außerordentlich viele Krankheiten, die durch chronischen Alkoholmißbrauch bedingt sind. Selbst bösartige Tumore treten bei Alkoholikern 13 bis 15 Prozent häufiger auf als in der Durchschnittsbevölkerung. Die Suizidrate bei Alkoholkranken ist erhöht. Man hat errechnet, daß, unter Berücksichtigung aller alkoholtypischen Folgekrankheiten, zu erwarten ist, daß die Lebenserwartung Alkoholkranker durchschnittlich um 10 Jahre verkürzt ist.

Am bedeutsamsten sind die Veränderungen des zentralen Nervensystems, die durch einen chronischen Alkoholmißbrauch hervorgerufen werden. Es kommt dadurch zu einer Persönlichkeitsveränderung, die dazu führt, daß die Fähigkeit der Kranken, ihr Verhalten frei zu bestimmen, durch hirnorganische Faktoren zusätzlich eingeschränkt wird.

Das Alkoholentzugssyndrom

Alkoholentzug kann zum psychiatrischen Notfall werden.

Die Leitsymptome des Alkoholentzugs:
Grober Tremor (Zittern, insbesondere der Hände, aber auch der Zunge und Augenlider)
Unwohlsein, allgemeine Schwäche, Übelkeit, Erbrechen, Kopfschmerzen, Mundtrockenheit
Vegetative Hyperaktivität (zum Beispiel Tachykardie, Schwitzen, erhöhter Blutdruck)
Hypotone Kreislaufdysregulation
Depressiv ängstliche Stimmung oder Reizbarkeit
Hyperreflexie

Die meisten Alkoholiker zeigen Entzugssymtpome zum erstenmal zwischen dem 30. und 40. Lebensjahr. Vorausgegangen ist dem immer ein regelmäßiger mehrjähriger Alkoholmißbrauch. Die Symptome treten innerhalb von wenigen Stunden auf.
Dem von Laien oft zitierten Delirium tremens sind meist schon Vorboten vorausgegangen, obwohl Orientierung und Bewußtsein noch vorhanden sind. Ängstlichkeit, Schreckhaftigkeit, Wahneinfälle, Halluzinationen können der Anfang sein. Das Delirium tremens tritt meist erstmals zwischen dem 40. und 50. Lebensjahr auf.

Leitsymptome des Delirium tremens:
Bewußtseinsstörung
Wahrnehmungsstörungen: Halluzinationen, Illusionen, Fehlinterpretationen
Zeitweise inkohärentes Denken
Gesteigerte (oder verminderte) psychomotorische Aktivität
Desorientierung und Gedächtnisstörungen (falls prüfbar)
Vegetative Hyperaktivität (Tachykardie, Schwitzen, erhöhter Blutdruck)

Das Delirium dauert 3 bis 10 Tage. Nach einem Delirium tremens kann sich ein Korsakow-Syndrom einstellen.

Das akute Alkoholentzugssyndrom zeichnet sich aus durch psychovegetative motorische und manchmal auch psychotische

Symptome, die meist bei einer Unterbrechung oder einer Verminderung einer Alkoholzufuhr auftreten.
Es werden aber auch Delirien beobachtet, wenn weiter getrunken wird, da es wegen der raschen Verstoffwechselung des Alkohols nicht möglich ist, einen kontinuierlichen Alkoholspiegel aufrechtzuerhalten; dann wird vom «Kontinuitäts-Delir» gesprochen.
Charakteristisch für ein Delir sind die enorme Suggestivität und die Kritiklosigkeit der Kranken. Zum Beispiel kann ein Kranker einen imaginären Faden auf der Kleidung des Untersuchers feststellen, ihn abziehen und in vollendeter Weise zu einem imaginären Knäuel wickeln. Sehr bekannt sind auch optische Halluzinationen, meist werden nicht vorhandene kleine sich bewegende Gegenstände (weiße Mäuse) gesehen, aber auch Hunde, Tiger, Schlangen oder ähnliches können in der exogenen Alkoholpsychose den Kranken bedrohen und ängstigen. Akustische Halluzinationen sind deutlich seltener. Die Stimmungslage ist meist ängstlich depressiv, gelegentlich oberflächlich heiter.
Meist begleiten vegetative Symptome wie Schlafstörungen, Übelkeit, Erbrechen, Schwitzen, Blutdruckkrisen, grobschlägiger Tremor und psychomotorische Unruhe das Alkoholdelir.

«Ich konnte keine Schlangen erkennen, aber er behauptete, sie würden sich um seine Beine winden. Dann sprang er plötzlich auf und schrie, eine habe ihn in die Backe gebissen. Ich habe noch nie einen Menschen gesehen, der so wild aussah. Bald darauf war er völlig ausgepumpt und fiel schwer atmend zu Boden, er rollte hin und her, schrie und schrie, der Teufel habe ihn in seinen Krallen... Schließlich richtete er sich etwas auf und lauschte mit schräg gehaltenem Kopf: Er jammerte leise ‹Trab trab trab... das sind die Toten... Trab trab trab, sie wollen mich holen. Aber ich will nicht mit. Oh, da sind sie! Rührt mich nicht an... Nein! Hände weg! Sie sind kalt. Laßt mich los... Oh, laßt einen armen Teufel in Ruhe!› Er wickelte sich jammernd in seine Decke.»

Dramatisch beschreibt Huckleberry Finn das Delirium seines Vaters.
Nicht bekannt ist, warum das Delirium tremens nur bei etwa 15 Prozent der chronischen Alkoholiker auftritt.
Vor der Einführung des Distraneurin (Chlormethiazol) starben etwa 15 Prozent der deliranten Patienten, heute beträgt die Sterblichkeit im Alkoholdelir etwa 1 Prozent.

Alkoholtoxische Großhirnatrophie

Dieser Hirnschrumpfungsprozeß, dessen Nachweis im Computertomogramm leicht möglich ist, verläuft schleichend progredient. Leitsymptome sind Wesensänderung und Demenz. Alkoholtoxische Wesensänderung geht einher mit Stimmungsschwankungen, Antriebsstörungen, einem verminderten Durchhaltevermögen, einer eingeschränkten Konzentrationsfähigkeit, einer Beeinträchtigung zielgerichteten Handelns, Interessenverarmung und einem Verlust der Kontinuität des Handelns. Alkoholtoxische Wesensänderung ist häufig mit Kritik- und Urteilsschwäche, Tendenz zur Verwahrlosung und Kriminalität verbunden. Zur Wesensänderung gehören auch Bagatellisierungs- und Verleugnungstendenzen bezüglich der eigenen Trinkgewohnheiten. Je deutlicher die Symptome eines organischen Psychosyndroms sind, um so gleichförmiger zeigt sich die alkoholtoxische Wesensänderung und um so mehr verwischen sich die individuellen Besonderheiten. Die folgenreichste Auswirkung dieser Wesensänderung liegt im Bereich der zwischenmenschlichen und sozialen Bezüge. Deshalb ist die alkoholtoxische Wesensänderung die schwerwiegendste Folge des Alkoholismus. Aufgrund der Wesensänderung ergeben sich schwerwiegende psychosoziale Folgen, partnerschaftliche Beziehungen sind gefährdet, zunehmende Bindungslosigkeit führt zur Vernachlässigung der beruflichen und familiären Pflichten und damit zum sozialen Abstieg.

Die alkoholtoxische Hirnatrophie ist je nach Ausprägung bei längerfristiger Abstinenz teilweise oder sogar vollständig rückbildungsfähig, so daß man vermutet hat, daß sie teilweise durch einen Flüssigkeitsentzug des Gehirngewebes bedingt ist.

Das alkoholische Korsakow-Syndrom ist gekennzeichnet durch eine allmählich zunehmende Merkfähigkeitsstörung, eine Beeinträchtigung des Neu-Gedächtnisses, Orientierungsstörungen hinsichtlich Raum und Zeit, Konfabulationen und eine flache Euphorie.

Nicht wenige Kranke mit einem Korsakow-Syndrom sterben in den ersten Jahren nach Ausbruch der Erkrankung an bösartigen Tumoren, schweren Leberschädigungen und Infektionskrankheiten, die wegen einer verminderten Abwehr nicht mehr aus-

reichend beherrschbar sind. Es wird angenommen, daß das Korsakow-Syndrom möglicherweise nicht allein alkoholtoxisch bedingt ist, sondern daß Verbindungen zu anderen in ihrer Ursache ungeklärten dementiven Abbauprozessen bestehen.
Erwähnenswert ist noch, daß chronischer Alkoholismus auch zu einer Erkrankung des peripheren Nervensystems führt. Die Patienten leiden dann unter spontanen Schmerzen in der Wadenmuskulatur, so daß zunächst erst an Durchblutungsstörungen gedacht wird. Man beobachtet Muskelkrämpfe in den Unterschenkeln und symmetrische Mißempfindungen und ein Taubheitsgefühl in den Füßen. In ausgeprägten Fällen ist die Oberflächen- und Tiefensensibilität erloschen, und die Muskeldehnungsreflexe sind nicht mehr auslösbar.

Wann spricht man von Alkoholkrankheit?

Nach der international gebräuchlichen Definition der Weltgesundheitsorganisation handelt es sich bei Alkoholkranken um exzessive Trinker, deren Abhängigkeit vom Alkohol einen solchen Grad erreicht hat, daß sie deutliche seelische Störungen aufweisen oder daß eine Beeinträchtigung ihrer körperlichen und seelischen Gesundheit, ihrer mitmenschlichen Beziehungen und ihrer sozialen und wirtschaftlichen Funktionen beziehungsweise wenigstens Vorläufer einer solchen Entwicklung nachweisbar sind. Alkoholkrank ist, wer sich durch Alkoholkonsum körperlich, seelisch oder sozial schädigt. Alkoholismus ist nicht unbedingt eine Frage der Dosis, denn es gibt Menschen, die sehr viel trinken, ohne alkoholkrank zu sein.

Gibt es bestimmte Alkoholikertypen?

Einen einheitlichen, engumschriebenen Alkoholikertyp gibt es nicht. Die Übergänge vom «gewöhnlichen» Alkoholkonsum über Alkoholmißbrauch in die psychische und physische Abhängigkeit sind fließend. Die Diagnose «Alkoholkrankheit» ist schwieriger, als es auf den ersten Blick erscheinen mag, denn «im Wesen von Mißbrauch und Sucht liegt es, daß Patient und Arzt

sich gegenseitig aus dem Wege gehen». Wenn Alkoholkranke einen Arzt aufsuchen, dann klagen sie über Organbeschwerden, und es ist oft außerordentlich schwer, nachzuweisen, daß die Ursache dieser Beschwerden ein exzessiver Alkoholmißbrauch ist.
Hilfreich ist es, die Einteilung nach Jellinek zu kennen.

a) *Alpha-Trinker:* Konflikt und Erleichterungstrinker, kein Kontrollverlust, Entwicklung psychischer Abhängigkeit möglich.
b) *Beta-Trinker:* Gelegenheitstrinker, Fernsehtrinker, die psychische Abhängigkeit ist zunächst gering, später tritt nicht selten körperliche Abhängigkeit auf.
c) *Gamma-Trinker:* Süchtige Trinker mit psychischer und körperlicher Abhängigkeit sowie Kontrollverlust.
d) *Delta-Trinker:* Gewohnheitstrinker; deutliche körperliche Abhängigkeit mit der Unfähigkeit zur Abstinenz. Delta-Trinker sind «Spiegeltrinker», weil sie zur Aufrechterhaltung ihres «Wohlbefindens» einen bestimmten Alkoholspiegel benötigen.
e) *Epsilon-Trinker:* Episodische Trinker mit Kontrollverlust («Quartalsäufer»).

Gibt es biologische Faktoren, die zur Entwicklung der Alkoholabhängigkeit führen?

In den letzten Jahrzehnten ist es gelungen, Tierstämme, vorwiegend Mäuse und Ratten, zu züchten, die sich dadurch unterscheiden, daß bei freier Wahl die einen Alkohol und die anderen nichtalkoholische Getränke bevorzugen. Es ist also der Nachweis gelungen, daß der Appetit auf Alkohol genetisch determiniert sein kann. Die Aktivität der alkoholabbauenden Enzyme in der Leber von Mäusen, die Alkohol bevorzugen, ist höher als bei denen, die dies nicht tun. – Tierversuche sind nicht ohne weiteres auf den Menschen übertragbar, denn die meisten Tiere lehnen Alkohol wegen seines Geschmacks und seines Geruchs ab.
Allerdings ist dieses Phänomen vielen Menschen, die inzwischen gern Alkohol trinken, aus eigenem Erleben bekannt, das erste «Bier» hat auch nicht geschmeckt. Auch «normaler» Alkoholkonsum unterliegt einem Lernprozeß.
Tiere können meist erst zur Aufnahme größerer Alkoholmengen «motiviert» werden, wenn der Geschmack maskiert wird oder

sie durch elektrische Reizung bestimmter Hirnstrukturen zur Aufnahme des Alkohols motiviert werden.
Nach Beseitigung der experimentellen Bedingungen stellen die Tiere den Alkoholkonsum meist in kurzer Zeit wieder ein. Durch Injektion morphin-ähnlicher Substanzen in die Hirnkammern gelang es bei Ratten, eine länger dauernde Alkoholabhängigkeit zu erzeugen, die allerdings nach 90 Tagen nachließ. Auf den Menschen übertragen könnten diese Befunde bedeuten, daß neuro-chemische Mechanismen im Gehirn dazu beitragen, daß Alkoholabhängigkeit überhaupt entsteht.
Zweifelsfrei bestehen hier noch erhebliche Unsicherheiten, trotzdem geht die herrschende Lehrmeinung davon aus, daß neben psychologischen Faktoren auch biologische Faktoren für die Entstehung der Alkoholkrankheit von Bedeutung sind.

Verlaufsphasen der Alkoholkrankheit nach Fragebogenuntersuchung an etwa 2000 Angehörigen der Anonymen Alkoholiker in den USA:

a) Präalkoholische Phasen:
- Gehäuftes Erleichterungstrinken

b) *Prodromalphase:*
- Es kommt zu Rauschzuständen mit Erinnerungslücken (Black out)
- Der Betroffene trinkt heimlich, weil er fürchtet, als übermäßiger Trinker identifiziert zu werden.
- Er denkt häufig an Alkohol.
- Er sammelt Alkoholvorräte.
- Er trinkt die ersten Gläser gierig.
- Er hat Schuldgefühle.
- Er vermeidet über Alkohol zu reden, reagiert heftig auf das Reizwort «Alkohol» und hat zunehmend Schwierigkeiten, sein Verhalten zu rechtfertigen.
- Er hat häufig Erinnerungslücken (Filmriß).

c) *Kritische Phase:*
- Der Alkoholkranke verliert die Kontrolle, er kann nicht mehr aufhören, wenn er einmal zu trinken begonnen hat.
- Er findet Gründe, warum er trinken muß.
- Er weicht Vorhaltungen seiner Umgebung aus.
- Er verhält sich großspurig und überangepaßt. Macht sich selbst Vorwürfe und leidet unter häufigen Stimmungsschwankungen.
- Er versucht immer wieder abstinent zu leben, ohne erfolgreich zu sein.
- Es kommt zu einer Interesseneinengung, zur Einbuße zwischenmenschlicher Beziehungen und Konflikten am Arbeitsplatz, die zum Arbeitsplatzwechsel und zum sozialen Abstieg führen.

- Es treten erste alkoholbedingte körperliche Symptome auf, es kommt zu sexuellen Störungen, die unter Umständen von Eifersuchtsvorstellungen begleitet sind.

d) *Chronische Phase:*

- Verlängerte, oft tagelange Rauschzustände.
- Deutliche körperliche Schädigungsfolgen, Nachlassen der Alkoholtoleranz, Auftreten von Angstzuständen.
- Der Kranke trinkt mit Personen, die unter seinem Niveau sind, zum Beispiel mit anderen deprivierten Alkoholikern, und nimmt eventuell sogar technische Produkte (Haarwasser, Brennspiritus und andere) zu sich.

MALT-F	trifft zu	trifft nicht zu
1. Lebererkrankung (Mindestens ein klin. Symptom: z. B. vermehrte Konsistenz, Vergrößerung, Druckdolenz o. a. und mind. ein pathologischer Laborwert: z. B. GOT, GPT oder Gamma-GT sind notwendig)		
2. Polyneuropathie (Trifft nur zu, wenn keine anderen Ursachen bekannt sind, z. B. Diabetes mellitus oder eindeutige chron. Vergiftungen)		
3. Delirium tremens (jetzt oder in der Vorgeschichte)		
4. Alkoholkonsum von mehr als 150 ml (bei Frauen 120 ml) reinem Alkohol pro Tag mindestens über einige Monate		
5. Alkoholkonsum von mehr als 300 ml (bei Frauen 240 ml) reinem Alkohol ein- oder mehrmals im Monat		
6. Foetor alcoholicus («Fahne») (z. Z. der ärztlichen Untersuchung)		
7. Familienangehörige oder engere Bezugspersonen haben schon einmal Rat gesucht wegen Alkoholproblemen des Patienten (z. B. beim Arzt, der Familienfürsorge oder anderen entsprechenden Einrichtungen)		

Wie wird eine Alkoholkrankheit diagnostiziert?

Die Diagnose einer Alkoholkrankheit ist in fortgeschrittenen Fällen einfach, es kann aber sehr schwer sein, eine beginnende Alkoholkrankheit zu diagnostizieren. Magen-Darm-Störungen, Schlafstörungen, Konzentrationsstörungen, subjektive und objektive Leistungseinbuße, vegetative Labilität, morgendliches Erbrechen und Tremor sowie Störungen der sexuellen Potenz sollten immer an eine Alkoholkrankheit denken lassen. Das Hauptproblem der rechtzeitigen Erkennung Alkoholkranker besteht darin, daß die Betroffenen sich häufig so lange wie möglich darum bemühen, ihr Problem zu verbergen. Hier hat sich der von Prof. Dr. W. Feuerlein, dem bekanntesten Alkoholforscher in der Bundesrepublik, entwickelte Test als wichtige Orientierungshilfe in der Praxis bewährt. Der sogenannte Münchner Alkoholtest (MALT) ist, wie große Vergleichsuntersuchungen gezeigt haben, praxisnah und verläßlich. Würde er bei allen Organkrankheiten eingesetzt, die auf einen vermehrten Alkoholkonsum zurückgehen können, würden wahrscheinlich viele Alkoholiker früher identifiziert und einer entsprechenden Therapie zugeführt werden können. Allerdings geht es ohne die Mitarbeit der Patienten nicht. Alkoholkranke, die nicht zu einer Therapie motivierbar sind, werden sich auch diesem Test entziehen.
Der Test besteht aus einer Fremd- und einer Selbstbeurteilungsskala. MALT F besteht aus 7 Fragen, die vom Arzt, und MALT S aus 24 Fragen, die vom Patienten beantwortet werden. Jedes Ja im Fremdbeurteilungsteil zählt 4 Punkte, jedes Ja im Selbstbeurteilungsteil zählt 1 Punkt. Schon bei 6 bis 10 Punkten besteht der Verdacht auf eine Alkoholkrankheit, bei mehr als 11 Punkten ist die Diagnose sicher.

MALT-S	trifft zu	trifft nicht zu
1. In der letzten Zeit leide ich häufiger an Zittern der Hände		
2. Ich hatte zeitweilig, besonders morgens, ein Würgegefühl oder Brechreiz		

	trifft zu	trifft nicht zu
3. Ich habe schon einmal versucht, Zittern oder morgendlichen Brechreiz mit Alkohol zu kurieren		
4. Zur Zeit fühle ich mich verbittert wegen meiner Probleme und Schwierigkeiten		
5. Es kommt selten vor, daß ich vor dem Mittagessen bzw. zweiten Frühstück Alkohol trinke		
6. Nach den ersten Gläschen Alkohol habe ich ein unwiderstehliches Verlangen, weiter zu trinken		
7. Ich denke häufig an Alkohol		
8. Ich habe manchmal auch dann Alkohol getrunken, wenn es mir vom Arzt verboten wurde		
9. In Zeiten erhöhten Alkoholkonsums habe ich weniger gegessen		
10. An der Arbeitsstelle hat man mir schon einmal Vorhaltungen wegen meines Alkoholtrinkens gemacht		
11. Ich trinke Alkohol lieber, wenn ich allein bin		
12. Seitdem ich mehr Alkohol trinke, bin ich weniger tüchtig		
13. Ich habe nach dem Trinken von Alkohol schon öfters Gewissensbisse (Schuldgefühle) gehabt		
14. Ich habe ein Trinksystem versucht (z. b. nicht vor bestimmten Zeiten zu trinken)		
15. Ich glaube, ich sollte mein Trinken einschränken		
16. Ohne Alkohol hätte ich nicht so viele Probleme		
17. Wenn ich aufgeregt bin, trinke ich Alkohol, um mich zu beruhigen		
18. Ich glaube, der Alkohol zerstört mein Leben		
19. Einmal möchte ich aufhören mit dem Trinken, dann wieder nicht		
20. Andere Leute können nicht verstehen, warum ich trinke		
21. Wenn ich nicht trinken würde, käme ich mit meinem Partner besser zurecht		
22. Ich habe schon versucht, zeitweilig ohne Alkohol zu leben		
23. Wenn ich nicht trinken würde, wäre ich mit mir zufrieden		
24. Man hat mich schon wiederholt auf meine «Alkoholfahne» angesprochen		

Ändert sich beim Alkoholiker die Toleranzschwelle für Alkohol?

Bei chronischem Alkoholkonsum steigt zunächst die Toleranz gegenüber Alkohol, das heißt, es werden größere Mengen Alkohol vertragen, ohne daß es zum Rausch kommt. Wahrscheinlich ist für die Toleranzsteigerung eine Induktion der Alkohol abbauenden Enzyme der Leber verantwortlich. Die Toleranzschwelle ist jedoch nur so lange erhöht, solange die Leberfunktion einigermaßen intakt ist. Wenn es zu einer schwerwiegenden alkoholbedingten Leberschädigung kommt, sinkt die Toleranzschwelle für Alkohol.

Im November 1987 veröffentlichte der Bundesminister für Justiz – nach einer Anfrage der Fraktion der Grünen, wie viele Straftaten unter Alkoholeinfluß begangen wurden – mehrere Statistiken, die in erschreckender Weise zeigen, welchen Einfluß Alkohol sowohl auf Straftaten als auch auf Verkehrsdelikte hat.

Nach der Definition der Polizei liegt Alkoholeinfluß vor, wenn die Urteilskraft des Tatverdächtigen während der Tatausführung durch Alkoholgenuß beeinträchtigt war. Maßgeblich ist ein offensichtlicher oder nach den Ermittlungen wahrscheinlicher

Anhaltspunkte zur Bestimmung der reinen Alkoholmengen:

Alkoholgehalt verschiedener Getränke				getrunkene Mengen in ml reinem Alkohol: zu 4. täglich	zu 5. 1 × im Monat
1,0 l Bier	(ca. 4 % Alkohol)	=	40 ml		
0,7 l Wein	(ca. 10 % Alkohol)	=	70 ml		
0,7 l Sekt	(ca. 12 % Alkohol)	=	84 ml		
0,7 l Südwein	(ca. 20 % Alkohol)	=	140 ml		
0,7 l Likör	(ca. 30 % Alkohol)	=	210 ml		
0,7 l Schnaps	(ca. 40 % Alkohol)	=	280 ml		
1 kl. Schnaps	(ca. 0,02 l Alkohol)	=	8 ml		
1 gr. Schnaps	(ca. 0,04 l Alkohol)	=	16 ml		
Gesamtalkoholmenge (täglich bzw. 1 × im Monat)					

Alkoholeinfluß. Statistiken über Straftaten unter Alkoholeinfluß werden von der Polizei erstmals seit 1986 geführt.
Von den im Jahre 1986 ermittelten circa 1,3 Millionen Tatverdächtigen wurde bei über 140000 Personen, das sind immerhin 11,4 Prozent, ein Alkoholeinfluß bei der Tatbegehung registriert.
Von besonderer Bedeutung sind die Straftaten, die gegen Personen ausgeübt werden. Genaue Zahlen lassen sich nicht angeben, es können nur die aufgeklärten Fälle untersucht werden.
Über 160000 Autofahrern wird jährlich wegen Trunkenheit am Steuer die Fahrerlaubnis entzogen. Jeder 3. «Geisterfahrer» steht unter Alkoholeinfluß, fast ein Drittel aller Neuaufnahmen in psychiatrischen Krankenhäusern erfolgen wegen alkoholbedingter psychischer Störungen.
Bei den Verurteilten wegen Straftaten im Straßenverkehr von 1984 bis 1985 waren 57 Prozent der Täter alkoholisiert.
Bei den verurteilten Jugendlichen mit Straftaten im Straßenverkehr waren in den Jahren 1984 15,5 Prozent und 1985 schon 17,2 Prozent alkoholisiert.

Medikamentenmißbrauch

Mißbrauch und Abhängigkeit von Arzneimitteln sind so alt wie die Arzneimitteltherapie selbst. Daher ist es nicht verwunderlich, daß mit zunehmender Anwendung von Medikamenten auch die mißbräuchliche Verwendung häufiger wird. Mißbrauch ist nach der Definition der WHO eine übermäßige, regelmäßige oder sporadische Verwendung eines Arzneimittels, das vom medizinischen Gesichtspunkt aus nicht erforderlich ist.
Medikamentenmißbrauch gibt es sowohl im Hinblick auf die Dosierung als auch in bezug auf die therapeutische Indikation. In den letzten Jahren hat eine zunehmende Sensibilisierung der Öffentlichkeit im Hinblick auf die mißbräuchliche Anwendung von Arzneimitteln eingesetzt. Mit zur Sensibilisierung der Öffentlichkeit beigetragen hat vor allen Dingen das Buch von Langbein, Martin, Weiss: «Bittere Pillen» aus dem Verlag Kiepenheuer & Witsch in Köln. Die Autoren stellen über 2600 Medikamente aus 100 Anwendungsbereichen vor und nennen die Bewertung wissenschaftlich. In der Regel sind alle wichtigen Medikamenten-

informationen aus der «Roten Liste» mitübernommen. Die «Rote Liste», ein Verzeichnis aller Arzneimittel für den Arzt und Apotheker, enthält alle im Waschzettel des jeweiligen Präparates aufgeführten Bereiche wie: Inhaltsstoffe, Dosierung, Gegenanzeigen, Nebenwirkungen, Preise et cetera. Die «Bitteren Pillen» sind inzwischen über 900 000mal verkauft worden. Auch andere Verlage, wie der Mosaik-Verlag mit seinem Buch «Die besseren Pillen» und der Lübbe-Verlag mit seinem Buch «Die richtige Arznei», sind auf der Welle der «Angst vor der Chemie» mitgeschwommen. Sicher ist eine Information des Laien über Nebenwirkungen und Komplikationen seines Medikamentes richtig, trotzdem muß bedacht werden, daß dies nicht in medienüblicher, marktschreierischer Art geschehen darf, um das Vertrauen des Patienten in das ihm verordnete Medikament nicht zu erschüttern. Dieses Vertrauensverhältnis ist für die Wirkung des Präparates wichtig.

Medikamentenabhängigkeit wird in vielen Fällen vom Arzt ausgelöst und durch eine unkontrollierte Verschreibung sogar gefördert.

Natürlich wird die Arzneimittelabhängigkeit auch durch die Tatsache gefördert, daß in der Regel bei Krankheiten Medikamente geschluckt werden müssen. Diese Tatsache wird oft mißgedeutet: Gegen jedes Unbehagen eine Pille!

In der täglichen Praxis ist es andererseits oft nicht leicht, chronisch Kranke davon zu überzeugen, daß eine kontinuierliche Langzeitbehandlung auch dann erforderlich ist, wenn die Kranken im Moment die Symptome ihrer Erkrankung selbst nicht wahrnehmen. Medikamentenmißbrauch findet man vor allem bei Hypnotika, Sedativa, Psychostimulantien, Appetitzüglern, Abführmitteln und Diuretika.

Barbiturate, die früher häufig als Schlafmittel verwendet wurden, erzeugen eine echte Sucht mit den Merkmalen der physischen und psychischen Abhängigkeit und Gewöhnung.

Gegenwärtig spielen Barbiturate, die 1902 in die Therapie eingeführt wurden, keine große Rolle mehr, weil sie weitgehend durch die ungefährlicheren Benzodiazepin-Derivate ersetzt wurden.

Das plötzliche Absetzen suchterzeugender Präparate kann zu bedrohlichen Entzugserscheinungen führen.

In vielen Fällen induzieren Schlafmittel die neue Sucht auf «mehr», das heißt auf «Wachmacher». Die Schlafmittel werden im Körper so langsam abgebaut, daß noch am nächsten Morgen Bestandteile im Blut nachweisbar sind. Sie bewirken daher nicht nur den Schlaf in der Nacht, sondern auch die Müdigkeit am nächsten Tag, Mediziner sprechen vom sogenannten «hangover-Effekt».

Benzodiazepine, auch Tranquilizer genannt (Präparate: ADUMBRAN, LIBRIUM, TAFIL, TAVOR, VALIUM und andere), galten lange Zeit als relativ nebenwirkungsarme ungefährliche Präparate. Sie zählen zu den am meisten verordneten Substanzen. In den Vereinigten Staaten werden diese Präparate «happy pills», also Glückspillen, genannt. Sie haben inzwischen die Aufgabe des kleinen Cognacs, des Sherrys oder Likörs übernommen. Erst im Laufe der Zeit wurde man auf das Mißbrauchspotential dieser Medikamente aufmerksam. Allerdings darf nicht übersehen werden, daß Benzodiazepine hervorragende angstlösende, sedierende, schlafinduzierende, muskelentspannende und antikonvulsive Wirkungen haben und bei richtiger Anwendung nahezu atoxisch sind. Inzwischen ist es gelungen, spezifische Benzodiazepin-Rezeptoren im zentralen Nervensystem nachzuweisen und einen Benzodiazepin-Antagonisten, der die Wirkung der Benzodiazepine aufheben kann, zu entwickeln, das heißt, die Anwendung dieser Substanzgruppe ist noch sicherer geworden.

Nach Untersuchungen aus dem Jahre 1983 ist damit zu rechnen, daß es bei 100000 Verordnungen von Benzodiazepinen zu 2 neuen Mißbrauchsfällen kommt. Gefährdet sind vor allem Alkoholkranke, Drogensüchtige und Polytoxikomane («Alles-durcheinander-Schlucker»). Die Mehrzahl der Benzodiazepin-Abhängigen sind «Umsteiger», das heißt, sie wechseln von anderen Suchtstoffen, in der Regel war es Alkohol, zu den Tranquilizern.

Der bedeutendste Vorteil der Benzodiazepine besteht darin, daß Überdosen in den seltensten Fällen tödlich sind. Allerdings gibt es Selbstmordfälle, bei denen Alkohol-Benzodiazepin-Mischtoxikationen aufgrund eines Atemstillstandes tödlich endeten.

Da es viele Menschen gibt, die unter Angstzuständen leiden, die auf übliche Behandlungsmaßnahmen mit Psychotherapie und Verhaltenstherapie nicht ausreichend ansprechen, werden Benzodiazepine sehr häufig eingesetzt. Leider sehen nicht wenige Ärzte in ihnen eine Art Allheilmittel, das bei allen Angst- und Spannungszuständen eingesetzt werden kann, was dazu führte, daß ein hervorragendes Medikament in Mißkredit geraten ist.

Eine Sekretärin, die zum Diktat zu ihrem Chef muß, vor dem sie in Angst und Furcht lebt, kann ihre Stimmung durch eine kleine Pille eines Benzodiazepins aufhellen und ihre Angst vergessen machen. Dies fällt keinem auf. Dieselbe Sekretärin wäre aber entlassen worden, wenn sie vor dem Diktat den kleinen Sherry oder den kleinen Cognac getrunken hätte.

Ein vorübergehender, zeitlich begrenzter Einsatz von Benzodiazepinen ist bei richtiger Indikation ungefährlich. Wichtig ist es, die Verordnung dieser Substanzen an Alkoholiker und Drogenabhängige zu vermeiden.

Es gibt Mediziner, die die Überzeugung vertreten, daß es Unterschiede im Abhängigkeitspotential einzelner Benzodiazepine gibt. Diese Ansicht ist aber noch nicht ausreichend nachgewiesen, daher muß davon ausgegangen werden, daß das Risiko, eine Benzodiazepin-Abhängigkeit zu entwickeln, bei der Verordnung von allen Benzodiazepin-Derivaten etwa gleich hoch ist.

Etwa 50 verschiedene Benzodiazepine sind in der «Roten Liste», aufgeführt. Besonders bekannt geworden ist in den letzten Jahren das Präparat TAVOR der Firma Wyeth.

Nach dem Tod des schleswig-holsteinischen Ministerpräsidenten Uwe Barschel wurde bekannt, daß er in den letzten Monaten durchschnittlich 10,4 mg des Präparates täglich eingenommen haben soll, obwohl die höchstzulässige Dosis unter stationären Bedingungen nur 7,5 mg beträgt.

Im Arzneimittelindex von 1983 wurde schon darauf hingewiesen, daß der Grundstoff von TAVOR (Lorazepam) ein wesentlich höheres Abhängigkeitspotential als andere Abkömmlinge der Benzodiazepin-Reihe hat.

Insgesamt haben seit 1982 die Verordnungen an Benzodiazepinen abgenommen. Abgenommen aber nur als Tagestranquilizer, denn im Bereich der Anwendung als Schlafmittel nimmt die Verordnung zu. Ebenfalls ansteigend als Schlafmittel ist die Verordnung von Antidepressiva und Neuroleptika.

In den USA ist «Umsteigen» stärker. Das ist bedingt durch die Herausnahmen von Benzodiazepin-Verschreibungen aus der Erstattungspflicht der Krankenkassen. Dadurch steigen die Patienten mit ärztlicher Hilfe auf die noch verordnungsfähigen Antidepressiva und Neuroleptika um.

Dem Arzt werden diese Medikamente heute als «Problemlöser» von den Firmen vorgestellt wie früher die Benzodiazepine. Die Deutsche Hauptstelle gegen Suchtgefahren nennt in ihrem Info-Dienst vom November 1988 das Präparat Imap der Firma Janssen einen Renner im Bereich der Neuroleptika, denn dieses Präparat hat seit Jahren steile Umsatzzuwächse, möglicherweise gerade wegen seiner forschen Werbesprüche, mit denen Ärzten geradezu «Handlungsanweisungen» für die Therapie gegeben werden:

> «Ich brauch was für den Magen», hatte sie forsch gesagt. Nach einem ausführlichen Gespräch wußte ich, sie braucht was für die Psyche, und gab Imap 1,5 mg. Das ist gut wirksam gegen die somatischen Erscheinungen. Desaktiviert und verschleiert nicht. Vielleicht verschafft ihr das die Möglichkeit, ihre Probleme am Arbeitsplatz zu lösen. Außerdem kann ich mir jede Woche, wenn sie zur Injektion kommt, ein Bild von ihrer Entwicklung machen und mit ihr sprechen. In 6 Wochen ist eine Stabilisierung zu erwarten.
>
> Imap 1,5 mg bei psychosomatischen Erkrankungen
> – ausgeprägte Anxiolyse
> – sehr gut wirksam bei funktionellen Körperbeschwerden
> – keine substanzbedingte Gewöhnung
> Bessere Patientenführung durch wöchentliches Injektionsintervall.

Imap gehört zu der Gruppe der niedrig dosierten Neuroleptika, für die die Arzneimittelkommission der Deutschen Ärzteschaft allerdings keineswegs ausschließen mag, daß es auch hier zu den typischen Nebenwirkungen der Neuroleptika kommen kann, zu sogenannten Dyskinesien, nämlich typischen, schwer beeinflußbaren Zitterbewegungen und unwillkürlichem Mundzucken. Die Komplikationsrate aber schreckt weder Ärzte vor der Verordnung ab, noch Patienten, die Verordnung zu erbitten. Medikamentenabhängigkeit ist also meist vom Arzt verursacht.

Die Ärztekammer Hamburg weist mit einem Rundschreiben im Sommer 1989 ihre Mitglieder auf die Rezeptierung sogenannter Ausweichdrogen hin:

«Nach wie vor werden benzodiazepinhaltige Arzneimittel nicht nur in Verbindung mit Heroin von i.v.-Opiatabhängigen, sondern auch von anderen Patienten häufig mißbräuchlich angewendet. Dies gilt insbesondere für Rohypnol und die anderen, nachfolgend aufgeführten Fertigpräparate: EATAN N, HALCION, LEXOTANIL, MOGADAN, TAFIL, TAVOR, VALIUM.
Es wird deshalb noch einmal daran erinnert, daß besondere Aufmerksamkeit bei der Rezeptierung von Benzodiazepinen geboten ist.
Allen Hamburger Ärztinnen und Ärzten, die sich stets gewissenhaft an die Bestimmungen der Allgemeinen Anordnung halten und somit ihren Beitrag zur Verbesserung der Arzneimittelsicherheit leisten, möchten wir abschließend sehr herzlich danken.»

Aktuelle Liste Ausweichdrogen

Liste der Fertigarzneimittel, die derzeit der von der Kammerversammlung am 13.6.1983 erlassenen Allgemeinen Anordnung unterliegen:

	Maximale Menge
DISTRANEURIN	25 Tabletten bzw. Kapseln
DISTRANEURIN Mixtur	300 ml
Barbiturate/Benzodiazepine	
MEDINOX	20 Kapseln
MEDINOX M	20 Tabletten
MEDINOX Mono Kapseln	20 Kapseln
REPOCAL	20 Tabletten
RESEDORM	20 Tabletten
ROHYPNOL	10 Tabletten
VESPARAX Mite	15 Tabletten
Codeinhaltige Mittel	
BENADRYL mit Codein	10 Kapseln
CODEIN PHOSPH. 0,03	20 Tabletten bzw. Compretten
CODEIN PHOSPH. 0,05	10 Tabletten bzw. Compretten
Codicaps	20 Kapseln
DHS 60	10 Retardtabletten
PARACODIN	20 Tabletten bzw. 10 Retardkapseln
REMEDACEN	10 Kapseln
Analgetica	
ROSIMON Neu	10 Tabletten
Tramal	20 Kapseln, 10 ml Tropfen
Valoron N	20 Kapseln, 10 ml Tropfen

Psychoanaleptika	
AN 1	20 Dragees
CARDANAT	10 ml Tropfen
CARDANAT	20 Kapseln
TEMPIL N	20 Kapseln

Die Produktion pharmazeutischer Erzeugnisse stieg 1987/88 um etwa 3,6 Prozent. Es wurde in dieser Zeit ein 12faches Wachstum gegenüber 1976/77 erreicht. Die Psychopharmaka liegen im Bereich von Umsatz und Marktanteilen an dritter Stelle.
Marktvolumen von 15 Arzneimittelgruppen im Vergleich: Auf diese 15 Arzneimittelgruppen entfallen etwa 60 Prozent des gesamten Medikamentenumsatzes.

Basis: Herstellerabgabepreise	Umsatz in Mio. DM	Marktanteil Prozent
Gesamtmarkt öffentlicher Apotheken (MA)	13630	100
Teilmarkt von 15 großen Arzneimittelgruppen	8032	59,8
Herztherapeutika	920	6,9
Vasodilatoren	830	6,2
Psychopharmaka (inkl. Hypnotika/Sedativa)	791	5,8
Antirheumatika (inkl. Rheumasalben)	710	5,2
Antiinfektiva	583	4,4
Vitamine und Mineralien	483	3,5
Hustentherapeutika (inkl. Erkältung)	480	3,5
Calciumantagonisten	476	3,5
Betarezeptorenblocker	465	3,5
Analgetika	424	3,2
Vasoprotektoren	410	3,1
Antiasthmatika	395	3,0
Diuretika	372	2,8
Ulcustherapeutika	365	2,7
Antidiabetika	328	2,5

Die wichtige Gruppe der Laxantien liegt auf einem der nächsten Plätze. Laxantien sind Abführmittel und werden in der Regel, da sie nicht rezeptpflichtig sind, direkt in der Apotheke gekauft. Von 138 in der «Roten Liste» aufgeführten Laxantien sind nur drei rezeptpflichtig. Nach Schätzungen sollen 33 bis 66 Prozent aller

über 60jährigen Laxantien einnehmen. In 99 Prozent der Fälle liegt ein Laxantien-Mißbrauch vor.
Der Gebrauch von Abführmitteln ist bis in die Frühgeschichte der Menschheit zu verfolgen. Erste Aufzeichnungen reichen bis in das ägyptische Reich zurück. «Abführen» wird auch heute noch mit dem Begriff «sich reinigen» assoziiert. Sowohl der lateinische als auch der griechische Begriff für das Abführen bedeuten auch «reinigen bzw. Reinigung».
Die erheblichen Nebenwirkungen bei Laxantien-Mißbrauch sollen hier nicht diskutiert werden. Angesprochen werden muß aber der Zusammenhang zwischen angeblich zu geringer oder fehlender Stuhlentleerung und den in der Regel damit nicht zusammenhängenden Bauchschmerzen, Völlegefühl, Unwohlsein et cetera. Nur in den seltensten Fällen liegt eine Obstipation vor, das heißt eine Verstopfung, die zu Oberbauchschmerzen führen kann.
Ein Krankenpfleger hat den Zusammenhang zwischen somatischen und psychischen Problemen auf eine einfache, wenn auch vulgäre Formel gebracht:

«Wenn die Menschen nicht mehr scheißen können, fühlen sie sich krank.»

Die normale Stuhlfrequenz bei unseren Ernährungs- und Lebensbedingungen liegt zwischen 3 Stuhlentleerungen pro Tag und 3 Stuhlentleerungen pro Woche. Eine Entleerung jeden zweiten bis dritten Tag ist für 95 Prozent der Menschen «normal». Mit einer Verstopfung oder mit einer geringen Stuhlfrequenz wird für viele Menschen auch eine fehlende oder unzureichende Fähigkeit zur Selbstreinigung verbunden und damit die Angst, sich eventuell zu vergiften: «Horror Autotoxicus!» 1765 wurde die These der Selbstvergiftung von ALBRECHT VON HALLER, einem Schweizer Psychologen, erstmals vertreten:

«Es wird fauliges Wasser von den Faeces (Stuhl) resorbiert, das das Blut mit ranziger Substanz füllt, die Fieber, Blutung, Auszehrung und Krankheit erzeugt.»

Diese Auffassung wurde noch in den 20er Jahren unseres Jahrhunderts vertreten.

Ärzte verordnen in unverantwortlicher Weise Medikamente

Nach Untersuchungen werden gerade älteren Menschen von ihren Ärzten – nach dem Informationsdienst der deutschen Hauptstelle gegen die Suchtgefahren im November 1988 – zum Teil in unverantwortlicher Weise viele Arzneimittel nebeneinander verordnet.
Eine Statistik der AOK vom Dezember 1987 besagt: Im statistischen Durchschnitt ist jeder in der Altersgruppe der 71- bis 80jährigen Versicherten mit nahezu 3 Medikamenten dauertherapiert. Im Durchschnitt konsumiert ein Versicherter dieser Altersgruppe jährlich

- 58 Tagesdosen eines Schmerz- oder Rheumamittels
- 48 Tagesdosen von Diabetes-Medikamenten
- 81 Tagesdosen eines Bluthochdruckmittels
- 59 Tagesdosen eines sogenannten durchblutungsfördernden Mittels
- 43 Tagesdosen von Venenmitteln
- 45 Tagesdosen Diuretika und Aldosteron-Antagonisten
- 73 Tagesdosen von Augenmedikamenten
- 33 Tagesdosen von Betarezeptorenblockern und Calcium-Antagonisten.

Ganzjährig wird etwa jeder 3. Versicherte mit Herzpräparaten versorgt, jeder 3. erhält auch durchblutungsfördernde Mittel für die Herzkranzgefäße, jeder 5. bekommt ein Medikament aus der Gruppe der Psychopharmaka, Hypnotika oder Sedativa. Aber das ist beileibe noch nicht alles, denn hinzu kommt noch die Selbstmedikation.
Ein kleiner Trost: Nur 20 Prozent der Bundesbürger bekommen fast 50 Prozent aller Arzneimittel verordnet. Wenn Sie nichts schlucken, dann schluckt Ihr Nachbar für Sie mit.

Verordnung von Arzneimitteln mit Suchtpotential ist Körperverletzung

Inzwischen beschäftigen sich auch die Gerichte mit der sorglosen Verschreibungspraxis der Ärzte, und es gibt schon Urteile, in denen Mediziner wegen Verschreibung suchterzeugender oder die Sucht unterhaltender Medikamente verurteilt wurden. Das Amtsgericht Bielefeld hat im Dezember 1987 einen Arzt zu einer Gesamtgeldstrafe von 500 Tagessätzen zu je DM 500 sowie zu den Kosten des Verfahrens verurteilt. In der Urteilsbegründung heißt es:

«Der Angeklagte, dem die Sucht-erhaltende bzw. -fördernde Eigenschaft der von ihm verordneten Medikamente und damit die besondere Gefährlichkeit für die bereits süchtigen Patienten bekannt war, hat sich durch sein Verhalten der vorsätzlichen Körperverletzung in 6 Fällen gemäß § 223, 232 StGB schuldig gemacht. Bei der Strafzumessung hat das Gericht zugunsten des Angeklagten berücksichtigt, daß er in keinem der genannten Fälle die Medikamenten-Abhängigkeit durch seine Verordnungspraxis hervorgerufen, sondern die schon bestehende Abhängigkeit lediglich aufrechterhalten hat. Es wird ihm, insbesondere auf der Grundlage der Ausführungen eines Sachverständigen, zugute gehalten, daß die richtige Behandlung süchtiger Patienten eine langwierige und schwierige, in einer großen Allgemeinpraxis kaum zu leistende Aufgabe eines Arztes ist. Aber auch wenn eine Medikamentenabhängigkeit auf niederiger Ebene nach Auskunft des Sachverständigen in einer Allgemeinpraxis häufig in Kauf genommen wird, war die Handlungsweise des Angeklagten in diesen Fällen, in denen auf Höchstdosis-Abhängigkeit umgestiegen wurde, keinesfalls zu rechtfertigen.»

Das Landgericht Frankfurt bestätigte in einem Revisionsurteil in einem anderen Fall, daß das Aufrechterhalten einer Sucht oder Suchtförderung als Körperverletzung bewertet werden muß, da die Sucht einen krankhaften Zustand darstellt und ein Arzt einen Krankheitszustand nicht unterstützen dürfe.

«Die Verschreibung von suchterzeugenden Medikamenten erfüllt den Straftatbestand der Körperverletzung.»

Mit dieser Begründung hat auch der 1. Strafsenat des OLG Frankfurt in einer im Mai 1989 veröffentlichten Entscheidung die Eröffnung eines Strafverfahrens wegen Körperverletzung gegen einen Arzt vor dem AG Frankfurt angeordnet.

Der Arzt hatte einer Patientin über mehrere Jahre hinweg Distraneurin gegen Alkoholabhängigkeit verordnet. Die Patientin

hatte dann Selbstmord mit einer Überdosis dieses Arzneimittels verübt. Das OLG entschied nun, die Verschreibung suchterzeugender Medikamente könne eine «Persönlichkeitsveränderung von Krankheitswert» herbeiführen oder festigen und therapeutische Möglichkeiten aufheben.
Das lege den Verdacht der Körperverletzung nahe. (AZ.: 1 Ws 200/87)

Die Sucht Nikotin

Es wird nicht wenig geraucht in der Bundesrepublik, obwohl Statistiken zeigen, daß 54 Prozent der Raucher darüber nicht glücklich sind.
Die Verteilung in der Bevölkerung über 14 Jahre Lebensalter ergibt folgendes Bild:

Raucher	34 Prozent
Exraucher	17 Prozent
Nieraucher	49 Prozent

Raucher werden definiert als Personen, die zur Zeit rauchen, und Exraucher als Personen, die früher einmal geraucht haben. Nieraucher haben noch nie in ihrem Leben geraucht.
Rauchen ist keineswegs – trotz Antiraucherkampagnen und verschärfter Werbeverbote – out.
Der Beginn des Rauchens verlagert sich in den letzten Jahren immer mehr zu den Kindern von 10–14 Jahren. Immerhin waren es bei den männlichen Jugendlichen 10 Prozent und bei den Mädchen 6 Prozent, die vor dem 10. Lebensjahr mit dem Rauchen begonnen hatten. 90 Prozent haben vor dem 18. Lebensjahr mit dem Rauchen angefangen.
Wer bis zum 18. Lebensjahr möglicherweise versäumt hat zu rauchen, der fängt später auch sehr selten an. Von den 20- bis 29jährigen beginnen nur 8 Prozent mit dem Rauchen.
In früheren Jahrzehnten sahen die Statistiken ganz anders aus. Damals hatten noch über 20 Prozent der 30- bis 40jährigen nach dem 18. Lebensjahr neu zu rauchen angefangen.
Die Abhängigkeit vom Nikotin kann aus der täglich konsumierten Zigarettenzahl abgelesen werden. Unregelmäßiges Rauchen

oder ein geringer Zigarettenverbrauch sprechen gegen eine Abhängigkeit.
Der richtige Raucher benötigt einen gleichmäßigen Nikotinspiegel im Blut und greift daher in regelmäßigen Abständen zur Zigarette. Dieser Bereich liegt für das Zigarettenrauchen etwa bei einer Packung, das heißt etwa 20 Zigaretten pro Tag.
Unter den 54 Prozent der Raucher, die unzufrieden sind, gibt es eine große Zahl, die schon mehrere Entwöhnungsversuche, leider meist erfolglos, durchgemacht hat. Wie bei jeder Sucht gehen Raucher davon aus, daß sie – wenn sie wollen – jederzeit aufhören könnten.
Wie bei anderen Sucht-«Kollegen» wird der erste nicht erfolgreiche Versuch aufzuhören mit äußeren Umständen entschuldigt. Meist sind es aber die körperlichen und psychischen Beschwerden, der Nikotinentzug also, die falsch eingeschätzt werden und zum Weiterrauchen führen. Wer zwei- oder dreimal erfolglos mit dem Rauchen aufgehört hat, ist ein abhängiger Raucher. Etwa 65 Prozent der männlichen Raucher und 50 Prozent der weiblichen haben noch nie einen Entwöhnungsversuch unternommen, sie rauchen unbeschwert weiter.

Der Staat verdient an der Sucht

Würde man die Netto-Tabaksteuereinnahmen dem Gesundheitsetat zuschlagen, gäbe es für Minister Blüm und die Krankenkassen keine Sorgen mehr.
Die erheblichen Steuereinnahmen machen auch deutlich, daß das Staatsinteresse am «Nichtrauchen» nur begrenzt sein kann, denn 14 Milliarden weniger im Steuertopf würden ein erhebliches Loch reißen.
Jede Tabaksteuererhöhung kann also nur mehr Geld bringen und muß zwangsläufig beim Staat die Hoffnung wecken, daß die Bürger doch noch nicht aufhören zu rauchen.
Viele Experten gehen davon aus, daß diese Steuergelder nicht dem allgemeinen Ausgabentopf, sondern zweckgebunden den Krankenkassen zur Verfügung stehen sollten.
Diese Problematik besteht nicht nur beim Nikotin, sondern dementsprechend auch beim Alkohol.

Spielsucht als Krankheit

Spiel ist nicht nur eine harmlose, vergnügliche Freizeitbeschäftigung, sondern hat in der Kindheit auch wichtige Lernfunktionen. Spiel ist Probehandeln, es hat Übungswert, und es bereitet Freude, erzeugt «Funktionslust». Spiele haben aber auch einen sozialen Charakter, dienen der Kommunikation, bieten Ersatzbefriedigung und erlauben es dem Spieler, der Realität zu entfliehen. Nicht nur Glücksspiele nehmen den Spieler gefangen und lassen ihn alles andere vergessen. Selbst das Schachspiel kann ganz von einem Menschen Besitz ergreifen. Dies schildert in eindringlicher Weise JEAN-JACQUES ROUSSEAU in seinen «Bekenntnissen»:

«So ließ er es sich einfallen, mich im Schachspiel, auf das ich mich ein wenig verstand, unterrichten zu wollen. Fast wider Willen ließ ich mich auf einen Versuch ein, und als ich die Züge erst einigermaßen begriffen hatte, machte ich so schnelle Fortschritte, daß ich ihm schon am Ende unserer ersten Sitzung einen Turm vorgeben konnte, wie er es im Beginn mir gegenüber getan hatte. Mehr war nicht nötig, um mich in die tiefste Schachraserei zu stürzen. Ich kaufte ein Schachbrett, kaufte die Puppen, schloß mich in mein Zimmer ein und verbrachte die Tage und Nächte damit, alle Spielmöglichkeiten auswendig zu lernen, sie, so gut es gehen wollte, meinem Kopf einzutrichtern und ohne Ende und Aufhören mit mir selber zu spielen.»

In den «Bekenntnissen» schildert ROUSSEAU seine Veranlagung:

«Ich habe sehr heftige Leidenschaften, und während sie mich bewegen, kommt nichts meinem Ungestüm gleich: Ich kenne dann keine Beherrschung, keine Rücksicht, keine Furcht und keinen Anstand mehr. Ich bin dann schamlos, frech, gewalttätig und unbezähmbar. Keine Scham hält mich auf, keine Gefahr schreckt mich zurück; außer dem Gegenstand, der mich gerade beschäftigt, geht mich das ganze übrige Weltall nichts an.»

Ebenso aus der Literatur bekannt ist das süchtige Spielen DOSTOJEWSKIS, das ihn in tiefe Krisen führte. Wenig bekannt ist die eindrucksvolle Selbstschilderung Richard Wagners in seiner Autobiographie, die die Psychodynamik des Spielers mit faszinierender Eindringlichkeit schildert:

«Gegen drei Monate blieb ich der Spielwut dermaßen verfallen, daß dagegen alle anderen Leidenschaften als gänzlich machtlos über mein Gemüt zurücktraten. Nicht der Fechtboden, nicht die Kneipe, nicht der Duellplatz bekamen mich mehr zu sehen; den Tag über zerwühlte ich meine klägliche Lage, um mir auf jede erdenkliche Weise das nötige Geld zu verschaffen, um den Abend und die Nacht hindurch es zu verspielen...

...Die Leidenschaft war durch die Verzweiflung des Spielunglücks bis zum Wahnsinn gesteigert: Unempfindlich gegen alles, was mir sonst am Studentenleben verlockend erschienen war, von sinnlosester Gleichgültigkeit gegen die Meinung meiner bisherigen Genossen, verschwand ich aus den Blicken aller und traf in den kleinen Spielhäusern Leipzigs nur mit den ausgemachtesten Liederlichen der Studentenschaft zusammen... In der Nacht verlor ich alles mitgebrachte bis auf den letzten Taler: Die Aufregung, mit welcher ich auch diesen endlich auf eine Karte setzte, war meinem jungen Leben, nach allen sonstigen Erfahrungen, doch vollständig neu. Ohne das Mindeste genossen zu haben, mußte ich mich wiederholt vom Spieltisch entfernen, um zu erbrechen. Mit dem letzten Taler spielte ich mein Leben aus, denn an eine Heimkehr zu meiner Familie war nicht zu denken; ich sah mich bereits beim Morgengrauen durch die Wälder und über die Felder als verlorener Sohn, ins Ziellose dahin fliehen...

...Fortwährend gewann ich nun. Ich war so zuverlässig, daß ich das kühnste Spiel wagte; denn plötzlich leuchtete es in mir hell auf, daß ich heute zum letzten Mal spielte. Mein Glück war so auffällig, daß die Bankhalter zu schließen für gut befanden. Wirklich hatte ich nicht nur alles in dieser Nacht zuvor verlorene Geld wieder gewonnen, sondern dazu auch noch den Betrag meiner Schulden. Die Wärme, die während dieses Vorganges mich wechselnd erfüllte, war durchaus heiliger Art. Mit dem Zuschlag meines Glückes fühlte ich deutlich Gott oder seinen Engel wie neben mir stehend, seine Warnung und Tröstung mir zu flüsternd. Noch einmal galt es bei Tagesgrauen über die Torpforte meiner Wohnung zu gelangen, dort verfiel ich in einen tiefen und energischen Schlaf, aus welchem ich spät, gestärkt und wie neugeboren, erwachte. Wirklich hatte auch damit jede Versuchung für immer ihre Macht über mich verloren. Die Welt, in welcher ich bisher in wachsendem Taumel mich bewegt hatte, erschien mir mit einem Male das allerunbegreiflichste und anziehungsloseste.»

Pathologisches Glücksspielen wurde in der psychiatrischen Literatur bereits im vorigen Jahrhundert beschrieben, blieb aber statistisch relativ bedeutungslos, weil es nur wenige staatlich konzessionierte Spielkasinos gab und sich die Spielsucht mit ihren Folgen meist auf die – verschwiegene – Oberschicht beschränkte. In den letzten Jahren wird die Spielsucht zunehmend häufiger beobachtet. Dazu hat vor allem die enorme Verbreitung moderner Spielautomaten in Gaststätten und Spielhallen beigetragen und dadurch der Zugang der breiten Bevölkerung zum Glücksspiel.

Es wird berichtet, daß in Hamburg, im Bereich der stationären Suchttherapie, Glücksspielsucht häufiger ist als Medikamentenabhängigkeit. Bei den Patienten besteht meist eine reaktive depressive Symptomatik, oft mit Suizidalität. Es handelt sich überwiegend um Männer im Alter von 20 bis 40 Jahren mit geringem Einkommen. Sie haben so exzessiv «gedaddelt», daß sie alle anderen Interessen vernachlässigt haben und in Relation zu ihrem Einkommen erheblich verschuldet sind.

Anfänglich fühlen sich die Betroffenen entspannter, sind fasziniert, machen vorübergehend Gewinne. Dadurch kommt es zu einer immer stärkeren Gewohnheitsbildung, und sie versuchen, die positiven Erfahrungen zu wiederholen. Diese Versuche werden trotz oder gerade wegen der damit verbundenen negativen materiellen Erfahrung immer intensiver, und das Spiel wird zu ihrem dominierenden Lebensinhalt, es kommt zum Kontrollverlust. Ob es sich um eine Sucht im echten Sinne oder um einen Zwang handelt, ist noch umstritten.

Manche Autoren meinen, daß exzessives Spielen keine Sucht, sondern eine neurotische Kompromißlösung sei, die von neurotischen Konflikten ablenken soll.

Die Vertreter dieser Ansicht sind der Meinung, daß im Gegensatz zu Alkohol- und Drogensucht Abstinenz nicht erforderlich sei, weil die intellektuellen Funktionen durch die Spielsucht nicht beeinträchtigt werden.

Die meisten pathologischen Spieler definieren sich jedoch selbst als süchtig. 79,8 Prozent der Mitglieder von Selbsthilfegruppen bestätigen die Aussage: «Ich bin spielsüchtig, so wie andere drogensüchtig sind», mit «stimmt vollkommen» und 14 Prozent mit «stimmt weitgehend».

Diese Befunde sind mit klinischen Beobachtungen in Einklang zu bringen, die dafür sprechen, daß Automatenspieler ebenso suchtkrank sind wie Patienten mit mittelgebundenen Suchtkrankheiten.

Glücksspielsucht läßt die Bedeutung der psychischen Komponente bei der Abhängigkeitsentwicklung besonders deutlich werden.

Für die Therapie ist es entscheidend, daß die Betroffenen erst einmal lernen zu akzeptieren, daß sie «spielsüchtig» sind. Der zweite Schritt besteht darin, «Totalabstinenz» anzustreben. Hierbei leisten Spielerselbsthilfegruppen, die auf dem Modell der anonymen Alkoholiker konzipiert sind, wertvolle Hilfen.

Auf die Gefährlichkeit von Spielhallen und «Daddel-Automaten» ist wiederholt hingewiesen worden, ohne daß dies zu Konsequenzen geführt hätte.
Wirtschaftliche Interessen der Automatenindustrie, der Spielhallenbetreiber und nicht zuletzt des Staates haben bisher eine wirksame Prävention verhindert, die leicht durch ein Verbot oder eine Erschwerung des Zuganges zum «Roulette des kleinen Mannes» zu erreichen wäre.

Schizophrenie

Der Begriff Schizophrenie wurde von dem Schweizer Psychiater Eugen Bleuler 1911 in einem auch heute noch lesenswerten Werk geprägt. Die Symptome dieser Erkrankung sind wahrscheinlich so alt wie die Geschichte der Menschheit. Bereits im Jahre 1400 v. Chr. wurde in einem Hindufragment des Ayur-Veda ein Zustandsbild beschrieben, das durch Einwirkung des Teufels entstanden sein soll und nach heutigem Wissen als Schizophrenie zu deuten ist.

Schizophrenie im Verlauf der Geschichte

«Gefräßig, schmutzig, läuft nackend herum, hat sein Gedächtnis verloren und bewegt sich mit einem ängstlichen Ausdruck».

Im ersten Jahrhundert n. Chr. beschrieb Aretaeus von Kappadozien so Patienten, die «verblödet, geistesabwesend und versponnen» wirkten, und unterschied sie von seelisch Kranken, die an einer Manie litten. Die Schilderungen des Aretaeus entsprechen dem heute als Schizophrenie bezeichneten Krankheitsbild, zumal auch eine Persönlichkeitsveränderung und eine Beeinträchtigung des Realitätssinnes geschildert wurde. Die Kranken erschienen dem Beobachter selbstvergessen, den Rest ihres Lebens wie Tiere dahinvegetierend, wirkten albern und vernachlässigten ihre Körperpflege.

Soranus von Ephesus, der Anfang des zweiten Jahrhunderts n. Chr. in Rom lebte, beschrieb Patienten, die «glaubten Gott zu sein» oder «sich weigerten zu urinieren, aus Furcht, dadurch eine neue Sintflut herbeizuführen». Soranus vertrat die Überzeugung, daß es richtig sei, die Irren taktvoll und nachsichtig zu behandeln, sie nicht zu schlagen und in einer angenehmen Atmosphäre unterzubringen. Er verurteilte zeitgenössische Behandlungsmethoden, die darin bestanden, die Kranken im Dunkeln einzusperren, anzuketten, auszupeitschen und sie hungern und dursten zu lassen.

Die Geschichte der unsäglichen Leiden, die Millionen psychisch Kranke im Laufe der Jahrhunderte erlitten haben, kann hier nur angedeutet werden. Ihr ungewöhnliches Verhalten führte zur Annahme, sie seien vom Teufel besessen. Sie wurden verbrannt, gefoltert, gequält und waren bis Mitte des 19. Jahrhunderts als Kuriositäten gegen Geld zu besichtigen.

Das erste Irrenasyl in London, die Anstalt Bedlam, galt als Sehenswürdigkeit, die man bei Besichtigung der Stadt nicht versäumen durfte. In einem zeitgenössischen Reisebericht heißt es:

> «Ich und meine drei kleinen Buben besichtigten die Löwen, die Brücken, die Narren von Bedlam und andere amüsante Schauobjekte der Metropole.»

Erregte Kranke wurden damals an einem Arm oder Bein angekettet, so daß sie lediglich aufrecht stehen oder sitzen konnten. Drakonische Strafen waren an der Tagesordnung, weil man glaubte, die Kranken dadurch zur Vernunft bringen zu können.

Eine allmähliche Änderung trat erst nach der Französischen Revolution ein.

PHILIPPE PINELL (1745–1826) ging in die Psychiatrie-Geschichte als Befreier der Geisteskranken ein. Am 24. Mai 1798 soll er mit Bewilligung der Nationalversammlung 40 Irren die Ketten abgenommen haben.

In seinem Werk schreibt er:

> «Was ist das schon für eine wunderbare Erfindung, die Irren ständig anzuketten, um die Wut über ihre Gefangenschaft ewig wach zu halten, die Faulheit wenig einsichtiger Wächter zu nähren, eine ständige Erbitterung und den festen Wunsch, sich zu rächen in den Herzen der Geisteskranken wachzuhalten und in den Krankenhäusern Tumult und Lärm zu pflegen.

Die Hemmnisse haben mir bei meiner Arbeit als Arzt in Bicetre in den ersten Jahren der Revolution viel Sorgen gemacht, und ich habe es sehr bedauert, nicht das Ende der barbarischen Praxis auch dort erlebt zu haben; aber ich war andererseits ruhig und verließ mich auf die Geschicklichkeit des Oberwärters dieses Krankenhauses, Herrn Pussin, dem es ebenso wie mir am Herzen lag, dieses Vergessen der wahren ärztlichen Grundsätze zu beenden. Zwei Jahre später gelang das glücklicherweise; niemals wurde eine Maßnahme besser vorbereitet und hatte mehr Erfolg. 40 unglückliche Irre, die seit mehr oder weniger langen Jahren unter dem Gewicht der eisernen Ketten gestöhnt hatten, wurden trotz der vom Zentralbüro geäußerten Befürchtung in Freiheit gesetzt; man gestattete ihnen, im Hof frei herumzulaufen, wobei man nur ihre Arme in der Zwangsjacke ließ. Während der Nacht waren sie in ihrer Zelle frei. Hierzu ist noch zu bemerken, daß dies auch das Ende der Unglücksfälle bedeutete, die den diensthabenden Wärtern zustießen, die von den in Ketten gehaltenen Irren oft geschlagen oder gar hinterrücks ermordet wurden, weil die Kranken immer in einem Zustand höchster Erregung waren. Einer dieser Geisteskranken war schon 36 Jahre lang in diesem traurigen Zustand gehalten worden, ein anderer 45 Jahre; trotzdem hatten sie noch die Beweglichkeit ihrer Glieder bewahrt und gingen mit langsamen Schritten im Krankenhaus umher.»

Karl Ludwig Kahlbaum (1828–1899) begann Mitte des 19. Jahrhunderts Krankheitseinheiten voneinander abzugrenzen, zu einer Zeit, als noch die Lehre einer Einheitspsychose galt. Kahlbaum prägte den Begriff Katatonie oder Spannungsirresein. Diese Patienten zeichnen sich dadurch aus, daß sie aus völliger Bewegungslosigkeit in schwerste motorische Erregungszustände geraten können. Außerdem sind Bewegungs- und Haltungsstereotypien für dieses Krankheitsbild charakteristisch. Über Stunden können die Kranken in grotesken Körperhaltungen verharren, ohne zu ermüden oder eine Anstrengung zu verspüren.

Hecker (1843–1909), ein Schüler Kahlbaums, prägte den Begriff Hebephrenie. Dabei handelt es sich um Jugendliche, die meist kurz nach der Pubertät erkranken, durch ein läppisch albernes Verhalten, eine Verflachung der Affekte, eine Antriebsverarmung sowie eine Denkzerfahrenheit auffällig werden. Meist kommt es im weiteren Verlauf zu einer nicht rückbildungsfähigen Persönlichkeitsveränderung.

Emil Kraepelin (1856–1926) verwendete in der Ausgabe seines Lehrbuches von 1893 erstmals den Begriff Dementia praecox und grenzte ihn von der Katatonie und der Dementia para-

noides ab. In einem Vortrag in Heidelberg im Jahre 1898 mit dem Titel «Diagnose und Prognose der Dementia praecox» faßte er Katatonie, Hebephrenie und durch Wahnbildung gekennzeichnete Erkrankungen unter dem Begriff Dementia praecox zusammen und stellte sie dem manisch-depressiven Irresein gegenüber. Damit war ein Grundgerüst für die Klassifikation der Psychosen geschaffen, das im Prinzip heute noch gilt.
Der Begriff Dementia praecox wurde inzwischen durch den von Eugen Bleuler (1857–1939) im Jahre 1911 geschaffenen Begriff Schizophrenie (griechisch: schizein = spalten; phren = Zwerchfell, Seele, Verstand) ersetzt.
Aus heutiger Sicht erscheint die Verwendung des Plurals – Schizophrenien – als klug und weitsichtig, da nach wie vor offen ist, ob es sich bei dem, was wir als Schizophrenie bezeichnen, um eine Krankheitseinheit oder um verschiedene Krankheiten handelt.
Es ist außerordentlich schwer, denen, die derartige Patienten nicht erlebt haben, ein Bild von der Erkrankung zu vermitteln, da naturgemäß die querschnittsmäßig erfaßbare Symptomatik immer mit geprägt wird durch die individuellen Besonderheiten des Kranken: Seine besonderen Anlagen und Fähigkeiten, seine Eigenart zu fühlen und zu denken, seine geistig-seelische Entwicklung und die Vielfalt der Einflüsse, durch die er geprägt wurde. Krankheitsbeschreibung muß immer auf etwas für den vermuteten Krankheitsprozeß Typisches abheben. Daher werden zwangsweise individuelle Züge des Kranken vernachlässigt, obwohl sie für das Inerscheinungtreten seiner Krankheit und die soziale Bedeutung der Krankheitserscheinungen nicht unerheblich sind. Möglicherweise hängt es damit zusammen, daß es Autoren gibt, die nicht organisch bedingte Geisteskrankheiten für einen Mythos halten, der allein den Bedürfnissen der Psychiater entspricht. Prominentester Vertreter dieser Auffassung ist der Psychoanalytiker Szasz, der die Existenz der Schizophrenie als Krankheitseinheit nicht anerkennt und äußerte:

«Eine Person psychiatrisch zu klassifizieren heißt, sie ihrer Menschlichkeit zu berauben.»

An einigen Beispielen soll geschildert werden, wie Kranke, bei denen eine Schizophrenie diagnostiziert wird, sich verhalten.

Ein Fall aus der Praxis:
Eine 36jährige Ehefrau kommt weinend und sichtlich nervös zu ihrem Hausarzt. Ihr 39jähriger Ehemann, als leitender Angestellter in einem Industrieunternehmen beschäftigt, hat sich in den letzten 6 Wochen zunehmend verändert und sich vor 3 Tagen bei der Personalabteilung krankgemeldet, nachdem er zuvor einige Tage Resturlaub abgefeiert hatte. Ihr Ehemann, 6 Monate zuvor befördert worden, sitzt den größten Teil des Tages in seinem Arbeitszimmer hinter verschlossenen Türen und verfaßt Anträge und Stellungnahmen. Er hat Angst vor gedungenen Mördern, die ihn und seine Familienangehörigen bedrohen, so daß weder sie noch die beiden Kinder das Haus verlassen dürften, wie es früher üblich gewesen war. Häufig rennt er zum Fenster, um nachzuschauen, ob jemand auf der Straße ist. Dort parkende Autos oder unauffällige Passanten verdächtigt er der Mittäterschaft in dem Vernichtungskomplott. Gestern hat er sie beschuldigt, das Essen vergiftet zu haben, da man nun auch sie zur Mithilfe überredet hat. Seitdem nimmt er gar keine Nahrung mehr zu sich. Beim abendlichen Fernsehen spricht er davon, daß ihm wichtige Nachrichten durchgegeben werden, zum Beispiel daß er umgebracht werden soll, da er ein wichtiges Industriegeheimnis verraten hat; sie selbst hat aber ähnliche Informationen nicht wahrgenommen. Zwei Zimmer hat er schon auf Mikrofone durchsucht und dabei alle Möbel verrückt. Nachts kann er kaum noch schlafen, sondern beobachtet häufiger die dunklen Straßen und kontrolliert die abgeschlossene Tür. Die Familie kann sich das nicht erklären und ist nervlich aufgerieben. Ein Telefonat mit dem Vorgesetzten ihres Mannes, den sie persönlich kennt, hat ergeben, daß ihr Mann in den letzten Wochen gereizt und überarbeitet erschien und häufiger von Industriespionage gesprochen hatte, was aber nach einer objektiven Kontrolle nicht bestätigt werden konnte. Bei einem vom Hausarzt durchgeführten Hausbesuch, den dieser mit der versicherungsrechtlich vorgeschriebenen persönlichen Untersuchung für die Arbeitsunfähigkeitsbescheinigung rechtfertigt, findet der Arzt in der Wohnung einen sichtlich nervösen, blassen und ängstlich wirkenden Patienten, der anfänglich über Schlafstörungen und Kopfdruck und eine innere Unruhe klagt. Im weiteren Gespräch führt der Patient aus, daß er seit einigen Monaten, kurz nach seiner Beförderung, einer Intrige in der von ihm geleiteten Abteilung auf der Spur sei, mit der erreicht werden soll, daß er beruflich zurückgestuft werde. Nach seiner Einschätzung würden seine früheren Kollegen dieses Komplott inszenieren. Im Betrieb würde man über ihn reden, wiederholt seien Unterlagen aus seinem Schreibtisch verschwunden, sein Schreibtisch würde im Gegensatz zu früher häufiger umgeräumt. Er habe gehört, daß seine Sekretärin, seine Mitarbeiter, aber auch Kollegen anderer Abteilungen und seine Vorgesetzten in seiner Gegenwart und in seiner Abwesenheit gesagt hätten, daß man ihn aus dem Weg schaffen müsse. Zum Schluß habe er sich aus Angst, man könne auch seine Familie liquidieren, nicht mehr in die Firma getraut. Der Terror würde in der Wohnung aber weiter fortgeführt. Dort würden ihm Gedanken aus dem Kopf gezogen, die durch Mikrofone abgehört würden, sein Körper, insbesondere sein Unterleib, würde mit Laserapparaten bestrahlt. Er höre

immer wieder Stimmen bekannter, teilweise auch unbekannter Personen, die ihm drohen würden. Ob hinter allem nur seine Kollegen oder aber ein konkurrierendes Industrieunternehmen stehen würden, wisse er noch nicht. In den letzten Tagen habe er dann Pläne zur Abwehr von Gefahren und Bedrohung entworfen. Seine Gegner hätten aber einen solchen Einfluß, daß sie mit ihren Instrumenten seine Gedanken aus dem Kopf ziehen und diese plötzlich beenden könnten. Manchmal empfinde er sich mit seinen Gedanken und Handlungen wie eine von außen manipulierte und hypnotisierte Marionette. Die Verschwörung richte sich aber nicht nur gegen ihn, sondern gegen seine gesamte Familie. Er habe schon daran gedacht, daß ein Selbstmord für alle die beste Lösung sei, insbesondere auch, um sich den angedrohten Folterungen zu entziehen.

Ein weiterer Fall aus der Praxis:
Die Patientin ist 45 Jahre alt und wurde unehelich geboren. Sie wuchs bei der Mutter im Hause der Großeltern auf, in der auch ein Onkel, eine Tante, 3 Cousins und 1 Cousine lebten. Sie erzählt: «Mit 2 ½ Jahren bin ich von meinem Onkel sexuell mißbraucht worden. Ich habe selbst keine Erinnerung daran, das hat mir viele Jahre später ein befreundeter Psychiater erzählt, der über telepathische Fähigkeiten verfügt. Ich habe sofort erkannt, daß seine Äußerungen wahr sind.» Sie berichtet weiter, daß sie immer ein unglückliches, unzufriedenes Kind gewesen sei, das häufig geweint habe. Ihre Erziehung erinnere sie als einengend und reglementierend, sie habe sich nie geliebt und angenommen gefühlt. Sie sei überwiegend von ihrer Tante betreut worden, weil ihre Mutter als Verwaltungsangestellte den ganzen Tag über arbeiten mußte. Sie könne sich noch daran erinnern, daß sie auch im Kindergarten eine Außenseiterrolle gespielt hätte und oft traurig gewesen sei. Ihre Leistungen in der Volksschule seien schlecht gewesen, so daß man vor allem auch wegen ihrer Verhaltensauffälligkeiten häufig von einem Übergang zur Sonderschule gesprochen habe. Sie sei unruhig, unkonzentriert und zappelig gewesen und habe viele Jahre intensiv an ihren Nägeln gekaut. Erst vor kurzem habe sie das Nägelkauen einstellen können, jetzt komme es nur noch bei starker innerer Erregung vor. Ihre Leistungen wurden erst in den letzten Volksschuljahren besser. Sie habe sich immer Stärkeren gegenüber schwach und hilflos gefühlt und könne sich auch heute noch schlecht durchsetzen. Nach Beendigung der Volksschule habe sie eine 2jährige Haushaltsschule besucht, anschließend eine Kinderpflegerinnenschule. Nach der Ausbildung zur Krankenschwester erwarb sie die Fachhochschulreife und studierte Sozialpädagogik. Ein Jahr wurde sie erstmals wegen einer reaktiven Depression nach Beendigung einer Partnerschaft behandelt.
Im ersten Jahr ihres Studiums habe sie ihren Freund in einer Apotheke zum erstenmal gesehen. Er habe einen sehr liebevollen, zärtlichen Eindruck gemacht. Zwei Jahre später habe sie ihn dann wiedergesehen, als sie in der Apotheke etwas einkaufen mußte. Er hätte sich damals sehr zu seinem Nachteil verändert, wirkte bedrückt und verzweifelt. Sie habe deshalb das drin-

gende Bedürfnis verspürt, ihm zu helfen, und habe begonnen, mit ihm zu reden. Diese Kontakte seien dann regelmäßig geworden, und sie wäre häufig in die Apotheke gegangen, um dort ½ Stunde mit ihm zu reden. Zu einem näheren Kontakt sei es allerdings nicht gekommen. Als sie sich entschloß, diese Beziehung, die nie realisiert worden war, abzubrechen, kam es zu einer psychotischen Dekompensation.
Die Patientin berichtete, daß sie unter zunehmenden Angstzuständen leide, nachts gehe sie «durch die Hölle». Sie würde vor Angst am ganzen Körper zittern, Kälteschauer würden sie schütteln, und sie würde starke «Sendungen» erleben. Eigentlich hätte sie die platonische Beziehung zu dem Apotheker intensivieren wollen, aber er hätte sich nicht entscheiden können, sondern sei ambivalent geblieben. Dieses Hin-und-hergerissen-Sein hätte sie nicht mehr ausgehalten, deshalb habe sie den persönlichen Kontakt zu ihm abgebrochen. Es bestehe aber noch ein reger Gedankenaustausch in Form von «Sendungen». Diese «Sendungen» wären Anweisungen, die er ihr gäbe, es komme aber auch zu Zwiegesprächen. Inhaltlich gehe es darum, daß er ihr mitteile, daß er ihre Nähe brauche, andererseits verwirre er sie mit «Sendungen», die inhaltlich zweideutig seien. Er habe diese Fähigkeit zum «Senden» erworben, nachdem er ein Buch über Psi-Phänomene gelesen habe. Sie selbst könne beziehungsweise wolle sich nicht von alledem freimachen. Geschlafen habe sie seit mehreren Nächten überhaupt nicht mehr. Manchmal habe sie das Gefühl, als kämen die «Sendungen» nicht von außen, sondern aus ihrem Magen, dann erlebe sie wieder Stimmen in ihrem Kopf, die seiner Stimme sehr ähnlich seien.
Eine längerfristige stationäre Behandlung führte zu einem Abklingen der psychotischen Symptomatik, die Patientin wurde wieder arbeitsfähig, konnte aber am Arbeitsplatz keine ausreichenden Leistungen erbringen. Sie fühlte sich von einem Psychiater, der im gleichen Krankenhaus arbeitete wie sie, beeinflußt. Dieser hätte ihr angeblich gesagt, daß er sie schizophren machen würde, wenn sie nicht an einer Selbsterfahrungsgruppe teilnehmen würde. Im weiteren Verlauf kam es immer wieder zu «Sendungen», und vorübergehend hatte die Patientin das sichere Gefühl, daß der Apotheker sie umbringen wolle.

Diagnose: paranoid-halluzinatorische Psychose aus dem schizophrenen Formenkreis mit Beginn der Persönlichkeitsumstrukturierung.

Ein Fall aus der Praxis:
Der Patient ist jetzt 52 Jahre alt und gemeinsam mit einer ein Jahr jüngeren Schwester und einem zwei Jahre älteren Bruder im Elternhaus aufgewachsen. Die frühkindliche Entwicklung wird als unauffällig geschildert. Er hat die Volksschule bis zum Abschluß besucht, eine Elektrikerlehre begonnen, aber nicht abgeschlossen und ist jetzt bei der Post im Zustelldienst beschäf-

tigt. Er erinnert sich, daß er sich in der Kindheit nie gegen andere Kinder wehren sollte, um sie nicht zu verletzen. Der Patient ist seit 1966 verheiratet, aus der Ehe gingen zwei Kinder hervor, die gesund sind. Die Beziehung zur Ehefrau ist gespannt, weil er in Abständen vermehrt trinkt.
Mit 33 Jahren war er mit einer Jugendgruppe in Frankreich, bei der eigentlich nur Jugendliche bis zum Alter von 27 Jahren mitfahren durften. Um mitfahren zu können, hatte er sein Geburtsdatum gefälscht. Er hat deshalb immer noch Gewissensbisse, weil die Teilnehmerliste zum Bundesinnenministerium geschickt wurde und er auch heute noch befürchtet, daß man ihn wegen falscher Angabe zur Verantwortung ziehen könnte. Bisher sei allerdings nichts passiert, aber man könne ja nie wissen. Der Mensch besteht in der Theorie des Patienten aus drei Anteilen, dem «Unter-Ich» (wie man erzogen ist), dem Ich (das bin ich) und dem Über-Ich (das sind die Erbmerkmale).
Seit einiger Zeit sei er im Schalterdienst eingesetzt, und sein Schwiegervater habe gelesen, daß der Beamte am Schalter 7 unfreundlich sei, und habe ihm das vorgehalten. Vor einigen Tagen habe er plötzlich zwei Einstiche im Kopf gehabt, und er hätte geglaubt, drei Tage im Krankenhaus gewesen zu sein, obwohl er dort nicht gewesen war. Nach zwei Gläsern Likör hätte er den Teufel gesehen, der draußen vor dem Fenster gewesen sei, und er hätte viel Wasser laufen lassen müssen, um ruhiger zu werden. Er befürchte, man würde ihn vergiften. Außen durch die Tür kämen Zyanide. Er müßte viel Wasser trinken, um das Gift loszuwerden. Er stelle nachts alle seine Schuhe um sein Bett herum, damit der Teufel nicht zu ihm kommen könne, wodurch er sich einigermaßen sicher fühle. Die Türen und Fenster hätte er verbarrikadiert, er hätte einen Schrank vor die Tür gestellt. Dadurch und durch das Laufen des Wassers seien die Nachbarn wohl wach geworden und hätten an die Wand geklopft. Er hätte gedacht, jetzt käme der Teufel, und gesagt: «Hinweg mit dir.»
Unter Behandlung mit Neuroleptika und ausführlichen Gesprächen klang die Symptomatik innerhalb von 4 Wochen ab, und der Patient wurde wieder arbeitsfähig. Er war, weil er sich wohl fühlte, nicht mehr bereit, sich weiter behandeln zu lassen. Ein Jahr später kam er wieder und berichtete, daß er sich nicht konzentrieren könne. In seinem Kopf sei etwas nicht in Ordnung, er habe merkwürdige Druckpunkte im Kopf und wolle «stempeln» gehen und dann etwas ganz anderes machen. Er habe keinen Appetit mehr, könne schlecht schlafen, und gestern hätte er im Fernsehen einen Schatten gesehen, und er hätte an die Teufelsfratze denken müssen, die er während eines Urlaubs in Spanien gesehen hätte. Wenn er gelbes Licht sehe, würde er an Spanien erinnert.
Er denke viel darüber nach, wie die Gedanken funktionieren, und beziehe alles auf sich. Er meine, wenn er Leute lachen sehe, daß sie über ihn lachen würden. In den letzten Wochen sei ein Brennen im Rücken aufgetreten, er hätte den Rücken schon mit dem Spiegel kontrolliert, die Haut sei dort unauffällig.
Die paranoide Symptomatik klingt unter neuroleptischer Therapie wieder ab,

es verbleibt ein Druckgefühl im Kopf, der Patient wird aber arbeitsfähig und erbringt am Arbeitsplatz ausreichende Leistungen.

Diagnose: Schizophrenie

Ein Fall aus der Praxis:
Ein 28jähriger Student der Geschichte, Germanistik und Publizistik spürte plötzlich bei den Prüfungsvorbereitungen im 5. Semester, daß er nicht mehr klar denken und den Diskussionen so folgen konnte wie früher. Er zog sich darauf von seinen Kommilitonen zurück, litt unter erheblichen Angstzuständen und behauptete ständig, sein Vermieter sei vom Teufel besessen. Unter dem Druck der Angst versuchte er, sich mit Tabletten umzubringen. Er wurde aber von seiner Freundin gefunden und in die Klinik eingeliefert. Nach der Entlassung meinte er, in der Nähe seines Wohnortes Mainz seien unterirdische Atomanlagen angelegt worden. Straßenschilder enthielten für ihn eine spezielle Botschaft, die er lesen könne.
Vor kurzem wurde er durch Trunkenheit im Straßenverkehr auffällig, weil er beim Parken ein anderes Auto beschädigt hatte. Der Alkoholspiegel betrug 1,2 Promille. In einem Verfahren vor dem Amtsgericht Lübeck wurde er wegen Schuldunfähigkeit freigesprochen.
Unter medikamentöser Behandlung kam es in den nachfolgenden Jahren nicht mehr zum Ausbruch einer psychotischen Symptomatik. Nach einer Wartezeit wurde die entzogene Fahrerlaubnis wieder erteilt. 6 Monate später fuhr der junge Mann unter Alkoholeinfluß gegen ein parkendes Fahrzeug, diesmal lag der Blutalkoholspiegel bei über 1,8 Promille. Er entfernte sich vom Unfallort, obwohl er den Unfall bemerkt hatte. Das Gericht verurteilte ihn zu einer Geldstrafe. Die Fahrerlaubnis wurde eingezogen. Das Studium mußte abgebrochen werden. Heute hat der Patient eine ABM-Stelle als Bibliothekar. Er ist zur Zeit psychisch unauffällig und wird medikamentös behandelt.

Diagnose: Schizophrenie.

Ein Fall aus der Praxis:
Am 20. 12. 1986 gegen 0.30 Uhr fuhr ein Pkw Toyota-Starlet bei guten Sicht- und Wetterverhältnissen in ausgeprägten Schlangenlinien. Das Fahrzeug wurde schon bei geringer Blendung durch den Gegenverkehr ruckartig hin- und hergelenkt. Die Polizei dachte zunächst, daß die 54jährige Fahrerin unter Alkoholeinfluß stünde. Ein sofort durchgeführter Alkoholtest blieb jedoch negativ.
Auf ihre Fahrweise angesprochen, äußerte die Frau, daß ihr selber ihre unsichere Fahrweise aufgefallen sei und sie deshalb erhebliche Pausen eingelegt hätte. Sie sei gegen 22.00 Uhr von zu Hause losgefahren und hätte für die nur kurze Strecke von 30 km etwa 2 ½ Stunden benötigt.
Die Fahrerin erklärte dem Polizisten weiter, daß sie juckende und brennende Augen habe und daß von außen in ihr Fahrzeug Gase einströmten. Sie könne

schlecht sehen, derartiges sei schon mehrmals vorgekommen. Die Gase würden immer von irgendwelchen Türken in das Fahrzeug hineingesprüht. Ständig würden Türken an ihrem Fahrzeug etwas kaputtmachen.
Auf dem Rücksitz des Autos schlief ihr 12jähriger Sohn. Die Frau gab weiter an, daß sie sich von ihrem deutschen Ehemann habe trennen müssen, da der Sohn von einem türkischen Freund wäre. Jetzt habe sie sowohl die Türken als auch die Deutschen gegen sich.
Weiter berichtete sie, daß sie seit ihrer Trennung von ihrem Ehemann verfolgt werde und das Gefühl habe, daß dieser ihr etwas Böses antun wolle. Dann habe sie plötzlich bemerkt, daß in ihr Auto gesundheitsschädliche Gase hineingeleitet würden. Sie sei fest davon überzeugt, daß dies von ihrem Ehemann geplant wurde.
Unter dem Einfluß dieser Gase sei sie in Schlangenlinien gefahren. Außerdem habe sie das Gefühl, daß in ihrer jetzigen Wohnung ihre Möbel mit Chemikalien besprüht worden seien, denn aus den Möbeln strömten unangenehme Gase. Sie erzählte dem Beamten weiter, daß der 12jährige Sohn vermutlich von einem türkischen Frauenarzt gezeugt worden wäre, bei dem sie vor Jahren einmal in Behandlung war. Nach einer mit dem Frauenarzt verbrachten Nacht habe sie ihrem Ehemann schon am nächsten Tag erklären können, daß sie schwanger sei. Der Frauenarzt habe die Schwangerschaft bestritten, und auch in einem entsprechenden Gerichtsverfahren konnte seine Vaterschaft nicht nachgewiesen werden. Man habe daraufhin einen anderen «rangekriegt», Unterhalt zu bezahlen.

Diagnose: Schizophrenie.

Ein Fall aus der Praxis:
Die 30jährige attraktive junge Aussiedlerin aus der Sowjetunion fällt ihren Mitschülerinnen im Deutschsprachkurs dadurch auf, daß sie sich zurückzieht. Sie berichtet Freundinnen, daß sie Stimmen höre.
Die junge Frau liest gerade einen Roman in deutscher Sprache und sucht die Namen der Romanhelden in ihrer Umgebung. Sie läuft die Straße auf und ab und versucht, an den Türschildern die Namen der Romanhelden zu entdekken. Die Freunde gehen mit ihr zum Arzt. Sie erklärt dort, daß ihre Mutter mehrmals in die Psychiatrie zwangseingewiesen worden sei, angeblich eine Schizophrenie habe. Sie wage dies keinem zu erzählen, aus Angst vor Gerede. Die junge Frau willigt ein, sich einem Psychiater vorzustellen, nur unter der Bedingung, daß der Hausarzt und ein Freund mitfahren. Vor der Praxis des Psychiaters wehrt sich die Patientin, beginnt zu schreien und läuft weg. Die eingeschaltete Polizei kann sie später in einer Fußgängerzone erkennen, spricht sie an. Die Angesprochene beginnt sofort zu schreien und um sich zu schlagen. Sie wird in die Psychiatrie zwangseingewiesen. Nach der Entlassung folgen zwei Selbstmordversuche.

Diagnose: Schizophrenie.

Therapien der Seele…

...können langwierig und teuer sein, und eine Erfolgsgarantie gibt es nicht.
Wer dennoch in dem Glauben lebt, daß man für Geld so ziemlich alles kaufen kann, der sollte vor allem das haben: viel Geld.

Ursachen und Behandlung endogener Psychosen

Die Ursache dieser häufigen Erkrankung, mit einer Erkrankungswahrscheinlichkeit der Durchschnittsbevölkerung von ca. ein Prozent ist nach wie vor ungeklärt. Die wirtschaftliche Bedeutung dieser Erkrankung ist immens. In den USA schätzt man die Kosten, die durch die Schizophrenie entstehen, auf 10 bis 20 Milliarden Dollar jährlich, von denen zwei Drittel durch Arbeitsausfall entstehen.

Die Faszination, die diese Erkrankung auf die psychiatrische Forschung ausübt, hat nicht abgenommen. Das kommt zum Beispiel in der Fülle einander widersprechender Hypothesen über die Ursachen dieser Erkrankung zum Ausdruck.

Im stärksten Gegensatz zu den Überzeugungen der Schulpsychiatrie steht die Meinung der «Antipsychiater» – dessen bekanntester Vertreter der italienische Psychiater Basaglia ist –, die der Ansicht sind, daß die Anwendung des medizinischen Krankheitsmodells auf psychiatrische Erkrankungen und insbesondere auf die Schizophrenie nicht angemessen sei. Antipsychiater halten die Geisteskrankheit für einen Mythos.

> «Es gibt keine medizinische, moralische oder juristische Rechtfertigung für unerbetene psychiatrische Eingriffe wie ‹Diagnose›, ‹Hospitalisierung› oder ‹Behandlung›, sie sind Verbrechen gegen die Menschlichkeit.»

In den letzten Jahren ist es um die Antipsychiatrie ruhiger geworden. Das Beispiel des Psychiaters Basaglia in Italien ist nicht ermutigend. Die Schließung psychiatrischer Krankenhäuser vermag die Situation der psychisch Kranken nicht zu verbessern, denn die mit der Schließung notwendige Schaffung alternativer Einrichtungen gelang nicht. Ähnlich wie in den USA mußte die Erfahrung gemacht werden, daß die Situation psychisch Kranker schlechter wird, wenn sie unversorgt «auf der Straße» liegen oder in Obdachlosenasylen und Gefängnissen landen.

Trotzdem hat die antipsychiatrische Bewegung auch positive Aspekte gehabt. Sie trug dazu bei, das Bewußtsein für die humanitären Aspekte von Hospitalisation in psychiatrischen Großeinrichtungen, Zwangsunterbringung und Behandlung zu schärfen und hat damit zu einer Bewußtseinsveränderung der Öffentlichkeit und der in psychiatrischen Einrichtungen Tätigen beigetragen. Bei realistischer Betrachtung muß aber festgestellt werden, daß Zwangsunterbringung und Zwangsbehandlung psychisch Kranker zwar mit allen verfügbaren Mitteln auf ein Minimum beschränkt werden sollten, aber leider nicht völlig abzuschaffen sind.

Unter dem Einfluß psychoanalytischer Theorien und der Vorstellung, daß die frühkindliche Entwicklung von entscheidender Bedeutung für die spätere Manifestation der Schizophrenie sei, wurden umfangreiche Familienuntersuchungen durchgeführt, die zum Beispiel zum Konzept der schizophrenogenen Mutter führten. Diese Mütter sollen sich ihren Kindern gegenüber einerseits überängstlich und selbstunsicher, andererseits aggressiv und abweisend verhalten. Sie sind charakterisiert durch Verständnislosigkeit für die wahren Bedürfnisse ihrer Kinder, durch ein dominierend besitzergreifendes Verhalten und eine übermäßige Kontrolle unter dem Deckmantel aufopfernder Mutterliebe.

Andere Untersucher beschreiben Disharmonien in den Ursprungsfamilien schizophrener Patienten. Die Eltern leben in einem Zustand des «emotionalen Geschiedenseins», präsentieren nach außen hin eine einigermaßen intakte Fassade, sind aber nicht in der Lage, ihren Kindern ausreichende Zuwendung entgegenzubringen.

Überzeugende Beweise dafür, daß pathologische Familienverhältnisse für die Genese endogener Psychosen aus dem schizophrenen Formenkreis von wesentlicher Bedeutung sind, liegen jedoch nicht vor. Möglicherweise erklären die Beobachtungen zur Familienpathologie den einfachen Umstand, daß die gestörten Kommunikationsprobleme nicht Ursache, sondern Folge des krankheitsbedingt veränderten Verhaltens des Kindes sind. Ein wichtiges Argument dafür, daß bei der Entstehung schizophrener Psychosen biologische Faktoren von erheblicher Bedeutung sind, ist die Tatsache, daß durch die Befunde der transkulturellen Psychiatrie inzwischen als gesichert angesehen werden kann, daß schizophrene Psychosen in allen Völkern, Rassen und Kulturen etwa in gleicher Häufigkeit vorkommen. Daraus ist zwar nicht abzuleiten, daß äußere Faktoren für den Ausbruch und den Verlauf der Erkrankung bedeutungslos sind, aber eine überragende Bedeutung soziokultureller Faktoren für die Genese der Schizophrenie ist mit diesen Befunden nicht vereinbar.

Genetische Untersuchungen haben ergeben, daß die Erkrankungswahrscheinlichkeit von eineiigen Zwillingen durchschnittlich 4- bis 5mal höher ist als die von zweieiigen. Getrennt aufwachsende eineiige Zwillinge erkranken fast ebenso häufig konkordant schizophren wie zusammen aufwachsende.

Nicht die Krankheit Schizophrenie, sondern eine Krankheitsbereitschaft wird vererbt, die unter dem Einfluß belastender Umweltbedingungen zu einer psychotischen Symptomatik führen kann. Seit langem ist bekannt, daß ausgeprägte typische oder gemischte Defektsyndrome bei Schizophrenen mit einer Erweiterung des dritten Hirnventrikels einhergehen.

Diese Befunde konnten durch verschiedene Untersuchungen auch echoenzephalographisch und computertomographisch bestätigt werden.

Kalifornische Forscher haben mit der Positronen-Emissionstomographie bei unbehandelten Schizophrenen eine Herabsetzung des Glukosestoffwechsels im Bereich der Stirnhirnrinde nachgewiesen. Diese Befunde stimmen mit früheren Untersuchungen der regionalen Hirndurchblutung überein.

In den Blutplättchen von schizophrenen Patienten ist eine Aktivitätssenkung der Monoaminooxidase (MAO) nachgewiesen worden. Bei Zwillingsuntersuchungen zeigte sich, daß nicht nur der schizophrene Zwilling erniedrigte Werte der Monoaminooxidase in seinen Thrombozyten (Blutplättchen) hat, sondern auch der nicht erkrankte Zwilling.

Dies ließ sich nur bei chronisch schizophrenen Patienten, nicht bei akut erkrankten nachweisen. Da nicht alle chronisch schizophrenen Patienten erniedrigte Monoaminooxidase-Werte in ihren Blutplättchen hatten, wird angenommen, daß es unterschiedliche Formen der Erkrankung gibt.

Es wird diskutiert, daß die Aktivitätssenkung der Monoaminooxidase ein biologischer Marker für Schizophrenie sein könnte.

Interessant ist die Tatsache, daß schizophrene Patienten ein sich bewegendes Objekt mit pendelnden, plötzlich unterbrochenen Augenbewegungen verfolgen. Dieser Befund läßt sich bei 65 bis

80 Prozent der Patienten nachweisen, bei 45 Prozent der Verwandten 1. Grades und bei 7 Prozent der Allgemeinbevölkerung. Die Bedeutung dieses Befundes ist noch unklar. Es kann sich hier um einen anlagebedingten Funktionszustand des zentralen Nervensystems handeln, der für die Entstehung der Erkrankung möglicherweise nicht bedeutungslos ist.
Im Mittelpunkt der biochemischen Schizophrenie-Forschung stehen seit Anfang der 50er Jahre Untersuchungen über die Störungen zentraler Neurotransmitter, der Überträgerstoffe, die die Erregungsübertragung an Synapsen vermitteln.
Zwar sind die Ursachen der Schizophrenie nach wie vor unbekannt, die «Dopamin-Hypothese der Schizophrenie» stellt jedoch eine wertvolle Arbeitshypothese dar und ist durch experimentelle und klinische Befunde relativ gut gesichert, wenngleich sie nicht in der Lage ist, alle Phänomene widerspruchsfrei zu erklären.
Es wird angenommen, daß an den Synapsen der Dopamin abgebenden Nerven entweder eine erhöhte Dopaminkonzentration vorliegt oder daß die postsynaptischen Dopaminrezeptoren überempfindlich sind.
Ein weiteres wichtiges Argument für eine biologische Theorie der Schizophrenie ist die Tatsache, daß schizophrene Erkrankungen in Krisen- und Kriegszeiten nicht gehäuft vorkommen und daß unabhängig von den soziokulturellen Bedingungen etwa 0,8 bis 1 Prozent der Bevölkerung im Laufe ihres Lebens an einer endogenen Psychose aus dem schizophrenen Formenkreis erkranken.

Die Behandlung der Schizophrenie

Alle antipsychotisch wirksamen Pharmaka haben, wenn auch in unterschiedlicher Ausprägung, eine Antidopaminwirkung, aber es gibt auch Substanzen mit einer Antidopaminwirkung wie zum Beispiel Alpha-Methyl-P-Pyrosin (Hemmstoff der Thyrosinhydroxilase), die nicht antipsychotisch wirksam sind.
Die moderne Psychopharmaka-Therapie begann im Jahre 1951, als das aus einem Antihistaminikum (Antiallergikum) entwickelte Phenothiazin Chlorpromazin (die Präparate LARGACTIL,

MEGAPHEN) in der Therapie eingeführt wurde. Chlorpromazin wurde zunächst zur Bekämpfung des Schocks nach Unfällen, zur Potenzierung der Narkosewirkung und in Kombination mit Unterkühlung zur Einleitung eines künstlichen Winterschlafs verwendet. 1952 erkannten die Pariser Psychiater J. DELAY und P. DENIKER die beruhigende, zentraldämpfende und angstlindernde Wirkung von Chlorpromazin bei psychiatrischen Patienten. Bis dahin gab es an somatischen Behandlungsverfahren nur die Schlafkur von KLAESI (1922), die Insulin-Komabehandlung von M. SAKEL (1934), die Cardiazol-Krampfbehandlung von MEDUNA (1935), die Leukotomie von MONIZ (1935) und die Elektroschockbehandlung von BINI und CERLETTI (1937).

1954 berichtete ein amerikanischer Psychiater, daß das seit 1952 isolierte und in der Hochdrucktherapie verwandte Reserpin in der klinischen Anwendung bei schizophrenen Patienten in der Wirkung mit Chlorpromazin vergleichbar sei.

Eigentlich handelt es sich bei diesen Beobachtungen um eine Wiederentdeckung, denn das Rauwolfia-Alkaloid Reserpin war schon vor 2000 Jahren unter der Bezeichnung «Pagal-Ka-Dawa» (Kraut gegen Wahnsinn) in Indien bekannt und wurde bei Schlangen- und Insektenbissen sowie bei Unruhe und Erregungszuständen angewandt.

1955 schlug DELAY vor, alle Chlorpromazin ähnlich wirkenden Medikamente als Neuroleptika zu bezeichnen, ein Name, der sich inzwischen weltweit durchgesetzt hat.

Seitdem haben diese Medikamente einen Siegeszug angetreten und sich, trotz vielfältiger – wie wir meinen unberechtigter – Kritik, weltweit bewährt. Nicht alle Hoffnungen in diese Medikamente haben sich erfüllt. Es konnte nicht bewiesen werden, daß sich die Langzeitprognose schizophrener Patienten allein durch eine psychopharmakologische Behandlung richtungweisend bessern läßt.

Daß hochwirksame Pharmaka nicht nebenwirkungsfrei sind, wird niemanden, der mit den Grundtatsachen der Pharmakalogie etwas vertraut ist, verwundern. Festzuhalten bleibt, daß eine Öffnung der psychiatrischen Anstalten, eine moderne sozialtherapeutische Betreuung und vielfältige rehabilitative Maßnahmen ohne Neuroleptika nicht möglich gewesen wären.

Alle anderen somatischen Behandlungsverfahren schizophrener Psychosen haben, außer der Elektroheilkrampfbehandlung, nur noch historische Bedeutung. Die Indikation für die Elektroheilkrampfbehandlung, die in der Laienpresse zu Unrecht häufig verteufelt wird, wurde drastisch eingeschränkt. Streng indiziert und durch kein anderes Verfahren zu ersetzen ist die Elektroheilkrampfbehandlung auch heute noch bei der allerdings seltenen lebensbedrohlichen Katatonie. Die Entwicklung neuer Neuroleptika hat dazu geführt, daß heute Medikamente zur Verfügung stehen, die besser antipsychotisch wirken und einen geringen sedierenden Effekt haben. Der klinische Effekt der Neuroleptika ist im wesentlichen in einer dämpfenden Wirkung auf psychomotorische Erregung, aggressives Verhalten, affektive Spannungen, psychotische Trugwahrnehmungen, Wahndenken und schizophrene Ichstörungen zu sehen. Wichtigste Indikationen für die Einleitung einer neuroleptischen Therapie sind:

1. Psychomotorische Erregtheit
2. Akute psychotische Zustandsbilder
3. Chronisch verlaufende schizophrene Psychosen und psychotische Residualzustände, zum Beispiel bei Hebephrenien
4. Rezidiv-Prophylaxe bei chronisch-rezidivierenden, zumeist schizophrenen Psychosen.

Die Auswahl des Neuroleptikums richtet sich nach der Intensität der Symptomatik und eventuellen Vorerfahrungen, die der Patient mit einer früheren neuroleptischen Behandlung gemacht hat. In der Regel sind hochpotente Neuroleptika zu bevorzugen. Allerdings gibt es auch Situationen, in denen der dämpfende Effekt schwachpotenter Neuroleptika erwünscht ist, unter Umständen ist die Kombination von hochpotenten und niedrigpotenten Präparaten sinnvoll.

Allgemein gilt, daß die therapeutische Wirksamkeit um so besser ist, je akuter die psychotische Symptomatik auftritt. Am besten sind akute paranoid-halluzinatorische Schizophrenien durch eine neuroleptische Medikation zu beeinflussen. Die Ergebnisse bei symptomarmen, chronisch verlaufenden endogenen Psychosen aus dem schizophrenen Formenkreis sind deutlich schlechter.

Welche Gründe für diese klinische Beobachtung verantwortlich sind, ist noch nicht ausreichend geklärt. Möglicherweise liegt es auch daran, daß es sich bei akuten und komplikationsarm verlaufenden chronischen Schizophrenien um unterschiedliche Krankheitsbilder handelt.

Nach Abklingen der akuten psychotischen Symptomatik ist, insbesondere bei rezidivierenden endogenen Psychosen aus dem schizophrenen Formenkreis, eine längerfristige depotneuroleptische Behandlung empfehlenswert, um ein Rezidiv zu vermeiden. Ungeklärt ist, wie lange eine vorbeugende Behandlung durchgeführt werden muß, da es unmöglich ist, vorauszusagen, wann im Einzelfall ein Rezidiv zu erwarten ist. Hier kann es keine generellen Empfehlungen geben, und man wird immer nach den Umständen des Einzelfalles und den persönlichen Wünschen und Ansichten des Patienten entscheiden müssen. Eine depotneuroleptische Behandlung erhöht ganz wesentlich die zuverlässige Medikamenteneinnahme (Compliance). Durch eine intramuskuläre Injektionstherapie in Abständen von drei bis vier Wochen wird zusätzlich gesichert, daß es zu einem kontinuierlichen Kontakt zwischen Patienten und Arzt kommt, der zu einem therapeutischen Gespräch genutzt werden muß.

Die Behandlung mit Neuroleptika ist zweifelsohne die Basis einer kunstgerechten Behandlung endogener Psychosen aus dem schizophrenen Formenkreis. Es darf nicht zu einer Vernachlässigung der psychotherapeutischen Betreuung und psychologischen Führung der Patienten führen, die in der Regel beratend stützenden Charakter hat und nur in Ausnahmefällen psychoanalytisch deutend sein sollte. Viele Befunde sprechen dafür, daß eine zu starke emotionelle Belastung des Patienten eine erneute psychotische Krise heraufbeschwören kann.

Von erheblicher praktischer Bedeutung sind depressive Verstimmungen bei Schizophrenen, die nach Abklingen der akuten Symptomatik häufig eintreten. Es wird kontrovers diskutiert, ob die Ursache dieser Verstimmungen in der Neuroleptika-Medikation (pharmakogene Depression), in einer bilanzierenden Reflexion der durch die Psychose eingetretenen psychischen und sozialen Veränderungen liegt oder ob sie als Ausdruck der Grundkrankheit angesehen werden muß.

Da es im Rahmen dieser depressiven Verstimmungen nicht selten zu suizidalen Handlungen kommt, ist es erforderlich, die Patienten intensiv zu betreuen, um die depressive Symptomatik rechtzeitig zu erkennen und, je nach Umständen des Einzelfalles, die Neuroleptika-Dosis vorsichtig zu reduzieren und/oder eine antidepressive Zusatzbehandlung einzuleiten. Eine zu hoch dosierte antidepressive Behandlung ohne Neuroleptikaschutz kann eine paranoide Symptomatik auslösen.
Wegen der Gefahren und Risiken der Neuroleptika-Behandlung, auf die im weiteren noch näher einzugehen ist, wird man sich immer um eine «auskömmliche Minimaldosierung» bemühen müssen. Durch verschiedene Studien konnte gesichert werden, daß der optimale antipsychotische Effekt bei einer mittleren Dosis erreicht wird, während bei weiterem Anstieg des Serumspiegels die antipsychotische Wirkung nachläßt. Allerdings erlauben die derzeitigen technischen Möglichkeiten erst die Bestimmung von Serumkonzentrationen der Neuroleptika, die nur wenig über die Konzentration am Rezeptor aussagen, auf die es eigentlich ankommt.
Während die produktive psychotische Symptomatik (Wahn, Halluzinationen, Denkstörungen), von Ausnahmen abgesehen, gut auf eine neuroleptische Behandlung anspricht, ist das schizophrene Antriebsdefizit, der Potentialverlust oder die dynamische Insuffizienz medikamentös nur unzureichend beeinflußbar, und es besteht sogar die Gefahr, daß das Antriebsdefizit durch Neuroleptika verstärkt wird.
Möglicherweise wird hier das neu entwickelte Präparat RISPERIDON der Firma Janssen Abhilfe schaffen. Es handelt sich hier um eine Substanz, die als Dopamin-II-Rezeptorenantagonist und als Serotonin-II-Rezeptorenblocker wirkt und eine ausreichende Bioverfügbarkeit hat. Diese Wirkungsmechanismen lassen erwarten, daß sowohl die paranoid-halluzinatorische Symptomatik als auch die Minussymptome beeinflußt werden. Die theoretischen Grundlagen für die Entwicklung des RISPERIDON werden folgendermaßen erläutert: Während konventionelle Neuroleptika, die vor allem an Dopamin-II-Rezeptoren wirken, die floride Symptomatik der Schizophrenie, also Wahnideen, Halluzinationen und Agitiertheit, unterdrücken, beeinflussen sie die Minussymptome wie Gefühlsabflachung, Apathie und sozialen Rück-

zug kaum. Ein weiterer Nachteil sind die extrapyramidalen Nebenwirkungen der konventionellen Neuroleptika. RISPERIDON, der erste selektive zentrale Serotonin-II-Antagonist, habe gezeigt, daß durch diesen Wirkungsmechanismus beide Nachteile der Neuroleptika-Behandlung überwunden werden können. Die Substanz lindere die Minussymptomatik, und ein medikamentös bedingtes Parkinson-Syndrom trete deutlich seltener auf. Das Präparat werde nach oraler Gabe gut resorbiert, die Wirkung trete rasch ein und halte 24 Stunden an.

Wenn sich diese Voraussagen in der klinischen Prüfung des Präparates bestätigen sollten, dann ist ein spektakulärer Durchbruch bei der Behandlung endogener Psychosen aus dem schizophrenen Formenkreis zu erwarten.

Die Nebenwirkungen der Neuroleptika-Behandlung sind nicht gering, aber umfangreiche statistische Untersuchungen belegen, daß die Neuroleptika-Behandlung biologischen Therapiemethoden signifikant überlegen ist. In verzweifelten Fällen, insbesondere bei der perniziösen Katatonie, ist nach wie vor die Elektrokrampftherapie als Methode der Wahl anzusehen.

Wenngleich von verschiedenen Autoren über erfolgreiche psychotherapeutische Behandlung schizophrener Patienten berichtet wurde, kann nicht übersehen werden, daß psychotherapeutischen Behandlungsmethoden statistisch gesehen eine untergeordnete Bedeutung zukommt, da der zeitliche und personelle Aufwand gegenwärtig nur unter besonderen Bedingungen realisierbar ist und für die Breitenversorgung nur eine untergeordnete Bedeutung hat. Die Erfolgsbewertung ist außerordentlich schwierig, da auch psychotherapeutisch tätige Autoren berichten, daß über 90 Prozent ihrer Patienten auch medikamentös behandelt wurden. Als Erfolg wird bewertet, daß bei fortgesetzter Psychotherapie die Zahl der medikamentös behandlungsbedürftigen Patienten auf weniger als 50 Prozent sank.

Wenngleich nicht verkannt werden darf, daß eine psychopharmakologische Behandlung gelegentlich die Lernfähigkeit negativ beeinflussen kann, so ist nicht zu übersehen, daß die Bedeutung der Psychotherapie in der Behandlung Schizophrener ohne Psychopharmaka geringer wäre als zum gegenwärtigen Zeitpunkt.

Trotz dieser kritischen Einschränkungen und der Überzeugung, daß Neuroleptika-Behandlung die Basis der Therapie endogener

Psychosen ist, darf die Bedeutung einer konsequenten psychagogischen Führung ebensowenig unterschätzt werden wie die gezielte Rehabilitationsmaßnahme. Es kommt darauf an, die Kranken soweit wie möglich in die soziale Gemeinschaft zu integrieren, sie anzuregen, im Rahmen ihrer Möglichkeiten tätig zu sein, ohne sie dabei zu überfordern. Wertvolle Hilfe bei diesen Bemühungen leisten Laienorganisationen dadurch, daß sie regelmäßigen Kontakt zu klinikentlassenen Patienten halten, dadurch deren Vereinsamung und Rückzug auf sich selbst verhindern und gleichzeitig dazu beitragen, daß sich in der Öffentlichkeit eine verständnisvollere, einsichtigere und weniger von Angst und Ablehnung getragene Haltung gegenüber den Kranken entwickelt.

Selbstmord – Suizid

Unter Suizid wird die absichtlich herbeigeführte, gelungene Selbsttötung verstanden. Von Suizidversuchen wird gesprochen, wenn die Handlung nicht zum Erfolg geführt hat.
Das Wort Selbstmord ist verpönt, weil ihm etwas Diskriminierendes anhaftet.

«Der Arzt sollte den anklagend-pathetisch klingenden Begriff Selbstmord nicht verwenden. Der sich Selbsttötende begeht weder im moralischen noch im juristischen Sinne einen Mord. Er ist ein Verzweifelter, häufig ein Kranker im medizinischen Sinne, folgerichtig ist der Suizidversuch nach unserem Recht auch nicht strafbar. Das Wort Selbstmord diskriminiert den Lebensmüden und seine Angehörigen, der Arzt darf durch seine Nomenklatur solche Tendenzen nicht fördern. Am neutralsten ist der Begriff Suizid.«
(H. Heinrich: Die Beurteilung der Suizidgefahr durch den Arzt, Deutsche medizinische Wochenschrift, Dtsch med wschr. 105 [1980], 877 bis 879.)

Der Versuch, einen nicht diskriminierenden Begriff einzuführen, ist sicher begrüßenswert, aber sprachlich gesehen auch nicht sehr glücklich, denn das lateinische Wort «suicidium» heißt nichts anderes als Selbstmord. Von einem wertfreien Ausdruck kann daher nicht gesprochen werden.

«An der ursprünglichen Bedeutung von Suizid gleich Selbstmord läßt sich nicht rütteln, und keine Retuschen, sondern der moderne Kenntnisstand haben es allmählich entgiftet. So ist es nach wie vor unangefochten internationaler Terminus unserer Fachsprache, und alle Erfahrungen in der Geschichte der Terminologie sprechen dafür, daß es so bleiben wird. So bleibt am Ende nur die Frage, wie sich die deutsche Fachsprache verhalten soll.»
(M. Michler, Selbstmord – Geschichte eines Begriffes und seiner Synonyme, Deutsches Ärzteblatt 79 [1982], 61–65.)

Statistik des Suizidversuchs und Suizids

Unter einem Suizidversuch wird eine Handlung verstanden, die nach einer Vernichtung des eigenen Lebens trachtet oder die Möglichkeit einschließt, ohne zum Tod zu führen. Daraus ergibt sich, daß es sich nicht bei jedem Suizidversuch um einen mißlungenen Suizid handelt, sondern daß es auch Suizidversuche gibt, die bewußt oder unbewußt so angelegt werden, daß sie nicht zu einem fatalen Ausgang führen. Es muß auch davon ausgegangen werden, daß es «erfolgreiche» Suizide gibt, bei denen der «Erfolg» vom Ausführenden gar nicht angestrebt wurde, sondern nur äußeren Umständen anzulasten ist.
Trotz einer intensiven Suizidforschung ist eine quantitative Erfassung der Suizide außerordentlich schwierig, da es Suizide gibt, die zum Beispiel aus versicherungsrechtlichen Gründen als Verkehrsunfälle getarnt werden. Noch größer ist die Dunkelziffer bei den Suizidversuchen, die von den Betroffenen und ihren Angehörigen verheimlicht werden. Die Gründe dafür sind vielfältig, aber vorwiegend darin zu sehen, daß sich die Betroffenen ihrer Handlung schämen, befürchten, daß Nachbarn und Bekannte davon erfahren oder daß sie in eine psychiatrische Klinik zwangseingewiesen werden. Außerdem kommt es nicht selten vor, daß ein Suizidversuch, der keine schwerwiegenden Folgen verursacht hat, als eine Art Schockbehandlung auf den Betroffenen und seine Umgebung wirkt, die zu einer Einstellungsänderung und einer Verschiebung der Problemfelder führt.
Die Suizidraten sind je nach den soziokulturellen Bedingungen in verschiedenen Ländern außerordentlich unterschiedlich. Die Beurteilung wird durch eine unterschiedliche Erhebungsmethodik in den verschiedenen Ländern sehr erschwert, und eine lük-

kenlose Erfassung der Suizide ist aus den dargelegten Gründen in keinem Land möglich.
Frauen begehen Suizidversuche häufiger als Männer, es wird ein Geschlechtsverhältnis von 2:1 angegeben. Für vollendete Suizide ist das Verhältnis Männer: Frauen – 4:1. Diese Zahlenunterschiede werden dahingehend interpretiert, daß suizidale Handlungen von Frauen häufiger einen Appellcharakter haben und daß Frauen seltener entschlossen sind, ihr Leben definitiv zu beenden. Die Statistik weist aus, daß Suizid für beide Geschlechter vorwiegend ein Problem des mittleren und höheren Lebensalters ist.
Die Einschätzung der Suizidgefahr gehört zu den schwierigsten psychiatrischen Problemen und führt, trotz vielfältiger Bemühungen, prognostische Kriterien zu entwickeln, immer wieder zu Fehlbeurteilungen. Die Bedingungen und Konstellationen, die zu einem Suizid führen, sind außerordentlich vielschichtig. Es muß davon ausgegangen werden, daß sich suizidales Verhalten im Spannungsfeld individueller und sozialer Pathologie manifestiert.
Obwohl es noch keine Theorie gibt, die es erlaubt, die sozialen und psychiatrischen Dimensionen suizidalen Verhaltens befriedigend zu erklären, sind doch bedeutsame Fortschritte gemacht worden, denen es zwar bis jetzt nicht vergönnt war, die Suizidrate nachhaltig zu senken, die aber zu einer Entkriminalisierung des Selbstmords geführt haben, der bis in die Mitte des 18. Jahrhunderts noch unter Strafe gestellt war. Erst FRIEDRICH DER GROSSE beendete 1751 die Bestrafung des Suizids und des Suizidversuchs durch ein Dekret.

Suizid und Suizidversuch: Was wissen wir über die Ursachen?

Ein wichtiger Risikofaktor für Suizide und Suizidversuche ist das Fehlen tragfähiger menschlicher Bindungen. Dies wird auch durch die Statistik bewiesen, die ausweist, daß das Suizidrisiko für Verwitwete, insbesondere verwitwete Männer, deutlich erhöht ist. Die geringste Suizidrate findet sich bei Verheirateten, insbesondere wenn sie Kinder haben. In den hohen und niedrigen sozialen Schichten ist die Suizidrate ebenfalls erhöht. Neuere Untersuchungen haben nachgewiesen, daß ein sicherer Zusammenhang zwischen Suizidrate und Arbeitslosigkeit besteht.

Häufig diskutiert wird die statistisch bewiesene Tatsache, daß die Suizidrate bei Ärzten erhöht ist, insbesondere bei Psychiatern. Als Ursachen werden besondere Belastungen, die mit den Arbeitsbedingungen dieser Berufsgruppe zusammenhängen, eine leichtere Verfügbarkeit von Medikamenten und eine Berufswahl aus neurotischen Motiven diskutiert.

Durch zahlreiche Untersuchungen konnte nachgewiesen werden, daß Suizide im Frühjahr und Sommer gehäuft auftreten. Dies wird dadurch erklärt, daß auch Depressionen im Frühjahr und Sommer gehäuft auftreten, und damit, daß das Erwachen der Natur den Kontrast zwischen Innenwelt und Außenwelt verstärkt und zu einem intensiveren Erleben von Sinnlosigkeit und innerer Leere führt.

Interessant und vielfältig bestätigt ist die Tatsache, daß es im Ersten und Zweiten Weltkrieg zu einem deutlichen Abfall der Suizidrate gekommen ist.

«Die Selbstmordkurve sank bei Kriegsausbruch 1914, stieg nach Kriegsende 1919 wieder an, blieb dann etwa auf der gleichen Höhe der Vorkriegszeit, um dann 1933, im Jahre des sogenannten Umbruchs, und 1939, im Jahre des Kriegsausbruches, wieder zu fallen und nun interessanterweise bis 1948, im Jahr der Währungsreform, auffallend niedrig zu bleiben. Die niedrigsten Zahlen findet man 1914 und 1946, die höchsten 1931/32. Seit 1948 aber, dem Jahr der wirtschaftlichen Konsolidierung, ist die Kurve wieder im sehr schnellen Ansteigen begriffen.»
(H. SCHULTE: Die Stellung des Arztes im Aufgabenbereich der Psychohygiene, Dtsch. med. Wschr. 55, 1793.)

Eine entsprechende Entwicklung ist für Österreich, England, aber auch für die Schweiz, die ja als neutrales Land in die Kriegsereignisse nicht verwickelt war, belegt. Es ist möglich, daß der mit Kriegen ja immer verbundene Rückgang der Arbeitslosigkeit dabei eine wichtige Rolle gespielt hat. Entscheidend aber scheint zu sein, daß in Kriegen das Zusammengehörigkeitsgefühl wächst und selbst Menschen, die sonst am Rande der Gesellschaft stehen, eine klar definierte Aufgabe zugewiesen bekommen, die sie als sinnvoll erleben können.

Das präsuizidale Syndrom

E. Ringel hat im Jahre 1953 in seinem Buch «Der Selbstmord – Abschluß einer krankhaften psychischen Entwicklung» das «präsuizidale Syndrom» beschrieben und damit ein praktikables Instrument entwickelt, das erlaubt, die Suizidgefahr einigermaßen verläßlich einzuschätzen.
Charakteristisch für das «präsuizidale Syndrom» sind: Einengung, bezogen sowohl auf die Situation – der Betroffene wird mit seiner Lage nicht mehr fertig – als auch auf die zwischenmenschlichen Beziehungen, denn die Kranken fühlen sich zunehmend innerlich isoliert und alleingelassen. Ihr Selbstwertgefühl ist stark reduziert, und es kommt zum Empfinden von Vereinsamung und Entfremdung.
Karl Leonhard schilderte eindrucksvoll die präsuizidale Entwicklung normaler Persönlichkeiten (Karl Leonhard «Psychologische Entwicklung zum Selbstmord». In Ch. Zwingmann: Selbstvernichtung, Akademische Verlagsgesellschaft Frankfurt am Main, 1965) und wies darauf hin, daß

«einmalige Schicksalsschläge, mögen sie auch noch so schwer sein, kaum je einmal zum Selbstmord führen. Unendlich viel Leid kann über den Menschen kommen. Er kann etwa durch einen Unglücksfall all sein Hab und Gut verlieren. Es können ihm seine liebsten Angehörigen genommen werden. Einer Frau kann die Nachricht ins Haus gebracht werden, daß ihr Mann mit den Kindern bei einem Verkehrsunfall tödlich verunglückt ist. Suizide entstehen aus solchen Erlebnissen nicht. Im Kriege kam über Tausende und Millionen von Menschen größeres Leid. Mütter verloren ihre einzigen Söhne, Bräute im ersten Liebesglück ihren Geliebten. Einem Soldaten, der im Felde stand, konnte durch eine Bombe zu Hause die ganze Familie vernichtet werden. Wenn irgend etwas, so möchte man meinen, so müßte doch das zum Selbstmord führen. Es ist kaum einmal der Fall...
In einem weiteren Beispiel, das ich Ihnen geben möchte, erkennen Sie besonders deutlich, wie Selbstmord aus Liebesenttäuschung gerade den Falschen meint, der die Liebe nicht verdient hat: Eine junge Frau lernte einen Mann kennen, der nur in gewissen Abständen dienstlich in ihre Stadt kam. Die Beiden traten in intime Beziehungen zueinander. Der Mann wurde davon nicht tief ergriffen. Es schien ihr, daß er bei seinen Besuchen in der Stadt nur gern nebenher eine kleine Abwechslung haben wollte; vielleicht sogar ganz gern ein Zimmer, wo er immer willkommen war. Die Patientin fühlte die mangelnde Liebe, litt ständig darunter, entfremdete sich aber aus diesem Grunde nicht von ihm, sondern verstrickte sich im Gegenteil immer mehr in ihrer Liebe zu ihm. Es stand ihr in dieser Zeit noch ein anderer Mann nahe, aber sie

hatte nur Mitleid für ihn übrig. Er verstand es, ein Zusammentreffen aller Drei herbeizuführen. Der auswärtige Freund fürchtete Verwicklungen. Das war ihm die Sache nicht wert. Er erklärte kurzer Hand, sich trennen zu wollen, und entfernte sich trotz ihrer Bitten, zu bleiben. Damit hatte die Frau, wie sie sich ausdrückte, alles in der Welt verloren. Sie kam mit einem Selbstmordversuch in die Klinik. Der auswärtige Freund, der noch in der Stadt war, erfuhr davon, kümmerte sich weiter nicht darum. Dagegen erschien der andere sofort, als sie wieder wach war, und wollte sie sprechen. Sie wies ihn ab und wies ihn auch später immer wieder ab. Er geriet darüber so in Verzweiflung, daß er nun ebenfalls einen Selbstmordversuch machte und mit Schlafmittelvergiftung in die Klinik kam. Als er sich erholt hatte, glaubte er, sich innerlich von der Frau lösen zu können. Unglücklicherweise aber wohnte er in ihrer Nähe, so daß er sie immer wieder sah, immer wieder mit ihr sprechen konnte und immer wieder von Hoffnung zu Enttäuschung geworfen wurde. Man brachte ihn eines Tages bewußtlos in die Klinik. Er kam nicht wieder zu sich, denn er hatte diesmal die Dosis des Schlafmittels so hoch gewählt, daß keine Rettung mehr erfolgen konnte...
Ich glaube, wenn man die Bedeutung solcher psychischen Entwicklungen kennt, dann versteht man nun, warum im Kriege die Selbstmordziffer nicht steil in die Höhe geht, sondern im Gegenteil einen Tiefstand erreicht. Es handelt sich im Kriege fast durchweg um plötzlich hereinbrechende, unvermeidliche Geschicke, an denen nichts zu ändern ist. Es kann sich keine psychische Entwicklung daran knüpfen. Daher entstehen auch nicht die Affekte, die zum Selbstmord führen. Darüber hinaus wirkt der Krieg auch hemmend, wo an sich Möglichkeiten der psychologischen Entwicklung bestünden. Die vielen einschneidenden Ereignisse lenken vom eigenen Schicksal ab.»

Daß Entwurzelung, insbesondere der Verlust des gewohnten Sprachraumes und die eingeschränkte Möglichkeit zu publizieren, ein entscheidendes Motiv für den Selbstmord sein können, zeigen die Schicksale von Kurt Tucholsky, Ernst Toller, Franz Blei und Stefan Zweig, die sich nach ihrer Emigration im Ausland suizidierten, wobei die Entwurzelung aus ihrem Sprachraum eine entscheidende Rolle gespielt haben wird. Stefan Zweig, der am 23. Februar 1942 in Petropolis bei Rio de Janeiro aus dem Leben schied, äußerte sich in seinem Abschiedsbrief wie folgt:

«Ehe ich aus freiem Willen und mit klaren Sinnen aus dem Leben scheide, drängt es mich, eine letzte Pflicht zu erfüllen: Diesem wunderbaren Lande Brasilien innig zu danken, das mir und meiner Arbeit so gute und gastliche Rast gegeben hat. Mit jedem Tage habe ich dies Land mehr lieben gelernt und nirgends hätte ich mein Leben lieber vom Grunde aus neu aufgebaut, nachdem die Welt meiner eigenen Sprache für mich untergegangen ist, und meine geistige Heimat Europa sich selber vernichtet. Aber nach dem 60. Jahre bedurfte es besonderer Kräfte, um noch einmal völlig neu zu beginnen. Und die meinen sind durch die langen Jahre heimatlosen Wanderns erschöpft... Ich grüße alle meine Freunde! Mögen sie die Morgenröte noch sehen nach der langen Nacht! Ich, allzu Ungeduldiger, gehe ihnen voraus.»

Suizid: Sünde oder «Selbstverwirklichung»?

Suizide und Suizidversuche hat es in allen Gesellschaften gegeben, und das wird sich auch künftig – allen therapeutischen Bemühungen zum Trotz – nicht ändern.

Die Bewertung dieses Phänomens ist immer von Zeitströmungen abhängig und war im Laufe der Geschichte außerordentlich divergent. Die Perser sahen in jedem Suizid eine schwere Sünde. Ganz anders war es in Alexandrien, wo zur Zeit KLEOPATRAS in einer besonderen Akademie, dem Synapothanämenon, Vorträge über Mittel zur Selbsttötung gehalten wurden. Der Hedonist HEGESIAS – Todesprediger genannt – hielt Vorträge über das Elend des Daseins und das Recht auf Selbstbefreiung. Seinem Rat folgten viele junge Leute, so daß König PTOLEMÄUS PHILADELPHUS dem Philosophen schließlich Redeverbot erteilte. PLUTARCH berichtete von dem epidemischen Suizid der Mädchen von Milet, der dazu führte, daß ein Gesetz erlassen wurde, das anordnete, daß die Leiche der nächsten, die sich selbst tötete, auf dem Markt ausgestellt würde. Interessanterweise hatte diese Anordnung vollen Erfolg. EPIKUR fand es lächerlich, sich aus Lebensüberdruß zu töten. Die Epikureer TITUS LUCRETIUS CARUS, DIOGENES LAERTIUS und LUKIAN vertraten jedoch die Auffassung, daß Suizid berechtigt sei. Auch SENECA pries, daß die Natur dem Menschen zwar nur einen Eingang ins Leben, aber mehrere Ausgänge gegeben habe. PLINIUS sah im Suizid ein Vorrecht des Menschen, das ihn sogar über die Götter erhebe, denn diese könnten sich nicht töten.

Diese Ausführungen machen deutlich, daß moderne antipsychiatrische Ansichten – ein Arzt dürfe einen zum Suizid Motivierten nicht an der Selbsttötung hindern, da dadurch die freie Willensbestimmung des Individuums beeinträchtigt werde – gar nicht so neu sind, wie sie erscheinen.

Es wird davon ausgegangen, daß der Mensch in einer freien Gesellschaft das Recht für sich beanspruchen darf, auch über sein eigenes Leben zu verfügen und sich in einer ihm unerträglich erscheinenden Situation frei für den Tod zu entscheiden. Die katholische Kirche bezeichnet zwar den Selbstmord weiterhin als Sünde, erkennt aber die Krankheitshypothese der Psychiatrie an. Seit Papst JOHANNES PAUL II. im März 1983 den neuen Codex jures canonici unterzeichnet hat, darf Selbstmördern das kirchliche Begräbnis nicht mehr verweigert werden.

An dieser Stelle wollen wir an JEAN AMÉRY erinnern, der die schreckliche Welt der Konzentrationslager zwar überlebt hat, für den aber die Welt ein KZ geblieben ist und der in seinem Buch «Hand an sich legen – Diskurs über den Freitod» (Stuttgart 1976) den Freitod als ein «Privileg des Humanen» beschrieben hat.

«Wer abspringt, ist nicht notwendigerweise dem Wahnsinn verfallen; ist nicht einmal unter allen Umständen ‹gestört› oder ‹verstört›. Der Hang zum Freitod ist keine Krankheit, von der man geheilt werden muß wie von den Masern... Jene, die den Freitod wählten... haben durch ihren absurden Akt nur den tötlich-unwidersprechlichen Nachweis geliefert, es sei das Leben ‹der Güter höchstes nicht›... sie haben die Todes-Kontradiktion (Leben–Sterben) aufgelöst, um den Preis freilich eines anderen entsetzlicheren Widerspruchs, der da heißen könnte: Ich sterbe, also bin ich. Oder: Ich sterbe, also: das Leben und alles, was es an Urteilen gibt, gilt nicht...»

Wie Juristen den Suizid sehen

Aus juristischer Sicht kam R. WASSERMANN (Das Recht auf den eigenen Tod. In: Tod und Sterben. Hrsg. Rolf Wainau, Hans-Peter Rosemeier, Berlin/New York 1984) zu der Überzeugung, daß der Mensch, der Hand an sich legt, sofern er frei verantwortlich handelt, von niemand an der Ausführung seiner Tat gehindert werden dürfe.

«In Art. 1, Abs. 1 GG heißt es: ‹Die Würde des Menschen ist unantastbar. Sie zu achten und zu schützen, ist die Verpflichtung aller staatlichen Gewalt.› Diese Fundamental- oder Primärnorm der Verfassung der Bundesrepublik ist für unsere Problematik unmittelbar einschlägig.

Die Würde des Menschen ist nach der Rechtsprechung der innere und zugleich der soziale Wert und Achtungsanspruch, der dem Menschen um seinetwillen zukommt. Der Mensch wird dabei als geistig sittliches Wesen aufgefaßt, das darauf angelegt ist, in Selbstbewußtsein und Freiheit sich selber zu bestimmen. Aus dieser freiheitlichen Komponente der Menschenwürde ist zu folgern, daß der Mensch niemals zum bloßen Objekt erniedrigt, wie ein Gegenstand behandelt werden darf, auch wenn dies nicht aus Mißachtung der Person, sondern in guter Absicht geschieht. Eine Abstufung, die zwischen gesunden, kranken und sterbenden Menschen unterscheidet, ist unzulässig. Art. 1, Abs. 1 GG schützt die Würde eines jeden Menschen, in welcher Situation er sich auch befindet und ohne Rücksicht darauf, ob er sich seiner Würde bewußt ist. Juristisch gesehen ist das Recht auf menschenwürdiges Sterben eine Ausprägung des Verfassungsrechts auf Achtung der Menschenwürde. Anders ausgedrückt: Auch der Sterbende hat einen Anspruch darauf, daß seine Würde als Mensch respektiert wird, und dieser Anspruch ist nicht bloß ein ethisches Postulat, sondern ein Recht, das Verbindlichkeit beansprucht. Diese rechtliche Qualifizierung ist keine bloße Begriffsspielerei. Sie hat zur Folge, daß das Recht auf menschenwürdiges Sterben ebensoviel rechtliche Verbindlichkeit beanspruchen kann, wie etwa das Recht des Menschen auf menschenwürdige Behandlung. Da dem Rechtsanspruch des Grundrechtsträgers die Rechtsverpflichtung der staatlichen Gewalt entspricht, ist die Dynamik, die aus der rechtlichen Einordnung folgt, unübersehbar... Soviel über die Antwort, die das Verfassungsrecht auf unsere Frage nach dem Recht auf den Tod gibt. Sucht man nach einer Formel, um die Rechtslage prägnant wiederzugeben, so bietet sich die Aussage an: ‹Weder verboten noch geboten, wohl aber erlaubt.› Selbsttötung ist nicht vom Recht verboten, aber auch keine Rechtspflicht; sie ist erlaubt als Akt der freien Selbstbestimmung. Der Staat respektiert das Sterben als Sphäre als Akt der Persönlichkeit, der Privatheit, und damit als einen Freiraum, in den er sich nicht einmischt.»

Diese Überlegungen erfahren aber eine angemessene juristische Einschränkung dadurch, daß er ausführt:

«Wenn es trotz dieser Rechtslage häufig Ausnahmefälle gibt, in denen eine Pflicht zur Verhinderung der Selbsttötung besteht, so hat das seinen Grund darin, daß der Entschluß, aus dem Leben zu scheiden, nicht stets ein Akt freier Selbstbestimmung ist... Ein hoher Prozentsatz ist infolge psychischer Belastungen oder Krankheiten außerstande, die rechtlichen Anforderungen, die an einen Akt der Freiheit zu stellen sind, zu erfüllen. In solchen Fällen ist der Staat nach Art. 2, Abs. 2 GG in Verbindung mit dem Sozialstaatsprinzip (Art. 20, Abs. 1 GG) gehalten, den Lebensunwilligen vor dem Suizid zu schützen. Diesem Zweck dienen die landesrechtlichen Polizei- und Unterbringungsgesetze sowie bundesrechtlich Paragraph 323c StGB, die Strafvorschrift für unterlassene Hilfeleistung, aus der sich eine Hilfeleistungspflicht für jeden ergibt, der bei einem Unglücksfall keine Hilfe leistet, obwohl dies erforderlich und zumutbar war. Darüber hinaus trifft die Pflicht zur Selbstmordverhinderung jeden, der sich – wie zum Beispiel Eltern oder Vormünder – in einer Garantenstellung gegenüber einem Lebensunwilligen befindet, der nicht frei verantwortlich handelt, etwa weil er minderjährig ist oder sich in einem Zustand befindet, der seine Einsichts- und Urteilsfähigkeit ausschließt.

Die Schwierigkeit in der Praxis besteht darin, daß der potentielle Retter meistens nicht klar erkennen kann, ob der Selbstmörder freiverantwortlich handelt oder nicht... Im Zweifel – nämlich bei Unklarheit über die Freiheit des Entschlusses zur Selbsttötung – muß daher die Lebenserhaltung Vorrang haben. Es gilt also der Satz ‹In dubio pro vita›.»

Diese juristische Darstellung ist von begrüßenswerter Liberalität und gibt ausreichend Raum für verantwortungsvolles ärztliches Handeln, das sich auf die Erfahrung stützen darf, daß über 95 Prozent der Patienten, die einen Suizidversuch überlebt haben, zumindest vorübergehend froh sind, noch am Leben zu sein. Über 80 Prozent der Patienten, die einen Suizidversuch überlebt haben, leben weiter, und es gelingt ihnen, sich mit ihren Lebensverhältnissen zu arrangieren. Nur ein kleiner Teil der Überlebenden leidet so sehr, daß er später erneut versucht, aus dem Leben zu scheiden.
Diese Überlegungen belegen eindeutig das Recht, ja die Verpflichtung, Menschen zu helfen, sie zu «behandeln», die aus dem Leben scheiden wollten.

Ursachen und Motive

Die Ursachen und Motive suizidaler Handlungen sind so vielfältig wie die Menschen, die Suizid begehen. Deshalb ist immer eine möglichst präzise Einzelfallanalyse erforderlich, um eine adäquate Behandlung zu gewährleisten.
Viele Suizide und Suizidversuche entspringen nicht aus einem Todeswillen, sondern aus dem Wunsch nach Ruhe. Häufig läßt sich eine aktuelle Kränkung des Selbstwertgefühls nachweisen, die entscheidend zur suizidalen Dynamik beigetragen hat. Oft verbirgt sich Lebensangst hinter dem Todeswunsch, und nicht selten sind Suizidversuche auf Appell und Interaktion ausgerichtet. Daraus ist ableitbar, daß die menschliche Mitwelt auch in dieser extremen Situation für den Suizidenten noch Bedeutung hat.
Psychiater sind zu Recht der Überzeugung, daß die meisten Suizide und Suizidversuche mit psychiatrischen Krankheiten in Zusammenhang stehen. Trotzdem besteht kein Zweifel daran, daß

es auch einen normal psychologisch motivierten «Bilanzsuizid» gibt, der in klarer Erkenntnis der Realität und ohne dynamische Einengung begangen wird und schwerlich als krankheitsbedingt angesehen werden kann.
Größte Selbstmordgefahr besteht zweifellos bei endogen Depressiven. Diese Patientengruppe verdient auch deshalb besondere Beachtung, weil hier bei rechtzeitiger Erkennung der Suizidalität in der Mehrzahl der Fälle eine erfolgreiche Behandlung mit Psychopharmaka und einer entsprechenden psychotherapeutischen Führung möglich ist. Je nach den Umständen des Einzelfalles sollte nicht zu lange gezögert werden, diese Patienten in eine psychiatrische Klinik einzuweisen, und im Zweifelsfall sollte nicht zu ängstlich mit der Möglichkeit einer Zwangseinweisung umgegangen werden, denn nichts ist tragischer, als wenn ein Mensch an den Folgen einer Erkrankung verstirbt, die mit an Sicherheit grenzender Wahrscheinlichkeit bei entsprechender Behandlung zu einer vollständigen Genesung geführt hätte. Erheblich ist auch die suizidale Gefahr bei Patienten mit einer endogenen Psychose aus dem schizophrenen Formenkreis und bei Suchtkranken, wobei, jedenfalls unter statistischen Erwägungen, die Alkoholkrankheit an erster Stelle steht. Weitere Suizidursachen sind Partnerkonflikte, chronische körperliche Erkrankungen, die zu einer ausgeprägten Behinderung führen, und hirnorganische Abbauprozesse.
Die Bedeutung des Suizids wird nach wie vor unterschätzt. In den USA und den europäischen Ländern gehört Suizid zu den 10 häufigsten Todesursachen. Die Zahl der Suizide pro Jahr wird in der Bundesrepublik auf 8000 bis 10000 geschätzt und liegt nur wenig niedriger als die Zahl der Verkehrstoten. Trotz verstärkter Anstrengungen ist es nicht gelungen, die Anzahl der Selbstmorde zu senken, und es hat den Anschein, daß die Suizidrate in einigen Ländern sogar gestiegen ist. Besonders bedrückend ist die Zunahme der Suizide bei Jugendlichen. Auf einer Konferenz der Weltgesundheitsorganisation im Jahre 1974 wurde behauptet, daß die Suizide unter Jugendlichen das Ausmaß einer Epidemie erreicht haben. In den USA ist die Suizidrate der Gesamtbevölkerung zwischen 1965 und 1973 um 8 Prozent gestiegen, dagegen betrug die Zunahme der Suizide bei Jugendlichen 71 Prozent. Im gleichen Zeitraum wurde in Finnland eine Zu-

nahme der Suizidrate Jugendlicher um 128 Prozent registriert, während die Suizide in der Gesamtbevölkerung nur um 19 Prozent zunahmen.
Ob allerdings alle statistischen Ergebnisse zur Suiziderforschung ernst zu nehmen sind, ist zweifelhaft, wenn man Ergebnisse liest wie:

Suizidgefahr nach schwerer Geburt
Psychiater aus 25 Ländern stellten auf dem internationalen Kongreß für pränatale Psychologie 1989 in Jerusalem fest, daß Menschen, die durch eine schwere Geburt zur Welt kommen, eher als andere zu Selbstmord neigen. Experten fanden, daß Komplikationen während des Geburtsvorganges beim Säugling ein Trauma auslösen, das zur verstärkten Suizidgefährdung führen kann.

Jugendliche und Suizid

Häufig gehen ganze Gruppen von Jugendlichen gemeinsam in den Tod. Amerika ist alarmiert. Alle 90 Sekunden versucht dort ein Jugendlicher, sich das Leben zu nehmen, und einem von 60 gelingt dies auch. Der Suizid steht inzwischen an zweiter Stelle der Todesursachen bei Jugendlichen im Alter von 15 bis 20 Jahren.
Der Freitod Jugendlicher ist kein neues Phänomen in den USA, doch steigt die Selbstmordrate seit den 50er Jahren ständig an. Neu ist der kollektive Suizid:
Manchmal geht eine ganze Gruppe von Jugendlichen gemeinsam in den Tod, in anderen Fällen töten sich innerhalb weniger Wochen oder Monate mehrere Jugendliche an einer Schule. Im März 1987 etwa vergifteten sich 8 Jugendliche in Illinois mit Autoabgasen, eine Woche später begingen 4 Teenager aus New Jersey gemeinsam Selbstmord.
Neu ist auch der esoterische Hintergrund vieler Suizide. Ganz Amerika war schockiert, als sich Ende 1988 in Washington zwei 13jährige Mädchen das Leben nahmen, um den Satan zu entdekken. Der Schock war um so größer, als bekannt wurde, daß die beiden ihren Freitod angekündigt hatten, aber niemand eine Hand ausgestreckt hatte, um sie davon abzuhalten.
Die Suizidrate lag 1950 bei Jugendlichen im Alter von 15 bis

20 Jahren bei 4,5 pro 100 000; vor drei Jahren waren es bereits 13,5 pro 100 000. Jährlich sterben in den USA etwa 5000 Jugendliche von eigener Hand, und die Zahl der versuchten Selbstmorde beläuft sich auf etwa 100 000 pro Jahr, also etwa 274 pro Tag. Bei den jungen Amerikanern im Alter von 15–19 Jahren steigt die Selbstmordrate besonders stark: Ihre Zahl hat sich in den letzten 20 Jahren verdoppelt.

Über die Gründe des Selbstmords wird viel spekuliert, aber es gibt kaum Untersuchungen darüber.

Für den Präsidenten der Washingtoner Georgetown University, Stefan Pasternak, spielen soziale Faktoren eine große Rolle:

> «Wandel in der Gesellschaft, Druck familiärer Beziehungen, sexueller Mißbrauch während der Kindheit, Leidensdruck in der Schule und schließlich Zugang zu Drogen, die noch verwundbarer machen, vermitteln den Jugendlichen das Gefühl der Hoffnungslosigkeit.»

Zur Zeit gibt es in Amerika noch keine bundeseinheitliche Gesetzgebung zum Suizid. Einige Bundesstaaten jedoch, die besonders von dem Phänomen Jugendselbstmord betroffen sind, haben bereits Sondergesetze zur Verhütung des Selbstmords geschaffen. Dort wird beispielsweise die «Anstiftung zum Suizid» als Straftat geahndet. So wurde in Florida eine Frau verurteilt, weil sie ihre Tochter zum Auftritt als Nackttänzerin in Night-Clubs gezwungen und so in den Selbstmord getrieben hatte. Eltern und Erzieher versuchen, bereits vor Ort, also in den Colleges und High-Schools zu helfen. In 23 Bundesstaaten werden an Schulen Programme zur Suizidverhütung angeboten. Auch bei den Schülern wird mit Aufklärungskampagnen, mit Vorträgen und Filmen zum Thema Suizid gearbeitet. Nach Ansicht David Kapuzzis, eines Experten für Suizidprävention, sollten Eltern, Lehrer und Freunde lernen, die Anzeichen für einen drohenden Suizid früh zu erkennen.

Der Freitod bleibt für Amerika auch weiterhin eine Herausforderung. Nach Ansicht der Schulpsychologin Rhonda Chambers aus Louisiana versagen jedoch bisher alle noch so wissenschaftlichen Mittel. Es helfe nur eines: den Jugendlichen zu sagen, wie sehr man sie liebt.

Die Situation ist bedrückend und fordert zum Nachdenken darüber auf, welche gesellschaftlichen Fehlentwicklungen für die ansteigenden Suizidraten verantwortlich sein könnten. In diesem Zusammenhang sei an die Äußerung von DÜRKHEIM (Der Selbstmord, 1897; Neuwied 1973) erinnert:

> «Selbstmordraten sind Raten gesellschaftlicher Pathologie und somit fester Bestandteil stabiler Gesellschaftsformen.»

DÜRKHEIM versuchte die religiösen, weltanschaulichen und sozioökonomischen Parameter des Suizids zu beschreiben. Er gelangte zu der Überzeugung, daß soziale Phänomene oder gesellschaftliche Veränderungen nach dem Gesetz der Anomie verlaufen, das heißt, daß sie einem Zustand der Regellosigkeit beziehungsweise der Normlosigkeit zustreben. Hier könnte ein Grund für die Zunahme der Suizide, insbesondere bei Jugendlichen, liegen, denn unsere Zeit ist dadurch gekennzeichnet, daß überholte Tabus und Wertvorstellungen an Bedeutung verlieren, ohne daß allgemeinverbindliche neue Vorstellungen an ihre Stelle treten, die eine Orientierungshilfe für Jugendliche sein können. Dies beruht aber sicher nicht auf einem prinzipiellen Unvermögen der jüngeren Generation, sondern liegt daran, daß die Umwelt, in der sie aufwächst, meist nicht geeignet ist, höhere Werte zu einem wirklichen Erlebnis werden zu lassen. Solange in unserer Gesellschaft, der es im übrigen nie so gut ging wie heute, materielle Werte dominieren und sich das Leben in einer nicht enden wollenden Jagd nach materiellen Gütern erschöpft, wird es nicht möglich sein, eine verbindliche Antwort auf die Frage nach dem Sinn des Lebens zu finden. Tiefenpsychologische Betrachtungsweisen gehen davon aus, daß jede Selbstmordhandlung als Wendung der Aggression gegen die eigene Person verstanden werden kann. Auf einen objektiv und/oder subjektiv erlebten psychischen und/oder physischen Verlust von Bezugspersonen, Zielen oder subjektiv bedeutungsvollen Objekten reagiert der depressiv Strukturierte zunächst mit Haß gegen das geliebte Objekt, der jedoch sofort abgewehrt und verdrängt wird, wenn das Objekt als unverzichtbar angesehen wird. Diese Abwehr geschieht durch Regression auf die orale Entwicklungsstufe mit Einverleibung des verlorenen Objekts in der Phantasie. Dadurch wird das Objekt zwar gerettet, der Haß, der ursprüng-

lich nach außen gerichtet war, richtet sich nun jedoch gegen das Selbst, die eigene Person, in die das Objekt inkorporiert worden ist.
In den Vorstellungen der orthodoxen Psychoanalytiker spielt der Todestrieb, den Freud postulierte, eine wesentliche Rolle, und sie sehen ihn im Selbstmord bestätigt.
Es wurden drei elementare Triebmotive des Selbstmordes herausgearbeitet: der Wunsch zu töten als Ausdruck der Aggression nach außen, der Wunsch, getötet zu werden, als Lösung des Konfliktes zwischen Aggressionswunsch nach außen und Über-Ich-Kontrolle und der Wunsch zu sterben als Abkömmling des Todestriebes.
Es gibt noch eine Vielzahl von anderen Modellvorstellungen, die für die Erklärung von Einzelphänomenen sicher hilfreich sind. Eine Theorie aber, die es erlauben würde, die unendliche Vielfalt der Suizidhandlungen ausreichend zu verstehen, gibt es bisher nicht und wird es möglicherweise nie geben, denn

> «kein Suizidfall gleicht dem anderen, in jedem steckt etwas Unbegreifliches».
> (Harry Kuitert, 1987)

Psychische Situation der Rentner ist bedrückend

Bei Untersuchungen der Universität Göttingen an über 65jährigen Menschen beiderlei Geschlechts aus Duderstadt im Landkreis Göttingen ergab sich, daß die seelische Situation vieler älterer Bundesbürger bedrückend ist. 28 Prozent der über 65jährigen leiden nahezu ständig an depressiven Verstimmungen. Psychiater Pohlmeier fand heraus, daß sich immer mehr Männer jenseits des Rentenalters das Leben nehmen. Bei den 70jährigen ist seit 1970 eine Steigerung der Selbstmordrate bis zu 100 Prozent registriert worden. Bei den 75- bis 80jährigen stirbt inzwischen einer von 1500 älteren Menschen durch Suizid.
Gründe sind zunehmende Einsamkeit, die Angst vor der Unterbringung in einem Heim, der Tod der Lebensgefährtin oder der Verlust der beruflichen Tätigkeit.
Die sich im Alter einstellenden körperlichen Krankheiten und Behinderungen gelten als weiterer gewichtiger Risikofaktor. Die

Medizin hat es zwar geschafft, daß die Menschen länger leben, aber die Gesellschaft hat nicht für ihre Integration vorgesorgt. Mit steigender Zahl älterer Menschen erhöht sich auch die Zahl der isolierten Alten, die alleine leben oder in Heimen untergebracht sind. Dort, wo Familie und Freundschaften nicht vorhanden sind, sind die Menschen besonders gefährdet.
Die Forschergruppe bemüht sich jetzt herauszufinden, wie die Situation der älteren Leute in anderen europäischen Staaten ist. Jetzt schon abzusehen ist, daß in Italien, Spanien und Griechenland die Selbstmordraten wesentlich geringer sind, weil dort die Alten durch Großfamilien besser aufgefangen werden.

Suizidprophylaxe

Trotz aller Bemühungen, die Suizidprophylaxe durch Kontaktangebote – zum Beispiel verschiedene Formen der Telefonseelsorge –, Kriseninterventionsstationen, Psychotherapie und Psychopharmakotherapie zu verbessern, ist weltweit und auch in der Bundesrepublik eine Zunahme der Suizide und Suizidversuche zu verzeichnen.
Die menschliche und sozialpolitische Bedeutung dieses Problems kann nicht überschätzt werden, deshalb ist eine weitere Intensivierung suizidprophylaktischer Maßnahmen unbedingt erforderlich. Grundsätzlich wird dies nur dann möglich sein, wenn man mit RINGEL den Menschen das Recht zugesteht, Selbstmord zu begehen.

«Der Mensch ist vor die Entscheidung zwischen Sein und Nichtsein gestellt. Er ist das einzige Lebewesen mit Selbstreflexion und weiß um die Begrenztheit seines Daseins. So wie er das Recht auf Selbstmord hat, besteht für uns Ärzte die Pflicht zu helfen. Wehe der Gesellschaft, in der es keine Menschen gibt, die bereit sind, Hilfe zu leisten.»
(E. RINGEL in: Psychiatrische Aspekte suizidalen Verhaltens, Tropon 1983; Das ärztliche Gespräch 37.)

Nur unter dieser Voraussetzung wird eine tragfähige menschliche Beziehung möglich sein, in der der Selbstmordgefährdete sich ernst- und angenommen fühlt, in der er fähig wird, sein Selbstwertgefühl zu stabilisieren und professionelle Hilfe anzunehmen.

Der Weg zu einer optimalen Versorgung der nicht kleinen suizidgefährdeten Bevölkerungsgruppe ist noch weit und erfordert einen Bewußtseinswandel der Öffentlichkeit und der Ärzte. Die Prinzipien der modernen Medizin sind an Beispielen der klassischen Naturwissenschaften entwickelt worden und gehen deshalb überwiegend von mechanistischen Ursache-Wirkungs-Beziehungen aus.

Die Ausbildung lenkt die Aufmerksamkeit der Mediziner schwerpunktmäßig auf somatische Phänomene, die durch ihre leichte Objektivierbarkeit und unter den institutionellen Rahmenbedingungen des Gesundheitswesens das Leistungsgeschehen bestimmen. Psychische und psychosoziale Phänomene werden nach wie vor nicht ausreichend berücksichtigt, da sie sich der messenden Beobachtung weitgehend entziehen und daher wissenschaftlich schwerer zugänglich sind.

Aus diesen Gründen werden die präventiven, therapeutischen und rehabilitativen Möglichkeiten der Medizin noch unzureichend genutzt, zumal eine ausreichende Ausbildung der Ärzte zur psychologischen Führung ihrer Patienten noch nicht stattfindet.

Praktisch wichtig sind Präventionsmaßnahmen, die darauf abzielen, daß es gar nicht erst zu suizidalen Handlungen kommt (Primär-Prävention), Versuche, suizidgefährdete Menschen rechtzeitig zu erfassen und zu beraten, bevor es zu einer suizidalen Handlung kommt (Sekundärprävention), und Maßnahmen, die sich auf die Behandlung von Patienten erstrecken, die einen Suizidversuch unternommen haben. Hier geht es neben der Akutbehandlung in erster Linie um Maßnahmen, die verhindern sollen, daß es zu weiteren Suizidversuchen kommt (Tertiärprävention). Der Umgang mit Suizidpatienten ist schwierig, da er von Arzt und Pflegepersonal ein hohes Maß an innerer Stabilität und an Introspektionsvermögen erfordert, das unter den gegenwärtigen Bedingungen nicht gegeben ist, weil die meisten Suizidpatienten in Allgemeinkrankenhäusern ohne Beteiligung von Psychiatern oder Psychologen versorgt werden.

Prof. Dr. Christian Reimer von der Klinik für Psychiatrie der Medizinischen Universität Lübeck hat während der Psychiatrie-Tage im Landeskrankenhaus Königslutter zu der Problematik der Versorgung von Suizidpatienten Stellung genommen und

festgestellt, daß in den Kliniken ein «Klima der Verachtung» herrsche. Kaum eine Gruppe von Kranken sei bei Ärzten und medizinischem Personal so unbeliebt wie Suizidpatienten. Häufig seien Ansichten anzutreffen, wie: «Der ist doch selber schuld, die nehmen nur den ordentlichen Patienten die Betten weg», oder «wenn der sich schon umbringen will, dann aber richtig». Die stärkste Abneigung werde den Patienten entgegengebracht, die scheinbar «keinen ernsthaften Suizidversuch unternommen» und nur wenig Tabletten eingenommen hätten. Ihnen würden unnötig dicke Magenschläuche eingeführt, oder das Personal beobachte «mit sadistischer Freude», wie sich die Patienten nach Gabe von Salzlösungen erbrechen müßten. Schon bei der Primärversorgung würden diesen Patienten schwere Kränkungen zugefügt, die sich im weiteren Verlauf ungünstig auswirken würden. Obwohl die wenigen Arbeiten zur Einstellung des medizinischen Personals zu Suizidpatienten meist aus den USA stammen, herrscht nach REIMER auch in bundesdeutschen Krankenhäusern das gleiche suizidfördernde Klima wie in unserer ganzen Gesellschaft. Den Patienten gegenüber bestehe eine «feindliche Haltung», wie sie sonst nur gegenüber Alkoholkranken anzutreffen sei. Eine der Hauptursachen sieht der Suizidforscher Prof. REIMER in der fehlenden Auseinandersetzung der Therapeuten mit ihren eigenen suizidalen Tendenzen. Dies sei insbesondere deshalb problematisch, weil unter Ärzten und Ärztinnen eine 2- bis 4mal höhere Suizidrate als in der Gesamtbevölkerung festgestellt worden sei. Der Patient stelle somit häufig eine Gefahr für die Suizidabwehr der Helfer dar. Für viele Ärzte sei es deshalb bequem, dem Patienten einzureden, es sei alles nicht so schlimm. Gerade zwischen einem männlichen Therapeuten und männlichen Patienten werde der Suizidversuch dann als eine «einmalige Entgleisung aus der festen Männerwelt» bewertet. Oftmals ließen sich Therapeuten auch von den zumeist «narzißtisch labilen Patienten» zu stark provozieren, wenn diese die Standfestigkeit des Helfers testen wollten. Doch wer sich schnell provozieren lasse, beweise, daß er selbst narzißtisch labil sei und könne damit aus der Sicht der Patienten kein kompetenter Helfer mehr sein. So komme es, daß nicht wenige Patienten die weitere Behandlung ablehnen.
Auch sogenannte Non-Suizid-Verträge lehnt REIMER ab. Sie die-

nen in der Regel nicht dem Patienten, sondern nur der Angstabwehr des Arztes, der sich versichern wolle, daß sich der Patient wenigstens während der Behandlung nicht umbringt. Oft werde der Fehler gemacht, aus der Schwere des Suizidsversuchs auf seine Ernsthaftigkeit zu schließen. Die Therapeuten sollten sich nach Reimer im Umgang mit Suizidpatienten an einige bewährte Regeln halten und zunächst ihre eigene Einstellung zum Thema Suizid kritisch reflektieren. Wer die Provokationsversuche des Patienten überstehe, trage damit zu einem positiven Klima bei. Man solle nicht versuchen, beim Patienten vermutete Aggressionen nach außen zu lenken. Die Suizidalität solle offen angesprochen werden. Das würde dazu führen, daß der Patient nicht mit seinen quälenden Gedanken allein bleibe, und eine angstlindernde Wirkung haben. Außerdem sollten die Angehörigen so bald wie möglich in die Behandlung miteinbezogen werden. Dennoch könnten nach REIMERS Ansicht nicht alle Suizide verhindert werden, da einige Patienten trotz aller Bemühungen ihre Selbstmordabsichten verschweigen. Die überwiegende Zahl der Patienten sei jedoch bereit, Hilfe anzunehmen, wenn man sich kompetent auf ihre Probleme einlasse.

Der Psychiater PÖLDINGER hat einen Fragenkatalog zur Abschätzung der Selbstmordgefährdung erarbeitet:

1. Haben Sie in letzter Zeit daran denken müssen, sich das Leben zu nehmen?
2. Häufig?
3. Haben Sie auch daran denken müssen, ohne es zu wollen? Haben sich Selbstmordgedanken aufgedrängt?
4. Haben Sie konkrete Ideen, wie Sie es machen würden?
5. Haben Sie Vorbereitungen getroffen?
6. Haben Sie schon mit jemandem über Ihre Selbstmordabsicht gesprochen?
7. Haben Sie einmal einen Selbstmordversuch unternommen?
8. Hat sich in Ihrer Familie oder in Ihrem Freundes- und Bekanntenkreis schon jemand das Leben genommen?
9. Halten Sie Ihre Situation für aussichts- und hoffnungslos?
10. Fällt es Ihnen schwer, an etwas anderes als an Ihre Probleme zu denken?
11. Haben Sie in letzter Zeit weniger Kontakte zu Ihren Verwandten, Bekannten und Freunden?
12. Haben Sie noch Interesse daran, was in Ihrem Beruf und in Ihrer Umgebung vorgeht? Interessieren Sie noch Ihre Hobbys?

13. Haben Sie jemanden, mit dem Sie offen und vertraulich über Ihre Probleme sprechen können?
14. Wohnen Sie zusammen mit Familienmitgliedern oder Bekannten?
15. Fühlen Sie sich unter starken familiären oder beruflichen Verpflichtungen stehend?
16. Fühlen Sie sich in einer religiösen bzw. weltanschaulichen Gemeinschaft verwurzelt?

Viele Verkehrsunfälle werden bewußt verursacht

Liselotte Moser, Leiterin der Gesellschaft für «Ursachenforschung bei Verkehrsunfällen», meint:

Selbstmörder gehen mit der Zeit! In der Zeit der häuslichen Gasversorgung bevorzugten sie den Gashahn, in den 50er Jahren gab es die Tablettenschwemme, den Tod aus dem Röhrchen. Heutzutage haben Lebensmüde ihr Auto entdeckt. Das gilt sowohl für Suizide durch Auspuffgase und am Steuer und sogar für den Suizid als Fußgänger.

Verkehrsexperten in den USA behaupten, jeder 7. bis 8. tödliche Verkehrsunfall sei ein getarnter Selbstmord.
Der Rechtsmediziner Weber von der technischen Universität Aachen untersuchte 10 Jahre lang Verkehrsunfälle mit insgesamt mehr als 4000 Toten. Zweifelhafte Fälle klammerte er aus. Dennoch blieben zum Schluß 500 tödlich Verunglückte übrig, bei denen der Verdacht auf Selbstmord bestand.
Weber meint, daß jeder 25. Fußgänger und jeder 50. Autofahrer, der tödlich verunglückt, dies in suizidaler Absicht tut. Die Kriminalpolizei Karlsruhe untersuchte von 1983 bis 1985 über 1100 tödliche Verkehrsunfälle und stellte in 10 Fällen zweifelsfrei einen Selbstmord fest, bei 30 weiteren sprachen viele Gründe dafür.
Jeder zweite Auto-Selbstmörder sucht sich als Tatort die Autobahn aus, wegen der langen Geraden und dem hohen Tempo. Für 1985 errechneten die Beamten, daß fast jeder fünfte Verkehrstote auf der Autobahn im Bezirk Karlsruhe ein Selbstmörder war.
Dabei bevorzugen Selbstmörder eine bestimmte Art: Sie prallen meist mit hohem Tempo auf Brückenpfeiler oder gegen andere Hindernisse.
Fehlende Brems- oder Schleuderspuren auf übersichtlichen Straßen und trockener Fahrbahn sind deutliche Hinweise auf

einen Suizid-Verkehrsunfall. Hinzu kommt, daß ohne Gurt gefahren wird und oft mit Alkohol. Einige Fahrer haben kurz vorher noch eine hohe Lebens- oder Unfallversicherung abgeschlossen, die nur bei Unfall, aber nicht bei Selbstmord ausgezahlt wird.

Abschätzung der Suizidität. Aufzählung von besonders gefährdenden Faktoren (nach KIELHOLZ, 1971)

A. Eigentliche Suizidthematik und Suizidhinweise

1. Eigene frühere Suizidversuche und Suizidhinweise
2. Vorkommen von Suiziden in Familie oder Umgebung (Suggestivwirkung)
3. Direkte oder indirekte Suiziddrohungen
4. Äußerung konkreter Vorstellungen über die Durchführung oder Vorbereitungshandlungen
5. «Unheimliche Ruhe» nach vorheriger Suizidthematik und Unruhe
6. Selbstvernichtungs-, Sturz- und Katastrophenträume

B. Spezielle Symptome und Syndrombilder

1. Ängstlich-agitiertes Gepräge
2. Langdauernde Schlafstörungen
3. Affekt- und Aggressionsstauungen
4. Beginn oder Abklingen depressiver Phasen, Mischzustände
5. Biologische Krisenzeiten (Pubertät, Gravidität, Puerperium, Klimakterium)
6. Schwere Schuld- und Insuffizienzgefühle
7. Unheilbare Krankheiten oder Krankheitswahn
8. Alkoholismus und Toxikomanie

C. Umweltverhältnisse

1. Familiäre Zerrüttung in der Kindheit («broken home»)
2. Fehlen oder Verlust mitmenschlicher Kontakte (Vereinsamung, Entwurzelung, Liebesenttäuschung)
3. Berufliche und finanzielle Schwierigkeiten
4. Fehlen eines Aufgabenbereichs und Lebensziels
5. Fehlen oder Verlust tragfähiger religiöser Bindungen

Faktoren mit Einfluß auf Suizidalität (nach METZGER und WOLFERSDORF, 1985)

Soziale Faktoren

1. Alter (Ältere – Jüngere)
2. Geschlecht (Männer – Frauen)
3. Familienstand (Geschiedene – Verwitwete – Ledige – Verheiratete)
4. Arbeitslosigkeit (bei langer Dauer, mehr als 6 Monate)
5. Soziale Isolation

Biographische Faktoren

1. Frühere Suizidversuche
2. Suizidversuche und Suizide in der Familie / Freunde
3. Zerrüttete Familie in der Kindheit
4. Fehlen einer tragfähigen religiösen / weltanschaulichen Bindung
5. Häufige Enttäuschungen in zwischenmenschlichen Beziehungen
6. Psychische Erkankung

Krankheitsspezifische Faktoren

1. Ängstlich-agiertes Verhalten
2. Schuldgefühle, Schuldwahn
3. Langdauernde Schlafstörungen
4. Überwiegen von Selbstwertproblematik

Ein Fall aus der Praxis:
Um 22.30 Uhr rief der 62jährige Landwirt einen Arzt mit der Bemerkung: «Kommen Sie vorbei, mein Sohn ist tot, vermutlich schon seit 2 Stunden!» Der 22jährige Sohn lag in der Schrotkammer mit dem Gesicht in Erbrochenem. Neben ihm eine Flasche Cognac. Alles deutete auf den ersten Blick auf einen natürlichen Tod durch Aspiration, das heißt durch Ersticken durch Erbrochenes hin. Die von der Kriminalpolizei und vom Staatsanwalt angeordnete gerichtsmedizinische Untersuchung ergab erhebliche Mengen des Pflanzenschutzmittels E 605 im Magen. Gewaltsamer Tod durch Dritte konnte nach einer Durchsuchung des Zimmers des jungen Mannes ausgeschlossen werden. In seinem Tagebuch hatte er schon seit Tagen mit dem Gedanken gespielt, sich das Leben zu nehmen. Akut waren für ihn mehrere Belastungszustände zusammengekommen:

1. Seine Freundin hatte ihn verlassen.
2. Er hatte die Prüfung als Dipl.-Landwirt bestanden und mußte am selben Tag hören, daß sein Vater 6 Monate später den Hof an einen anderen verpachten wolle.
3. Zwischen Vater und Sohn bestanden ständig Auseinandersetzungen, da der Vater seinen Sohn nicht als leiblich ansah, sondern als Fehltritt der Ehefrau vor 20 Jahren.

Diagnose: Suizid bei scheinbar aussichtsloser Situation.

Zwangseinweisung

Die im Artikel 2 des Grundgesetzes garantierte Freiheit der Person kann nur unter besonderen Bedingungen eingeschränkt werden. Die Unterbringung und Behandlung akut psychisch Kranker in geschlossenen Einrichtungen ist auch gegen den Willen eines Patienten möglich, aber nur dann, wenn er sich selbst oder andere gefährdet.
Die Unterbringungsgesetze sind Landesgesetze. Eine bundeseinheitliche Gesetzesregelung fehlt. Die teilweise verschiedenen Landesgesetze sind nur insofern einheitlich, als der Antrag auf richterliche Genehmigung einer geschlossenen stationären Behandlung nur durch die zuständige Behörde, in der Regel das Ordnungsamt, gestellt werden kann.
Der Antrag muß durch ärztliche Zeugnisse begründet sein. In Notfällen genügt für eine kurzfristige Unterbringung – etwa bis zum Ablauf des folgenden Tages – das Zeugnis eines Facharztes für Psychiatrie, welches auf einer unmittelbar vorangegangenen Untersuchung beruht. Aus diesem Zeugnis muß eindeutig hervorgehen, daß Anhaltspunkte für eine psychische Erkrankung vorliegen und daß hieraus eine Selbst- oder Fremdgefährdung erwächst. Eine längere Unterbringung ist nur möglich, wenn das ärztliche Urteil der richterlichen Überprüfung standhält. Immer vorausgesetzt, daß es keine anderen Möglichkeiten der Abhilfe gibt, können etwa folgende Anlässe zur Zwangsunterbringung führen:
Schwere Depressionen mit (wahnhaft motivierter) Suizidabsicht,
katatoner Stupor mit Nahrungsverweigerung,
akute Phase einer schizophrenen Erkrankung mit schwerer Erregung und aggressiven Handlungen,
lebensbedrohliche psychische Zustände oder schwere Intoxikationen, soweit diese nicht von vornherein auf Intensivstationen behandelt werden.
Das Unterbringungsgesetz der Stadt Bremen nennt das Kriterium «der Verwahrlosung» infolge einer behandlungsbedürftigen psychischen Störung als Unterbringungsgrund. Dieses Kriterium ist jedoch fragwürdig, da seine Feststellung wesentlich

von den Normen des Untersuchers abhängt. Kein Grund für Zwangseinweisung nach Landesrecht sind hingegen Suchtkrankheiten ohne Kontrollverlust und aggressives Verhalten, umschriebene Wahnerkrankungen bei intakter Persönlichkeit oder seelische Störungen, die mit einer Belästigung der Öffentlichkeit einhergehen.

Wie hoch die Anforderungen an die Sorgfaltspflicht des einweisenden Arztes sind, zeigt ein Urteil vom 11.4.1989:

Hat ein Nervenarzt in einem Attest leichtfertig eine falsche Diagnose gestellt und die Unterbringung des Patienten in einer psychiatrischen Klinik empfohlen, muß er Schmerzensgeld zahlen. Selbst wenn die Unterbringung nicht erfolgt sei, handele es sich um einen Eingriff in die Persönlichkeitssphäre, entschied der Bundesgerichtshof (BGH). Damit gab er der Klage gegen eine Nervenärztin statt. Nun muß das OLG Düsseldorf klären, ob die Ärztin die falsche Diagnose leichtfertig gestellt hat. (AZ.: VI ZR 293/88 vom 11.4.1989)

1986 hat die Bundesregierung auf eine große Anfrage zur rechtlichen Situation der geistig Behinderten und seelisch Kranken geantwortet, daß man mit den Ländern die Frage einheitlicher Gesetze diskutieren werde, um eine Angleichung der bestehenden landesrechtlichen Regelungen zu erreichen oder sogar möglicherweise eine bundesrechtliche Regelung zu erwägen.

In diesem Zusammenhang wären Änderungen des Vormundschafts- und Pflegeschaftsrechtes nötig sowie ein einheitliches Betreuungsverfahren, in das die Unterbringung nach Landesgesetz eingebaut wird. Leider ist es aber bisher bei Versprechungen geblieben, und die Regierung hat bisher keinen Gesetzentwurf vorgelegt.

Den Landesunterbringungsgesetzen und den PsychKGs liegt die Intention zugrunde, Zwangseinweisungen und Zwangsbehandlungen möglichst zu vermeiden und sie nur als allerletzte Möglichkeit anzuwenden. Bemerkenswert ist die prozentuale Verteilung der in den einzelnen Bundesländern gegen ihren Willen untergebrachten Patienten. Nicht nur in den verschiedenen Bundesländern kommt es zu erheblichen Schwankungen, sondern auch innerhalb eines einzelnen Bundeslandes. So lag zum Beispiel die Spannweite für das Land Baden-Württemberg zwischen 1,4 und 10,6 Prozent, in Berlin zwischen 33,4 und 56,1 Prozent, in Niedersachsen zwischen 15,0 und 60,4 Prozent.

Psychiater finden für diese großen Unterschiede eine einfache Erklärung.

«Nicht etwa Fremd- oder Selbstgefährdung des Patienten ist, wie es das Gesetz bestimmt, der wichtigste Parameter für die Entscheidung der Frage, ob eine psychiatrische Krankenhausbehandlung auf freiwilliger Grundlage oder über ein Einweisungsgesetz bzw. vormundschaftliche Maßnahmen zustande kommt, sondern vor allem die Binnenstruktur und das therapeutische Klima eines Krankenhauses.»

Im niedersächsischen Landeskrankenhaus Göttingen wurde an einem Stichtag der Unterbringungsmodus auf den beiden geschlossenen Aufnahmestationen untersucht – im Neubau und Altbau (1866 errichtet). Dabei stellte sich heraus, daß sich 80 Prozent der Patienten im Neubau auf freiwilliger Grundlage im Krankenhaus befanden, im Altbau allerdings nur 15 Prozent. Von den Patienten im Neubau waren viele als Notfälle mit einem 24-Stunden-Beschluß des Ordnungsamtes aufgenommen worden. Die meisten von ihnen unterschrieben am nächsten Tag eine Freiwilligkeitserklärung. Auf der trostlosen Altbaustation gelang es kaum, die Patienten zu einer freiwilligen Fortsetzung der Behandlung zu motivieren.

Die gesetzlichen Bestimmungen zur Einweisung und Behandlung von psychiatrisch Kranken

Bundesland	Unterbringung	Verfahrensregelungen	
Erlaßjahr	Voraussetzungen	Gutachter	Rechtsbeistand
Bremen 1979 PsychKG	Behandlungsbedürftige psychische Störungen, Psychosen, Suchtkrankheit, Schwachsinn oder Anzeichen dieser psychischen Erkrankungen	Facharzt f. Psychiatrie	Fakultativ

Hamburg 1977 PsychKG	Behandlungsbedürftige psychische Störungen, Psychosen, psych. Störungen, die einer Psychose gleichkommen, Suchtkrankheit, Schwachsinn oder Anzeichen dieser psychischen Erkrankungen	Facharzt f. Psychiatrie	Obligat
Schleswig-Holstein 1979 PsychKG	Personen, bei denen geistige od. seelische Krankh., Behinderung od. Störung v. erhebl. Ausmaß einschl. Abhängigkeit v. Rauschmitteln od. Medikamenten vorliegt	Facharzt f. Psychiatrie	Obligat
Niedersachsen 1978 PsychKG	Psychose, Suchtkrankheit, andere krankhafte seel. od. geistige Störung od. geistige Behinderung od. Anzeichen dieser Krankheit	Arzt mit längerer Erfahrung in der Psychiatrie	Obligat
Nordrhein-Westfalen 1969 PsychKG	Psych. Störung, Psychose, psych. Störung, die Psych. gleichkommt, Suchtkrankheit, Schwachsinn od. Anzeichen dieser Krankheit	In der Psychiatrie erfahrener Arzt	Obligat
Berlin 1985 PsychKG	Psychose, psych. Störung, die einer Psychose gleichkommt od. eine mit Verlust der Selbstkontrolle einhergehende Abhängigkeit von Suchtstoffen	In der Psychiatrie erfahrener Arzt	Obligat
Bayern 1982 UG	Psych. Kranke od. infolge Geistesschwäche od. Sucht psych. Gestörte	Amtsarzt	Fakultativ
Hessen 1952 FEG	Geisteskranke, geistesschwache, rauschgift- od. alkoholsüchtige Personen	Facharzt f. Psychiatrie	Fakultativ

Rheinland-Pfalz 1959 UG	Geisteskranke, geistesschwache, rauschgift- od. alkoholsüchtige Personen	Facharzt f. Psychiatrie	Fakultativ
Baden-Württemberg 1983 UG	Geistige od. seel. Krankheit, Behind. od. Störung von erhebl. Ausmaß einschl. psychischer Abhängigkeit von Rauschmitteln od. Medikamenten	Arzt mit psychiatrischer Gebietsbezeichnung	Nicht vorgesehen
Saarland 1969 UG	Geisteskranke, geistesschwache, rauschgift- od. alkoholsüchtige Personen	Facharzt f. Psychiatrie	Fakultativ

Die aktuelle Situation der Psychiatrie

In jedem Quartal werden in der Bundesrepublik mehr als 25 Millionen Menschen von praktischen Ärzten und Allgemeinmedizinern behandelt. Nach Schätzungen von Wissenschaftlern sind 30 bis 60 Prozent aller Patienten psychisch krank. Die hohe Schwankungsbreite beruht auf unterschiedlichen diagnostischen Selektionskriterien der unterschiedlichen Seelenkrankheits-Nomenklatur.

Auch die 9. Revision der internationalen Klassifikation der psychiatrischen und psychosomatischen Krankheiten der WHO ist nicht frei von Widersprüchen und Randunschärfen.
Die Vielzahl und Vielfalt von Diagnosen erschlägt Laien und Fachleute.

Die internationale Klassifizierung psychischer Krankheiten

Diagnoseschlüssel psychiatrischer und psychosomatischer Erkrankungen der WHO (ICD = International Classification of Diseases)

Weitere Erläuterungen finden sich im Kapitel «Begriffserklärungen».

Organische Psychosen 290–294
Syndrome mit Störungen der Orientierung, des Gedächtnisses, der Auffassung, des Rechnens, der Lern- und Urteilsfähigkeit, Affektverflachung oder Affektlabilität, eine Abnahme des Gefühls für ethische Normen und einer Zuspitzung von Persönlichkeitszügen gehen oft mit diesen Störungen einher.

ICD-Nr.	Diagnose
290	**Senile (altersbedingte) und präsenile organische Psychosen**
.0	Einfache senile Demenz (Verlust intellektueller Fähigkeiten, besonders des Gedächtnisses, als Folge eines vorzeitigen Hirnabbaus)
.1	Präsenile Demenz
.2	Senile Demenz mit depressivem oder paranoidem (wahnhaftem) Erscheinungsbild
.3	Senile Demenz mit akutem Verwirrtheitszustand
.4	Arteriosklerotische (Arteriosklerose = Gefäßverkalkung) Demenz
.8	andere senile und präsenile organische Psychosen
291	**Alkoholpsychosen**
.0	Delirium tremens (Alkoholdelir)
.1	Alkoholisches Korsakow-Syndrom (Korsakow-Psychose) Syndrom mit deutlicher und anhaltender Gedächtnisschwäche, erheblicher Einbuße des Kurzzeitgedächtnisses, zeitlicher Desorientiertheit und der Neigung zum Ausfüllen der Erinnerungslücken durch erfundene, in diese Lükken passende Geschichten
.2	Andere Alkoholdemenz
.3	Alkohol-Halluzinose Psychose mit leichter oder fehlender Bewußtseinstrübung, starker ängstlicher Unruhe, bei der akustische Halluzinationen im Vordergrund stehen. Meist werden Stimmen gehört, die Beschimpfungen und Drohungen ausstoßen
.4	Pathologischer Rausch Akute psychotische Episode, die durch relativ geringe Alkoholmengen ausgelöst wird
.5	Alkoholischer Eifersuchtswahn
.8	andere Alkoholpsychosen
.9	Nicht näher bezeichnete Alkoholpsychosen

ICD-Nr.	Diagnose
292	**Drogenpsychosen**
.0	Drogenentzugssyndrom
.1	Drogeninduzierte paranoide und/oder halluzinatorische Zustandsbilder
.2	Pathologischer Drogenrausch (individuelle Reaktionen auf relativ kleine Mengen einer Droge, die eine akute, kurzfristige Psychose hervorrufen)
.8	Andere Drogenpsychosen
.9	Nicht näher bezeichnete Drogenpsychosen
293	**Vorübergehende organische Psychosen** – akute exogene Reaktionstypen – (charakteristisch sind Bewußtseinsstörungen, Desorientiertheit und Halluzinationen, meist ist der Zustand reversibel)
.0	Akuter «Verwirrtheitszustand»
.1	Subaktiver (weniger ausgeprägter) «Verwirrtheitszustand»
.8	Andere vorübergehende organische Psychosen
.9	Nicht näher bezeichnete vorübergehende organische Psychosen
294	**Andere (chronische) organische Psychosen**
.0	(Nichtalkoholische) Korsakow-Psychose oder Korsakow-Syndrom
1.	Demenz bei an anderer Stelle klassifizierten Krankheitsbildern
.8	Andere (chronische) organische Psychosen
.9	Nicht näher bezeichnete (chronische) organische Psychosen

Andere Psychosen 295–299

ICD-Nr.	Diagnose
295	**Schizophrene Psychosen**
	Gruppe von Psychosen mit schweren Persönlichkeitsstörungen, Denkstörungen, häufig mit dem Gefühl, von fremden Kräften kontrolliert zu werden, bizarren Wahnideen, gestörter Wahrnehmung, abnormen Gefühlsregungen und Autismus.
.0	Schizophrenia simplex (Psychose, bei der sich Auffälligkeiten im Verhalten, Unfähigkeit, den Anforderungen der Gesellschaft zu entsprechen, langsam entwickeln. Wahnideen und Halluzinationen sind nicht deutlich. Mit zunehmender sozialer Isolierung kann sich Landstreicherei entwickeln)
.1	Hebephrene Form (Form der Schizophrenie, die im Jugendalter auftritt und rasch zu Persönlichkeitsveränderungen führt, die nicht rückbildungsfähig sind)
.2	Katatone Form (Form der Schizophrenie mit Störungen der Motorik, mit Bewegungsstarre, häufig auch mit Bewegungsautomatismen, mit plötzlichen Erregungszuständen, in denen es zur Selbst- und Fremdgefährdung kommen kann)
.3	Paranoide Form
.4	Akute schizophrene Episode
.5	Latente Schizophrenie
.6	Schizophrene Rest- und Defektzustände (chronische Form der Schizophenie, in der

ICD-Nr.	Diagnose
	die Symptome ihre Deutlichkeit verloren haben. Die Denkstörungen machen Routinetätigkeiten noch möglich)
.7	Schizoaffektive Psychose (Psychose, mit manischen und depressiven Symptomen vermischt. Rückbildung ohne Dauerdefekt möglich. Große Rückfallgefahr)
.8	Andere Schizophrenieformen
.9	Nicht näher bezeichnete Schizophrenieformen

296 Affektive Psychosen

Sich häufig wiederholende Störungen mit deutlichen Affektstörungen, meistens als Depression, Angst, aber auch als gehobene Stimmung und Erregung. Zusätzlich eines oder mehrere folgender Symptome: Wahnideen, Ratlosigkeit, gestörte Selbsteinschätzung, Wahrnehmungs- und Verhaltensstörungen. Es kann starke Suizidtendenz bestehen.

ICD-Nr.	Diagnose
.0	Endogene Manie
.1	Endogene Depression
.2	Manie im Rahmen einer zirkulären Verlaufsform einer manisch-depressiven Psychose
.3	Depression im Rahmen einer zirkulären Verlaufsform einer manisch-depressiven Psychose
.4	Mischzustand (manische und depressive Symptome) im Rahmen einer zirkulären Verlaufsform einer manisch-depressiven Psychose
.5	Zirkuläre Verlaufsform einer manisch-depressiven Psychose ohne Angaben über das vorliegende Zustandsbild
.6	Andere und nicht näher bezeichnete manisch-depressiven Psychosen
.8	andere affektive Psychosen
.9	Nicht näher bezeichnete affektive Psychosen

297 Paranoide Syndrome

Akute oder chronische Psychosen, die nicht als Schizophrenie oder als affektive Psychose klassifizierbar sind. Wahnideen, vor allem beeinflußt, verfolgt oder in besondes negativer Weise behandelt zu werden, sind die Hauptsymptome. Die Wahnideen sind fixiert, ausgearbeitet und systematisiert.

ICD-Nr.	Diagnose
.0	Einfache paranoide Psychose
.1	Paranoia Seltene chronische Psychose, bei der sich ein logisch konstruierter systematisierter Wahn langsam entwickelt hat, ohne Halluzinationen oder schizophrene Denkstörungen
.2	Paraphrenie (wahnhafte Psychose mit Sinnestäuschungen beim Sehen, Hören und Riechen, aber meist ohne Denkstörungen und Persönlichkeitsveränderungen)
.3	Induzierte Psychose Wahnhafte Psychose, meist chronische oder fluride Symptomatik, die sich aus einer engen Beziehung mit einer anderen Person entwickelt hat, bei der bereits eine ähnliche psychotische Symptomatik besteht. Die Wahnideen werden zumindest zum Teil übernommen
.8	Andere paranoide Syndrome
.9	Nicht näher bezeichnete paranoide Syndrome

ICD-Nr.	Diagnose
298	**Andere nichtorganische Psychosen**
.0	Reaktive depressive Psychose
.1	Reaktiver Erregungszustand
.2	Reaktiver Verwirrtheitszustand
.3	Akute paranoide Reaktion
.4	Psychogene Psychose mit paranoider Symptomatik
.8	Andere und nicht näher bezeichnete reaktive Psychosen
.9	Nicht näher bezeichnete Psychose
299	**Typische Psychosen des Kindesalters**
.0	Frühkindlicher Autismus
.1	Desintegrative Psychose
.8	Andere Psychosen des Kindesalters
.9	Nicht näher bezeichnete Psychosen des Kindesalters

Neurosen, Persönlichkeitsstörungen (Psychopathien) und andere nichtpsychotische psychische Störungen (300–316)

ICD-Nr.	Diagnose
300	**Neurosen**
.0	Angstneurose
.1	Hysterische Neurose
.2	Phobie (zwanghafte Angst vor speziellen Dingen oder Situationen)
.3	Zwangsneurose
.4	Neurotische Depression
.5	Neurasthenie (durch Stress, Überarbeitung auftretende Erschöpfung der Funktion des – an sich gesunden – Nervensystems. Nach FREUD eine der drei Aktualneurosen durch unzureichende Triebbefriedigung)
.6	Neurotisches Depersonalisationssyndrom («Entpersönlichung», vor allem bei Erschöpfung und in der Pubertät. Das eigene «ICH» erscheint fremd, auch die Umwelt wird als «unwirklich» wahrgenommen)
.7	Hypochondrische Neurose
.8	Andere Neurosen
.9	Nicht näher bezeichnete Neurosen)
301	**Persönlichkeitsstörungen (Psychopathien, Charakterneurosen)**
.0	Paranoide Persönlichkeit
.1	Zyklothyme (thymopathische) Persönlichkeit (eine Abnormität der Stimmung, besteht das ganze Leben. Die Stimmung kann ständig depressiv oder gehoben sein oder sie schwankt zwischen beiden Extremen)
.2	Schizoide Persönlichkeit
.3	Erregbare Persönlichkeit
.4	Anankastische Persönlichkeit (Unsicherheitsgefühl und das Gefühl der eigenen Unvollkommenheit führen zu übertriebener Gewissenhaftigkeit, zu Eigensinn und zu besonderer Vorsicht)
.5	Hysterische Persönlichkeit
.6	Asthenische Persönlichkeit (Unterwürfigkeit gegenüber Mitmenschen, Energiemangel, geringe Fähigkeit, sich zu freuen)
.7	Persönlichkeitsstörung mit vorwiegend soziopathischem oder asozialem Verhalten
.8	Andere Persönlichkeitsstörungen

ICD-Nr.	Diagnose
.9	Nicht näher bezeichnete Persönlichkeitsstörungen
302	**Sexuelle Verhaltensabweichungen und Störungen**
.0	Homosexualität
.1	Sodomie (Sexualverkehr mit Tieren)
.2	Pädophilie (sexuelle Neigung zu Kindern)
.3	Transvestismus (Neigung, die Kleidung des anderen Geschlechtes zu tragen)
.4	Exhibitionismus
.5	Transsexualität (Vorstellung, daß die erkennbare Geschlechtszugehörigkeit falsch ist. Es besteht der Wunsch, durch Kleidung, Verhalten, oft auch durch Operation, das andere Geschlecht zu übernehmen)
.6	Störungen der psychosexuellen Identität (dem Transvestitismus und der Transsexualität ähnliche Form. Kleider des anderen Geschlechtes werden nur vorübergehend getragen. Häufigste Form ist der Feminismus bei Jungen)
.7	Frigidität und Impotenz
.8	Andere sexuelle Verhaltensabweichungen und Störungen
.9	Nicht näher bezeichnete sexuelle Verhaltensabweichungen und Störungen
303	**Alkoholabhängigkeit**
304	**Medikamenten-/Drogenabhängigkeit**
.0	Morphintyp
.1	Barbiturattyp
.2	Kokain

ICD-Nr.	Diagnose
.3	Cannabis
.4	Amphetamintyp und andere Psychostimulantien
.5	Halluzinogene
.6	Abhängigkeit von anderen Medikamenten/Drogen
.7	Polytoxikomanie einschließlich des Morphintyps
.8	Polytoxikomanie ohne Morphintyp
.9	Nicht näher bezeichnete Medikamenten-/Drogenabhängigkeit
305	**Drogen- und Medikamentenmißbrauch ohne Abhängigkeit**
.0	Alkoholmißbrauch
.1	Nikotinmißbrauch
.2	Cannabismißbrauch
.3	Halluzinogenmißbrauch
.4	Mißbrauch von Barbituraten und Tranquilizern
.5	Mißbrauch vom Morphintyp
.6	Mißbrauch vom Kokaintyp
.7	Mißbrauch vom Amphetamintyp
.8	Mißbrauch von Antidepressiva
.9	Anderer, kombinierter und nicht näher bezeichneter Medikamenten-/Drogenmißbrauch
306	**Körperliche Funktionsstörungen psychischen Usprungs**
.0	Muskulatur und Skelettsystem
.1	Atmungsorgane
.2	Herz- und Kreislaufsystem
.3	Haut
.4	Magen-Darm-Trakt
.5	Urogenitalsystem
.6	Endokrines System
.7	Sinnesorgane
.8	Andere funktionelle Störungen psychischen Ursprungs

ICD-Nr.	Diagnose
.9	Nicht näher bezeichnete funktionelle Störungen psychischen Ursprungs
307	**Spezielle, nicht anderweitig klassifizierbare Symptome oder Syndrome**
.0	Stammeln und Stottern
.1	Anorexia nervosa
.2	Tics
.3	Wiederholte stereotype Bewegungen
.4	Spezifische Schlafstörungen
.5	Andere und nicht näher bezeichnete Eßstörungen
.6	Enuresis
.7	Enkopresis
.8	Psychalgie
.9	Andere und nicht näher bezeichnete spezifische Symptome oder Syndrome, die nicht anderweitig klassifiziert werden können
308	**Psychogene Reaktion (akute Belastungsreaktion)**
.0	Akute Belastungsreaktion mit vorherrschender emotionaler Störung
.1	Akute Belastungsreaktion mit vorherrschender Bewußtseinsstörung
.2	Akute Belastungsreaktion mit vorherrschender psychomotorischer Störung
.3	Andere akute Belastungsreaktion
.4	Mischformen
.9	Nicht näher bezeichnete akute Belastungsreaktion
309	**Psychogene Reaktion (Anpassungsstörung)**
.0	Kurzdauernde depressive Reaktion

ICD-Nr.	Diagnose
.1	Länger dauernde depressive Reaktion
.2	Anpassungsstörung mit vorwiegend emotialer Symptomatik
.3	Anpassungsstörung vorwiegend im Sozialverhalten
.4	Anpassungsstörung im Sozialverhalten mit emotionaler Symptomatik
.8	Andere Anpassungsstörungen
.9	Nicht näher bezeichnete Anpassungsstörungen
310	**Spezifische nichtpsychotische Störungen nach Hirnschädigungen**
.0	Frontalhirnsyndrom
.1	Intelligenz- oder Persönlichkeitsveränderung anderer Typologie
.2	Postkonstitutionelles Syndrom
.8	Andere spezifische nichtpsychotische Störungen nach Hirnschädigungen
.9	Nicht näher bezeichnete spezifische, nichtpsychotische psychische Störungen nach Hirnschädigungen
311	**Anderweitig nicht klassifizierbare depressive Zustandsbilder**
312	**Anderweitig nicht klassifizierbare Störungen des Sozialverhaltens**
.0	Störungen des Sozialverhaltens mit Sozialisation (ohne Gruppe)
.1	Störungen des Sozialverhaltens mit Sozialisation (in Gruppe)
.2	Störungen des Sozialverhaltens mit Zwangscharakter

ICD-Nr.	Diagnose
.3	Störungen des Sozialverhaltens mit emotionaler Symptomatik
.8	Andere Störungen des Sozialverhaltens
.9	Nicht näher bezeichnete Störungen des Sozialverhaltens
313	**Spezifische emotionale Störungen des Kindes- und Jugendalters**
.0	Mit Angst und Furchtsamkeit
.1	Mit Niedergeschlagenheit und Unglücklichsein
.2	Mit Empfindsamkeit, Scheu und Abkapselung
.3	Mit Beziehungsschwierigkeiten
.8	Andere Mischformen
.9	Nicht näher bezeichnete spezifische emotionale Störungen des Kindes- und Jugendalters
314	**Hyperkinetisches Syndrom des Kindesalters**
	Kurze Aufmerksamkeitsspanne, stark erhöhte Ablenkbarkeit. Oft Entwicklungsverzögerungen, eingeschränkte zwischenmenschliche Beziehungen.
.0	Störung von Aktivität und Aufmerksamkeit
.1	Hyperkinetisches Syndrom mit Entwicklungsrückstand
.2	Hyperkinetisches Syndrom mit Störung des Sozialverhaltens
.8	Andere hyperkinetische Syndrome
.9	Nicht näher bezeichnete hyperkinetische Syndrome des Kindesalters

ICD-Nr.	Diagnose
315	**Umschriebene Entwicklungsrückstände**
.0	Umschriebene Lese-Rechtschreib-Schwäche
.1	Umschriebene Rechenschwäche
.2	Andere umschriebene Lernschwächen
.3	Umschriebener Rückstand in der Sprech- und Sprachentwicklung
.4	Umschriebener Rückstand in der motorischen Entwicklung
.5	Mischform
.8	Andere umschriebene Entwicklungsrückstände
.9	Nicht näher bezeichnete umschriebene Entwicklungsrückstände
316	**Anderweitig klassifizierte Erkrankungen**, bei denen psychische Faktoren eine Rolle spielen (psychosomatische Erkrankungen im engeren Sinne)

Oligophrenien 317–319

ICD-Nr.	Diagnose
317	**Leichter Schwachsinn**
318	**Andere Ausprägungsgrade des Schwachsinns**
.0	Deutlicher Schwachsinn
.1	Schwerer Schwachsinn
.2	Hochgradiger Schwachsinn
319	**Nicht näher bezeichneter Schwachsinn**

Sind «Hausärzte» mit der kranken Seele überfordert?

Eine Untersuchung aus dem Jahre 1979 zeigte, daß 35 Prozent der in allgemeinmedizinischen Praxen betreuten Patienten an psychischen Erkrankungen litten, die auch die Feststellung einer Diagnose erlaubten.
Überträgt man das Ergebnis dieser Studie auf eine allgemeinmedizinische Praxis mit 1000 Patienten pro Quartal, würden sich unter den 1000 Patienten ergeben:

100 Neurosen
60 psychiatrische Erkrankungen
60 Krisen
50 psychosomatische Erkrankungen
40 Psychosen
30 Persönlichkeitsstörungen und/oder Suchtfälle.

Wird die Bedeutung psychiatrischer Störungen und Erkrankungen in der primär-ärztlichen Versorgung unterschätzt?
Sieht man diese Zahlen und kennt die kritischen Aussagen über die zweifelhafte Diagnostik von psychiatrischen und psychosomatischen Erkrankungen, so muß man doch stark im Zweifel sein, ob die Zahlen nicht wesentlich zu hoch gegriffen sind. Auf die Gesamt-Bundesrepublik übertragen, würde dies bedeuten, daß 35 Prozent der Bundesbürger an einer psychischen Erkrankung leiden.
Auch die Münchner medizinische Wochenschrift von 1988 behauptet unter dem Titel «Versorgungsprobleme bei psychiatrisch Kranken: zwischen Kurpfuscherei und Kompetenz», daß jeder 4. Bundesbürger im Laufe seines Lebens an einer psychischen Störung leidet.
Das Ergebnis einer Langzeitstudie aus dem Max-Planck-Institut für Psychiatrie in München: Die Wissenschaftler des Max-Planck-Institutes halten Hausärzte vor allem bei Angststörungen für überfordert und die leichtfertige Verordnung von beruhigenden Psychopharmaka für gefährlich, da bei etwa 33 Prozent der Untersuchten mit zusätzlichen Komplikationen zu rechnen war. Am häufigsten wurde das Auftreten einer Aggression sowie einer Medikamentenabhängigkeit und insbesondere ein Mißbrauch von Alkohol und Medikamenten festgestellt. Daraus

wurde gefolgert, daß bei Angststörungen «keine Therapie» besser ist als eine «falsche Therapie».
Wie eklatant die Falschbehandlung sein kann, wird in einem Fall aus der Praxis unter der Überschrift «Falsche Beruhigung gegen Angst» dargestellt:

Herr K. ist 29 Jahre alt und wird mit «Panik-Attacken» eingewiesen. Während der letzten 2 Wochen leidet er wieder verstärkt an solchen Anfällen, während derer er Angst hat zu sterben, zu stürzen oder bewußtlos zu werden. Herr K. hyperventiliert dann, empfindet nachfolgend Parästhesien, Unruhegefühl, Zittern und Schwächegefühl, zeitweise auch Globusgefühl und Herzängste.
Er sei schon ein nervöses Kind gewesen, habe häufig unter Übelkeit gelitten. Unruhezustände sind erstmals aufgetreten, nachdem er mit 18 Jahren eine kurze Jugendstrafe verbüßen mußte. Während des Haftaufenthaltes sei es zu nächtlicher Unruhe, Ängsten und Weinen gekommen. Der Gefängnisarzt behandelte mit Benzodiazepinen. Auch danach nahm Herr K. noch einige Monate Diazepam ein.
Einige Jahre später, nach dem Herzinfarkttod des Vaters, kam es erneut zu Unruhezuständen. Herr K. suchte jedesmal einen Arzt auf oder wurde über den Notarzt in die Klinik eingewiesen, wo jeweils Diazepam oder Kalzium gespritzt wurde.
Vor zwei Jahren waren nach längerer Pause die Anfälle wieder ohne äußeren Anlaß aufgetreten. Die beginnenden Symptome versuchte Herr K. mit Alkohol zu behandeln, gelegentlich nahm er wieder Tranquilizer. Da die Symptomatik sich verschlimmerte und die Frequenz der Anfälle zunahm, wurden ihm dauerhaft Tranquilizer verschrieben. Während 7monatiger Einnahe war Herr K. symptomfrei.
Nach selbstinitiiertem Absetzen der Mittel erlitt Herr K. wieder mehrere Angstanfälle und kam hier in die Klinik. Die Tranquilizer wurden vollständig abgesetzt. Eine Verhaltensanalyse klärte die kognitiven Bewertungsmuster bei Wahrnehmung erster Symptome und die verschiedenen Reaktionen. Mit einem Atemtraining und Exposition in verschiedenen angstauslösenden Situationen konnte die Frequenz der Angstanfälle deutlich gesenkt werden. Als stützende Medikation wurde Carbamazepin diskutiert.

Viele Patienten mit psychischen Störungen laufen selbständig von Arzt zu Arzt oder werden von Arzt zu Arzt weitergereicht, sogar von Therapeuten zu Therapeuten. Diese unzureichende Behandlung beeinträchtigt nicht nur erheblich das Patientenschicksal, sondern führt auch zu Kosten im Gesundheitswesen durch unnötige, aber immer wieder durchgeführte erhöhte allgemeinmedizinische Behandlungsraten und auch stationäre Aufenthalte, daneben natürlich auch Arbeitsunfähigkeiten.

Den Hausärzten von heute wird vom Max-Planck-Institut geraten, wesentlich früher ihre Patienten zum Spezialisten zu überweisen. Kritisch wird auch angemerkt, daß für einen großen Bereich, den der Neurosen, der Abhängigkeit von Alkohol, Drogen und Medikamenten, Angstzustände und nicht psychotische Depressionen, nach einer stationären Entlassung nicht ausreichende ambulante Therapie zur Weiterführung angeboten wird.

Der Psychiatrie fehlt eine Milliarde...

lautet die Überschrift aus dem Ärzteblatt vom Juli 1988. Es mangelt in psychiatrischen Krankenhäusern der Bundesrepublik an Personal. Nicht einmal die von der Deutschen Krankenhausgesellschaft aufgestellten Zahlen, die stets nur als Minimum angesehen werden, werden erreicht. Es fehlen zirka 7000 bis 10000 Mitarbeiter, was immerhin einem finanziellen Aufwand von etwa 400 bis 600 Millionen DM pro Jahr entsprechen würde.
Um darüber hinaus eine psychiatrische Versorgung entsprechend dem heutigen wissenschaftlichen Erkenntnisstand und die Therapiemöglichkeiten wirklich optimal zu gestalten, müßten weitere 10000 Mitarbeiter eingestellt werden.
Es fehlt vor allem an Psychologen und Beschäftigungs- und Bewegungstherapeuten.
Weitaus günstiger – wenn auch noch nicht optimal und mit einem erheblichen Nachholbedarf versehen – liegt die Situation bei der Kinder- und Jugendpsychiatrie. Vermutlich machen Politiker für Kinder und Jugendliche leichter «Geld locker» als für Erwachsene.
Für die etwa 5 Prozent psychiatrisch kranken Kinder und Jugendlichen gibt es zur Zeit zuwenig Kinder- und Jugendpsychiater, die eine ambulante Behandlung durchführen können.

Psychiatrische Krankheiten sind nur ein Teilbereich

Kranke nach Krankheitsarten, Hochrechung auf das Jahr 2000, Stand 31.12.1984, entnommen dem Jahresgutachten 1988 des Sachverständigenrats für die konzertierte Aktion im Gesundheitswesen.

Krankheitsart	Insgesamt		
	in 1000		Veränderung
	1982	2000	in Prozent
Infektiöse und parasitäre Krankheiten	303	281	93
Neubildung bösartig, gutartig, unbekannter Charakter	129	136	105
Krankheiten der Drüsen mit innerer Sekretion, Ernährungs- und Stoffwechselkrankheiten	856	922	108
Geistige und seelische Störungen, Schwachsinn, Krankheiten des Nervensystems	471	484	103
Augen- und Ohrenkrankheiten	222	226	102
Krankheiten des Kreislaufsystems	1962	2131	109
Krankheiten der Atmungsorgane	1980	1912	97
Krankheiten der Verdauungsorgane	792	821	104
Krankheiten der Harn- und Geschlechtsorgane	322	329	102
Fehlgeburt, Komplikationen in der Schwangerschaft, bei Entbindungen und im Wochenbett	12	11	92
Hautkrankheiten	124	119	96
Krankheiten des Skeletts, der Muskeln und des Bindegewebes	1810	1924	106
Sonstige und anderweitig nicht einzuordnende Krankheiten	373	392	105
Insgesamt	9356	9688	103,6

Der Sachverständigenrat zur Situation der Psychiatrie

Der Sachverständigenrat für die konzertierte Aktion im Gesundheitswesen stellte fest, daß etwa 23 bis 28 Prozent der über 65jährigen an psychischen Erkrankungen unterschiedlichen Schweregrades leiden. Zu verzeichnen ist eine Zunahme psychischer Störungen bei den 75jährigen und Älteren. Dies wird für

die nächsten Jahre eine Zunahme des Behandlungsbedarfs erforderlich machen.
Frauen sind von psychischen Krankheiten häufiger betroffen als Männer. Dies läßt sich teilweise durch das höhere Durchschnittsalter der Frauen erklären.
Etwa 80 Prozent der psychisch Erkrankten, gleich ob sie zu Hause wohnen, im Altersheim oder in anderen Institutionen, hatten in den letzten 3 Monaten niedergelassene Ärzte aufgesucht. Dies zeigt den hohen ambulanten Versorgungsbedarf dieser Altersgruppe und die Bedeutung von ambulanten Versorgungsdiensten. Das Gutachten führt aus:

«Familienstand und Haushaltsgröße können als Risikoindikatoren für kognitive Störungen dienen; derartige Beeinträchtigungen finden sich häufiger bei allein lebenden Personen; die deutlichste Abhängigkeit besteht zur früheren (geringeren) Schulbildung. In diesen Personengruppen ist der medizinische und soziale Unterstützungsbedarf erhöht.
Die stärkste Beeinträchtigung kognitiver Funktionen liegt bei dem Syndrom der Altersdemenz vor; in zwei Drittel der Fälle ist die senile Demenz vom Alzheimer Typ (SDAT) als Ursache anzunehmen, 30–40 Prozent sind auf ischämische (Multiinfarkt-)Läsionen zurückzuführen, bei denen die präventiven und therapeutischen Möglichkeiten größer sind als bei SDAT; die Altersdemenz darf deshalb nicht global als unvermeidliches und irreversibles Ereignis betrachtet werden. In der Praxis bestehen bedeutende Unsicherheiten in der Etablierung einer richtigen Diagnose; dies hat auch Auswirkungen auf ein angemessenes therapeutisches Management. Nur ein Drittel der Patienten in einem Drei-Jahres-follow-up unter der Verdachtsdiagnose einer Demenz entwickelten tatsächlich diese Erkrankungen, umgekehrt waren die in der Beobachtungszeit tatsächlich an Demenz Erkrankten mehrheitlich zuvor nicht als Verdachtsfälle eingestuft worden.
Pseudodemenzen aufgrund von Depressionen spielen bei Fehleinschätzungen eine Rolle; Depression im Alter ist ein relativ häufiges Ereignis (Schätzungen liegen bei 20 Prozent); ebenso geben reversible Verwirrtheitszustände bei organischen Erkrankungen zu Fehleinstufungen Anlaß. Gegenwärtig mangelt es noch an für Klinik oder Praxis brauchbaren Methoden zur Früherfassung der Demenz und zur systematischen Überwachung von älteren Risikopersonen in Kliniken, in der Primärversorgung und den dazugehörigen sozialen Diensten. Diese Früherfassung wäre eine wesentliche Voraussetzung für größere Fortschritte in diesem Bereich der Versorgung.

...Im ambulanten Versorgungsbereich kommt Sozialarbeitern bei der gerontopsychiatrischen Versorgung zunehmend eine Schlüsselposition zu. Hier sind Konsequenzen für die ambulanten ärztlichen Angebote (Nervenarzt- und Allgemeinarztpraxis) und Sozialstationen notwendig.»

Die stationäre Psychiatrie

Zum Thema stationäre Psychiatrie äußert sich die Kommission weiterhin kritisch:

«Übereinstimmend wird der Bedarf an psychiatrischer Versorgung in der Bevölkerung insgesamt als nicht gedeckt angesehen. ... Mit nachlassender Stigmatisierung des Faches steigt der ‹offene› Bedarf.

Betten in der Psychiatrie
Quelle: Stat. Bundesamt, Fachserie 12 Reihe 6

Art des Krankenhauses	1975	1980	1985
in Sonderkrankenhäusern für			
– Psychiatrie	66943	56652	47768
– Psychiatrie und Neurologie	45848	45758	38766
Zusammen	112791	102410	86534
in Allgemeinkrankenhäusern (Fachabt.)			
– für Psychiatrie	3131	6494	9359
– für Psychiatrie und Neurologie			920
Zusammen	3131	6494	10279
Insgesamt	115922	108904	96813

... Seit der Psychiatrie-Enquete von 1975 ist in der Kinder- und Jugendpsychiatrie unverändert ein krasses Mißverhältnis zwischen ihren Aufgaben, ihrer Bedeutung und der Versorgungsrealität festzustellen. Sekundärpräventionen in diesem Bereich (pädagogische und heilpädagogische Beratung und Behandlung) sind vorrangig in den Ballungsgebieten vorhanden, fehlen jedoch im ländlichen Bereich; eine Bezahlung, auch als kurative oder rehabilitative Maßnahme, durch die Kasse erfolgt nicht.
... Die Kooperation mit heilpädagogischen und soziotherapeutischen Berufen und Einrichtungen wird durch bestehende Abrechnungsvorschriften (Verkehr mit mehreren Kostenträgern bei unklarer Abgrenzung) erschwert und teilweise unmöglich gemacht.
Es fehlt an Übergangseinrichtungen und beruflichen Fördermaßnahmen,

Verweildauer bei somatischen und psychischen Erkrankungen

Bundesdurchschnittliche Verweildauer je Fachabteilung in Tagen
Quelle: WIdO: Krankenhäuser 1985, a. a. O., S. 48

Fachabteilung	1982	1985
Intensivpflege-Abteilung	3,82	3,50
Innere Krankheiten	16,82	16,11
Säuglings- und Kinderkrankheiten	10,72	9,80
Chirurgie	13,64	13,88
Zahn- und Kieferchirurgie	8,97	8,11
Gynäkologie und Geburtshilfe	8,93	8,97
HNO-Krankheiten	6,28	5,91
Augenkrankheiten	11,69	10,35
Röntgen- und Strahlenheilkunde	12,59	
Radiologie		12,04
Nuklearmedizin		14,35
Sonstige Fachabteilungen	37,32	
Psychiatrie	82,17	
Neurologie	22,10	22,23
Psychiatrie/Neurologie	84,67	
Dialyse	1,16	
Lungenkrankheiten	34,53	27,92
Unfallchirurgie	14,53	
Kinderchirurgie	10,23	
Geriatrie	37,37	
Kinder-/Jugendpsychiatrie	189,43	125,44
Kardiologie	20,44	
Durchschnitt	16,40	14,43

ebenso an geschützten Arbeitsplätzen für psychisch behinderte Jugendliche. Wo derartige Einrichtungen bestehen, ist die Kostenübernahme durch Krankenkassen, Rentenversicherungsträger oder Arbeitsverwaltung in der Regel schwierig, so daß letztendlich in vielen Fällen der Sozialhilfeträger bemüht werden muß. Von einer Gleichstellung psychisch Kranker mit körperlich Erkrankten oder geistig oder sensorisch Behinderten kann faktisch im gegenwärtigen System nicht gesprochen werden.
Diese Schwierigkeiten gelten grundsätzlich auch für die Erwachsenenpsychiatrie. Administrative Schranken zwischen den Kostenträgern im gegebe-

nen System erschweren eine Rehabilitation Langzeiterkrankter zu Lasten der Betroffenen und des stationären Sektors. Das Angebot komplementärer Einrichtungen ist demzufolge unverändert unzureichend...
Verbesserungen sind offenbar ebenso nötig und erreichbar in dem Zusammenwirken psychiatrischer Versorgungseinrichtungen mit den Familien der Betroffenen und den Verbänden der Selbsthilfe, einschließlich der zunehmenden Zahl der Angehörigengruppen. Für die langfristige Rehabilitation chronisch Kranker bleibt die Familie nach heutiger Auffassung ein wichtiger und in den letzten Jahren vernachlässigter Faktor. Hier bedarf es eines entsprechenden Umdenkens und einer qualifizierten Kooperationsbereitschaft seitens der Ärzte und des übrigen therapeutischen Personals in den verschiedenen Versorgungseinrichtungen.
Vom Dachverband psychosozialer Hilfseinrichtungen wird ein Ausbildungsdefizit der Ärzte hinsichtlich des Umganges mit und des Einsatzes von ehrenamtlichen Helfern beklagt...»

Sterbefälle 1986 bei psychisch Kranken

Pos.-Nr. der ICD	*Todesursache*	*Gestorbene Männer*	*Frauen*	*Zusammen*
290–319	V. Psychiatrische Krankheiten	3250	2120	5370
290–299	Psychosen	785	1249	2034
290	Senile und präsenile organische Psychosen	325	671	996
291	Alkoholpsychosen	166	45	211
293, 294	Übrige organische Psychosen	245	464	709
295	Schizophrene Psychosen	32	41	73
296–299	Andere Psychosen	17	28	45
300–316	Neurosen, Persönlichkeitsstörungen und andere nicht psychotische psychische Störungen	2454	859	3313
303	Alkoholabhängigkeit	2139	682	2821
304	Medikamenten-/Drogenabhängigkeit	131	72	203
317–319	Oligophrenien	11	12	23

Bis zum Jahre 2000 wird mit einer hohen Steigerungsrate für Nervenärzte und Psychiater gerechnet. 1986 betrug die Zahl an der kassenärztlichen Versorgung beteiligten Neurologen und Psychiater 2588. Für das Jahr 2000 werden etwa 2900 Ärzte dieser Fachrichtung erwartet.
Kinderpsychiatrie und Psychiatrie liegen an der Spitze hinsichtlich der durchschnittlichen Verweildauer im Krankenhaus.

V. Heilung und Glaube

Das Phänomen der Beziehungen

Vor ein paar Jahren lag in einem Krankenhaus in der Abteilung für Tuberkulosekranke ein Inder. Dieser Inder wurde, genau wie die anderen, mit den sicher sehr guten Medikamenten behandelt, die heute für die Behandlung von Tbc zur Verfügung stehen. Aber eigentümlicherweise schlugen sie bei ihm überhaupt nicht an. Die Ärzte bemühten sich sehr, aber der Inder sagte immer nur das eine: «Das, was mir helfen kann, ist nur heiliger Kuhmist.» Die Ärzte fanden das zunächst albern und wirklich unmöglich in einem modernen westeuropäischen Krankenhaus. Und wie sollte man überhaupt heiligen Kuhmist beschaffen. Aber der Kranke bestand darauf. Wenn er gerettet werden sollte, dann nur durch heiligen Kuhmist. Da sich sein Zustand rapide verschlechterte und die Ärzte sich wirklich keinen Rat mehr wußten, bemühten sie sich, heiligen Kuhmist aus Indien einzufliegen, was ihnen durch diplomatische Beziehungen auch tatsächlich gelang. Dieser wurde dem Kranken verabreicht – wie, will ich jetzt nicht näher erörtern –, und nun geschah das Erstaunliche: Der Kranke wurde innerhalb kürzester Zeit gesund.

Was war hier geschehen? Offenbar gibt es Kräfte in uns, die – anders als im medizinischen Sinne – Heilung oder vielleicht auch Unheil bei uns zu bewirken vermögen. Was sind das für Vorgänge? Wenn wir uns mit diesem Feld beschäftigen, stoßen wir auf ein merkwürdiges Phänomen. Ich nenne das einmal das Phänomen der Beziehung. Es ist das seelische Verflochtensein mit dem, was uns umgibt. Der Kranke, der Inder, hatte zu seinem hinduistisch-religiösen und auch kulturellen Lebensraum eine für ihn konstitutive prägende Beziehung, ohne die er nicht existieren konnte. Das heißt, seine gesamte Person war auf eine bestimmte Beziehungsart fixiert. Erst dadurch, daß es den Ärzten gelang, ihm die Aufnahme dieser Beziehung zu ermöglichen – und das Symbol für diese Beziehung war in unserem Fall heiliger Kuhmist –, erst dadurch war es dem Kranken möglich geworden, einen Heilungsprozeß in sich zuzulassen. Medikamente allein reichen nicht aus, um diesen Prozeß in Gang zu bringen, da sie nicht innerhalb des Lebensfeldes dieses Kranken eingeordnet werden konnten.

Für die Heilung körperlicher Krankheiten sind bestimmte seelische Voraussetzungen erforderlich. Der Mensch lebt in komplizierten Wechselbeziehungen zu seiner Umwelt, die auch Rückwirkungen auf verschiedene Körperfunktionen haben. Neue Erkenntnisse der Immunologie, Neurochemie, Endokrinologie (Hormonforschung) und Stressforschung zeigen, daß Geist, Seele und Körper sich auf zum Teil sehr komplizierte Weise in verschiedenen Funktionskreisen gegenseitig beeinflussen. Durch vielfältige Untersuchungen konnte bewiesen werden, daß psychologischer Stress immunologische Auswirkungen hat.

Der Tod des Lebenspartners zum Beispiel stellt eines der belastendsten Ereignisse im Leben eines Menschen dar, und aus epidemiologischen Untersuchungen ist bekannt, daß Morbidität und Mortalität von Witwen und Witwern stark erhöht sind. Ein dafür ursächlicher Mechanismus ist eine verminderte Immunabwehr. Verschiedene Untersucher konnten unabhängig voneinander nachweisen, daß die Funktion der Antikörper produzierenden Zellen (T-Zellen) schon im ersten Monat nach dem Tod des Lebenspartners vermindert ist.

Bei vergleichenden Untersuchungen von Medizinstudenten am zweiten Studientag mit Medizinstudenten im vierten Studiensemester konnte nachgewiesen werden, daß die Angstskala bei Studienanfängern signifikant höhere Werte zeigt. Im Test psychologisch nachgewiesene hohe Werte auf der Angstskala gingen mit erhöhten Kortisolspiegeln und einer Verminderung der Antikörper produzierenden Zellen (T-Zellen) einher. Kortisol ist ein Hormon der Nebennierenrinde, und seine Sekretion ist zum Beispiel bei Stress stark erhöht.

Die neuen Erkenntnisse über die Wechselwirkungen zwischen dem Immun- und dem neuro-endokrinen System können das

Schicksal des erwähnten Inders auch naturwissenschaftlich erklären.
In einem anderen Beispiel wird von einem Mädchen berichtet, das sehr krank war und, in Ungeduld auf das Gesundwerden, ihren Arzt fragte: «Wann werde ich denn gesund?» Es war Frühjahr. Der Arzt blickte zum Fenster, und um dem Kind die Antwort ein wenig anschaulicher zu machen, sagte er: «Sieh mal, wenn dieser Baum – es stand eine Akazie vor dem Fenster – grün wird, dann wirst du gesund sein.» Das Mädchen wartete in großer Spannung auf das Grünwerden des Baumes. Da aber die Akazie etwas später grün wird als andere Bäume, wurde sie nicht nur sehr ungeduldig, sondern auch ängstlich. Sie fragte einen Arzt, der neu auf der Station war: «Wann wird denn dieser Baum grün werden?» Der Arzt guckte nur flüchtig auf den Baum und sagte dann: «Ach, der ist doch abgestorben.» In diesem Moment brach für das Kind etwas zusammen: die Hoffnung auf das Gesundwerden. Das Mädchen konnte nicht mehr zum Fenster schauen, weil ihr der, wie sie meinte, abgestorbene Baum, nur noch Angst machte. Ihr Arzt wunderte sich, daß das Kind immer kränker wurde, statt zu genesen, daß sie sogar nicht mehr zum Fenster sehen wollte. Schließlich holte er sie einmal aus dem Bett, setzte sie auf seine Knie und sagte: «So, nun sag mal, was ist denn wirklich los mit dir. Guck mich mal an, komm ans Fenster, mach die Augen auf.» Das Mädchen sträubte sich, aber dann tat sie doch die Augen auf, und als sie die inzwischen grün gewordene Akazie sah, wurde sie in Kürze gesund.
Lebensbeziehung scheint also für die Heilung ein wichtiger, ja für das Leben des Menschen ein grundlegender Vorgang zu sein.
Der soziale Kontext, die Beziehungen, in denen die Menschen miteinander leben, kann «krank» werden, und die Störung in unseren Beziehungen kann uns so sehr beeinträchtigen, daß auch wir krank werden. Eine Heilung kann nicht ohne Beziehungsklärung eintreten. Die Aufnahme einer lebenswichtigen und lebendigen Beziehung kann heilen. Hierfür gibt es unendlich viele Beispiele. Borries Freiherr von Münchhausen sagte es einmal in seinem Lied: «Jenseits des Tales standen ihre Zelte» in einem Vers:

«Ihn heilten nur zwei jugendfrische Wangen,
ein zarter Mund, den er sich selbst verbot.»

Wir kennen typische Beziehungskrankheiten der Seele, die sich körperlich auswirken und an denen man sogar sterben kann, wie Magersucht, einige Asthmaformen und andere psychosomatische Krankheiten.

In der biblischen Geschichte von der Heilung des Gichtbrüchigen sagt Jesus zunächst: «Mein Sohn, deine Sünden sind dir vergeben.» Dann erst: «Nimm dein Bett und wandle.»

Als erstes wird also die gestörte Beziehung zu Gott angesprochen und in Ordnung gebracht. «Deine Sünden sind dir vergeben.» Denn diese «gestörte» Beziehung war die eigentliche Krankheitsursache. Die Überwindung seiner Lähmung ergab sich daraus gewissermaßen von selbst.

Der Mensch ist eingewoben in ein Netz von Beziehungen, zu anderen Menschen, zu seinem Körper, zur Natur, zu seiner Gesellschaft, zu dem Mikro- und dem Makrokosmos oder zu dem Gott/den Göttern seiner Religion. Wenn das Gleichgewicht nicht mehr stimmt, wenn die Beziehungen nicht mehr in der Balance sind, wird der Mensch krank. Er kann sich nicht mehr zurechtfinden in einer Welt, deren Balance er selbst gestört hat. Er verliert die Orientierung, schadet seinem Körper und seiner Seele. Kurz, wir können sagen: körperliche, biologische, ökologische, soziale oder religiöse Störungen machen krank. Vielleicht sind sie sogar die Krankheit selber?

Man muß lernen, die Sprache dieser Krankheiten zu hören und die gestörten Beziehungen in Ordnung zu bringen. Man muß mitunter sich selbst und seine Umwelt verändern, um auf einer neuen Ebene die gestörte Balance wiederzufinden. Aus dem Alltäglichen ist uns das bekannt: Wenn Kinder älter werden, ändert sich ihr Verhältnis zu den Eltern. Behandeln die Eltern sie trotzdem noch wie kleine Kinder, obwohl sie bereits erwachsen sind, gibt es Konflikte. Die Eltern müssen eine Ebene finden, auf der eine angemessene Beziehung zu ihren Kindern möglich ist.

In der Auseinandersetzung mit unseren Beziehungen sollten wir zum «Heilwerden» nicht nur in den alten bisherigen Formen verharren, sondern diese Beziehungen entsprechend unserer Entwicklung und Reifung neu bedenken und formen. Probleme

im biologischen oder auch religiösen Bereich, die frühere Generationen nicht gehabt haben und denen wir heute ausgeliefert sind, müssen unsere Antwort finden. Auch Glaube darf, wenn er lebendig sein soll, sich den Einflüssen einer sich wandelnden Welt nicht verschließen.
Trotz eines ungeheuren medizinischen Aufwandes (Operationen, Medikamente, Kuren, Krankenhausaufenthalte, physiologische Therapien und anderes) sollte jeder selbst an seinem Gesundungsprozeß mitarbeiten, muß er an die Therapie «glauben». Wir wissen, daß Menschen heil und gesund werden können durch Medizinmänner oder durch Magie, und wir kennen auch den sogenannten Placeboeffekt, das heißt den Effekt, den eine Tablette auslöst, obwohl sie keinen Wirkstoff enthält, sofern nur der Betroffene von der Wirksamkeit überzeugt ist. Mediziner wissen seit langem, daß Einbildung Schmerzen mindern oder sogar beheben können.

Ein Fall aus der Praxis:
Ein 52jähriger Patient mit einer alkoholisch bedingten chronischen Bauchspeicheldrüsenentzündung (Pankreatitis) und Zustand nach Bauchspeicheldrüsenteilentfernung bekommt zur Schmerzlinderung immer wieder für den Hausgebrauch schmerzstillende spasmolytische Zäpfchen verschrieben. Als der Verbrauch der Zäpfchen und die noch zusätzlich vom Patienten geforderten schmerzstillenden Spritzen in der Praxis ein ärztlich vertretbares Maß zu überschreiten begannen, bekam der Patient statt seiner spasmolytischen Spritze nur noch Vitamin C. Seit etwa einem Jahr wird bei Schmerzen diese Spritzenkur fortgesetzt. Schon 10 Minuten nach der Injektion fühlt sich der Patient besser und schwört auf diese Spritzen mehr als auf die Zäpfchen, die tatsächlich harte Chemie enthalten.

Nach deutschen Recht ist dieses ärztliche Vorgehen mit der Verordnung von Placebos keineswegs einwandfrei, denn der Arzt ist verpflichtet, dem Patienten die Zusammensetzung eines verordneten oder verabreichten Präparates zu erläutern. Jeder Laie wird aber einsehen, daß der «Placeboeffekt» mit der Aufklärung des Patienten seine Wirkung verlieren würde.
Amerikanische und holländische Gynäkologen haben herausgefunden, daß auch die eigene Einstellung zum Körper sich durchaus schmerzstillend auswirken kann.
Nach ihren Untersuchungen hängt das Schmerzerleben einer Frau bei einer Geburt davon ab, wie sie erzogen wurde. Frauen

in Iowa-City planen in 60 Prozent der Fälle schon entsprechende schmerzstillende Medikamente vor der Geburt ein und erhalten diese Präparate auch.

In der holländischen Stadt Nijmegen hingegen erwartet nur jede 5. Gebärende so unerträglich starke Schmerzen bei der Geburt, daß auch nur in 20 Prozent der Fälle Medikamente zu verordnen waren.

Die holländischen Frauen waren der festen Überzeugung, daß der Körper weiß, was gut für ihn ist, wenn man ihm nur genügend Zeit läßt. Viele Amerikanerinnen hingegen sehen eine Geburt mehr als medizinisches Ereignis, bei dem der Gebrauch von Beruhigungs-, Schmerzmitteln und Anästhetika weit verbreitet und erforderlich ist. Auch hier wird man fragen, ob diese Fähigkeit des Menschen, sich beeinflussen zu lassen, das gleiche ist wie das, was wir mit dem Wort «Glauben» bezeichnen.

Manchmal hat der Glaube eine Wirkung, aber oft sind andere Faktoren wichtiger, die zu beachten und zu bekämpfen sind: Viren, Bazillen, Vergiftungen, Vitaminmangel. Sie sind nicht unmittelbar oder nicht nur allein durch Glauben oder durch eine innere Einstellung zu bewältigen. Manchmal wirkt beides oder auch mehreres zusammen: Medikamente, Suggestion, eine gute Beziehung, ein Glaube an sich, an einen Gott, daß eine Heilung geschieht. Es gibt kein absolutes Gesetz, das uns sagt: Ab da ist Glaube, ab da sind Medikamente, ab da ist die Beziehung dasjenige, was für die Heilung relevant ist. Diese Erkenntnis muß den Blick wachsamer werden lassen auf manche Wunderheiler und ihre Behauptungen, daß Heilung durch sie oder allein durch Glauben geschehen würde, weil alle Krankheiten nur seelisch bedingt seien.

Wenn wir zum Beispiel ein krankes Herz haben, sind wir nun dem neuen Gesetz dieser Behinderung unterworfen. Da nützt nicht der Glaube, sondern die Erfahrung, daß wir mit diesem Gebrechen leben müssen. Das heißt, es wäre falsch anzunehmen, über diese Bereiche hinaus sollte Glaube helfen.

Wenn ein Wunderheiler etwas anderes behauptet oder sogar vorgibt, eine Heilung bis in die Knochen, und das im Nu, vollziehen zu können, dann widerspricht das der Naturordnung. Ein gesunder Glaube steht in dieser Welt und nicht jenseits dieser Welt. Der Glaube hat eine Funktion im Bereich der Heilung eines Organismus, eines Wesens in der gesamten Lebensordnung. Er hat etwas mit der Reorganisation und der Selbstregulierung des Organismus zu tun, mit der Ganzheit und, so wie wir am Anfang sagten, mit der Beziehung. Darum ist der Glaube auch nicht identisch mit dem, was oft mit ihm verwechselt wird, nämlich mit der Beeinflussung, der Suggestion. Natürlich gibt es die Suggestion. Ich kann mich beeinflussen lassen, und ich kann selber beeinflussen. Es gibt mächtige Gestalten, wie die eines Guru, eines Wundertäters, eines Zauberers oder dergleichen, die auf Menschen mit überwiegend kindlichem Gefühl oder magisch-mythischem Bewußtsein suggestive, beeinflussende und oft auch heilende Wirkung haben können.

Die Wunderheiler

Die Wunderheiler des 20. Jahrhunderts wollen in der Regel über das Versprechen körperlicher Gesundheit oder Besserung von Krankheit die Seele beeinflussen. Den negativen Einfluß auf seine Seele merkt ein Patient, Klient oder Kunde erst zu spät.
Auf der MEDICA in Düsseldorf forderten 1988 Ärzte und Theologen eine zentrale Meldestelle für durch Wunderheiler geschädigte und betrogene Opfer.
Die Ärztezeitung beschäftigte sich im Dezember 1988 mit dieser Problematik und stellte einige skrupellose Praktiken magischer Heiler vor:

«Über 1000 Mark war den Gläubigen ein kleines Fläschchen, gefüllt mit einem Wunderelixier gegen Krebs, wert, das auf Krankenschein nicht erhältlich ist. Denn Krebs, so die angstauslösende Botschaft, werde von jedem Tier, insbesondere der gemeinen Stubenfliege, übertragen. Die Wundermedizin fand reißenden Absatz.
Keine Angst dagegen hatten Münchner Mitglieder einer fernöstlichen Glaubensrichtung namens ‹Reiki›, als sie kurz nach dem Tschernobyl-Desaster radioaktiv kontaminiertes Frischgemüse konsumierten. Mittels eines magischen Ritus ‹entstrahlten› sie den hochbelasteten Feldsalat – mit ihren Händen. ‹Es ist möglich, uns in unseren Schwingungen aufwärts zu entwickeln, so daß die relativ niedrige Frequenz radioaktiver Strahlung uns kaum beein-

flussen kann›, zitiert der Münchner Theologe Friedrich Wilhelm Haack die lebensgefährliche Gebrauchsanweisung des Würzburger Arztes Dr. Manfred Doepp. Wer so einen atomaren Supergau schadlos überstehe, folgert Haack, werde wohl mit so ‹geringwertigen Krankheiten› wie Krebs oder Aids spielend fertig – dank der Kraft des Glaubens.
Zum Preis von 298 Mark wird ein Amulett, ein ‹Nuklear-Rezeptor› vertrieben, der vor mannigfaltigen Widrigkeiten des täglichen Lebens schützen soll. Entwickelt von dem amerikanischen Physiker Frederic Bell, soll das in ‹neun verschiedenen Frequenzen› erhältliche Umhängsel mit frei wählbaren ‹Filtersteinen› die Körperzellen vor den Folgen der Umweltvergiftung schützen…»

Lasch scheinen auch die Einstellungskriterien mancher Krankenhäuser zu sein. So haben Wunderheiler Zutritt zu einigen englischen Privatkrankenhäusern. Von etlichen Krankenkassen entlohnt, übernehmen sie die Funktion von Seelsorgern und Ärzten, wenn die Genesung des Patienten ins Stocken gerät. Solange unsere Gesellschaft Gesundheit als eine Voraussetzung zur Teilnahme an der Konsumgesellschaft beschreibt, solange, meint Haack, «werden wir die Tür öffnen für alles, was sich in diesem pseudo-spirituellen Bereich tut». Und da hat die Kirche eine enorme Bringschuld zu leisten.
Magische Heilung ist meist mit einer magischen Bedrohung verbunden. Menschen, die zu magischen Heilern gegangen seien, zieht Haack das Resümee seiner 20jährigen Forschungsarbeit in Sachen Okkultismus, seien am Ende «magisch erpreßt worden». In Abhängigkeit geraten, zahlten diese Opfer aus Angst, weil sie niemanden hätten, mit dem sie sich aussprechen könnten. Haack: «Das ist spirituelle Unzucht mit Abhängigen.»
Nach Ansicht vieler hat auch die Ärztin und Buchautorin Dr. Elisabeth Kübler-Ross mit ihrer Sterbeforschung die Grenzen der ärztlichen Kunst überschritten. Hier ist das ärztliche Standesethos angesprochen, wenn der Tod als eine Art Bewährungsprobe interpretiert wird und Krebs und Aids eine religiöse Funktion erhalten. «Da werden regelrecht Lernziele des Sterbens vorgegeben.»
Krebs hat für die mit 22 Ehrendoktorhüten ausgezeichnete, in den USA lebende Schweizer Ärztin die sinnvolle Funktion, «Menschen in vernünftigen Zeitspannen» zum Übergang in ein glückseliges «nachtödliches Leben» zu bringen, «weil man ja nicht lauter altersschwache Leute pflegen» könne.

Zynisch beschreibt die Sterbeforscherin auch die Auswirkungen der Immunschwäche Aids: «Aids wird immer noch einen großen Teil der Bevölkerung hinwegraffen, aber die Qualität des Lebens wird aufblühen.» Die Apokalypse Aids ist für sie ein Katalysator für den Weg in eine «wunderbare Weltveränderung». KÜBLER-ROSS bastelte schon 1963 einen Lügendetektor, um mit diesem Gerät eine Beziehung zwischen psychischen und körperlichen Zuständen nachzuweisen.

Suggestion

Einer der Autoren hat die heilende Wirkung von Suggestion einmal selbst erlebt. Er berichtet:

> «Ein Moslem kam zu mir, weil ihm ein Fluch gesagt worden war und er sich psychisch nicht daraus befreien konnte. Er wurde mit diesem Fluch körperlich immer kränker. Dadurch, daß ich auf ihn einging und mich in seine Beziehung hineinversetzte, gelang es mir, ihm eine Gegensuggestion gegen diesen Fluch zu vermitteln. Es gelang ihm, sich von dem Fluch zu lösen. In diesem Fall war ich die Autorität, die ihm die Heilung ermöglichte, weil er mich als eine Art Priester akzeptierte.»

Dennoch scheinen diese Formen der Abhängigkeit, der Beeinflussung und Suggestion nicht das zu sein, was man mit dem Begriff «Glauben» bezeichnen würde, unabhängig davon, ob sie nun hilfreich sind oder nicht. Und schließlich gibt es das Phänomen, daß ein Mensch sich selbst beeinflussen, sich selbst etwas einreden kann. Wir kennen das im positiven Sinn, zum Beispiel im autogenen Training. Durch eine Konzentration auf den eigenen Körper kann das Gefühl von Schwere oder Wärme entstehen. Man kann diese Wärme sogar nachweisen. Ebenfalls lassen sich Atem- und Herztätigkeit durch autogene Beeinflussung entsprechend regulieren. Es gibt physische Veränderungen durch einen Schreck oder durch irgendwelche Geräusche, die zum Beispiel das Herz ängstlich schlagen lassen. Oder auch solche, die ruhig machen. Genauso wie also die Suggestion hilfreich sein kann für einen Menschen, so kann sie ihn auch krank machen, ihm Krankheit einreden. Im weitesten Sinne ist es natürlich auch ein Glaube, wenn man an die Wirksamkeit von Geräuschen oder an Autoritäten glaubt. Genauso vermag der Glaube an sich selbst in bestimmten Situationen eine Hilfestellung zu geben, das Selbstwertgefühl zu steigern und den Menschen dadurch zu stabilisieren. Es wird schon sehr eindrucksvoll von ‹Wundern› durch Geisterheiler berichtet, zum Beispiel auf den Philippinen, wo durch suggestive Kräfte Heilungen geschehen, ebenso wie bei den Medizinmännern in Afrika oder Südamerika. Diese Art von Heilungen gibt es überall auf der Welt, jedoch unterscheiden sie sich im Preis und in der Methode.

Aber dieser suggestive Glaube unterscheidet sich doch in einer wichtigen Hinsicht vom christlichen Glaubensbegriff. Was war das, womit und wodurch Jesus heilte und was er als Glauben ansprach? Ich denke, daß die Berichte des Neuen Testaments hier verschiedene Möglichkeiten offenlassen. Wir hören auf der einen Seite (Matthäus 4,24), daß Jesus alle gesund macht. An einer anderen Stelle wird berichtet, daß er nicht alle gesund machen konnte, weil sie nicht glaubten. Wir hören auch schon im Alten Testament, daß Gott der ist, der heilt, so etwa im Psalm 103, «er heilet alle deine Gebrechen». Oder auch im Neuen Testament erfahren wir, wie Petrus mit dem Worte Gottes heilt und dann den geheilten Bettler der Gemeinde vorstellt mit den Worten: «Dieser ist heil geworden durch den Glauben an Jesus Christus.» Hier finden wir die Erwartung, daß der Glaube an Jesus als den starken Heilenden, den Retter, Heiland oder Helfer die Wirkung der Heilung ausmacht.

Nur müssen wir hier klar und deutlich sagen, daß sich diese Angebote auf der gleichen Ebene befinden wie die Heilungsangebote anderer Gurus, Zauberer, Retter, Helfer. Im Namen vieler Religionen wird Heilung erlebt und praktiziert. Sie scheint also nicht ausschließlich mit dem identisch zu sein, was Jesus meint, was Jesus macht, wenn er denn heilt. Das Besondere im Neuen Testament, also an der Gestalt Jesu, ist nicht die Tatsache, daß er wie andere auch zu allen Zeiten, mittels der Religion oder ohne, Menschen durch Suggestion oder übernatürliche Kräfte gesund machen kann. Ihm geht es offenbar um etwas anderes, um die Beziehung zu Gott und um die Neuordnung der Beziehung zu sich selbst. Aus der gestörten Lebensbeziehung und der gestör-

ten Beziehung zur Natur führt er den Menschen zu Gott. Entscheidend ist also nicht, daß er sie «heil macht», sondern wie er Heil vermittelt, wie er Gesundheit versteht und ermöglicht. Es ist auch nicht einerlei, wer heilt, ob zum Beispiel ein indischer Wundertäter, wie Sei Babab, oder eine Madonna von Lourdes, oder ob es eine Erfahrung ist, die mit der Geschichte Jesu und seiner Art und Weise des Umganges mit dem Leben zu tun hat. Es könnte ja immerhin sein, daß durch eine Suggestion Menschen geheilt werden, die aber auf eine andere Art dann um so mehr in Not geraten. Sie können sich in ihrer Persönlichkeit nicht mehr entfalten, weil sie abhängig gemacht worden und in eine Beziehung von Unterwerfung geraten sind. Es ist auffällig, daß Jesus all denen, die geheilt wurden, immer zuspricht und sagt: «Geh los.» Er bindet sie nicht an sich, sondern er weist sie immer von sich weg auf ihren eigenen Weg hin zu ihrer eigenen Heilung.
Anders die Wundertäter, die sich bemühen, Wunder vorzutäuschen. Sie binden Menschen an sich. Sie bilden Abhängigkeiten, die für diese Art von Wundertätern die Voraussetzung zum Heilmachen überhaupt sind. Man kann es immer wieder erleben, daß gerade große Sektenführer hochinteressiert daran sind, den Menschen deutlich zu machen, daß sie nicht erwachsen zu werden brauchen. Sie würden in der Hingabe an ihn oder an irgendein übergeordnetes Idol völlig in Ordnung kommen und alle Schwierigkeiten auf einmal los sein.
In solchen Gettos, wo die Menschen ohne eine Persönlichkeitsentwicklung nur mit sich selbst beschäftigt sind, gehen sie lieb wie Kinder miteinander um, so daß es aussieht, als ob das Problem, überhaupt mit dieser Welt und ihren Anforderungen umgehen zu müssen, beseitigt worden sei. Sie scheinen heil zu sein, aber immer zugleich so, daß dabei ein Abschneiden von dem stattfindet, was zum Erwachsensein und zur Reifung gehört. Das heißt, Heilung an sich besagt überhaupt noch nichts, sondern entscheidend wird es sein, wer ein Heilender ist und wodurch er etwas auslöst.
In dem Film «Das Gewand» gibt es eine Szene, in der sich eine verkrüppelte Frau, die Christin geworden ist, in einem Gespräch mit jemandem befindet, der sich auch für den christlichen Glauben interessiert. Dieser fragt sie, wieso eigentlich Jesus sie nicht geheilt habe, während er doch viele andere heilen konnte. Da

sagt diese Frau zu ihm: «Jesus hat mich geheilt, aber nur anders. Er hat mich nämlich gelehrt, mit dem zu leben, was ich bin und so wie ich jetzt bin.» Ihr Geheiltsein bedeutet, daß sie sich so annehmen kann wie sie ist, ihre Gebrechen auf sich nimmt und ihr Leben trotz aller Schwierigkeiten meistert. Sie wird ‹heil›, indem sie ihr Schicksal annimmt, ihre Leiden erträgt und trotzdem aktiv ihre Wirklichkeit gestaltet.

Hier geht es um einen ganz anderen Heilungsbegriff. Eine Heilung, in der der Glaube nicht ein Wunderglaube ist, sondern eine Beziehungsweise, mit der Welt, mit sich und einem Gott umzugehen. Die Wundertäter dagegen sind mehr an einer Demonstration interessiert, an Zeugnissen, an nachweisbaren Wunderereignissen als an Heilung. Man kann keiner Kirche glauben, in der nur bezeugt werden könnte, was für Wundertaten Gott getan hat und wie Menschen gesund geworden sind, wenn nicht in der gleichen Kirche auch Menschen aufstehen dürfen und sagen: «Ich bin nicht geheilt worden, an mir ist kein Wunder geschehen. Ich bin nicht so äußerlich gerettet worden, aber ich fühle mich trotzdem mit Gott verbunden und von ihm angenommen.» Wenn es möglich ist, so über Glauben zu sprechen, daß beides nebeneinander stehen, daß beides mit der Wirklichkeit in Beziehung bleiben, mit dem Leben verbunden sein darf, dann hat eine Kirche verstanden, was Heilung und Glaube in Wirklichkeit bedeuten. Denn so mit dem Leben – wie es auch sei – verbunden bleiben heißt in der Wahrheit sein. Wer uns bei seinem Wundertun unsere Wahrheit, unsere Wirklichkeit wegnehmen, verdecken oder sie uns ausreden will, ist ein Scharlatan.

An der Art, wie der Mensch mit seiner Umwelt, mit anderen Menschen umgeht, ob er sie krank oder heil macht, wird sein Glaube, seine Beziehung zum Leben deutlich werden. Glaube, wie er hier aufgezeigt ist, steht also in Beziehung zu dem wirklichen Leben. Dazu gehören genauso auch Leiden und Sterben, dazu gehört auch die Schulderfahrung sowie die Erfahrung, daß man im Leben nicht ohne Konflikte auskommen kann. Manchmal sind Therapien dabei eine Hilfe, das Belastende auf der Seele zu bewältigen und wieder zum eigenen Glauben zu finden. Manchmal ist es die Gemeinschaft, manchmal jemand, der die Hand nimmt und Mut macht, aufzustehen, in die Sonne zu schauen und die Resignation aufzugeben. Der Glaube, der sich mit dem Leben, so wie es ist, wirklich verbündet, der vom Leben etwas weiß und der auch Leiden und Sterben kennt, kann auch dort bestehen, wo Wunderglaube, wenn es nichts mehr zum Wundern gibt, versagt. Der Glaube, der nur auf Wunder zielt, der wird sehr schnell zuschanden werden, wenn Katastrophen geschehen oder persönliches Leid hereinbricht. Der wirkliche Glaube ist nicht durch Manipulation, Suggestion oder Wunder ausgelöst, sondern er ist die angemessene Antwort auf das Leben selber, er weiß, daß es keinen Grund zur Resignation gibt, sondern nur dazu, immer wieder neu aufzustehen, loszugehen und anzufangen.

Pfarrer glauben an den Teufel

Rosin, Oberarzt am Lehrstuhl für Psychotherapie der Universität Düsseldorf, und Hammers, Theologe und Psychologe, Dozent für Parapsychologie am bischöflichen Priesterseminar in Trier, untersuchten 1976 das Wissen, die Meinungen, Bewertungen und Erfahrungen evangelischer und katholischer Theologen in der Bundesrepublik zu Parapsychologie und Okkultismus sowie insbesondere zu Teufelsglauben und Besessenheit, Exorzismus und Wundern.
In der Bevölkerung gelten Pfarrer, gleich welcher Konfession, als kompetent für die Beurteilung parapsychischer Phänomene, die meist in einem religiösen Zusammenhang erlebt werden. Man unterstellt ihnen das, weil sie sich ja berufsmäßig mit der Beziehung zwischen dem irdischen Menschen und dem Übersinnlichen beschäftigen müssen.
Es wurden zwei Fragebogen entwickelt mit Fragen zu den Bereichen Parapsychologie, Telepathie, Hellsehen, Präkognition, Psychokinese, Spuk, Wunder, Okkultismus, okkulte Praktiken, Magie, Teufelsglaube, Besessenheit und Exorzismus. Darüber hinaus wurde nach der Einstellung zu Verstorbenen, Spiritismus, Astrologie, Horoskop und Aberglaube gefragt.
Zum Zeitpunkt der Befragung gab es in der Bundesrepublik etwa 37000 Theologen. In einer repräsentativen Stichprobe wurden

jeweils 750 evangelischen und katholischen Theologen die Fragebogen zugeschickt. Die Rücksendequote betrug circa 45 Prozent.

Die Ergebnisse der Umfrage:

90 Prozent der evangelischen Pfarrer glauben, daß es parapsychische Phänomene tatsächlich gibt. Zu den einzelnen Bereichen waren die Zustimmungen unterschiedlich:

	Evangelische Pfarrer Prozent	Katholische Pfarrer Prozent
Telepathie	88	66
Hellsehen	85	70
Spuk	41	28
Psychokinese (seelische Bewegungseinwirkung auf materielle Objekte)	65	65

Auffällig war, daß Theologiestudenten oder in der Ausbildung befindliche Vikare parapsychische Phänomene seltener bejahten als ihre im Beruf stehenden Kollegen.
Die Pfarrer beider großen Kirchen lehnten insgesamt eine Abwertung der Parapsychologie als obskur oder als abergläubische Ersatzreligion ab.
53 Prozent der evangelischen und 26 Prozent der katholischen Pfarrer glauben, daß parapsychische Phänomene dämonisch beeinflußt werden und daß die Beschäftigung mit diesen Erscheinungen von Gott verboten und für das Seelenleben gefährlich ist. Katholische Pfarrer bewerten diese Phänomene häufiger als übernatürlich, als religiös gefährlich und als zu verbieten.
93 Prozent der evangelischen und 64 Prozent der katholischen Pfarrer meinen, daß Okkultismus heute noch einen großen Einfluß besitzt. Die Autoren kommentieren die Ergebnisse:

«Es fällt auf, daß die Pfarrer die Faktizität und die Wirklichkeit okkulter Phänomene wesentlich seltener bejahen im Vergleich zur Häufigkeit, mit der sie diese für schädlich halten. Es ist so, als hätten sie eine ‹magische Angst› vor dem Motto: Okkulte Phänomene gibt es nicht. Falls es sie aber geben sollte, dann wären sie auf jeden Fall gefährlich.»

Interessant waren auch die Ergebnisse zum Thema Teufel. Evangelische Pfarrer hielten den Teufel zu 40 Prozent, katholische sogar zu 79 Prozent für ein real existierendes personales Wesen. 68 Prozent der evangelischen Pfarrer (katholische 27 Prozent) stimmten der Auffassung zu, daß der Teufel eine Personifikation verdrängter Antriebe des Menschen ist. Als vom Teufel bewirkt werden folgende gesellschaftliche Erscheinungen angesehen:

	Evangelisch Prozent	Katholisch Prozent
Kommunismus	70	47
Atheismus	28	61
Massenmedien	15	30
Sexwelle	34	63

Zu Besessenheit und Exorzismus befragt, meinen 33 Prozent der evangelischen Pfarrer und 66 Prozent der katholischen, daß es echte Besessenheit gibt, die durch den Teufel verursacht und nicht durch psychologische oder psychiatrische Methoden klärbar ist.

71 Prozent der evangelischen, 85 Prozent der katholischen Pfarrer meinen, daß es Wunder als Eingriff Gottes außerhalb der Ordnung der Natur gibt und daß auch heute noch Wunder geschehen.

Als Wunder wurden beschrieben: Krankenheilung in Lourdes, die Stigmatisation der Therese von Konnersroth, Levitationen, Leben ohne Nahrungsaufnahme, Nicht-Verbrennen im Feuer und Nicht-Verwesen eines Leichnams. Bei der Bewertung der ersten beiden Phänomene lagen die katholischen Pfarrer mit 84 Prozent um 50 Prozent über ihren evangelischen Kollegen.

Rosin und Hammers wurden durch folgende Pressemeldungen zu ihrer Untersuchung angeregt:

«Ein Pfarrer einer evangelischen Landeskirche hatte mit Wissen des Landesbischofs und des Oberkirchenrates etwa zwei Jahre lang bei mehreren jungen Frauen Exorzismus vorgenommen. Er berief sich dabei zum Beispiel auch auf den Frankfurter Jesuiten-Pater Rodewyk. Dieser hatte 1966 mit kirchlicher Genehmigung eine Monographie veröffentlicht, in der er eine Frau als echte ‹Besessene› beschrieb; dabei hatte die offizielle Untersuchungskommission des Bischofs von Trier etwa 15 Jahre zuvor eindeutig festgestellt, daß es sich nicht um eine ‹Besessene›, sondern um eine hysterische Persönlichkeit handelte.»

«Im Mai 1966 wurde die 17jährige Bernadette Hassler bei einer Teufelsaustreibung durch Schweizer Sektierer so geschlagen, daß sie an den Folgen der Verletzungen starb.
Im Juli 1976 starb die 22jährige Anneliese Michels in Klingenberg bei der vom Würzburger Bischof Joseph Stangel genehmigten Teufelsaustreibung durch die Priester A. Renz und I. Alt.»

Die Autoren meinen abschließend:

«Die Ergebnisse lassen sich als Hinweis darauf interpretieren, daß die sogenannte Okkult-Gläubigkeit, die Verteufelungstendenz und die Wundergläubigkeit bei den Pfarrern zum Teil durch kirchliche Sozialisation gefördert werden. Diese uns psychohygienisch bedenklich erscheinende Vorstellung wird in den Gemeinden verbreitet. Wir sind der Überzeugung, daß die Kirchen die hier dargestellten Berührungspunkte von Theologie und Parapsychologie überdenken müssen. Die Ausbildung der Pfarrer und die religiöse Literatur sollte entsprechend beeinflußt werden, damit nicht weiterhin Angst vor dem Teufel und Wundergläubgkeit propagiert werden.»

Hexen – Hexenwahn

Die BILD-Zeitung vom 28. Dezember 1988 meldete:

«Schon 10000 Hexen in Deutschland.
– Sie tanzen bei Vollmond in Wäldern und auf Hügeln, verbrennen duftende Kräuter und singen schrille geheimnisvolle Urlaute – Hexen 1988.»

Hintergrund dieser Schlagzeile: Die evangelische Zentrale für Weltanschauungsfragen in Stuttgart hatte «ermittelt», daß es in Deutschland etwa 10000 Hexen gibt, die in 70 Konventen organisiert sind: Frauen zwischen 18 und 60 Jahren aus normalen bürgerlichen Berufen. Zwei Dutzend Spezialgeschäfte versorgen sie mit den notwendigen Utensilien wie Opferschalen und Duftölen. Die deutschen Hexen veranstalten Gruppenreisen zu Kultstätten und wollen durch Zauberkräfte heilen, helfen und sehen sich als Vorläufer eines neuen Frauentyps – unabhängig und stark genug, die Herrschaft der Männerwelt zu brechen.

Dabei wagen sich die Hexen in gefährliche Bereiche. Eine Frau erzählt in der BILD-Zeitung:

«Alle rieten zu einer Operation. Aber wir haben den Gebärmutterkrebs anders wegbekommen. Meine Freundin konzentrierte sich 3 Monate lang auf ihren Körper, lebte Diät, und wir arbeiteten mit Trancezuständen. Wir schafften es. Die bösartige Wucherung verschwand.»

Die Medien haben es uns wieder bewußtgemacht, daß Hexenkulte, Hexen und auch Teufelsaustreibung keineswegs nur Kulte des Mittelalters waren, sondern gerade in unseren Tagen neu gefeiert werden.
Die planmäßige Hexenverfolgung begann im 15. Jahrhundert. Es wird geschätzt, daß in Europa zwischen 1480 und 1780 neun Millionen Menschen als Hexen und Zauberer verbrannt worden sind. Der sogenannte Hexenhammer von 1486 war das weitverbreitetste Gesetz in Hexensachen und regelte auch das ordentliche Gerichtsverfahren gegen Hexen.
Der Hexenbegriff ist ein Sammelbegriff aus altem Volksglauben und dem von der mittelalterlichen Kirche 1480 neu definierten Hexenbegriff, der als Grundlage für die Hexenverfolgungen galt.

Man unterstellte den Hexen:

1. Pakt und Buhlschaft mit dem Teufel
2. Ketzerei, das heißt Kult fremder Gottheiten
3. Schadenzauber
4. Flug durch die Luft
5. Tierverwandlung

Der Teufel galt als der große Versucher der Menschheit und grundsätzlicher Gegner des Reiches Christi. Er hatte nicht nur über schlechte Menschen Gewalt, sondern auch über gute.
Mit Ketzerei bezeichnete die mittelalterliche Kirche, in ihrem Absolutheitsanspruch auf Heilslehre, alle heidnischen Einflüsse. (Einige dieser heidnischen Gebräuche sind trotzdem in die christliche Kirche eingeflossen, wie Faslam, Osterfeuer, Sonnwendfeuer et cetera.)
Kam es zu Schäden oder Verlusten bei Ackerbau und Viehzucht oder auch zu Krankheiten im häuslichen Bereich, wurde Zaube-

rei vermutet und eine als Hexe verdächtigte Person gesucht und meist auch gefunden.
Naturwissenschaftliche Erklärungen für das Phänomen wurden gar nicht erst gesucht. Die Schuld war allein schon durch den Tatbestand des Schadens gegeben. Hatte die Hexe nichts zu gestehen, so mußte ihr ein Geständnis durch die Folter abgezwungen werden. Die Folter war es dann auch, die die Zahl der Hexen steigen ließ. Wer hätte nicht unter Folter behauptet, er wäre ein Zauberer oder eine Hexe, in der Erwartung, daß nun endlich die Quälerei aufhöre.
Aufgeklärte Menschen haben sich zu allen Zeiten gegen die Hexenverfolgung ausgesprochen.
Der Leibarzt des Herzogs von Cleve-Jülichberg, JOHANN WEYER, wandte sich bereits 1562 mit einer Schrift an seinen Landesherrn und alle Fürsten, um sie vom Unfug der Hexenverfolgungen zu überzeugen. Er hatte genausowenig Erfolg wie etwa 70 Jahre später der Dichter FRIEDRICH VON SPEE und der Geistliche BALTHASAR BEKKER. 1701 bestritt der Jurist CHRISTIAN THOMASIUS die Strafbarkeit der Hexerei mit dem schlagenden Argument, daß ihr Wesensmerkmal fleischliche Verbindung mit dem Teufel sei, dieser aber, wie Gott, ein geistiges Wesen, so daß eine fleischliche Verbindung unmöglich sei. Ein Delikt, das nicht begangen werden könne, könne auch nicht bestraft werden.
Freiheit des Geistes und des Wortes sind das wirksamste Mittel gegen Wahnverblendungen. Die Ausschreitungen jeden Massenwahns sind die Folge von Einschüchterung und Entrechtung.
Der allumfassende Herrschaftsanspruch der Kirche auf den mittelalterlichen Menschen machte den Hexenwahn erst möglich, dessen letzte Spuren sich heute noch finden. Eine Umfrage aus dem Jahre 1976 ergab, daß 8 Prozent der BRD-Bevölkerung an Hexen glauben («da sei etwas dran»).
Besonders aus Deutschland gibt es immer wieder Berichte über Gerichtsverhandlungen, «umgekehrte» Hexenprozesse.
Hierbei kommt die Frau nicht als angeklagte Hexe vor Gericht, sondern als Klägerin gegen Verleumder. Sie sucht Schutz gegen Hexenbanner und Hexenfinder, die sie in Verruf bringen. Die Opfer der Verleumdung sind meist Frauen; meist sind es Männer, die den Verdacht äußern.

Wahrsagungen

Jeder zweite Bundesbürger glaubt, daß «die Sterne irgendwie unser Leben beeinflussen». 96 Prozent der Bundesbürger kennen ihr Sternzeichen, und fast zwei Drittel lesen ihr Horoskop mehr oder weniger regelmäßig. 19 Prozent der Frauen und 7 Prozent der Männer haben sich schon einmal nach einem Horoskop gerichtet, und 8 Prozent der Bundesbürger haben sich schon einmal ihr persönliches Horoskop erstellen lassen.

Der Hang, sich des Überirdischen zu bedienen, wenn irdische Hilfe versagt, ist ungebrochen – und unbegrenzt ist die Zahl derer, die daraus Kapital schlagen.

Der Sterndeuter-Branche verschafft der «Astrologie-Boom» einen geschätzten Jahresumsatz von über 50 Millionen DM.

Kaum eine Zeitschrift kommt ohne Horoskope aus. Die Redaktionen brauchen einen formuliersicheren Pseudopsychologen, der in zwei Sätzen mit immer neuem Vokabular Hoffnung, Vorsicht, Wut, Zuneigung anzusprechen weiß, so daß jeder, der sein Horoskop liest, etwas für sich daraus machen kann.

Nichts anderes tun die erfolgreichen Kartenleger, Pendler, Kaffeesatzinterpreten und Traumdeuter. Wenn sie erfolgreich sind, das heißt Zulauf haben, dann haben sie eine Naturbegabung für Menschenbeobachtung, Psychologie und Gespräche. In diesem Zusammenspiel haben sie durchaus eine Funktion und richten kaum Schaden an.

Der Übergang vom wissenschaftlichen Bereich der Psychologie über den angrenzenden Kreis der Parapsychologie, mit dem sich durchaus noch ernstzunehmende Leute beschäftigen, hin zur Spökenkiekerei ist fließend. Das Bedürfnis, nach dem Unfaßbaren zu greifen, war immer da und ist immer von geschäftstüchtigen oder auch überzeugten «Hexen» genutzt worden.

Das Unterbewußtsein assoziiert zum guten Rat Weisheit und Alter. Eine junge Hexe hat es schwer. Die Alte, Erfahrenere hat – wie jeder geschulte Psychologe – einen Blick für die Persönlichkeit ihrer Kunden, ein Ohr für den Tonfall ihrer Worte, Erfahrung, um mit den ersten zufälligen Sätzen bei ihnen Vertrauen zu wecken. Genau hinzuhören ist das Wichtigste, klare Auskünfte werden vermieden.

Wenn man davon ausgeht, daß Gedanken eine Form von Energie sind, die als Kräftefeld die persönliche Aura eines Menschen ausmachen, dann gehört nur ein sensibel reagierender Gegenpol dazu, um einen Menschen in seiner Struktur zu erfassen. Wenn die «Hexe» zum Medium wird, durch das der Kunde ein Stück von sich selbst erkennt, dann kann sie durchaus sogar hilfreich sein. Dafür bedarf es gar keiner präzisen, faßbaren Aussage. Im Gegenteil: Je mehr der Suchende selbst hineinlegen muß, um so mehr findet er auch, was er sucht oder braucht. Das wiederum kann Kräfte freisetzen – und positiv wirken.
Wo sich zum Beispiel frustrierte Frauen zum zehntenmal den «sportlichen, gutaussehenden, liebevollen Mann» prophezeien lassen und immer wieder einen meist großen Teil ihres erarbeiteten Geldes dafür auf den Tisch legen, ohne stutzig zu werden, da ist wohl diese nichtssagende Hoffnung ein Bedürfnis, dem einfach Angebot und Nachfrage Rechnung tragen.
Derartige Krücken für eigene Lebensentscheidungen hat es in allen Kulturen, zu allen Zeiten gegeben. Aus Runen, Wirbelknöchelchen, Asche, Rauch und Kaffeesatz versuchte man Gegenwart und Zukunft zu deuten.
Immer ist ein Interpret da, der mit beredten Worten tatsächlich Klarheit in die Entscheidungswirrnis bringt – allein dadurch, daß über seine Deutungen nachgedacht werden muß.

Viele Menschen glauben an die Wiedergeburt

Bei einer Umfrage des Institutes für Demoskopie Allensbach antworteten 12 Prozent der befragten Bundesbürger auf die Frage: «Glauben Sie, daß Sie früher schon einmal gelebt haben?» mit ja. 74 Prozent sagten nein, und 14 Prozent konnten sich nicht entscheiden.
Wird diese Befragung auf die absolute Bevölkerungszahl der BRD hochgerechnet, so sind es rund 6 Millionen Bundesbürger,

die an Seelenwanderung und Wiedergeburt glauben. Verwunderlich ist dieses Ergebnis, da die Vorstellungen eher in das hinduistisch-buddhistische Religionsverständnis passen und dem christlich-abendländischen Raum eigentlich fremd sind.
Besonders auffällig ist, daß gerade jüngere Leute mit höherer Schulbildung besonders häufig an eine Wiedergeburt glauben. Der Glaube an Seelenwanderung und Wiedergeburt hat Konjunktur!

Führer und Verführte

Menschen lassen sich verführen, denn sie lassen sich führen. Sie sammeln sich hinter einem Führer, einer Führerin. Sie sind darauf ausgerichtet, sich einer Führung anzuvertrauen; der Autoritätshörige unterwirft sich der Autorität. Diese Beziehung zwischen einem «Führer» und denen, die sich führen lassen, gilt auch für den gesamten Bereich der Seelenheilkunde. Viele Menschen bringen das Grundmuster mit, daß ihr eigenes Ich – wie in der Kindheit – zu schwach ist und daher von einem Führer gestärkt und ausgefüllt werden muß. Sie brauchen diese führende Person gewissermaßen als Stütze für die eigene Persönlichkeit. Diese Rolle kann der Ehepartner übernehmen, der Vorgesetzte oder ein Idol. Im Krankheitsfall ist es beispielsweise der Arzt, der Therapeut oder eine andere Bezugsperson. Jemanden zum Führer zu machen, entlastet; derjenige, der sich der Führung anvertraut, braucht selbst nicht mehr die Verantwortung zu übernehmen für das, was geschieht. Das kann ein Mangel an Bereitschaft sein, Verantwortung zu übernehmen, es kann aber auch Ausdruck einer «Ich-Schwäche» sein.
Die Anfälligkeit für Führer wird politisch ausgenutzt. In der bereitwilligen Unterwerfung unter den «starken Führer», der alle Probleme löst, geht die eigene Urteilskraft verloren.
Auch anscheinend «vollständige», autonome Menschen sind in persönlichen oder politischen Notsituationen bereit, Autorität anzuerkennen, einem Führer zu folgen.

Zwischen «Führer» und «Geführtem» besteht eine Wechselbeziehung. Der Führer schöpft aus der Hingabe und Anerkennung seiner Anhänger Befriedigung, Kraft und Macht. Nur mit ihrer Hilfe kann er seine Ziele erreichen.
Die Geführten wiederum gleichen durch die Stärke ihres Führers und der Gruppe ihre Persönlichkeitsdefizite aus. Der schwache Mensch fühlt sich stark, der einsame geborgen, der erfolglose findet Anerkennung.
Beide Seiten sind aufeinander angewiesen und streben zueinander. Sie erleben sich gemeinsam als etwas Ganzes, Rundes, als etwas, was viel Kraft hat und Energie, was nach vorn strebt und weiß, was es will. Diese Erfahrung – wir bereichern uns, wir gehören zusammen, wir sind füreinander da – verhindert das Gefühl von Einsamkeit und Vereinzelung.
In diesem Umfeld gibt es so etwas wie Heimat, zu Hause sein. Beide Seiten finden sich in klaren Verhältnissen vor, die ihnen Halt geben und ihnen ermöglichen, ihre sonstigen Energien ungemindert für die Ziele, die beide Seiten gemeinsam haben, einzusetzen. Natürlich kann die Suche nach Geborgenheit auch zum Selbstzweck werden, und es geht dann nur noch darum und nicht um gemeinsame Ziele. Diese Gefahr ist besonders dann vorstellbar, wenn beide Seiten auf der Flucht sind vor einer Umwelt, die auf sie niederdrückend wirkt, bedrohlich und abweisend. Auf diese Weise entsteht ein Schonraum der nach außen hin abgeschottet und gegen störende oder kritische Einwirkungen gesichert werden muß.

Der Therapeut und sein Patient

Kein Therapeut ist frei von Allmachtsphantasien, kein Patient frei davon, sich dem Therapeuten ausliefern zu wollen. Phantasien auf beiden Seiten sind vorhanden, verständlich und berechtigt, sie müssen nur bewußt sein und besprochen werden. Dann können sie konstruktiv in die therapeutische Arbeit einbezogen werden. Schwierig wird es, wenn es zu einer einseitigen oder

gegenseitigen Abhängigkeit kommt. Natürlich kann ein Therapeut seine eigene Macht im Umgang mit einem Klienten erleben und sie genießen und darüber den Blick für das Gegenüber verlieren. Es kann auch sein, daß ein Patient seine kindlichen Wünsche, sich fallenzulassen und die Verantwortung für sich abgeben zu können, auslebt.
Ohne kritische Hinterfragung wäre jede Therapie verfehlt und würde Patienten eher in die Unselbständigkeit als in die Selbständigkeit entlassen.
Solche Verwicklungen können den Kampf um innere Autonomie erheblich erschweren und sogar aussichtslos machen.
Wenn ein Patient im Therapeuten väterliche Züge zu entdecken meint, kann ihm das helfen, sich auf sich selbst zu besinnen und an sich etwas zu verändern.
Schwierig und verhängnisvoll ist es, wenn Therapeuten Abhängigkeiten unterstützen, herstellen oder mißbrauchen. (Vor allem im sexuellen Bereich. Im allgemeinen entsteht aus einer sexuellen Beziehung eine stärkere Abhängigkeit. Sie führt selten zu einer Weiterentwicklung des Patienten und seiner Selbständigkeit.)
Abhängigkeiten sind in der Therapeut-Patient-Beziehung unvermeidbar und therapeutisch erforderlich. Sich fallenzulassen, hilflos zu sein, klein und ohnmächtig zu erscheinen, kann der Weg sein, zu sich selbst zu finden und über die Abhängigkeit zur Selbstverwirklichung zu kommen.

Mit Religion geht es noch besser

Die gleichen Beziehungen wie die bisher beschriebenen gibt es auch innerhalb von Religionen. In allen Religionen hat es Führer gegeben. Auch in der neueren Zeit ist es immer wieder vorgekommen, daß religiöse Führer die Abhängigkeitsbedürfnisse und die Ich-Schwäche ihrer Anhänger schamlos ausgenutzt haben. Ein besonders krasses Beispiel ist der amerikanische Prediger Jim Jones, der seine ihm blind ergebene Anhängerschaft dazu brachte, sich auf seinen Befehl hin mit ihm zusammen umzubringen. Hunderte starben mit und für ihren Führer aus falsch verstandenem Gehorsam. Dieses Beispiel zeigt deutlich, in welch verhängnisvoller Weise es zu Wechselwirkungen zwischen krankhaften Seelenstrukturen von Führern und Geführten kommen kann. Ähnliche Beziehungen gibt es in allen Variationen auch im politischen Leben, man denke nur an die fanatische Bereitschaft von jungen Menschen, für eine Idee in den Tod zu gehen.

Es ist zu vermuten, daß solche fanatisch-rigiden Gruppierungen auch entsprechende Persönlichkeiten anziehen, die in dieses Feld hineinpassen. Anfällig für solche Gruppierungen sind die Menschen unabhängig von ihrer Bildung, ihrer Herkunft und ihrer Intelligenz. Immer besteht aber bei überstarkem Abhängigkeitsverhältnis zum Führer eine Ich-Schwäche der Geführten.

Da es immer mehr ichschwache als ichstarke Persönlichkeiten gab und geben wird, ist die Gefahr von «Verführung» allgegenwärtig.

Die großen Religionen haben einen religiösen Anspruch mit moralischen Inhalten. Obwohl die religiösen Ansprüche und Moralvorschriften unterschiedlich sind, gleichen sich viele psychische Strukturen auffällig. Es geht immer darum, in der religiösen Gemeinschaft eine Heimat zu finden, die Widersprüche unserer Welt zu ertragen und in der Bindung an Außerirdisches die Endlichkeit unseres Daseins zu bewältigen. Dadurch erhält das Leben einen tieferen Sinn.

Die Beziehung zum Führer, dem Vertreter des Transzendenten, gewinnt eine besondere Funktion. Er gehört der Priesterschaft an, also einer uralten, bis in die Anfänge der Menschheit zurückreichenden Gruppe, die den Zugang zum Religiösen vermittelt. Ein besonderer Nimbus kann solche Persönlichkeiten umgeben und wird von ihnen auch nicht unbedingt verabscheut. Das Eintauchen in solche Gemeinschaften kann sehr viele psychische Kräfte freisetzen, die nicht unbedingt konstruktiv zusammengebunden werden, so daß es zu schwerwiegenden psychischen Erkrankungen kommen kann. Die Gefahren in diesem Umfeld sind sicherlich noch größer als in den politischen oder therapeutischen Bereichen.

Der aggressive Jesus – ein «Antiführer»?

Beim Gedanken an Jesus drängt sich häufig das Bild auf, das wir von Malereien voriger Jahrhunderte kennen. Ein sanfter Blick mit langen Wimpern und langen Haaren: der Inbegriff der Sanftmut und Friedfertigkeit. Im Neuen Testament, insbesondere in den Evangelien, stellt sich ein anderes Bild dar.

Jesus war demnach ein Mann, der Konflikte nicht scheute und mit seinen Zeitgenossen oft hart ins Gericht ging. Er war ein Redner, der Widersprüche aufgriff und Auseinandersetzungen nicht auswich. Er kritisierte seine Umgebung, weil sie gefangen war in veralteten Glaubens- und Denkstrukturen. Er setzte sich über die alltäglichen Vorschriften des Judentums hinweg und machte damit deutlich, daß es ihm nicht um die starre Einhaltung von Vorschriften ging, sondern um die innere Haltung zu Gott und den Menschen.

Beispielhaft dafür ist, daß er sich über das strenge Arbeitsverbot am Sabbat hinwegsetzte mit der Begründung: Der Mensch ist nicht für den Sabbat da, sondern der Sabbat für den Menschen (Matthäus 12ff.). Er scheute sich auch nicht, einen Mann am Sabbat zu heilen. Für das fromme Judentum war diese Besinnung auf das Wesentliche mehr als anstößig, es war Gotteslästerung.

In seinen Reden hat Jesus jede Gelegenheit benutzt, seine Zuhörer zu ermahnen, zu warnen, zu brüskieren und vor den Kopf zu stoßen. Die Bergpredigt (Matthäus 5–7), jene große und in der jüngeren Zeit auch erneut diskutierte Rede, in der er zahlreiche wesentliche Aussagen zum Glauben wie zum Verhalten untereinander macht, enthält eine Reihe von Aussagen, die keine Freundlichkeiten darstellen.

Jesus wirkte und wirkt immer noch beängstigend. Seine Heilungswunder haben nicht nur Beglückung ausgelöst, sondern auch Entsetzen. Fast ist es eine Standardformulierung in der Bibel nach einem Wunder: Das Volk entsetzte sich und pries Gott!

Jesus hielt sich nie an gesellschaftliche Schranken, er brach aus seinem Umfeld als Rabbi aus und wandte sich den Armen und Verachteten zu. Wenn sich Jesus damals den Zöllnern zuwandte, dann ist das so, als ob sich heute jemand den Inhaftierten der

RAF zuwenden würde. Jesus geht es darum, den Menschen unabhänigig von ihrer Sünde und Schuld zu helfen: Der Arzt ist für die Kranken bestimmt, nicht für die Gesunden.
Eine andere Gruppierung, der Jesus sich zuwandte, waren die Nicht-Juden. Auch das war unerhört. Die Juden als das auserwählte Volk hatten unter sich zu bleiben.
Das Beispiel vom barmherzigen Samariter zeigt, daß es Jesus immer um den Menschen und nicht um dessen Stellung in der Gesellschaft geht.
Er hat seine Zuhörer, seine Mitmenschen keineswegs an sich gebunden, sondern sie immer wieder auf sich selbst zurückverwiesen, das unterscheidet ihn nachhaltig von anderen «Führern», die ihre Anhänger an sich binden wollen.
Liest man also die biblischen Quellen genau, so erkennt man, daß Jesus offensichtlich eher ein Kämpfer denn ein lascher Softy war.

VI. Profis und Scharlatane am Werkstoff Seele

Der neue Markt: Seele

In den letzten 10 Jahren ist es zu einem «Psychoboom» gekommen. Ärzte, Psychologen und Laien beschäftigen sich zunehmend mit der «Seele». Selbsterfahrungsgruppen, Wochenendseminare und Therapeuten haben nicht über mangelnde Nachfrage zu klagen. Die Umsätze steigen, utopische Sehnsüchte werden kultiviert, und kaum jemand klagt über die Kosten, die meist selbst bezahlt werden müssen. Hier geht es nicht nur um die Behandlung von Befindlichkeitsstörungen oder Krankheiten, sondern um Selbstverwirklichung, Gefühlsreflexion, Wahrnehmungsreflexion, Kennenlernen des eigenen Körpers und vieles andere mehr.

Die Schüler suchen ihren Guru, um angstfreier, sensibler, offener, geselliger und glücklicher zu werden. In dieser Haltung kommt eine Abkehr vom Materiellen und eine neue Spiritualität zum Tragen. Man hat erkannt, daß unsere materialistische Grundeinstellung zwar zu wirtschaftlichen Fortschritten, sozialer Sicherheit und besseren Lebensbedingungen für die Mehrzahl der Menschen in der westlichen Welt geführt hat, aber auch, daß der Fortschritt teilweise «auf Kosten der Seele» geht. Die irrationale Hoffnung, durch Erlernbares glücklich und angstfrei zu werden, ist der Humus für eine Entwicklung, die seriöse und unseriöse Therapieverfahren prosperieren läßt.

Der Psychoboom unserer Tage hat sich nicht nur im Bereich der Behandlungen massiv ausgeweitet, sondern auch im Bereich der Diagnostik. Es gibt nahezu keine Krankheit mehr, für die nicht eine psychische Ursache in Betracht gezogen wird.

Die medizinische Fachzeitschrift «Praxis-Kurier» meldete im März 1989: «Eltern geschieden – Kind fängt an zu schielen». Berichtet wird über eine Studie französischer Augenärzte, die gut zwei Jahre lang bei schielenden Kindern (lateinisch: strabismus) auch nach emotionalen und psychischen Problemen als Ursache des Schielens gesucht hatten.
Als psychologische Faktoren für das Schielen von Kindern wurden herausgefunden:
1. Geburt eines Geschwisters,
2. Scheidung der Eltern,
3. Abwesenheit eines Elternteils,
4. gestörtes Eltern-Kind-Verhältnis.
Als Beispiele werden 3 Zwillingspärchen angeführt, von denen jeweils ein Kind schielte, um sich von seinem anderen Zwilling zu unterscheiden. Einige Kinder versuchten unbewußt, sich mit einem schielenden Elternteil zu identifizieren.
Vielen der schielenden Kinder konnte angeblich nach der Studie geholfen werden, nachdem die psychischen Probleme ausgeschaltet worden waren.
Nicht immer ist für einen seelischen Konflikt gleich ein Therapeut zur Stelle, und nicht für jeden seelischen Konflikt ist auch ein Therapeut nötig. Der gesunde Menschenverstand und die Bereitschaft zuzuhören, können oft genausogut helfen. Auch im Bereich psychischer Belastungen gibt es so etwas wie die Erste Hilfe. Vielleicht wären weniger unserer Mitmenschen seelisch krank, würden wir diese psychische Erste Hilfe besser beherrschen.
Medizinische Erstehilfe-Kurse und auch Erstehilfe-Bücher gibt es wie Sand am Meer. Über die Frage der Ersten Hilfe in extremen Situationen seelischer Belastung hat noch keiner ein Buch geschrieben. Situationen für eine psychische Erste Hilfe könnten sein:

- Ein Arbeitskollege hat erfahren, daß er an einer ernsten Erkrankung leidet;
- der Ehemann der Nachbarin ist durch einen Autounfall tödlich verunglückt;
- der Nachbarjunge ist körperbehindert, und wir sehen, wie er auf der Straße von anderen Kindern gehänselt wird;
- der Nachbar ist Alkoholiker und schlägt Frau und Kinder.

Die Zeitschrift «Psychologie heute» beschäftigt sich in ihrem Juli-Heft 1989 mit dieser Problematik und vor allen Dingen mit der psychischen Betreuung bei Unfällen:

1. «Gehe hin und zeige, daß du da bist!
   Der simple Satz: ‹Ich bleibe bei Ihnen, bis der Krankenwagen kommt›, wirkt offenbar schon sehr entlastend und positiv.
2. Beuge dich zum Opfer hinunter!
   Bei Opfern, die am Boden liegen, sollte man in seiner Körperhaltung Schutz und Abschirmung zeigen: Sich möglichst über das Opfer beugen oder hinknien, so daß sich der Helfer zwischen dem Opfer und der Unfallstelle oder den umstehenden ‹Gaffern› befindet.
3. Suche vorsichtigen Körperkontakt!
   Leichter Körperkontakt, also die Hand oder den Arm des Opfers halten, wird überwiegend als angenehm empfunden. Dagegen werden Berührungen des Kopfes nicht positiv erlebt.
4. Sage dem Opfer, daß ‹etwas geschieht›!
   Die Opfer empfinden es als entlastend, wenn ihnen gesagt wird, daß ‹etwas geschieht›, daß zum Beispiel die Unfallstelle abgesichert ist, daß Krankenwagen, Polizei und Angehörige verständigt wurden oder unterwegs sind. Diese verbale Information sollte auch gegeben werden, wenn das Opfer allem Anschein nach nicht bei Bewußtsein oder selbst redefähig ist. Es gibt Indizien, daß zumindest der Tenor der Botschaft wahrgenommen wird. Außerdem wirkt es entlastend auf den Helfer selbst...»

Krankheit wird in der Vorstellungswelt der Schulmedizin als weitgehend unbeeinflußbares Schicksal angesehen, für das der Kranke nicht verantwortlich gemacht werden kann. In den Vorstellungen der Psychoanalytiker und Psychosomatiker steht dagegen am Anfang einer Erkrankung häufig ein psychisches Fehlverhalten, für das der Betroffene selbst oder jemand anders verantwortlich sein kann. Kankheit ist dann nicht mehr sinnblindes Schicksal, sondern Folge individuellen Fehlverhaltens.
Die Vielzahl der psychotherapeutischen Methoden – vom autogenen Training bis zur Zenprozeßbeziehungstherapie – läßt berechtigte Zweifel an einer spezifischen Wirksamkeit aufkommen. Schon vor über 20 Jahren wurde darauf hingewiesen, daß bisher nicht nachgewiesen sei, daß der Effekt psychotherapeutischer Verfahren wesentlich besser sei als die Spontanheilungsrate. Einer der Gründe dafür ist die Verschiedenartigkeit psychischer Störungen und ihrer Behandlungsmethoden. Ein zweiter Grund ist die Unschärfe der Diagnostik, die es kaum möglich er-

scheinen läßt, jedem Zweifel standhaltende Kontrollgruppen zu bilden. Außerdem ist ein entscheidender Faktor jeder Psychotherapie die Persönlichkeit des Therapeuten.
Im Bereich der somatischen Medizin bestehen ähnliche Probleme, die zwar leichter lösbar erscheinen, aber grundsätzlich auch nicht ausgeschaltet werden können. In der Pharmakotherapie gilt als bewiesen, daß auch bei zweifelsfrei pharmakologisch wirksamen Präparaten mit einem Placeboeffekt von 30 Prozent zu rechnen ist. Das heißt, daß 30 Prozent der Behandelten auch dann einen positiven Effekt der Behandlung erleben würden, wenn das Behandlungsverfahren objektiv wirkungslos wäre.
Wegen der nicht überwindbaren Mängel psychotherapeutischer Methoden und wegen utopischer Therapieerwartungen vieler Menschen hat sich eine alternative Psychoszene entwickelt, die kaum noch überschaubar ist. Hier gilt wie für alle Bereiche der Wirtschaft: Angebot erzeugt Nachfrage, und Nachfrage erzeugt Angebot. Seriöse und unseriöse Leistungsanbieter kämpfen um diesen «Seelenmarkt», der auch deshalb besonders lukrativ ist, weil er Hilfe für nahezu jede Befindlichkeitsstörung verspricht.

Fachleute für die Seele: Jeder gegen jeden

Am Werkstoff Seele wird von den Fachleuten nicht gemeinsam gearbeitet. Viele Aktivitäten werden für Auseinandersetzungen mit der «Konkurrenz» verschwendet. Die Ärzte kämpfen gegen Heilpraktiker und Psychologen und unterstellen ihnen mangelnde Kenntnisse über das Soma, den Körper und seine Krankheiten. Die meisten Ärzte halten Psychologen für überflüssig und Heilpraktiker wegen ihrer meist zu kurzen und schlechten Ausbildung sogar für gefährlich. Aber auch untereinander kämpfen Ärzte für sich um die Anerkennung zur Abrechnung von Leistungen zur Behandlung der kranken Seele und gegen diese Anerkennung bei anderen Ärzten!

Dabei geht es immer ums Geld, denn an der kranken Seele ist gut zu verdienen.
«Medical Tribune», die Mediziner-BILD-Zeitung, hat unter der Überschrift: Sind Psychologen Ärzte – oder was? provokativ nach dem Unterschied zwischen einem Psychologen und einem Arzt gefragt.
In einem Rechtsstreit zwischen der Ärztekammer Nordrhein und einer Vertreterin des Psychologenverbandes will das Bonner Landgericht dazu eine Repräsentativumfrage in Auftrag geben. Ein Meinungsforschungsinstitut soll klären, ob Begriffe wie «psychologische Medizin» oder «klinische Psychologie» beim Patienten den Eindruck einer ärztlichen Behandlung erwecken. Dies wäre, so meint die Ärztekammer Nordrhein, ein glatter Verstoß gegen das Wettbewerbsgesetz.
Hier halten die Psychologen entgegen, daß sie – anders als Heilpraktiker – ebensolange wie Mediziner an Universitäten studiert und dort auch ihr Examen abgelegt hätten. Sie fürchten, daß Ärzte den Berufsstand der Psychologen isolieren wollen.
Seit Jahren versuchen die Ärzte zu verhindern, daß Psychologen als Vertragspartner der Krankenkassen aufgenommen werden und ihre Behandlung auf Krankenschein abrechnen können.
Auch die Gerichte scheinen auf der Seite der Ärzte zu sein. Das Bonner Landgericht deutete an, daß es der Klage der Ärztekammer Nordrhein stattgeben werde, wenn bei der Umfrage nur 10 Prozent der Befragten bei einer Antwort einen Arzt nicht präzise von einem Psychologen unterscheiden können.
Sehr viele Profilneurosen auf dem Rücken der Patienten!

Psychoanalyse in «Schwulitäten»

Unter dieser Überschrift berichtet ULLRICH GOOSS aus der Bundesarbeitsgemeinschaft «Schwule im Gesundheitswesen (Ärzte und Therapeuten)» über Schwierigkeiten bei der Zulassung von Homosexuellen zur Ausbildung zum Psychoanalytiker.

«Schwule Ärzte und Psychologen bewarben sich bei Instituten, ohne ihre Homosexualität zu verbergen, ohne sich also auf die Schmierenkomödie einzulassen, die manch ein Insider empfahl: ‹Lügt euch doch durch, verschweigt eure Homosexualität.› Viele homosexuelle Ärzte und Psychologen haben diesen Weg schon beschritten: Eine Analyse für die erforderliche Ausbildung, eine zweite Analyse, die dann ‹richtige›, sobald Titel und Ehrenzeichen errungen sind.
Die Bundesarbeitsgemeinschaft ‹Schwule im Gesundheitswesen› hat in einer Umfrage zur psychoanalytischen Zulassung festgestellt, daß die Antworten in der Regel den Tenor haben: Im Prinzip ja, aber... und dann folgen mehr oder minder vage Formulierungen und Kriterien, die in der Regel auf eine Ablehnung hinweisen.
Einzig aus Düsseldorf erfährt man kurz und bündig: Homosexuelle nehmen wir in unserem Institut nicht auf.
In Hamburg und Berlin wurden mehrere Bewerber bereits im ersten Interview abgelehnt, explizit wegen ihrer Homosexualität. ... In Hamburg wurde einem homosexuellen Nervenarzt gar die Möglichkeit verweigert, den Zusatztitel «Psychotherapeut» zu erwerben. Das Michael-Balint-Institut mußte sich inzwischen gerichtlich belehren lassen, daß es zu solchem Schalten und Walten überhaupt nicht berechtigt sei. Das Gericht warf nebenbei die nicht uninteressante Frage auf, ob hier nicht auch Konkurrenzerwägungen wirtschaftlicher Natur mit im Spiele seien.»

Der DPV (Deutscher Psychoanalytiker Verband) hat sich dafür ausgesprochen, Homosexuelle nicht in den Kreis der Psychoanalytiker aufzunehmen!
Ein von dem Gießener DPV-Institut zur Psychoanalyse aufgenommener homosexueller Arzt wurde 1984 durch den Beschluß der DPV-Zentrale abgelehnt und wieder ausgeschlossen. Dies, obwohl ihm die Eignung zum Beruf des Psychoanalytikers während des Zulassungsverfahrens ausdrücklich zugesprochen worden war. Dazu U. Gooss:

«Die Psychoanalyse, soweit sie Homosexuelle nur als Kranke zu sehen vermag, die zwar als Leidende und Zahlende auf der Couch willkommen sind, nicht aber gleich als Kollegen akzeptiert werden, befindet sich in bedenklicher Nähe zu all denen, die den Homosexuellen, sei es im heuchlerischen Gewand des Helfers, sei es unverstellter mit Aversionstherapie, mit dem Messer des Psychochirurgen oder der endokrinologischen Prophylaxe zu Leibe rücken wollen.
Die Psychoanalyse ist längst gesellschaftsfähig geworden, hat sich behaglich in entscheidenden Positionen in Psychotherapie, Psychiatrie und Forensik etabliert. Mit der Anerkennung durch Krankenkassen und Ärztekammern nähren sich Psychoanalytiker aus dem Topf der Sozialversicherung und kontrollieren weite Bereiche der psychotherapeutischen Ausbildung von Ärzten

und Psychologen, bestimmen damit in beträchtlichem Umfang über den Zugang zum Beruf des Psychotherapeuten.
Die Ausgrenzung der Homosexuellen durch die Psychoanalyse, ohnehin eine Geschmacklosigkeit, ist damit nicht nur ein Zeichen von Armseligkeit für die Disziplin, die sich – zumindest ihrem Anspruch nach – selbst kritischer Aufklärung und aufrichtiger Wahrheitssuche verpflichtet hat, sondern hat den Charakter eines Berufsverbots, dem mit allen Mitteln entgegenzutreten ist.»

Dem Laien erscheint es noch unverständlicher, daß Fachleute, die bei Seelenkrankheiten helfen und die Vorurteile abbauen sollen, innerhalb ihrer Gruppe stärkste Vorurteile gegen Kollegen aufbauen.
Die Begründungen sind häufig an den Haaren herbeigezogen. Das Gießener Institut diskutiert,

«ob – vereinfacht ausgedrückt – ein homosexueller Analytiker zum Beispiel bei drängenden heterosexuellen Problemem und Konflikten eines Patienten unbefangen arbeiten könnte, ob er im Bereich weiterer Probleme, wie jeweils männliche und weibliche Identität, Rivalität und so weiter, allen Patienten gerecht werden könnte».

Diese Aufgabe bedeutet übertragen, daß Ehetherapien nur von Verheirateten durchgeführt werden können und Therapien von Singles nur von alleinstehenden Psychotherapeuten. Die katholischen Pastoren bleiben damit für jede Art von Familien- und Lebensberatung ausgeschlossen, bleibt ihnen doch der ganze Bereich der «Sexualität» durch ihr Zölibat verschlossen.

Heilpraktiker

Der praktische Arzt, vor allem der Kassenarzt, zählt seine Patienten nach Scheinen, die er vierteljährlich sammelt. Seine Arbeit wird nach Positionstarifen bezahlt. Die Menge muß es machen.
Der allgemeine Vorwurf ist, daß er dadurch für seinen Patienten zu wenig Zeit hat. Jedoch ist ein großer Prozentsatz aller üblichen Störungen, die zu Krankheiten führen, psychosomati-

scher Art und das ruhige Gespräch wichtigster Ansatz fast jeder Therapie. Um sich an die eventuellen seelischen Ursachen heranzufragen, reichen keine 3 Minuten, in denen ein Patient kaum die Symptome seines Mißbefindens schildern kann. Der Hausarzt unserer Eltern kam in die Familien, kannte alle sozialen Strukturen, wußte außer der richtigen Medizin den richtigen Rat. Der Praktiker heute schickt, wenn er psychosoziale Schädigungen mutmaßt, zum Psychiater, eventuell zum Analytiker. Der eine sammelt wieder Scheine, greift also weit eher zum Rezeptblock für Psychopharmaka, als daß er eine Stunde Zeit investiert. Eine Analyse zu bezahlen kostet ein Vermögen, jenseits der kargen Zuschüsse der Kassen.

Hier ist das Feld für Heilpraktiker und Psychotherapeuten. Die Berufsbezeichnung Psychotherapeut ist nicht geschützt. Sozialarbeiter, Theologen, Gruppenleiter, Krankenschwestern, Kindergärtnerinnen und Eheberater können und dürfen sich so nennen.

Die Anerkennung als Heilpraktiker ist in der BRD von einer staatlichen Überprüfung abhängig. Damit sichern und überprüfen die Gesundheitsämter und Behörden ein Minimum an notwendigem medizinischem Grundwissen.

Auf welchem Weg, mit welcher Methode der angehende Heilpraktiker seine Kenntnis erwirbt, ist nicht vorgeschrieben. Er kann seine Kenntnisse auch in der eigenen Stube erlesen. Die von Instituten angebotenen Ausbildungen reichen vom Wochenendkurs über 2 Jahre bis zur 2jährigen Ganztagsschule. Auch unseriöse Institute mischen auf diesem Markt mit und ziehen Schülern das Geld aus der Tasche für eine schlechte Ausbildung.

Den Patienten ist diese schlechte und lückenhafte Ausbildung gar nicht bewußt. Ärzte studieren bis zur Niederlassung in der Regel 7 bis 11 Jahre, Heilpraktiker wollen ihre Patienten nach 70 Wochenendkursen heilen!

Da die medizinischen Möglichkeiten naturgemäß für den Heilpraktiker sehr eingeschränkt sind, liegt sein Arbeitsfeld hauptsächlich in der Psychotherapie.

Ein Heilpraktiker hat grundsätzlich für seinen Patienten – scheinbar unbegrenzt – Zeit. Im Gegensatz zum Arzt gibt er dem Patienten das Gefühl, nicht einer Autorität, sondern Seinesglei-

chen gegenüberzusitzen. Er hört zu. So lange, bis sich Wesentliches, mögliche Ursachen aus der psychischen Situation des Patienten herausschälen lassen. Dieses «Den-Kern-Finden» ist oft schon der erste Ansatz einer Therapie.
Gewiß hat der Heilpraktiker auch eine ganze Reihe weiterer therapeutischer Möglichkeiten, die meistenteils von der Schulmedizin als «unwissenschaftlich» belächelt werden. Er arbeitet mit Homöopathie (der Verdünnung von Stoffen bis zu einem Grad, wo teils der Ursprungsstoff chemisch gar nicht mehr nachweisbar ist), mit verschiedenen sanften Bestrahlungen (Magnetfeld, Elektro, Laser, Licht), mit Phytotherapie (in der Natur vorkommende Stoffe), mit Ozon (ein Luft-Sauerstoff-Gemisch) und mit Reizungen über die Haut (Akupunktur, Wasser, Braunscheidttiere). Aber ein guter Heilpraktiker wird all diese Möglichkeiten nur begleitend einsetzen, denn das Wesentliche, was er leisten kann, ist das psychotherapeutische Gespräch, sowohl als Einzel- als auch als Gruppengespräch. Die Praxis eines Heilpraktikers hält sich nur, wenn er nachweislich Erfolg hat. Da die Behandlungskosten nicht von Krankenkassen getragen werden, ist er von seinem tatsächlichen Erfolg abhängig.
Fast immer ist der Beruf des Heilpraktikers ein Zweit- oder gar Drittberuf. Das heißt, daß Interessierte aus meist sozialen Vor-Berufen diese Zusatzausbildung machen. Nicht selten sind Heilpraktiker nicht mehr ganz jung, reifere Menschen, die Patienten mit Lebenserfahrung begegnen.
Wenn man davon ausgeht, daß mindestens die Hälfte aller Krankheiten psychosomatische Ursachen haben, dann sind genau all diese Beschwerden die Domäne des Heilpraktikers, der – wenn er verantwortungsbewußt arbeitet – Patienten mit anderen Störungen an den entsprechenden Arzt verweisen wird. Die Grenzen zu erkennen und sauber zu ziehen macht den guten und damit erfolgreichen Heilpraktiker aus.
Zu den häufigsten Beschwerdebildern gehören verschiedene Verspannungen, von Kopfschmerzen über Schulter-Hals-Beschwerden bis zu Ischialgien, aber auch Magengeschwüre, nervöse Herzbeschwerden, Schlafstörungen und alles, was unter vegetativer Dystonie zusammengefaßt wird.
Während der Heilpraktiker kaum eine schwere Psychose oder Nervenkrankheit (Multiple Sklerose, Parkinson, Schizophrenie)

annehmen wird, liegen seine Erfolgsgebiete in der psychotherapeutischen Arbeit mit bettnässenden Kindern, in der Behandlung von Ängsten und Depressionen des Klimakteriums, Kontaktschwäche und Unsicherheit im Beruf, Neurosen, Eheproblemen, Sexualstörungen und Suchterscheinungen (Alkohol, Rauchen, Übergewicht).

Er arbeitet, wie üblich in der Psychotherapie, mit Tests, Spielen, dem Erinnern, Erzählen und Aufschreiben von Träumen, suggestiven Vorstellungsbildern (oft unterrichtet er autogenes Training), Bewegung (Bioenergetik, Yoga, Eurhythmie) und Musik (hören und auch selbst produzieren, zum Beispiel mit dem Orffschen Schulwerk).

Heilpraktiker sehen ihre Behandlungsmethoden ganz auf das Individuum ausgerichtet und würden in der Zulassung zur Krankenversicherung eine deutliche Einschränkung erfahren. Einzelne Heilpraktiker versuchen immer wieder, die Kassenzulassung zu erreichen, weil ihrer Meinung nach der Ausschluß gegen das Gleichheitsgebot verstoßen würde. Im Mai 1988 hat dazu das Bundesverfassungsgericht endlich festgestellt, daß Heilpraktikern die Zulassung zur gesetzlichen Krankenversicherung zu verweigern ist.

Dieses Urteil ist ganz im Sinne der großen Heilpraktiker-Dachorganisation ausgefallen, denn die Mehrheit der Mitglieder ist gegen eine Eingliederung der Heilpraktiker in die gesetzliche Krankenversicherung.

Die meisten Patienten, die beim Heilpraktiker Hilfe suchen, haben schon eine längere ärztliche Behandlung hinter sich, in der – wie die Heilpraktiker behaupten – ihnen nicht wirklich geholfen werden konnte.

Beim 4. Deutschen Heilpraktikertag in Düsseldorf wurde festgestellt, daß die über 8000 Heilpraktiker in der Bundesrepublik 1986 etwa 18 Millionen Patientenbesuche registrierten. An erster Stelle der Beschwerden lag Rheuma, gefolgt von Allergien und Erkältungskrankheiten.

Rund 300 Absolventen der Naturheilschulen eröffnen jährlich neu eine Praxis. Gegen diese Heilpraktiker-Schwemme fordern alle Heilpraktikerverbände strengere Kontrollen bei der Zulassung zur freien Praxis.

Berufstätige Heilpraktiker:

1960	2692
1970	2732
1980	6110
1984	8372

In den letzten Jahren haben sich auch Psychologen als Heilpraktiker niedergelassen, weil ihnen eine Kassenzulassung verwehrt wurde.
Die Entwicklungen im Gesundheitswesen, das 50jährige Bestehen des «Heilpraktikergesetzes» und die hohe Zulassungsrate dieses Berufsstandes sollten Ärzte und Gesetzgeber nachdenklich machen.

Die Ausbildung der Ärzte

Seit Jahren gibt es fast 10mal mehr Studienplatzbewerber für Medizin als freie Studienplätze. In Hamburg zum Beispiel bewerben sich pro Semester circa 3000 Studenten für nur 350 Studienplätze.
Für den Zugang zum Studium sind überdurchschnittliche Leistungen gefordert. So zählt zu 45 Prozent die Abiturnote und zu 55 Prozent das Ergebnis aus dem Bewerbungstest. Einen ganzen Tag wird nach dem Muster eines Intelligenztests nicht Wissen, sondern logisches Denken abgefragt.
Die Besten werden, entsprechend den freien Plätzen, genommen. Der Rest muß sich auf eine lange Wartezeit gefaßt machen. Bei manchen klappt der Sprung ins Medizinstudium nie.
Nach einer Sonderregelung werden 15 Prozent der Bewerber ausgelost. Sie haben die Chance, nach einem persönlichen Gespräch mit einem – von der Universität bestimmten – Medizinprofessor den Weg zum Studium ohne Prüfung zu schaffen.

Das Studium gliedert sich in drei Abschnitte:
1. Vorklinik mit vier Semestern und dem «Physikum» als Abschlußprüfung.

2. Klinisches Studium mit sechs Semestern und zwei Prüfungen:
   1. Staatsexamen nach zwei Semestern
   2. Staatsexamen nach weiteren vier Semestern;
3. Praktisches Jahr (PJ) mit zwölf Monaten Klinikdienst
   - vier Monate innere Medizin
   - vier Monate Chirurgie
   - vier Monate nach freier Wahl

   dann 3. und letztes Staatsexamen.

Nach dem dritten Staatsexamen erhält der «Noch-nicht-Arzt» eine Teil-Approbation, um ein Jahr «Arzt im Praktikum» (AiP) zu absolvieren. Danach erhält er ohne weitere Prüfung die volle Approbation.

Jetzt kann er sich nach der gesetzlich vorgeschriebenen Mindestzeit im Klinikdienst oder Praxisvertretung als «praktischer» Arzt niederlassen oder mit der Gebietsarzt-(Facharzt)-Ausbildung beginnen.

Die Ausbildung zum Psychiater dauert 4 Jahre, davon 1 Jahr Neurologie im Stationsdienst und 3 Jahre Psychiatrie, davon 2 Jahre Stationsdienst.

Angerechnet werden können auf die Weiterbildung in der Psychiatrie bis zu 1 Jahr entweder in Psychotherapie oder Kinder- und Jugendpsychiatrie oder 6 Monate in Neuropathologie oder Neurophysiologie. Mindestens 6 Monate der psychiatrischen Weiterbildung sind in einem psychiatrischen Landeskrankenhaus oder einer vergleichbaren Einrichtung abzuleisten. Psychiatrische Landeskrankenhäuser bedienen ein bestimmtes Versorgungsgebiet und haben für dieses Gebiet eine Aufnahmeverpflichtung. Eine Selektion psychisch Kranker findet hier nicht statt.

Die Ausbildung zum Psychiater umfaßt die Erkennung, nichtoperative Behandlung, Prävention und Rehabilitation bei psychischen Krankheiten oder Störungen sowie bei psychischen und sozialen Verhaltensauffälligkeiten.

Die Ausbildung zum Arzt für Nervenheilkunde, das heißt Neurologie und Psychiatrie, umfaßt 5 Jahre, von denen je 2 Jahre auf Neurologie und Psychiatrie entfallen. Im Volksmund werden diese Ärzte einfach Nervenärzte genannt.

Wie wird ein Arzt Kassenarzt?

Krankenhausärzte lassen sich nach ihrer Weiterbildung zum Gebietsarzt – früher als Facharzt bezeichnet –, das heißt zum Beispiel als Neurologe und Psychiater oder nur als Psychiater, in der Praxis nieder, weil sie glauben, daß ihre Chancen auf dem Markt als Gebietsärzte besser sind. Es gibt aber auch Assistenzärzte, die sich vor Abschluß ihrer Weiterbildungszeit als Kassenärzte niederlassen. Diese Ärzte treten dann nur mit der Bezeichnung ‹Arzt› den Patienten gegenüber.

In der Bundesrepublik behandeln Nervenärzte und Psychiater die Patienten mit verschiedenen therapeutischen Verfahren.

Anteil der Nervenärzte mit speziellen psychotherapeutischen Verfahren (in Prozent)

Autogenes Training	63	Verhaltenstherapie	21
Tiefenfundierte Psychotherapie	50	Hypnose	19
Familien- und Ehetherapie	43	Katathymes Bilderleben	10
Analytische Psychotherapie	30	Sonstiges	8
Gesprächstherapie nach Rogers	28	Psychodrama	3
Spezielle Suchttherapie	23	Konzentr. Bewegungstherapie	3
Biofeedback	21	Gestalttherapie	3

Gewichtung der Leitsymptome in der täglichen Psychiater-Praxis (in Prozent)

Depressive Syndrome	40,0	Hypochondrie	11,0
Schmerzsyndrome	33,0	Mittelabusus	7,0
Neurasthenisch-psychovegetative Syndrome	25,0	Produktive psychiatrische Syndrome	6,0
Schlafstörungen	22,0	Suizidalität	5,0
Antriebsarmut	17,0	Potenz- und Libidostörungen	5,0
Phobien und Angstzustände	16,0	Homosexualität und sexuelle Deviationen	0,5
Selbstwertprobleme	11,0	Fremdgefährdung	1,0
Kontaktschwäche und			

Aber auch der Hausarzt – meist ein Allgemeinmediziner oder Internist –, Kinderärzte und Gynäkologen müssen viel für die «Seele» ihrer Patienten tun. Die Gebührenordnungen der gesetzlichen und der privaten Kassen sehen dafür zahlreiche Gebührennummern (siehe Seite 441) vor.

Die Wartezeiten für eine Psychoanalyse betragen heute immer noch sechs bis zwölf Monate. Die Deutsche Gesellschaft für Psychotherapie, Psychosomatik und Tiefenpsychologie stellte fest, daß 1986 von nur 1500 Psychoanalytikern 33000 Patienten behandelt wurden.
Nach Angaben der Kassenärztlichen Bundesvereinigung arbeiteten im September 1987 2965 ärztliche Psychotherapeuten, 979 nicht-ärztliche Psychotherapeuten, 650 Kinder- und Jugendpsychotherapeuten mit tiefenpsychologisch fundierter analytischer Psychotherapie. Nur etwa die Hälfte der ärztlichen Psychotherapeuten verfügt über eine abgeschlossene Weiterbildung an einem anerkannten Institut.
Über dem Durchschnitt mit ärztlichen Psychotherapeuten ausgestattet sind die Großstädte Hamburg, Berlin und München. Je nachdem mit welcher Betrachtungsweise an die Relation Analytiker zu Einwohnerzahl herangegangen wird, liegt das Verhältnis 1 : 43000 bis 1 : 60000 Einwohner in der Bundesrepublik.
Auffällig war in der Studie der Kassenärztlichen Bundesvereinigung, daß der Anteil der RVO-Patienten mit 17 Prozent äußerst gering ist, im Gegensatz zu 45 Prozent der Ersatzkassenpatienten. 19 Prozent der Patienten sind Selbstzahler, und 17,8 Prozent der Fälle werden durch die Privatkassen getragen. In der Studie wird dieses Ergebnis als Zeichen dafür gewertet, daß es immer noch von überdurchschnittlichem Wissen und einem großen Maß Eigeninitiative abhängt, den Weg zum Psychoanalytiker zu finden. Die Studie schließt mit der Bemerkung, daß diese Voraussetzungen bei den RVO-Patienten geringer vorhanden sind als bei Ersatzkassenpatienten.
Weitere Ergebnisse der Studie, in der unter den ärztlichen Psychoanalytikern besonders Nervenärzte, Psychiater und Ärzte für Kinder- und Jugendpsychiatrie erfaßt wurden, sind:

- In der Voll- wie in der Teilzeitpraxis überwiegt die analytische Einzeltherapie (über 50 Prozent der Fälle), danach folgen mit 19 Prozent die analytische Gruppentherapie, mit 15 Prozent die tiefenpsychologisch fundierte Einzeltherapie.
- Die heute immer noch verbreitete Auffassung, Psychoanalytiker führten ausschließlich hochfrequente und langdauernde Therapien durch, hat sich durch die Studie als Vorurteil herausgestellt. Ein sehr großer Anteil, nämlich 75 Prozent, ihrer Tätigkeit, besteht in niedrigfrequenter Einzeltherapie (1 bis 2 Stunden wöchentlich), wogegen die höherfrequente Be-

handlung (über 4 Stunden) nur bei 7 Prozent der Patienten angewendet wird.

- Jeder 3. Patient wird unmittelbar über den ärztlichen Bereich zugewiesen, und
- knapp ¾ aller Befragten führen überwiegend eine eigene Praxis. Der durchschnittlich geschätzte Praxiskostenanteil ist im Vergleich zu anderen Gebietsärzten äußerst gering, er liegt lediglich bei 23 Prozent der Einnahmen.

Psychologie auf dem Vormarsch

In den Bundesländern gibt es unterschiedliche Studienordnungen. Die Gesamtstudienzeit beträgt in der Regel 4 Semester bis zum Vordiplom und weitere 7 Semester (Hauptstudium) bis zum Diplom.

Psychologen sehen ihre Situation in den kommenden Jahren durchaus rosig. Auf dem 36. Kongreß der Deutschen Gesellschaft für Psychologie in Berlin im Oktober 1988 wurde festgestellt, daß nicht nur der Andrang zum Studium unverändert anhält, sondern daß auch die Chancen im wissenschaftlichen Bereich nicht schlecht sind.

Nie zuvor gab es

so viele Professoren für Psychologie an den deutschen Universitäten,

einen größeren finanziellen Aufwand für psychologische Forschung,

so viele psychologische Forschungsinstitute und Abteilungen,

so viele Psychologieprofessoren und -professorinnen in wissenschaftlichen Gremien und den Selbstverwaltungsorganen der Universitäten.

In der Psychologischen Rundschau 1/1989 wurden sämtliche Wochenausgaben von 50 ausgewählten Schweizer Zeitschriften ausgewertet und die vorhandenen Artikel entsprechend den Fachgebieten zugeordnet. Nach Medizin, Biologie und Wirt-

schaftswissenschaften liegt die Psychologie mit behandelten Artikeln und Themen weit vorne.
Probleme gibt es aber bei der Kassenzulassung. Ein Anspruch auf Zulassung zur selbständigen psychotherapeutischen Behandlung besteht nach den derzeitigen Kassenbestimmungen für Nicht-Ärzte nicht. Psychologen können – bis auf wenige Ausnahmen – nur mit einem Arzt psychotherapeutisch tätig werden.

Anonyme Hilfe in Zeitungen und Zeitschriften

Hilfe und Rat bei Krankheit und bei den Problemen des Alltags suchen Menschen nicht nur bei ihrem Arzt, Psychologen, sondern auch bei den anonymen Stellen der Telefonseelsorge und bei Zeitschriftenredaktionen durch Leserbriefe. Fast jede Zeitung und Zeitschrift hat eine speziell ausgerichtete «Kummerecke».
Bei der Auswertung der Leserbriefe nach medizinischen Fachbereichen findet sich ein signifikantes Überwiegen der Fragen für Innere Medizin, Gynäkologie und Dermatologie, es folgen Psychiatrie, Urologie und Kinderheilkunde.
HERMANNS wertete 1986 fast 574 Leserbriefe von Medizinredaktionen aus. Der längste Brief umfaßte 8 DIN-A4-Seiten, durchschnittlich wurden aber 1½ DIN-A4-Seiten geschrieben. Die kürzeste Form war eine Postkarte mit nur 2 Sätzen.
Ein Drittel der Leserpost ist mit Maschine geschrieben, gut 15 Prozent der Leserbriefe sind orthographisch und grammatikalisch stark fehlerhaft.

Warum schreiben Leser an Medizinredaktionen?

574 Leserbriefe nach Fragegruppen:	
1. Fragen zu bestehenden Krankheiten	283
2. Fragen zu speziellen Behandlungsmethoden	64
3. Fragen zu Medikamenten und ihrer Anwendung	45
4. Fragen zu Untersuchungsmethoden	15
5. Fragen zur Vorbeugung und Abwendung von Erkrankungen	13
6. Sonstiges	152

Gliedert man die unter Sonstiges aufgeführten Leserbriefe weiter auf, so liegen hier Fragen zu zwischenmenschlichen Problemen einschließlich Problemen der Sexualität mit an der Spitze.

Briefgrund: 574 Briefschreiber	
1. Keine genaue Angabe	328
2. Beim Arzt gewesen, durch Behandlung keine Hilfe	131
3. Kein Vertrauen zum Arzt	31
4. Patient fühlt sich vom Arzt nicht ernstgenommen und verstanden	26
5. Kein geeigneter Gesprächspartner für die Probleme vorhanden in Familie oder Freundeskreis	24
6. Zweitbriefe mit Bemerkungen zu schon geschriebenen Briefen und deren Antwort	21
7. Patient schämt sich vorm Arzt	13

Die nachfolgenden Briefe sind im Originaltext – mit allen Fehlern – wiedergegeben:

«Ich bin 31 Jahre alt und habe so gut wie nie Lust zur körperlichen Liebe. Mein Mann befriedigt sich dadurch oft selber, was zwar besser ist, als fremdzugehen, trotzdem tut mir das weh. Ich liebe meinen Mann sehr und möchte ihn glücklich machen. Ich selber leide auch an meinem mangelnden Trieb. Die Pille die ich nehme, ist sehr schwach an Hormonen.
Gibt es nicht ein Mittel das mir helfen könnte? Ärzte, die ich wegen meines Problems aufsuchte, redeten mir ein, das daran nichts zu ändern wäre. Sie waren auch nicht bereit mich an einen Arzt für sexuelle Fragen zu überweisen, da es diese nicht speziell gäbe.
Können Sie mir einen Rat geben?»

«Ich habe große Komplexe, wegen meine Brüste. Da ich schon mit 18 Jahren ein Kind bekamm, und es in der Klinik stillte, habe ich jetzt starke Hengebussen, und das Gewebe ist sehr schlaff. Mein Frauenarzt meinte nur, ‹Einfach nicht hin gucken›. Das hilft mir natürlich auch nicht viel. Dann sagte er noch, ihr Mann ist ja noch da. Aber wie lange noch denke ich immer wieder. Langsam neigt er sich immer mehr von mir ab. Das kann ich auch verstehen. Gibt es denn überhaupt nichts was man dagegen machen kann? Ich traue mich auch keinen Bikini oder Badeanzug anzuziehen. Ich bin doch noch so jung.»

«Bin im 4. Monat schwanger. Am rechten Eierstock habe ich eine Zyste. Die war aber vor der Schwangerschaft schon. Der Arzt, wo ich in Behandlung bin, meint die platzt alleine. Jetzt habe ich mich im Krankenhaus angemeldet, wo ich auch mein 1. Kind bekam. Der Arzt sagt wieder, sie soll weg. Was soll ich machen? Ist so was nicht gefährlich während der Schwangerschaft?»

«Denn ich habe ein großes Problem, das meine Ärzte nicht lösen können. Ja, sie haben mich sogar ausgelacht, oder als Spinnerin hingestellt.....
Ich war beim Ordp. der lachte mich aus so eine Krankheit hätte er in seiner Praxis noch nicht gehabt.»

«Ich bitte Sie heute um eine Antwort auf die ich bisher von meinem Arzt nur eine unklare erhielt. Mein Mann 56 ich 55 Jahre führen eine gute Ehe, am Sex haben wir auch noch Spass. Seit 5 Jahren habe ich keine Regel mehr und bin gesundheitlich in Ordnung. Nun zu meiner Frage, müssen wir immer noch aufpassen oder ist der Verkehr jetzt gefahrlos, ich möchte als 3fache Oma nicht noch ein Kind haben.»

Alle Schreiber/innen waren beim Arzt, trotzdem nach wie vor ratlos. Es erschreckt, wie gedankenlos – ja sogar dumm – offensichtlich einige Ärzte auf die Nöte ihrer Patienten reagieren. Kein Wunder, wenn so Enttäuschte woanders Rat suchen!

Der Mensch ständig im Test

Mit Testbögen sollen Intelligenz, Treue, Organisationsfähigkeit, Durchsetzungsvermögen, Eignung für Berufe abgefragt werden. Zeitschriften gehen oft noch einen Schritt weiter und testen die Liebesfähigkeit, die Liebeslust oder versprechen durch ihre

Tests, der Leserin zu sagen, ob sie in einem glücklichen Verhältnis lebt oder nicht.
Seit etwa 60 Jahren gibt es Tests, und die Methoden sind immer komplizierter, aber auch undurchschaubarer geworden. Da wird der sogenannte Intelligenzquotient (IQ) von Firmen getestet, aber auch schon vor dem Eintritt in Sonderschulen, Gymnasien, Universitäten, Bundeswehr oder die Beamtenkarriere. Wie fragwürdig diese Intelligenztests sind, zeigt ein Beispiel:

> «Ein Chicano-Indianer aus einem Reservat, in dem kaum Englisch gesprochen wird, erhält bei einem Test mit weißen Amerikanern einen IQ unter 70 – das grenzt an Schwachsinn. Die Folge ist Einschulung in die Sonderschule für geistig Behinderte. Der junge Indianer flieht, lernt in einem staatlichen Erziehungsheim Lesen und Schreiben und beendet nach normaler Zeit die höhere Schule als Freiwilliger bei der Marine. Er studiert danach und absolviert mit den höchsten Auszeichnungen sein Studium und ist heute Universitätsprofessor.»

In der MENSA, einer Vereinigung von Menschen mit einem Intelligenzquotienten über 150, finden sich nicht nur Professoren, sondern auch Installateure oder Hausfrauen, also nicht die geistige Elite, sondern einfach intelligente Leute, die geschickter als andere ihren Intelligenztest lösen konnten.
Böswillige Zungen sagen, ein Intelligenztest sei sowieso nur in der Lage abzuprüfen, ob der Betroffene innerhalb der Gesellschaft richtig funktionieren könne! Die Methode zur Ermittlung des Intelligenzquotienten funktioniert einfach: Eine größere Gruppe von gleichaltrigen Kindern oder Erwachsenen bekommt bestimmte Aufgaben gestellt. Der Durchschnittswert ihrer Leistungen wird als 100 festgesetzt, und alle über diesen Durchschnitt herausragenden Leistungen werden mit über 100, alle unter dem Durchschnitt liegenden mit Werten unter 100 beziffert.
Hinweise, sich vor falschen Tests zu schützen, hat die Zeitschrift «vital» vor Jahren schon ihren Lesern gegeben.

- Bevor Sie sich einem Test unterziehen, fragen Sie, wozu er dient, wer ihn zu sehen bekommt und welche Folgen ein negatives Ergebnis haben kann.
- Hüten Sie sich vor der Beantwortung von Fragen, die der verfassungsmäßig garantierten Freiheit der Religion, der Weltanschauung und des Wahlgeheimnisses widersprechen.

- Fragen zu Ihrem Intimleben, Ihrer moralischen Auffassung, Ihren sexuellen Gewohnheiten und so weiter brauchen Sie nicht zu beantworten. Das geschieht völlig freiwillig.
- Wenn Ihr Kind in der Schule oder Berufsberatung getestet wird und das Ergebnis entspricht nicht Ihrer Auffassung, dann verlangen Sie einen zweiten Test durch einen unabhängigen Psychologen: Es geht um die Zukunft Ihres Kindes.
- Lassen Sie sich schriftlich versichern, daß ein Testergebnis nicht zu irgendwelchen Akten kommt, die später von anderen benutzt oder mißbraucht werden können. Das Datenschutzgesetz gibt Handhaben.
- Denken Sie bei allen Tests daran, daß man Ihnen hier und dort eine Falle stellen will. Es ist das Recht des Psychologen, Fallen zu stellen – das Ihre aber, sich nicht darin fangen zu lassen.

In der Zeitschrift «vital» heißt es unter der Überschrift: «So knacken Sie die Psychotests» im Juli 1983

«Tips für Ihre Bewerbung». Vorsicht, Falle!

Wer sich beruflich verändern will, muß mehr denn je mit Psychotests rechnen. Auch wenn die Ergebnisse dieser Untersuchungen sehr zweifelhaft sind, wird versucht, mit vielerlei Tricks und ausgeklügelten Fragebogen Ihre Seele zu durchleuchten! «vital» sagt Ihnen, wie Sie die Tester überlisten. Gleich nach der von «vital» aufgestellten abschließenden Faustregel: Willst du im Test der Beste sein, dann schreibe nie die Wahrheit rein.
Wie gut schneiden Sie beim Bewerbungstest ab?
Jede Firma hat ihre eigenen Tests, sonst wären viele Betriebspsychologen überflüssig. Es gibt jedoch einige Standardfragen, die in der einen oder anderen Form immer wiederkehren. Darauf möchte «vital» Sie vorbereiten.
Antworten Sie bitte nur mit Ja oder Nein:

1. Sehen Sie in der Arbeit letztlich den Sinn des Lebens?
   Ja Nein
2. Reden Sie offen mit Ihrem Chef, wenn Ihnen etwas nicht paßt?
   Ja Nein
3. Können Sie Kritik an Ihrer Arbeit vertragen?
   Ja Nein
4. Sind Sie an manchen Tagen schlecht gelaunt?
   Ja Nein
5. Machen Sie Überstunden, wenn es die Arbeit unbedingt erfordert?
   Ja Nein
6. Trinken Sie nach Feierabend gern einen über den Durst?
   Ja Nein
7. Sind sie in Ihrer Freizeit aktiv?
   Ja Nein
8. Kommt es häufig vor, daß Sie von schlechten Träumen geplagt werden?
   Ja Nein

9. Haben Sie viele Freunde?
Ja Nein
10. Halten Sie Gewerkschaften für unbedingt erforderlich, um die Arbeitsplätze zu sichern?
Ja Nein

Wenn Sie den Job bekommen wollen, müssen Ihre Antworten lauten:
1. Ja, 2. Ja, 3. Ja, 4. Ja, 5. Ja. 6. Nein, 7. Ja, 8. Nein, 9. Ja, 10. Nein

Test-Auswertung:
Jede «Ja»-Antwort ist ein Pluspunkt.
0–3 Punkte: In einer leistungsorientierten Firma ist für Sie kein Platz. Werden Sie Aussteiger, und züchten Sie Schafe im Hinterland.
4–6 Punkte: Sie gehören zum Durchschnitt. Wenn Sie je eine Gehaltserhöhung wollen, sollten Sie Überstunden nicht als Angriff auf Ihre Menschenwürde betrachten.
7–9 Punkte: Sie sind der nette Mitarbeiter, auf dem das Auge des Chefs mit Wohlgefallen ruht. Wenn Sie trotzdem nicht vorwärtskommen, liegt's vielleicht doch an Ihren mangelnden fachlichen Qualitäten.
10 Punkte: Sie sind einfach Spitze! Passen Sie nur auf, daß Ihnen Ihr Vorgesetzter nicht aus Konkurrenzangst den Ast absägt.
Bei all diesen Tests sollten Sie daran denken:
Vorbild ist immer der Arbeitnehmer, der sich in fröhlicher Anpassung übt und nur das Wohl der Firma im Auge hat. Entsprechend bieder sind die Maßstäbe für die Antworten. Für viele Chefs leben wir nicht, um zu leben, sondern um zu arbeiten. Und selbstverständlich ist man auch in der Freizeit aktiv: Sich regen bringt Segen.
Achten Sie besonders auf Fangfragen – wie Frage 6: «Trinken Sie nach Feierabend gern einen über den Durst?» Auf jeden Fall verneinen! Der gute Arbeitnehmer ist kein Säufer. Er trinkt ab und zu ein Gläschen, aber er kennt seine Grenzen. Oder Frage 8: «Haben Sie oft schlechte Träume?» Ebenfalls verneinen, denn wer schlecht träumt, hat angeblich eine Macke. Für den guten Arbeitnehmer gilt: Ein gutes Gewissen ist ein sanftes Ruhekissen.

Graphologie

Große Personalbüros bedeutender Industriefirmen oder auch Verwaltungsbüros arbeiten regelmäßig mit graphologischen Gutachten, wenn neue Mitarbeiter eingestellt werden. Gerade bei der Besetzung von Posten leitender Angestellter wird außer zahlreichen Tests, Zeugnissen und Gesprächen die Analyse des Schriftbildes durchaus wichtig genommen.

Im Hochschulbetrieb der Psychologie wird Graphologie seit vielen Jahrzehnten am Rande mitgelehrt. Man geht davon aus, daß sich mit der Reifung einer Persönlichkeit die Schrift notwendigerweise wie ein Spiegel des Ichs entwickelt.
Wer in diesen Spiegel zu sehen vermag und etwas zu erkennen gelernt hat, kann dieses Wissen zur Beurteilung einer Persönlichkeit einsetzen.
Graphologische Gutachten umfassen meist mehrere Schreibmaschinenseiten, wo an Hand der Linienführung der Schrift sehr detailliert Rückschlüsse auf Charakter und Seelenstrukturen des Schreibers gezogen werden. Geachtet wird dabei zum Beispiel darauf, ob die Buchstaben untereinander verbunden sind, wichtig ist, ob mehr Rundungen oder spitze Winkel vorkommen. Deutliche Aussagen werden den großen Buchstaben beigemessen, Ober- und Unterlängen der Wörter haben eine bestimmte Aussage. Wichtig ist, ob im freien Schreiben auf einem weißen Papier ohne Linien der Rand links eingehalten wird und ob die Wörter rechts vor dem Rand zu Ende kommen, noch ganz eng hingesetzt oder getrennt werden.
Ein graphologisches Gutachten kostet zwischen DM 250 und DM 2000. Die Erfahrung und Ernsthaftigkeit, mit der es erstellt wird, hängt sicher von der Ausbildung des Graphologen ab. Die Berufsbezeichnung ist nicht geschützt, es ist also wichtig, daß man sich genau erkundigt, mit wem man es zu tun hat.

Die Profis am Werkstoff Seele

Die psychoanalytische Theorie SIGMUND FREUDS ist nur vor dem Hintergrund der Denkweise des späten 19. und des frühen 20. Jahrhunderts zu verstehen. Als naturwissenschaftlich ausgebildeter Arzt konnte FREUD sich sein ganzes Leben nicht von physiologischen und hirnanatomischen Begriffen lösen, die sein Denken weiterhin entscheidend beeinflußten, obwohl er sich in seiner Privatpraxis als Neurologe dem Studium der Neurosen zuwandte.

Nachdem FREUD bemerken mußte, daß die Hypnose, die er in Paris bei CHARCOT erlernt hatte, nicht bei allen Patienten anwendbar war, entwickelte er die Technik der freien Assoziation (freie Einfälle, gleichschwebende Aufmerksamkeit). FREUD forderte seine Patienten auf, alles, was ihnen gerade durch den Kopf ging, unbefangen zu äußern, auch wenn es keinen erkennbaren Sinn ergab. Diese «analytische Grundregel» schärfte er seinen Patienten ein, bevor er sie ihre Lebensgeschichte erzählen ließ. In den Berichten seiner Patienten traten immer wieder Lücken und Stockungen auf, die er auf einen «Widerstand» zurückführte. Dieser Widerstand verhindert, daß dem Patienten krankmachende Erinnerungen bewußt werden.

Bei der Behandlung von Patienten mit neurotischen Störungen erkannte er sehr rasch, daß bei der Entstehung ihrer Symptome sexuelle Empfindungen eine wichtige Rolle spielten. Das Studium der Neurosen und der sexuellen Abirrungen (Perversionen) führte zur Entwicklung der Libido-Theorie. Unter Libido wird die dynamische Äußerung des Sexualtriebes und im weiteren Sinne eine spezifische Energie, die im Unbewußten lokalisiert ist, verstanden.

Nach FREUD ist das Kind «polymorph pervers», und die Sexualentwicklung durchläuft eine orale, anale und phallische Phase. Anschließend folgt ein Stadium der Latenz, und danach entwickelt sich die reife Sexualität des Erwachsenen, in der die «Partialtriebe» unter dem Primat der Genitalität organisiert sind.

Orale Phase

Das Stillen eines Säuglings ist für Mutter und Kind ein lustbetonter Vorgang.

«Wer ein Kind gesättigt von der Brust zurücksinken sieht, mit geröteten Wangen und seligem Lächeln, der wird sagen müssen, daß dieses Bild auch für den Ausdruck der sexuellen Befriedigung im späteren Leben maßgebend bleibt.» Weil das Saugen und Lutschen des Säuglings nicht objektbezogen ist, nennt FREUD die frühkindliche Sexualität «auto-erotisch».

FREUD sah eine enge Verbindung zwischen erogenen Zonen und Lust einerseits und neurotischen Symptomen andererseits:

«Die erogene Eigenschaft kann einzelnen Körperstellen in ausgezeichneter Weise anhaften. Es gibt prädestinierte erogene Zonen, wie das Beispiel des Ludelns zeigt. Dasselbe Beispiel lehrt aber auch, daß jede beliebige andere Haut- und Schleimhautstelle die Dienste einer erogenen Zone auf sich nehmen kann, also eine gewisse Eignung dazu mitbringen muß. Die Qualität des Reizes hat also mit der Erzeugung der Lustempfindung mehr zu tun als die Beschaffenheit der Körperstellen. Das ludelnde Kind sucht an seinem Körper herum und wählt sich irgendeine Stelle zum Wonnesaugen aus, die dann durch Gewöhnung die bevorzugte wird; wenn es zufällig dabei auf eine der prädestinierten Stellen stößt (Brustwarze, Genitalien), so verbleibt freilich dieser der Vorzug. Die ganze analoge Verschiebbarkeit kehrt dann in der Symptomatologie der Hysterie wieder. Bei dieser Neurose betrifft die Verdrängung die eigentlichen Genitalzonen am allermeisten, und diese geben ihre Reizbarkeit an die übrigen, sonst im reifen Leben zurückgesetzten, erogenen Zonen ab, die sich dann wie Genitalien gebärden. Aber außerdem kann ganz wie beim Ludeln jede beliebige Körperstelle mit Erregbarkeit der Genitalien ausgestattet und zur erogenen Zone erhoben werden. Erogene und hysterogene Zonen zeigen die nämlichen Charaktere.»

Das Sexualziel des infantilen Triebes besteht darin, die Befriedigung durch die geeignete Reizung der so oder so gewählten erogenen Zone hervorzurufen. Diese Befriedigung muß vorher erlebt worden sein, um ein Bedürfnis nach ihrer Wiederholung zurückzulassen, und wir dürfen darauf vorbereitet sein, daß die Natur sichere Vorrichtungen getroffen hat, um dieses Erleben der Befriedigung nicht dem Zufall zu überlassen. Die Veranstaltung, welche diesen Zweck für die Lippenzone erfüllt, haben wir bereits kennengelernt, es ist die gleichzeitige Verknüpfung dieser Körperstelle mit der Nahrungsaufnahme. Andere ähnliche Vorrichtungen werden uns noch als Quellen der Sexualität begegnen. Der Zustand des Bedürfnisses nach Wiederholung der Befriedigung verrät sich durch zweierlei: Durch ein eigentümliches Spannungsgefühl, welches an sich mehr den Charakter der Unlust hat, und durch eine zentral bedingte, in die periphere Zone projizierte Juck- oder Reizempfindung. Man kann das Sexualziel darum auch so formulieren:

«Es käme darauf an, die projizierte Reizempfindung an der erogenen Zone durch denjenigen äußeren Reiz zu ersetzen, welcher die Reizempfindung aufhebt, indem er die Empfindung der Befriedigung hervorruft. Dieser äußere Reiz wird zumeist in einer Manipulation bestehen, die analog dem Saugen ist.»

Die orale Phase dauert ungefähr bis zum Ende des ersten Lebensjahres.

Anale Phase

In der analen Phase rücken die Ausscheidungsvorgänge, und zwar vorwiegend die Funktionen des Enddarmes, in den Mittelpunkt des Erlebens. Jetzt werden im Rahmen der Sauberkeitserziehung erste Kulturanforderungen an das Kind herangetragen, und es merkt, daß es die Zuwendung der Mutter nicht mehr bedingungslos bekommt, sondern nur dann, wenn es die Wünsche der Mutter im Rahmen der Sauberkeitserziehung erfüllt. Nach FREUD stellt der Darminhalt «das erste Geschenk» dar, durch dessen Entäußerung die Gefügigkeit, durch dessen Verweigerung der Trotz des kleinen Wesens gegen seine Umgebung ausgedrückt werden kann.
In der analen Phase besteht ein Konflikt zwischen behalten und hergeben, sich gehenlassen und sich beherrschen. In Märchen und Mythen hat Kot oft die symbolische Bedeutung von Geld und Gold. In einem Brief an seinen Freund schrieb FREUD am 24.01.1887:

«Ich las eines Tages, daß das Geld, das der Teufel seinen Opfern gibt, sich regelmäßig in Kot verwandelt; und am nächsten Tag sagt Herr E., der Gelddelirien hat und von seiner Kinderfrau berichtet, plötzlich, daß das Geld der Kinderfrau immer Kot war.»
«In der analen Phase machen sich auch erste sadistische Verhaltensweisen der Kinder bemerkbar.»
«Eine zweite prägenitale Phase ist die der sadistisch-analen Organisation. Hier ist die Gegensätzlichkeit, welche das Sexualleben durchzieht, bereits ausgebildet; sie kann aber noch nicht männlich oder weiblich, sondern muß aktiv und passiv genannt werden. Die Aktitivät wird durch den Bemächtigungstrieb von seiten der Körpermuskulatur hergestellt, als Organ mit passivem Sexualziel macht sich vor allem die erogene Darmschleimhaut geltend; für beide Strebungen sind Objekte vorhanden, die aber nicht zusammenfallen. Daneben betätigen sich andere Partialtriebe in auto-erotischer Weise. In dieser Phase sind also die sexuelle Polarität und das fremde Objekt bereits nachweisbar. Die Organisation und die Unterordnung unter die Fortpflanzungsfunktion stehen noch aus.
Diese Form der Sexualorganisation kann sich bereits durchs Leben erhalten und ein großes Stück der Sexualbetätigung dauernd an sich reißen. Die Vorherrschaft des Sadismus und der Kloakenrolle der analen Zone geben ihr ein exquisites archaisches Gepräge. Als weiterer Charakter gehört ihr an, daß die Triebgegensatzpaare in annähernd gleicher Weise ausgebildet sind, welches Verhalten mit dem glücklichen, von BLEULER eingeführten Namen Ambivalenz bezeichnet wird.»

Phallische Phase

An die anale Phase schließt sich die phallische Phase der Sexualentwicklung, die im 4. bis 5. Lebensjahr mit dem Beginn der Latenzzeit endet, an. In der phallischen Phase geraten der Penis beziehungsweise die Klitoris in den Mittelpunkt des Interesses und werden zur Lustquelle. Allerdings war auch schon FREUD bekannt, daß Masturbation schon in der frühen Kindheit, das heißt in der oralen Phase, vorkommt. FREUD unterschied zwischen der Säuglingsonanie und der kindlichen Masturbation in der phallischen Phase.

«Wenn es (in der phallischen Phase) auch nicht zu einer richtigen Zusammenfassung der Partialtriebe unter das Primat der Genitalien kommt, so gewinnt doch auf der Höhe des Entwicklungsganges der infantilen Sexualität das Interesse an den Genitalien und die Genitalbetätigung eine dominierende Bedeutung, die hinter der in der Reifezeit wenig zurücksteht. Der Hauptcharakter dieser ‹infantilen Genitalorganisation› ist zugleich der Unterschied von der endgültigen Genitalorganisation der Erwachsenen. Er liegt darin, daß für beide Geschlechter nur ein Genitale, das männliche, eine Rolle spielt. Es besteht also nicht ein Genitalprimat, sondern ein Primat des Phallus.»

Die phallische Phase ist auch die Zeit des Ödipus-Komplexes, den FREUD als einen «Grundpfeiler» der Psychoanalyse ansah. Der Begriff stammt aus der Tragödie «Ödipus Rex» von Sophokles. Hier geht es um die Geschichte eines antiken Königs, der, ohne es zu wissen, seinen Vater erschlug und seine Mutter heiratete und sich schließlich zur Strafe selbst blendete.

«Schon in den ersten Kinderjahren (etwa von 2 bis 5 Jahren) stellt sich eine Zusammenfassung der Sexualstrebungen her, deren Objekt beim Knaben die Mutter ist. Die Objektwahl nebst der dazugehörigen Einstellung von Rivalität und Feindseligkeit gegen den Vater ist der Inhalt des sogenannten Ödipuskomplexes, dem bei allen Menschen die größte Bedeutung für die Endgestaltung des Liebeslebens zukommt. Man hat es als charakteristisch für den Normalen hingestellt, daß er den Ödipuskomplex bewältigen lernt, während der Neurotiker an ihm haften bleibt. Die Frühperiode des Sexuallebens findet gegen das fünfte Jahr hin normalerweise ein Ende.»

Die phallische Phase geht zu Ende, weil der Junge fürchtet, wegen seiner Zuneigung zu seiner Mutter vom Vater kastriert zu werden.

«Die bisher lebhaften Sexualstrebungen verfallen der Verdrängung, und es tritt die bis zur Pubertät dauernde Latenzzeit ein, während welcher die Reaktionsbildungen der Moral, der Scham und des Ekels aufgerichtet werden.»

Der Ödipus-Komplex des Mädchens ist komplizierter als der des Jungen, weil die Mutter das erste Liebesobjekt für beide Geschlechter darstellt.
Weil das Mädchen erkennen muß, daß es keinen Penis hat, ist es gezwungen, seine «Kastration» zu akzeptieren. Daraus ergeben sich drei mögliche Entwicklungsrichtungen.

«Die erste führt zur allgemeinen Abwendung von der Sexualität... Die zweite Richtung hält in trotziger Selbstbehauptung an der bedrohten Männlichkeit fest; die Hoffnung, doch einmal einen Penis zu bekommen, bleibt bis in unglaublich späte Zeit aufrecht (Männlichkeitskomplex)... Erst eine dritte, recht umwegige Entwicklung mündet in die normal weibliche Endgestaltung aus, die den Vater als Objekt nimmt und so die weibliche Form des Ödipuskomplexes findet. Der Ödipuskomplex ist beim Weib das Endergebnis einer längeren Entwicklung. Er wird durch den Einfluß der Kastration nicht zerstört, sondern durch ihn geschaffen, er entgeht den starken feindlichen Einflüssen, die beim Mann zerstörend auf ihn einwirken, ja er wird allzuhäufig vom Weib überhaupt nicht überwunden.»

Der seelische «Apparat»

FREUDS Erfahrungen mit seelisch Kranken führten zur Annahme, daß seelisches Leben in drei Bereiche zu unterteilen ist: das Unbewußte, das Vorbewußte und das Bewußtsein. Das Unbewußte ist der Erinnerung nicht zugänglich, und sein Inhalt sind «Triebrepräsentanzen» und verdrängte Erlebnisse aus der frühen Kindheit. Dem Bewußtsein ist das Unbewußte nicht zugänglich. Unbewußtes wird nicht bewußt. FREUD erklärte diese Begriffe durch eine räumliche Analogie.

«Wir setzen also das System des Unbewußten einem großen Vorraum gleich, in dem sich die seelischen Regungen wie Einzelwesen tummeln. An diesen Vorraum schließt sich ein zweiter, engerer, eine Art Salon, in welchem auch das Bewußtsein verweilt. Aber an der Schwelle zwischen beiden Räumlichkeiten waltet ein Wächter seines Amtes, der die einzelnen Seelenregungen mustert, zensiert und nicht in den Salon einläßt, wenn sie Mißfallen erregen.»

In späteren Jahren wurden die Begriffe Es, Ich und Über-Ich eingeführt.

«Die topische Betrachtung faßt den seelischen Apparat als ein zusammengesetztes Instrument auf und versucht, festzustellen, an welchen Stellen desselben sich die verschiedenen seelischen Vorgänge vollziehen. Nach unserer heutigen Einsicht gliedert sich der seelische Apparat in ein ‹Es›..., in ein ‹Ich›... und ein ‹Über-Ich›.»

Das Ich hat zwischen den Ansprüchen des Es, des Über-Ich und den Forderungen der Realität zu vermitteln.
Das Über-Ich wird als Erbe des Ödipuskomplexes definiert. Es bildet sich durch Verinnerlichung der elterlichen Forderungen und Verbote.
Das Es bildet den Triebpol der Persönlichkeit und stellt, nach FREUD, die Hauptquelle psychischer Energie dar. Ich und Über-Ich sind in der Entwicklung des Einzelindividuums aus dem Es hervorgegangen und haben die Aufgabe, aus dem Es andrängende Impulse zu kontrollieren.

«Nach unserer Voraussetzung hat das Ich die Aufgabe, den Ansprüchen seiner drei Abhängigkeiten von der Realität, dem Es und dem Über-Ich zu genügen und dabei doch seine Organisation aufrechtzuerhalten, seine Selbständigkeit zu behaupten. Die Bedingung der Krankheitszustände kann nur eine relative oder absolute Schwächung des Ichs sein, die ihm die Erfüllung seiner Aufgaben unmöglich macht. Die schwerste Anforderung an das Ich ist wahrscheinlich die Niederhaltung der Triebansprüche des Es, wofür es große Aufwände an Gegenbesetzungen zu unterhalten hat. Es kann aber auch der Anspruch des Über-Ich so stark und unerbittlich werden, daß das Ich seinen anderen Aufgaben wie gelähmt gegenübersteht. Wir ahnen, in den ökonomischen Konflikten, die sich hier ergeben, machen Es und Über-Ich oft gemeinsame Sache gegen das bedrängte Ich, das sich zur Erhaltung seiner Norm an die Realität anklammern will. Werden die beiden ersteren zu stark, so gelingt es ihnen, die Organisation des Ichs aufzulockern und zu verdrängen, so daß seine richtige Beziehung zur Realität gestört und aufgehoben wird.»

Die geschilderten Begriffe unterliegen im Werk FREUDS einem Wandlungsprozeß, das heißt, sie werden nicht immer mit gleichem Sinngehalt gebraucht. In seinem Werk «Das Ich und das Es» erläutert FREUD, daß das «Ich» die verdrängende Instanz sei und daß die Abwehroperationen des Ich zum großen Teil unbewußt ablaufen.
Die entwickelten Begriffe zeigen deutlich, daß sich FREUD eng an anatomische und physiologische Vorstellungen anlehnte. Er äußerte wiederholt die Überzeugung, daß es eines Tages möglich sein werde, seine Vorstellungen auf eine solidere, naturwissenschaftlichere Basis zu stellen.

Eckpfeiler der psychoanalytischen Theorie sind die Annahme unbewußter Vorgänge und die Vorstellung, daß es im Rahmen der Entwicklung zu Traumatisierungen kommt, die für die Entstehung seelischer Krankheiten verantwortlich zu machen sind. Josef Rattner formulierte die Trauma-Theorie folgendermaßen:

«1. Seelische Krankheiten (Neurosen, Perversionen, Deliquenzen, Psychosen) entstehen durch seelische Verletzungen in der Kindheit, im Zusammenhang mit Erziehungsmethoden, die die Bedürfnisse des Kindes nicht erfüllen.
2. In der Kindheit durchläuft der Mensch eine komplizierte seelische Entwicklung, die die Grundlagen seiner Charakter- und Persönlichkeitsbildung zutage fördert. Durch das ganze Leben hindurch bleiben in den ersten Jahren erworbene seelische Strukturen erhalten...»

Ziel der psychotherapeutischen Behandlungsverfahren ist, unbewußte Vorgänge, die für die aktuelle Störung verantwortlich sind, bewußt- und somit der Bearbeitung zugänglich zu machen.
Daß dieses Vorgehen nicht unproblematisch ist und nur zu Teilerfolgen führen kann, hat Freud kritisch gesehen.

«Ich habe wiederholt von meinen Kranken, wenn ich ihnen Hilfe oder Erleichterung durch eine kathartische Kur versprach, den Einwand hören müssen: Sie sagen ja selbst, daß mein Leiden wahrscheinlich mit meinen Verhältnissen und Schicksalen zusammenhängt: Dann können Sie ja nichts ändern; auf welche Weise wollen Sie mir dann helfen? Darauf habe ich antworten können: ‹Ich zweifle ja nicht, daß es dem Schicksal leichter fallen müßte als mir, Ihr Leiden zu beheben: aber Sie werden sich überzeugen, daß viel damit gewonnen ist, wenn es uns gelingt, Ihr hysterisches Elend in gemeines Unglück zu verwandeln. Gegen das letztere werden Sie sich mit einem wieder genesenden Seelenleben besser zur Wehr setzen können.›»

Da es den zur Verfügung stehenden Rahmen überschreiten würde, die psychoanalytische Theorie S. Freuds ausführlich darzustellen, sollen anschließend einige wichtige Begriffe erklärt werden.

Abwehrmechanismen

Darunter werden Strategien verstanden, mit deren Hilfe Triebe, Erinnerungen und Phantasien, die das innere Gleichgewicht eines Individuums gefährden können, daran gehindert werden, ins Bewußtsein zu dringen.
Die Art der eingesetzten Abwehrmechanismen richtet sich nach der Art des Konfliktes und der Entwicklungsstufe des betreffenden Menschen.

«Diese Erfahrungen sind Grund genug, den alten Begriff der Abwehr wieder einzusetzen, der alle diese Vorgänge mit gleicher Tendenz – Schutz des Ichs gegen Triebansprüche – umfassen kann, und ihm die Verdrängung als Spezialfall zu subsumieren. Die Bedeutung einer solchen Namensgebung wird erhöht, wenn man die Möglichkeit erwägt, daß die Vertiefung unserer Studie eine innige Zusammengehörigkeit zwischen besonderen Formen der Abwehr und bestimmten Affektionen ergeben könnte, z. B. Verdrängung und Hysterie... Es kann leicht sein, daß der seelische Apparat vor der scharfen Trennung von Ich und Es, vor der Ausbildung eines Über-Ichs, andere Methoden der Abwehr übt als nach der Erreichung dieser Organisationsstufen.»

I. Verdrängung

Wenn für das Ich nicht akzeptierbare Ideen und Bilder – Freud spricht von Vorstellungsrepräsentanzen – auftreten, wird ihnen der Zugang zum Bewußtsein versperrt, und sie werden ins Unterbewußtsein gedrängt.
Es handelt sich grundsätzlich um durch Angst oder Scham ausgelöste unbewußte Prozesse, die mit einem absichtlichen Vergessen nicht verglichen werden können.
Verdrängte Vorstellungen sind aber nicht endgültig im Unbewußten verschwunden, sondern es kommt in Form von Symptomen, Träumen und Fehlleistungen zu einer «Wiederkehr des Verdrängten».

II. Isolierung

Mit Angst verbundene Gedanken oder Gefühle werden von einem auslösenden Ereignis über den «Kopf», die Vernunft, abgetrennt. Eine Beschäftigung mit den Reizen und Ereignissen ist möglich, ohne daß dabei die mit ihnen verbundenen negativen Gefühle erneut empfunden werden.

III. Verleugnung

Situationen oder Fakten, die vom Ich nicht akzeptiert werden können, werden nicht zur Kenntnis genommen. Es kommt zum Nicht-wahrhaben-Wollen.
Der Begriff Verleugnung wird von Freud im Zusammenhang mit dem von ihm beobachteten Phänomen eingeführt, daß Mädchen ihre Penislosigkeit nicht wahrnehmen wollen.

IV. Verschiebung

Die Bedeutung und Intensität einer Vorstellung wird auf eine andere übertragen. Dieses Phänomen läßt sich besonders häufig bei einer Analyse von Träumen nachweisen.

«Wir dürfen annehmen, daß die Traumverschiebung durch den Einfluß jener Zensur, der endo-psychischen Abwehr, zustande kommt.»

V. Projektion

Im psychoanalytischen Sinne handelt es sich dabei um einen Abwehrvorgang, der dazu dient, Gefühle, Wünsche und Vorstellungen, die die betreffende Person ablehnt, auf andere Personen oder Sachen zu übertragen. Freud hat 1915 die Projektion einer Triebgefahr in die Realität folgendermaßen beschrieben:

«Das Ich benimmt sich so, als ob ihm die Gefahr der Angstentwicklung nicht von einer Triebregung, sondern von einer Wahrnehmung her drohte, und darf darum gegen diese äußere Gefahr mit Fluchtversuchen und phobischen Vermeidungen reagieren.»

VI. Identifikation

Darunter versteht man einen psychologischen Prozeß, bei dem ein Subjekt Aspekte oder Eigenschaften einer anderen Person vollständig oder teilweise assimiliert. Identifizierungsprozesse sind im Rahmen der Persönlichkeitsentwicklung aus psychoanalytischer Sicht zur Ausdifferenzierung des psychoanalytischen Apparates erforderlich. Identifikation ist nicht mit Imitation zu verwechseln.

«Die Identifizierung ist nicht simple Imitation, sondern Aneignung aufgrund des gleichen ätiologischen Anspruches; sie drückt ein ‹gleich wie› aus und bezieht sich auf ein im Unbewußten verbleibendes Gemeinsames.»

VII. Rationalisierung

Es wird nach logischen Gründen für Verhaltensweisen gesucht, die aber in dem speziellen Problemfall gar nicht zutreffen. Es werden Gründe gesucht für ein Verhalten, das eigentlich vom Gewissen abgelehnt wird.

VIII. Reaktionsbildung

Nicht akzeptierte Gefühle und Handlungen werden nicht etwa nur gemildert und unterdrückt, sondern sie werden in konträrer Weise bearbeitet.
Häufig behandeln wir Menschen, die wir nicht mögen und gegen die eine Aversion besteht, mit stärkerer Höflichkeit und Freundlichkeit als andere.

«Reaktionsbildungen hindern das Abgewehrte nur in seiner direkten Wirkung, heben aber nicht seine Existenz auf; es ist in der ‹Extraterritorialität› des Unbewußten weiter vorhanden und wirkt von dort aus fort. Das ist eine Grundannahme der Psychoanalyse, die ja die neurotischen Erscheinungen als Äußerungen solchen Fortwirkens auffaßt... Die Reaktionsbildungen beruhen auf Gegenbesetzungen; hinter ihnen ist das Abgewehrte genauso unbewußt vorhanden wie hinter den Verdrängungen. In diesem Sinne ist die Psychoanalyse den aus Reaktionsbildungen bestehenden Charakterzügen gegenüber wie auch sonst eine ‹entlarvende› Psychologie.»

IX. Regression

Regression ist eine Rückkehr auf frühere Stufen der Libido-Organisation, die allerdings nicht vollständig, sondern nur teilweise stattfindet. So werden in bestimmten Konfliktsituationen orale oder anal-sadistische Verhaltensmuster reaktiviert, um eine Stabilisierung der Ich-Funktionen zu erreichen.

«Der durch Regression abgewehrte Triebgrund existiert also nicht mehr im gleichen Sinne weiter wie der verdrängte, sondern ist durch seinen Abkömmling mehr oder minder vollständig ersetzt.»

Wie wirkt eine psychoanalytische Kur?

Die legendäre analytische Couch wird heute nur noch von orthodoxen Psychotherapeuten benutzt. FREUD sah den Vorteil dieser Anordnung darin, daß er dem Patienten nicht ins Gesicht sehen mußte und dieser sein Mienenspiel nicht erkennen konnte. Die wesentliche Technik der Analyse besteht in der freien Assoziation.

Der Patient wird aufgefordert, alle Gedanken, die ihm gerade durch den Kopf gehen, frei zu äußern. Der Analytiker sichtet das Material und enthält sich zunächst jeden Kommentars.

FREUD empfahl, die Patienten jeden Tag eine Stunde zu behandeln. Heute begnügt man sich meist mit zwei bis drei Sitzungen in der Woche.

Ziel des analytischen Prozesses ist die Entwicklung einer Übertragungsneurose, in der frühkindliche Konflikte des Patienten aktualisiert werden. Rasche Deutungen führen zu keiner Besserung, denn entscheidend ist, daß die mit den früheren Konflikten verbundenen Emotionen aus dem Es oder dem Unbewußten freigesetzt werden. Erst dann sind sie einer Bearbeitung zugänglich. Meist kommt es im Rahmen der Erhebung der Krankengeschichte zu Widersprüchen und Lücken im Bericht des Patienten, die als Ausdruck der Verdrängung angesehen werden. Der Analytiker weist den Patienten auf die Lücken in seinem

Bericht hin und fordert ihn auf, sich zu konzentrieren, um das verdrängte Material ins Licht des Bewußtseins zu befördern. Diese Arbeit ist mit einer erheblichen emotionalen Belastung des Patienten verbunden. Nicht nur der Patient, sondern auch der Analytiker soll sich jeder Zensur enthalten.

«Er soll dem gegebenen Unbewußten des Kranken sein eigenes Unbewußtes als empfangendes Organ zuwenden.»

Ziel der analytischen Arbeit ist also, die mit früheren Konflikten verbundenen Emotionen im Rahmen der Übertragungsneurose freizusetzen und sie einer Bearbeitung durch das Ich zugänglich zu machen. Deshalb sagte Freud:

«Wo Es war, soll Ich werden.»

Unter günstigen Bedingungen ist diese Arbeit erfolgreich, und der Patient wird nach der Behandlung nicht nur symptomfrei, sondern er ist nach der Analyse in der Lage, tragfähige Kompromisse zwischen den Ansprüchen des Es, des Über-Ich und der Realität zu finden.

Bei welchen Störungen hilft Psychotherapie?

Die Psychoanalyse und alle anderen psychotherapeutischen Methoden helfen vorwiegend bei den verschiedenen Neuroseformen wie: Hysterie, Angst- und Zwangsneurose, Stottern, psychogener Tic, Hypochondrie, Sucht, neurotische Hemmungen, Schlafstörungen, Eßunlust und Eßsucht.
Viel schwerer zu beantworten ist die Frage, auf welche Weise die unterschiedlichen psychotherapeutischen Methoden wirksam sind.
Es ist nicht zu bestreiten, daß sie bei einem gewissen Teil der Kranken zu Besserungen führen. Jedoch wird die Beurteilung dadurch schwierig, daß die Behandlung oft mehrere Jahre dauert. In diesen Jahren geht das Leben weiter, und viele andere

Faktoren des realen Lebens wirken auf den Patienten ein, die auch nicht bedeutungslos sind. Berufliche Veränderungen, Wechsel des Partners, die Geburt von Kindern, der Tod naher Angehöriger, eine Erbschaft oder ein Lottogewinn und viele zunächst banal erscheinende Dinge können für das seelische Gleichgewicht von großer Bedeutung sein.

Das wissenschaftliche Ansehen der Psychotherapie wird auch dadurch beeinträchtigt, daß es eine Vielzahl von Schulen gibt, die gleichartige Störungen mit unterschiedlichen Methoden interpretieren und behandeln. Trotzdem unterscheiden sich die Therapieerfolge der verschiedenen Schulen nicht wesentlich voneinander. 1952 kritisierte EYSENCK die Wirksamkeit aller psychotherapeutischen Therapien mit Ausnahme der Verhaltenstherapie. EYSENCK ist der Überzeugung, daß der Erfolg der Psychotherapie im wesentlichen der natürlichen Selbstheilung von neurotischen Störungen zuzuschreiben ist.

Seitdem wurde in einer Vielzahl von Studien nach spezifischen Wirkfaktoren der Psychotherapie gesucht, ohne daß man bisher fündig wurde. Trotz unterschiedlicher Theorien stellte man sogar fest, daß

> «das tatsächliche Verhalten der Therapeuten während der Therapie keineswegs jene Unterschiede aufweist, die man auf Grund der Zugehörigkeit zu ihrer Therapieschule vermutet hätte.»

Nicht immer wird genügend berücksichtigt, daß die theoretische Einstellung des Therapeuten die Vorstellungswelt der Patienten nachhaltig beeinflußt.

Der Traum, den FREUD als Königsweg (via regia) zum Unbewußten bezeichnete, fördert bei Patienten, die von Psychotherapeuten verschiedener Schulen behandelt wurden, «Material» zutage, das den Vorstellungen der Schule des jeweiligen Therapeuten entspricht. In einer Freudschen Psychoanalyse werden daher gehäuft Träume sexuellen Inhalts vorkommen. Wenn der Therapeut ein Anhänger ADLERS ist, kreisen die Träume der Patienten um Minderwertigkeitsgefühle und die Versuche, sie auszugleichen. In einer Jungschen Analyse handeln die Träume der Patienten von Symbolen, Mythen und Archetypen.

Trotzdem wäre es zu einfach, aus diesen Tatsachen zu schließen, daß die Beobachter den Gegenstand ihrer Beobachtung selbst formen, denn auch in der Naturwissenschaft ändert sich das beobachtete Objekt in Abhängigkeit vom Standpunkt des Beobachters.

Seit HEISENBERG ist bekannt, daß

«das Kausalitätsgesetz in seiner Anwendung auf die Welt der Atome endgültig versagt».

Daher ist es absurd, für seelische Erscheinungen kausale Beziehungen zu vermuten.

Die vorliegenden Befunde (STRUPP, 1980) sprechen dafür, daß Faktoren, die in zwischenmenschlichen Beziehungen bedeutsam sind, auch wesentlich zu der Wirkung von Psychotherapien beitragen.

«Primäre Bestandteile dieser gemeinsamen unspezifischen Faktoren beinhalten: Verständnis, Respekt, Interesse, Ermutigung, Anerkennung, Vergebung – kurz jene Arten von menschlichen Qualitäten, die schon seit undenklichen Zeiten als wirkungsvoll im Aufrichten der menschlichen Seele angesehen werden.»

In 42 Untersuchungen wurde die Wirksamkeit einer von Laien durchgeführten Psychotherapie mit der von ausgebildeten Psychotherapeuten verglichen.

In 28 Studien konnten Unterschiede zwischen einer Laien-Therapie und einer professionellen Therapie nicht nachgewiesen werden, in 12 Studien war sogar die durch Laien durchgeführte Therapie erfolgreicher. Nur in 2 Untersuchungen schnitten die ausgebildeten Psychotherapeuten besser ab.

«Die klinischen Erfolge, die die Paraprofessionellen erzielen, sind gleich gut oder signifikant besser als jene der Professionellen. Diese Daten legen den Schluß nahe, daß die Professionellen nicht unbedingt über in Form von meßbaren Ergebnissen demonstrierbare überlegenere klinische Fertigkeiten verfügen als Paraprofessionelle.»

Die Schlußfolgerungen einer Übersichtsarbeit von 1988 werden in drei Thesen zusammengefaßt und sind ernüchternd:

1. «Psychotherapie, wie sie von jeder Therapierichtung praktiziert wird, hat geringe bis mittlere Wirkungen, aber diese Wirksamkeit wird eingeschränkt durch den Umstand, daß sich auch ein beachtlicher Teil der unbehandelten Patienten durch sogenannte Spontanausheilung ihrer Probleme in ihrem Befinden den behandelten Patienten annähern, da sie z. B. aus eigener Kraft die erforderlichen Veränderungen erkennen und Auswege finden.

2. Keiner psychotherapeutischen Theorie ist es gelungen, ein therapeutisches Konzept zu erstellen, in dem spezifische Faktoren überzeugende Wirkungen erzielen, die dem kausalen Ursache-Wirkungszusammenhang entsprechen, wie er in der Theorie formuliert ist.
3. Für die positiven Auswirkungen von Psychotherapie zeichnen Faktoren verantwortlich, die recht vage als ‹unspezifisch› bezeichnet werden und die allgemein in der therapeutischen Situation und der zwischenmenschlichen Beziehung des Patienten zum Therapeuten zu suchen sind.»

Man darf aus den Ergebnissen der vorliegenden Untersuchung nicht schließen, daß Psychotherapie unwirksam ist, da unspezifische Faktoren ein wesentlicher Bestandteil jeder medizinischen Behandlung sind. Man denke nur an den «Placeboeffekt», dem in jeder Behandlung eine bedeutsame Rolle zukommt.
Fragwürdig erscheint jedoch vor dem Hintergrund dieser Untersuchung der hohe Anspruch vieler psychotherapeutischer Schulen und der Dogmatismus ihrer Ausbildungsmethoden. Wenn sich bei weiteren Untersuchungen bestätigen sollte, daß Laien-Therapien gleich oder sogar besser wirksam sind als die Therapien professioneller Psychotherapeuten, muß die Frage erlaubt sein, ob es Aufgabe der gesetzlichen Krankenversicherung ist, die Kosten dafür zu übernehmen.
Ein abschließendes Urteil über den Wert der verschiedenen psychotherapeutischen Behandlungsmethoden ist zum gegenwärtigen Zeitpunkt sicher verfrüht. Dringend erforderlich ist jedoch eine Intensivierung der Therapieforschung, damit die Frage beantwortet werden kann, welche psychotherapeutische Methode bei welcher Störung am erfolgreichsten ist.

Fälle von Pfusch, finanzieller und sexueller Ausbeutung

In der ärztlichen Zeitschrift SELECTA vom April 1987 fragt die Redaktion den habilitierten Biologen und Psychologen im Fach Verhaltensbiologie an der Universität Freiburg:

«Herr Dr. HEMMINGER, würden Sie so weit gehen zu sagen, daß im Bereich der Psychotherapie gelegentlich die Schwelle zur Kriminalität überschritten wird?

Hemminger: In einem ziemlich unbekannt gebliebenen Buch (‹Der Psychopfad› von Lomin Coert) wird von einem Fall berichtet, in dem ein Ehepaar mehr als eine Million Schweizer Franken an eine Therapeutin verlor, die einer etablierten Richtung der Psychotherapie angehört.
Dieser Bericht wurde aus rechtlichen Gründen stark verschlüsselt, aber ein Teil der finanziellen Verluste ist gerichtlich bestätigt. Die seelischen Schäden erwiesen sich als nicht gerichtsrelevant, und auch standesrechtlich blieb die Therapeutin unbehelligt.
Leider ist dieser Ablauf nicht untypisch. Den Begriff der ‹seelischen Schädigung› gibt es nämlich in unserer Rechtsprechung so gut wie gar nicht, und es ist auch meines Wissens noch nie jemand verurteilt worden, weil er einen anderen seelisch geschädigt hat. Außerdem lassen sich fast alle Therapeuten, Gruppen und Institute der psychotherapeutischen Grauzone vom Patienten eine Erklärung unterschreiben, wonach er selbst die Haftung übernimmt und für alle Folgen der Behandlung verantwortlich ist.
Zwar glaube ich nicht, daß eine solche Erklärung mit den Grundprinzipien unserer Rechtsordnung vereinbar ist, aber sie hat immerhin bewirkt, daß bisher kaum Klagen gegen diesen gefährlichen Betrieb laut wurden.
Ein weiterer Gefahrenpunkt liegt in der sexuellen Ausnutzung von Abhängigkeiten. Ob man es als kriminell bezeichnen will, wenn ein Therapeut eine attraktive Patientin zur Geliebten macht, sei dahingestellt. Therapeutisch verantwortungslos ist es auf jeden Fall, und leider scheint es sich nicht um seltene Ausnahmen zu handeln.
Eine neuere Studie weist darauf hin, daß bis zu 5 Prozent der Patientinnen mit ihren Psychotherapeuten eine sexuelle Beziehung während der ‹Therapie› hatten. Daß unter diesen Umständen von einer effektiven Hilfe nicht mehr die Rede sein kann (spätestens wenn der Therapeut der Sache überdrüssig wird, sind die seelischen Probleme schlimmer als zuvor), muß nicht erst begründet werden.»

Darstellung anerkannter Therapieformen

Die Nachtseite unseres Lebens

Der Schlaf und die mit ihm verbundenen Phänomene haben die Menschen seit Urzeiten fasziniert. In der griechischen Sagenwelt sind der sanfte Schlaf (hypnos) und der mitleidlose Tod (thanatos) beides Söhne der Nachtgöttin Nyx. Auch der römische Dichter Ovid nannte den Schlaf ein «Abbild des Todes».
Aus diesen Formulierungen wird deutlich, daß die Bewußt-

seinsveränderung im Schlaf auch als bedrohlich erlebt wird. Etwa ein Drittel der Bevölkerung leidet unter Schlafstörungen. Phänomene wie Sprechen im Schlaf, Schlafwandeln und nächtliche Angstträume, die besonders häufig bei Kindern vorkommen, haben Menschen schon immer beeindruckt.
Eine Analyse der Schlafstörungen ist erst möglich, seit es HANS BERGER in den 20er Jahren gelang, die Hirnströme von der Schädeloberfläche abzuleiten.
Heute werden nach den Veränderungen der Hirnstromkurven 4 Schlafstadien unterschieden, die sich durch eine zunehmende Verlangsamung des Hirnstrombildes auszeichnen. Gleichzeitig wird ein Elektrookulogramm (EOG) und ein Elektromyogramm (EMG) aufgezeichnet.
Mit dem EOG werden Augenbewegungen und mit dem EMG der Spannungszustand der Muskeln registriert.
In systematischen Untersuchungen entdeckte man bald, daß während der verschiedenen Schlafstadien rasche Augenbewegungen auftreten. Seitdem unterscheidet man einen REM-Schlaf *(rapid eye movement)*, in dem rasche Augenbewegungen auftreten, von einem Non-REM-Schlaf, in dem diese Bewegungen nicht auftreten. WILLIAM DEMENT entdeckte, daß Versuchspersonen, die aus dem Schlafstadium mit raschen Augenbewegungen aufgeweckt wurden, über Träume berichteten. Nach dem EEG werden Wach- und Schlafphasen nach elektrophysiologischen Kriterien unterschieden:

W-Stadium	(= A-Stadium)	Wachheit
Stadium 1	(= B-Stadium)	Einschlaf- oder Schläfrigkeitsphase
Stadium 2	(= C-Stadium)	Leichter Schlaf
Stadium 3	(= D-Stadium)	Mittlerer Schlaf
Stadium 4	(= E-Stadium)	Tiefer Schlaf
Stadium 5	(= F-Stadium)	Traumstadium mit REM

Alle Stadien bilden Zyklen von etwa 90 Minuten Dauer, die sich während des Nachtschlafes etwa vier- bis fünfmal wiederholen.
Dem Wachzustand folgen über eine kurze Zeit des SEM-Schlafes *(slow eye movement)* vier Schlafphasen mit zunehmender Tiefe. Mit paradoxem Schlaf wird das Stadium des REM-Schlafes bezeichnet. Diese Schlafphase geht mit erhöhter Herz- und Atem-

frequenz einher und enthält auch die Traumphase. Die individuelle Schlafdauer ist unterschiedlich. Es gibt ausgesprochene Kurzschläfer und Langschläfer.
Die Schlafdauer und die Verteilung der Schlafstadien ist auch abhängig vom Lebensalter.
Mit der Entdeckung des REM-Schlafes hat eine neue Ära der Traumforschung begonnen. Bis dahin war es nur möglich, über den Traum das in Erfahrung zu bringen, was der Schläfer am Morgen erinnerte. Wer sich an nichts erinnert, meint, nicht geträumt zu haben. Heute weiß man, daß es keinen traumlosen Schlaf gibt. Ausgedehnte Analysen der amerikanischen Schlafforscher HALL, VAN DE CASTLE und SNYDER, die über 1000 Personen im Schlaflabor untersuchten und aus dem REM-Schlaf weckten, ergaben, daß die meisten Träume nicht sehr interessant sind. Häufig kommt in ihnen eine bekannte Person vor. In einem Drittel der Träume sind die Personen oder der Träumende selbst irgendwie aktiv, indem sie sprechen, zuhören oder etwas beobachten. In einem weiteren Drittel bewegen sie sich, fahren oder gehen. Körperliche Aktivitäten werden im Traum als mühelos erlebt. Die Träume haben häufiger negative als positive Inhalte. Es wird mehr von Unglück und Mißerfolg als von Glück und Erfolg geträumt, aggressive Auseinandersetzungen sind häufiger als freundliche Kontakte. Furcht und Angst dominieren.

Beteiligung von Sinnesgebieten am Traum nach einer Untersuchung aus der DDR:

Sinnesgebiet	Beteiligung am Traum Angaben in Prozent
Optisch (Gesichtssinn)	etwa 85
Akustisch	etwa 55
Bewegungsempfindung	etwa 12
Taktile Empfindungen (Tastsinn)	etwa 10
Geruchssinn	etwa 4
Geschmackssinn	etwa 4

Daß die Prozentzahlen addiert mehr als 100 Prozent ergeben, ist nicht verwunderlich, denn Träume sind nicht ausschließlich nur einem Sinnesgebiet zugehörig, sondern es treten häufig mehrere Sinnesempfindungen auf. So kann man zum Beispiel im Traum radfahren, gleichzeitig aber die Landschaft betrachten, die Getreidefelder riechen und auch das Hupen eines Autos oder eines vorbeifahrenden Zuges hören. Wesentlich schwieriger erscheint die Frage nach der Farbigkeit der Träume. Es gibt Autoren, die feststellen, daß alle Träume farbig sind, andere aber meinen, sie können dazu keine Aussage machen.

DEMENT und Mitarbeiter haben herausgefunden, daß die Länge der Traumberichte der Dauer des REM-Schlafes entspricht. Aber weitere Untersuchungen haben ergeben, daß wir nicht nur im REM-Schlaf, sondern auch während des Einschlafens, des Aufwachens und im Non-REM-Schlaf träumen, denn 74 Prozent der Probanden, die aus dem Non-REM-Schlaf geweckt wurden, berichteten über Träume.

Es gibt allerdings Hinweise dafür, daß die Traumberichte aus dem REM-Schlaf im allgemeinen lebhafter, bizarrer und gefühlsbetonter sind.

Bis heute ungeklärt ist, welche Funktionen Träume haben und warum sie entstehen. Hier scheiden sich die Geister. Der amerikanische Schlafforscher RECHTSCHEFFEN sagte, dem Traum mangele es an Phantasie. KANT sah in den Träumen eine «zweckmäßige Anordnung der Natur».

«So würde ich fragen, ob nicht die Träume (ohne die niemals der Schlaf ist, ob man sich gleich nur selten derselben erinnert) eine zweckmäßige Anordnung der Natur sein mögen, indem sie nämlich beim Abspannen aller körperlichen bewegenden Kräfte dazu dienen, vermittels der Einbildungskraft und der großen Geschäftigkeit derselben (die in diesem Zustand mehrenteils bis zum Affekte steigt) die Lebensorgane innigst zu bewegen: So wie sie auch bei überfülltem Magen, wo diese Bewegung desto nötiger ist, im Nachtschlafe gemeiniglich mit desto mehr Lebhaftigkeit spielt; so daß ohne diese innerlich bewegende Kraft und die ermüdende Unruhe, worüber wir die Träume anklagen (die doch in der Tat vielleicht Heilmittel sind), der Schlaf selbst im gesunden Zustande, wohl gar ein völliges Erlöschen des Lebens sein würde.»

Wahrscheinlich werden die Schlafforscher in den nächsten Jahren genauere Antworten finden.

Naturwissenschaftliche Traumforschung wird aber nicht klären können, ob Träume eine Botschaft vermitteln, ob sie etwas bedeuten und wie sie zu deuten sind. Für S. FREUD war die Traumdeutung der Universalschlüssel, der in die verstecktesten Winkel der Psyche führt. Sein erstes großes Werk «Die Traumdeutung» ist ein Jahr älter als unser Jahrhundert. In einer Zeit, in der sich niemand sonderlich mit Träumen beschäftigte, entwickelte er eine vollständige Traumtheorie, die für ihn und seine Anhänger zu einer der wichtigsten Quellen des Menschenverständnisses wurde.

Im Traum melden sich unbewußte Wünsche und Vorstellungen in verschlüsselter Form, die das Ich nicht wahrhaben will. Wenn der Trauminhalt unverschlüsselt die Bewußtseinsschwelle überschreitet, erwacht der Schläfer. Damit dies nicht geschieht, werden die Traummaterialien (körperliche Reize, Tagreste, Traumgedanken) mit Hilfe der Zensur umgewandelt, und so entsteht der manifeste Traum, den wir erinnern.

Der manifeste Traum enthält eine Wahrheit über den Träumer, die es zu erschließen gilt. FREUD erkannte die Bedeutung des Traumes für das gesunde und kranke Seelenleben und setzte ihn in unmittelbare Beziehung zu neurotischen Symptomen.

Den Traum von «Irmas Injektion» träumte FREUD in der Nacht vom 23. auf den 24. Juli 1895 in einem Sommerhaus auf der Bellevue bei Wien:

«Eine große Halle – viele Gäste, die wir empfangen. – Unter ihnen Irma, die ich sofort beiseite nehme, um gleichsam ihren Brief zu beantworten, ihr Vorwürfe zu machen, daß sie die ‹Lösung› noch nicht akzeptiert. Ich sage ihr: ‹Wenn du noch Schmerzen hast, so ist es wirklich nur deine Schuld.› – Sie antwortet: ‹Wenn du wüßtest, was ich für Schmerzen habe im Hals, Magen und Leib, es schnürt mich zusammen.› Ich erschrecke und sehe sie an. Sie sieht bleich und gedunsen aus; ich denke, am Ende übersehe ich da noch etwas Organisches. Ich nehme sie zum Fenster und schaue ihr in den Hals. Dabei zeigt sie etwas Sträuben wie die Frauen, die ein künstliches Gebiß tragen. Ich denke mir, sie hat es doch nicht nötig. – Der Mund geht dann auch gut auf, und ich finde rechts einen großen Fleck, und anderwärts sehe ich an merkwürdigen krausen Gebilden, die offenbar den Nasenmuscheln nachgebildet sind, ausgedehnte weiß-graue Schorfe. Ich rufe schnell Dr. M. hinzu, der die Untersuchung wiederholt und bestätigt. ... M. sagt: ‹Kein Zweifel, es ist eine Infektion, aber es macht nichts; es wird noch eine Dysenterie hinzukommen und das Gift ausscheiden... Wir wissen auch unmittelbar, woher die Infektion rührt. Freund Otto hat ihr unlängst, als sie sich unwohl fühlte, eine Injektion gegeben, mit einem Propylpräparat, Propylen... (dessen Formel ich fettgedruckt vor mir sehe) ... man macht solche Injektionen nicht so leichtfertig... Wahrscheinlich war auch die Spritze nicht rein.›»

Freud schildert zu jedem Bestandteil des Traumes seine Einfälle, die den Traum mit aktuellen und vergangenen Ereignissen in Verbindung bringen. Dem Traum war unmittelbar vorausgegangen, daß Irmas Befinden, die von Freud wegen hysterischer Symptome behandelt worden war, nach Beendigung der Psychoanalyse immer noch zu wünschen übrig ließ. Diese Nachricht erhielt er von Otto, einem ihm bekannten Kollegen, der im Traum ebenfalls auftritt. Freud hatte sich über ihn geärgert, weil er ihm von dem schlechten Befinden Irmas offenbar mit versteckten Vorwürfen berichtet. Im Traum gibt er ihm die Schuld an Irmas schlechtem Gesundheitszustand. Dadurch wird der Wunsch Freuds deutlich, daß er nicht für Irmas Zustand verantwortlich sein will.
Die Seele denkt in Bildern und Symbolen, deshalb ist es nicht verwunderlich, daß sich auch der Traum symbolischer Darstellungen bedient.

«Alle in die Länge reichenden Objekte, Stöcke, Baumstämme, Schirme (des der Erektion vergleichbaren Aufspannens), alle länglichen und scharfen Waffen: Messer, Dolche, Pieken wollen das männliche Glied vertreten. Ein häufiges, nicht recht verständliches Symbol desselben ist die Nagelfeile (des Reibens und Schabens wegen?). – Dosen, Schachteln, Kästen, Schränke, Öfen entsprechen dem Frauenleib, aber auch Höhlen, Schiffe und alle Arten von Gefäßen. – Zimmer im Traume sind meist Frauenzimmer, die Schilderung ihrer verschiedenen Eingänge und Ausgänge macht an dieser Auslegung gerade nicht irre.»

Die Freudsche Symboldeutung hat einen stark schematischen Zug und wird deshalb nicht zu Unrecht häufig kritisiert (obwohl sich Freud gegen eine Chiffriermethode der Traumdeutung wandte und ausdrücklich forderte, daß die manifesten Inhalte nur im Zusammenhang mit den Assoziationen des Träumers gedeutet werden können). Die Diskussion über den Sinn der Symbole führte zum Bruch zwischen Freud und Jung.
Für Jung und seine Anhänger ist der Traum eine sinnvolle Botschaft aus dem Traumbewußtsein. Sie halten Freuds Theorie, daß alle Träume letztlich auf Wünsche zurückzuführen seien, für zu simpel. Jung konzentrierte sich deshalb auf den manifesten Trauminhalt und das, was dieser ihm verriet. Die bildhaften Szenen der Träume enthalten, nach Jung, persönliche Lebenserfahrungen des Träumers und entwicklungsgeschichtlich be-

Auswahl von Traumsymbolen

Abgrund
Bild der Gefahr, das je nach Situation des Träumers zur Umkehr aufrufen kann, das auf Lebensschwierigkeiten hinweist, die unter Umständen auch überbrückt werden können.

Absturz
Abstürzen im Traum bedeutet Trennung, Verlust. Absturz kann aber auch bedeuten, daß sich der Träumer zu sehr von der Lebenswirklichkeit entfernt hat und auf den harten Boden der Tatsachen zurückkehren muß.

Adler
Der Adler als König der Lüfte ist ein Herrschaftssymbol. Nach JUNG verkörpert der Adler ein «archaisches Gottesbild». Er ist auch Symbol für geistige Kraft und Gedankenfreiheit. Im griechischen Mythos symbolisiert der Adler die Zeugungskraft des Zeus, der sich der Sternengöttin als Adler näherte.

Ameisen
Ameisen, Käfer und andere Insekten sind, wenn sie in Massen erscheinen, ein Gefahrensignal.

Auge
Das Sehen ist der wichtigste Sinn des Menschen. Die Augen sind der Spiegel der Seele. «Wär nicht das Auge sonnenhaft, die Sonne könnte es nie erblicken!» Im Traum symbolisiert das Auge Bewußtsein und Einsichtigkeit.

Backofen
Im Backofen wird Mehl in Brot verwandelt, deshalb gilt er ebenso wie der Bäcker im Traum als Symbol für Naturvorgänge wie Zeugung und Geburt. Der Backofen kann aber auch Symbol des Weiblichen im Hinblick auf seine nährende Funktion sein. JUNG bezeichnet den Backofen als Symbol der «geistigen Nahrung» und «Schöpferkraft».

Banane
steht für das männliche Geschlechtsogan.

Dirne
signalisiert Gefühlsverarmung und Gefühlskälte. Träume von Dirnen, Callgirls und Prostituierten sind bei Jungen mit starker Mutterbindung häufig.

Erdbeere
kann im Traum die weibliche Brust darstellen, wegen ihrer Ähnlichkeit mit der Brustwarze.

Frosch
Meist träumen Frauen und Mädchen von Fröschen und Kröten. Diese Tiere symbolisieren den Wunsch nach einem «Prinzen», getreu dem bekannten Märchen.

Gürtel des Mannes
Symbol der Potenz und Kraft. Männliches Herrschaftssymbol.

Gürtel der Frau
symbolisiert Tugend und Reinheit.

Haus
Das Haus schützt uns vor Kälte und Unwetter. Im Traum bedeutet es einen Schutzmechanismus für die Seele. Haus kann aber auch ein Sexualsymbol sein, dafür gibt FREUD ein Beispiel:
«Zwischen 2 stattlichen Palästen steht etwas zurücktretend ein kleines Häuschen, dessen Tore ge-

schlossen sind. Meine Frau führt mich das Stück zur Straße zum Häuschen hin, drückt die Tür ein und ich schlüpfe rasch und leicht in das Innere eines schräg aufsteigenden Hofes.»
Deutung: das Öffnen verschlossener Türen gehört zur gebräuchlichsten sexuellen Symbolik von Koitusträumen. Die beiden Paläste stellen die stattlichen Hinterbacken des weiblichen Körpers dar. Der enge, schräg aufsteigende Gang ist natürlich die Scheide.
Bei der Analyse stellt sich heraus, daß die Ehefrau den coitus a tergo ablehnte, obwohl sie im Traum Hilfe dazu leistet.

Kuß
Sinnbild des Wunsches zur geistigen (Bruderkuß) oder erotischen Annäherung oder zur Versöhnung.

Mantel
Der Mantel hat Schutzfunktion, symbolisiert aber auch die berufliche Funktion: Arztkittel, Talar von Richter und Pfarrer, Königsmantel.

Neubau
Zeichen für geistige und seelische Neuorientierung.

Polizist
Sinnbild der Staatsmacht und ihrer Gewalt, steht aber auch für das Gewissen.

Quelle
Fruchtbarkeitssymbol, Zeichen neuer seelischer Energie.

Rose
Symbol der Liebe.

Tisch
Der Tisch symbolisiert sowohl etwas Nährendes als auch sexuelle Vorstellungen. In der Traumlogik – man denke nur an die Rede von Tisch und Bett – vertritt der Tisch das Bett, so wie Essen Synonym für Sexualität sein kann.

Urin
Wird vom Wasserlassen geträumt, kann dies Ausdruck sexueller Spannungen sein.

Wüste
signalisiert seelische Vereinsamung, Aufforderung zur Askese.

Zwerg
Zwerge mit Kapuze haben eine sexuelle Bedeutung, ansonsten steht der Zwerg für Hilfe.

deutsame Erfahrungen der Menschheit. Träume können Konflikte zum Ausdruck bringen, sie können aber auch Wege in die Zukunft weisen und bisher nicht erkannte Möglichkeiten im Leben oder der psychologischen Entwicklung aufdecken.
Nach JUNG kann zum Beispiel die Schlange in manchen Träumen zwar ein phallisches Symbol sein, aber in anderen auch Heilkraft, Weisheit oder das Böse bedeuten, wie in der griechischen, orientalischen oder christlichen Mythologie. Unerläßlich für die richtige Deutung des Traumes sind die Einfälle des Träumers, die Kenntnis seiner gegenwärtigen Lebenssituation und seiner Lebensgeschichte.

Ob man Träume für verstehbare Nachrichten aus dem kollektiven Unbewußten oder für den verschlüsselten Ausdruck unerfüllter Wünsche hält, ist eine Frage der Einstellung. Wenn wir uns der Nachtseite unseres Lebens öffnen und der faszinierenden Bilderwelt des Traumes mehr zuwenden, werden wir mehr lernen von der Vielschichtigkeit menschlichen Seelenlebens.

Hypnose: eine Form der Psychotherapie

Es gibt keine Behandlungsform in der Psychologie und Psychiatrie, die mit so vielen falschen Vorstellungen behaftet ist wie die Hypnose. Begonnen hat alles mit den Ideen des Mönches F. A. Mesmer 1734 aus Iznang am Bodensee über tierischen Magnetismus und den Einfluß der Gestirne. In den Augen seiner Zeitgenossen vollbrachte er Wunder. So behandelte er einen Ritter des Königlichen Militärordens vom Heiligen Ludwig, der uns seine Beschwerden und seine Heilung überliefert:

«Nachdem ich vier Jahre lang ohne Erfolg von anderen Ärzten behandelt worden war, konsultierte ich Mesmer. Mein Kopf zitterte ständig, und mein Hals war nach vorne geneigt. Meine Augen standen vor. Mein Rücken war fast völlig gelähmt, und ich konnte nur mühsam sprechen. Ich lachte, ohne es zu wollen und aus keinem ersichtlichen Grund. Mein Atem ging schwer, und ich litt an heftigen Schmerzen zwischen den Schultern und an einem ständigen Zittern. Ich schwankte beim Gehen... Eis kam aus meinen Gliedern, gefolgt von großer Hitze und übelriechendem Schweiß... Jetzt, nach vier Monaten, bin ich völlig geheilt.»

Es wird berichtet, daß Mesmer ein vornehmes junges Mädchen in Wien von der Blindheit heilte und auf Betreiben der neidischen «Mediziner-Kollegen» ausgewiesen wurde. Er ging nach Paris. Dort gehörte es bald zum guten Ton, sich bei Mesmer behandeln zu lassen, der deshalb Gruppentherapien durchführen mußte.

«Die Behandlung wurde in einer großen Halle durchgeführt, deren Fenster abgedunkelt waren. In der Mitte des Raumes stand das berühmte Baquet, ein offener, etwa ein Fuß hoher Zuber, der so groß war, daß dreißig Patienten um ihn herumstehen konnten. Er war mit Wasser gefüllt, in dem Eisenpfeilspäne, zermahlenes Glas und verschiedenartige Flaschen in einem symmetrischen Muster angeordnet waren. Dieser Gesundheitszuber war mit Holzbrettern abgedeckt, welche Öffnungen hatten, aus denen miteinander

verbundene Eisenstäbe herausragten. Die Patienten berührten mit diesen Stäben ihre verschiedenen schmerzenden Körperteile, damit die heilenden Kräfte des tierischen Magnetismus sich auswirken könnten. Sie waren angewiesen, absolutes Stillschweigen zu bewahren, und während der gesamten Prozedur tönte aus dem Nebenraum eine leise, klagende Musik. Im richtigen psychologischen Augenblick pflegte dann MESMER selber in einer glänzenden Seidenrobe in Erscheinung zu treten. Er schritt unter den Patienten einher, blickte einem jeden fest in die Augen, strich ihnen mit der Hand über den Körper und berührte sie mit einem langen dünnen Eisenstäbchen.
Es besteht kein Zweifel darüber, daß sehr viele seiner Patienten an den Erfolg dieser Behandlung glaubten und behaupteten, von MESMER geheilt worden zu sein, genauso wie die Patienten heutzutage nach einer psychoanalytischen Behandlung gelegentlich behaupten, von dieser Methode profitiert zu haben. Es ist schwer zu sagen, ob MESMER ein bewußter Scharlatan war, der die Suggestibilität seiner Patienten ausbeutete, oder ob er selbst an die wissenschaftliche Richtigkeit seiner Hypothese ernsthaft geglaubt hat.» (H. J. EYSENCK)

Die Methode MESMERS wurde «mesmerieren» genannt, und dieses Wort ist zu einem Synonym für «hypnotisieren» geworden. Der «Vater der Hypnose» hat niemals hypnotisiert. Erst sein Schüler Marquis DE PUYSEGUR versetzte einen jungen Hirten – auch durch Magnetisieren – in einen ruhigen Schlaf, einen Trance-Zustand. Das bekannteste Werk über die Hypnose schrieb 1895 ALBERT MOLL. Jahre vor ihm hatte BERNHEIM unter dem Titel «Die Suggestion und ihre Heilwirkungen» über das Phänomen der Hypnose geschrieben. 1888 übersetzte der damalige Dozent für Neuropathologie an der Wiener Universität SIGMUND FREUD das Werk. Gemeinsam mit BREUER wendete FREUD die Hypnose zur Behandlung von hysterischen Störungen an, um verdrängte pathogene Erinnerungen bewußtzumachen. Er merkte bald, daß viele Kranke nicht hypnotisierbar sind. Deshalb entwickelte er die «Methode der freien Assoziation», mit der es ihm gelang, auch ohne Ausschaltung des Wachbewußtseins verdrängte Erinnerungen dem Ich zugänglich zu machen.
Die Erfolge der Freudschen Methode führten dazu, daß die Hypnose bei der Behandlung von seelischen Störungen zunehmend in Vergessenheit geriet.
In den letzten 10 Jahren bahnt sich eine Renaissance der Hypnose an.
Der Hypnosetherapeut sollte Arzt oder Psychologe sein, einige Grundkenntnisse in Psychologie, Psychiatrie, Neurologie und

Neurophysiologie sowie in Verhaltenstherapie besitzen. Aus diesem Grunde scheiden Heilpraktiker als Hypnose-Therapeuten aus, denn sie sind in der Regel nicht in der Lage, vernünftige Indikationen zu stellen und Kontraindikationen festzulegen.
Ausbilden kann sich ein Therapeut in Instituten oder Gesellschaften wie zum Beispiel der Deutschen Gesellschaft für Hypnose und autogenes Training. Die Ausbildung in diesen Instituten wird unter bestimmten Voraussetzungen von den Ärztekammern anerkannt. Die Kassenärztlichen Vereinigungen verlangen zweimal acht Stunden erfolgreicher Absolvierung eines Hypnosekurses, damit therapiert und abgerechnet werden darf.
Absolute Kontraindikationen für die Hypnose sind Psychosen, Schwachsinn und Demenzen.
Überall dort, wo die Fähigkeit zur Suggestion oder Stimulation fehlt, kann meist nicht hypnotisiert werden.
Suggestion definiert FREUD:

«Die Suggestion kennzeichnet sich von anderen Arten der psychischen Beeinflussung, dem Befehl, der Mitteilung oder Belehrung und anderen dadurch, daß bei ihr in einem zweiten Gehirn eine Vorstellung erweckt wird, welche nicht auf ihre Herkunft geprüft, so angenommen wird, als ob sie in diesem Gehirn spontan entstanden wäre.»

Hysterische oder gar körperlich erschöpfte Patienten, bei denen es während der Hypnose laufend zum Schlaf kommt, sind ebenfalls auszuschließen.
Hypnose ist auch keine Methode, die «einfach» einmal durchgeführt werden kann, wenn das körperliche Krankheitsbild noch gar nicht abgeklärt worden ist.
In den Medien wird gerade jetzt viel über die Hypnose berichtet, und Laien sehen diese Methode oft als Allheilmittel.
Indikationen zur Hypnose:
Überall dort, wo sedierende, aber auch analgetische und anästhesierende Wirkungen zur Linderung oder Befreiung von Beklemmungen, Ängsten und Zwängen erforderlich sind, kann die Hypnose helfen, zum Beispiel bei Alkohol- und Drogenentwöhnung, bei chronischen Schlafstörungen und zur Schmerzausschaltung in der zahnärztlichen Praxis und in der Geburtshilfe.
Hypnose läßt sich mit anerkannten verhaltenstherapeutischen oder tiefenpsychologischen Psychotherapien verbinden.

Hypnose spielt auch eine wichtige therapeutischen Rolle in der psychosomatischen Medizin, zum Beispiel bei Herz-Kreislauf-Erkrankungen, Atemwegserkrankungen oder Störungen des endokrinen Systemes, aber auch bei psychosomatischen Magenerkrankungen, Darmerkrankungen und Hauterkrankungen.
Angewendet werden kann die Hypnose bei Kindern erst etwa ab dem 8. bis 9. Lebensjahr. Schulschwierigkeiten, aber auch ständiges Einnässen und Verhaltensstörungen, können hier als Indikation dienen.
In der Regel ist eine zusätzliche Behandlung der Eltern in psychotherapeutischer Form erforderlich. Immer muß ein normales Maß an Bereitwilligkeit zur Suggestion mitgebracht werden.

Die Technik der Hypnose

Grundvoraussetzung für eine vernünftige Hypnose ist das Vorgespräch mit dem Patienten und die Warnung vor übertriebenen Erwartungen. Zur Prüfung der Suggestionsfähigkeit eignet sich der «Pendeltest». Während der Hypnose sitzt oder liegt der Patient, der Therapeut sitzt daneben. Die Wirkung des Trancezustandes erkennt der Therapeut an der Atmung, dem entspannten Gesichtsausdruck und an der Ruhe der Oberlider. Zusätzlich kann an einem Finger ein Pulsmesser angebracht werden.
Die Art der Führung in der Hypnose ist unterschiedlich. Ein Therapeut interveniert nicht oder kaum, ein anderer läßt einen Dialog zwischen Patient und sich zu, ein dritter redet überwiegend selbst.
Die Stimme des Therapeuten sollte leise und angenehm monoton sein. Kratzige Stimmen, hohe Stimmlagen sind Kontraindikationen. Der Therapeut muß intervenieren, wenn er sieht, daß der Patient plötzlich psychomotorisch unruhig wird und zum Beispiel weint.
Beim Rückholmanöver aus der Hypnose sagt der Therapeut zum Beispiel: «Das Bild, das Sie sehen, verblaßt... verblaßt... verblaßt immer mehr! Ich zähle bis drei: Bei eins atmen Sie tief durch – bei zwei beugen Sie kräftig die Arme, und bei drei machen Sie die Augen wieder auf!» Dies soll mit kräftiger lauter Stimme gesagt werden.

Meist werden wöchentliche Hypnosetermine vergeben, unter Umständen können auch tägliche Hypnosen nötig sein, zum Beispiel bei Prüfungsängsten. Ein Hypnoseblock besteht aus sechs bis acht, manchmal auch bis zu zwölf Sitzungen. Wirkungen sind bei Erwachsenen meist nach der vierten Sitzung, bei Kindern nach der zweiten Sitzung festzustellen. Nach einer Pause von mehreren Wochen kann eventuell ein zweiter Hypnoseblock angebracht sein.

Autogenes Training

Eine weitverbreitete, erfolgreiche und relativ einfache Behandlungsmethode ist das autogene Training von JOHANNES HEINRICH SCHULTZ.

Zu Beginn des Jahrhunderts entwickelte JOHANNES HEINRICH SCHULTZ aus der intensiven Arbeit mit der Psychoanalyse in der Nachfolge FREUDS das autogene Training (AT).

Er wollte die Wirkungen der Hypnose nutzen, ohne den Patienten passiv und von einem Therapeuten abhängig zu machen. Einzeln oder in Gruppen kann dieses autosuggestive Verfahren relativ leicht erlernt werden und dient überwiegend dem Abbau von Stress.

Die sechs Grundübungen des autogenen Trainings lauten folgendermaßen:

1. Meine rechte Hand wird schwer.
2. Meine rechte Hand ist warm.
3. Mein Herz schlägt ruhig und gleichmäßig.
4. Mein Atem ist ruhig und gleichmäßig.
   Es atmet mich.
5. Mein Sonnengeflecht ist strömende Wärme.
6. Meine Stirn ist angenehm kühl.

Der wesentliche Unterschied zu den anderen Methoden der Psychotherapie ist das Autogene, das Sich-selbst-Erarbeiten. Allerdings erlernt sich autogenes Training nicht von allein, auch nicht anhand eines Buches oder einer Tonkassette. Zum Erlernen braucht man einen geschulten, sicheren Trainer. Am inten-

siven Training des einzelnen liegt dann der Erfolg, den man aus dem AT ziehen kann.
SCHULTZ entwickelte das AT aus der Hypnose einerseits und der Yogapraktik andererseits als ein Zusammenspiel von Körper, Geist und Seele. Wichtigste Voraussetzung ist die Bereitschaft des Patienten, das AT wirklich erlernen zu wollen. Wünschenswert sind Suggestionskraft des Trainers und Suggestibilität des Patienten. Da beide Faktoren stark subjektiv sind, ist es ganz erklärlich, daß kaum irgendwo «das» AT gelehrt wird. Aus der Persönlichkeit und den therapeutischen Erfahrungen des einzelnen entwickeln sich Varianten, die durchaus jeweils erfolgreich sein können.
Ein starker suggestiver Therapeut wird mehr die klare Eindringlichkeit seiner Stimme einsetzen als etwa psychedelische Musik; er wird mit formelhaften Wiederholungen arbeiten, wie beim Einstieg in die Hypnose, und er wird den Patienten – meist Gruppen – den abrufbaren Klang seiner Stimme in der Erinnerung mit nach Hause geben.
Es geht darum, Konzentration zu erlernen, sie zu üben und über diese Konzentration den Körper und seine Funktionen mit dem Bewußtsein so zu ertasten, daß sie – ohne Muskelarbeit – entspannbar und regulierbar werden. Das geht hin bis zum Atemrhythmus und dem Tempo der Herzschlagfolge.
In diesem Zusammenhang wird klar, warum AT heute ganz allgemein zur Rehabilitationstherapie nach Herzinfarkten eingesetzt wird. Auch bei der Schlaftherapie, der Schmerzbekämpfung oder bei depressiven Verstimmungen des Klimakteriums ist das AT nicht mehr wegzudenken.
Die Arbeit teilt sich in zwei große Bereiche. Um die Unterstufe zu erlernen, setzt man etwa ein Jahr regelmäßigen Trainings an; erst dann ist es möglich, mit der Oberstufe zu beginnen.
Die Gruppen der Übenden sollten nicht zu groß sein (12 bis 15 Personen maximal). Der Raum sollte möglichst ruhig sein. Der Patient soll bequem und warm angezogen sein, das heißt keine einengende Kleidung, kein schweres Schuhwerk tragen.
Geübt wird einerseits im Sitzen, der sogenannten Kutscherhaltung, wobei die Hände auf den Oberschenkeln ruhen und der Körper leicht vornübergeneigt ist. Einfacher ist es, in Rückenlage zu üben, eventuell mit einer Rolle unter den Knien und einer

Halbrolle im Nacken, auf harter Unterlage, mit einer leichten Decke zugedeckt.
Der Patient schließt die Augen und läßt sich von der Stimme des Therapeuten führen:

1. Er durchtastet bewegungslos, sozusagen von innen her, die Einzelteile seines Körpers. Dabei merkt er, daß überall unbewußte Restspannungen sind, die man – eventuell nach einem mehrfachen Wechsel von Spannung und Entspannung – lösen kann.
2. Die Entspannung bringt Beruhigung mit sich und das Erleben der Körperschwere. Jedes einzelne Körperteil wird als Gewicht erfahren. Die Schwerkraft wird zum Erlebnis. Allein dieser Punkt der Grundstufe reicht oft, um Schlafstörungen zu beseitigen.
3. Die Erfahrung des Atmens ist der nächste Schritt: Der Atem nicht als aktive Tat, sondern als passives Erleben. Sich loszulassen und hinzugeben an die sanfte Kraft der Atemwellen, sich gehenzulassen, den Kopf zu verlieren, haltlos zu werden ist die neue Erfahrung.
   Ein chinesisches Sprichwort sagt, jedem Neugeborenen werde eine abgezählte Zahl Atemzüge in die Wiege gelegt, jeder Mensch entscheide dann selbst, wie lange er damit auskommt. Diese tradierte Weisheit fordert das tiefe, ruhige Atmen, die Kunst des völligen Ausatmens über Entspannung. Dies zu erlernen ist Bestandteil des AT.
4. Der nächste Schritt ist das Bewußtmachen und Erleben der Herzarbeit. Vom anatomisch-physiologischen Ablauf bis zum deutlichen Fühlen jeder einzelnen Kontraktion, bis zum bewegungslosen Ertasten des Pulses unter jedem Finger- und Fußnagel wird die Herzarbeit beobachtet. Von da ist es nur ein kleiner Schritt, die Herzfrequenz über Konzentration und ohne Bewegung zu beeinflussen. Dies leicht zu erreichende Erfolgserlebnis motiviert die Patienten weiterzuarbeiten.
5. Die Konzentration auf den Plexus solaris, das vegetative Nervenzentrum, ist der letzte Schritt der Grundstufe. Diese vegetative Mitte so ins Gespür zu bekommen, daß sie zum strömenden Wärmezentrum wird (zum «Sonnengeflecht»), daß von ihr aus Wärme abgerufen werden kann bis unter die Haarwurzeln und bis in die Füße, das ist der Entspannungspunkt, der zur Schwelle wird vom Wachsein zum Schlaf, vom Bewußtsein zum Unterbewußten.

Um diese fünf Schritte der Unterstufe zu trainieren, bedient sich der Lehrer eines möglichst feststehenden, formelhaften Vokabulars, das immer positiv formuliert sein muß. Dadurch entstehen Vorsatz-Formeln, die bei Wiederholung schon durch ihren erinnerten Klang den gewünschten Effekt auslösen.
Der Trainer setzt suggestive Bilder ein, die jedem aus seiner persönlichen Erinnerung abrufbar sind: zum Beispiel Naturereignisse (Meer, Schneeflocken, Wind über einem Kornfeld et ce-

tera), Tätigkeiten (eine hohe Treppe ersteigen, in einem Boot auf Wasser gleiten, schwimmen) oder individuelle Phantasie (Farben, Töne).

Das AT ist eine sehr nützliche (Zusatz-)Therapie bei Herzneurosen, nach Infarkten, bei hohem Blutdruck; bei Heuschnupfen, chronischem Hüsteln, Lungenasthma; bei Durchfall und Stuhlverstopfung, Appetitlosigkeit und verschiedensten Koliken; bei fast allen Neurosen, Schlafstörungen, vegetativer Dystonie und vor allem auch bei Potenzstörungen und Frigidität. Hilfreich ist es auch bei Suchtentwöhnung (Rauchen, Alkohol).

Angeboten werden Kurse von Ärzten, Heilpraktikern, verschiedenen Organisationen, bei der Volkshochschule, ja selbst von Sportvereinen.

Man kann diese Unterstufe des AT ein Leben lang üben und sich dadurch wohler fühlen, emotional ausgewogener, so daß kein Grund oder Bedürfnis besteht, in die Oberstufe einzudringen.

Die Oberstufe ist der Übergang ins Meditativ-Philosophische, der Schritt zum Hervorholen von Kräften und Verwirklichung von Möglichkeiten aus dem tief Verborgenen, die verdeckt waren; es ist ein Weg zur Meditation.

«Seelenspaziergänge sind für den Arzt und Psychologen immer interessant, dem Patienten nicht immer zuträglich»,

hat J. H. Schultz gesagt. In diesem Sinne sollte an die Oberstufe des AT nur der herangeführt werden, der einerseits bereit ist, das Abenteuer zu bestehen, seine unausgeloteten Tiefen kennenzulernen (zurück bis zur Geburt), und der andererseits ein vollkommenes Vertrauensverhältnis zu seinem Lehrer hat, der da eindeutig zum Psychotherapeuten wird.

Yoga

Die Ursprünge des Yoga reichen mit seinem ältesten Lehrbuch, dem «Yogasutra», bis in die Zeit vor Christus zurück. Es kommt aus Indien. In seinen acht verschiedenen Lehrformen ist Yoga ein philosophisch-religiöses Meditationssystem mit dem Ziel, die Seele aus den Verhaftungen in die Materie herauszulösen, zu befreien.

Seit man sich in der westlichen Welt mit östlichen Religionen und Selbstbesinnungsmethoden auf breiter Basis zu beschäftigen begann, wurde auch Yoga immer häufiger gelehrt. Dabei sind die sieben aufs Transzendentale gerichteten Yoga-Schulen ohne das dazugehörige religiöse Fundament für uns nicht ernsthaft nachvollziehbar.

Anders ist es mit dem Hatha-Yoga, der Schule, die sich gezielt dem Körper zuwendet und wo körperliche Übungen im Vordergrund stehen. Es handelt sich dabei um Übungen ohne Herzbelastung, also Übungen in Ruhe.

Obwohl Hatha-Yoga heute in vielen Gymnastik- und Ballettschulen und in Sportvereinen angeboten wird, sollte es nicht mit Sport verwechselt werden. Hatha-Yoga ist nichts Gruppendynamisches, es ist individuell. Es hat nichts mit Leistungsforderung zu tun und nichts mit dem Erbringen von Leistungen, sondern es ist ein ruhiges Training, um die körperlichen Möglichkeiten des einzelnen zu erweitern und auszuschöpfen.

Geübt wird das Lernen von Körperempfindungen in seinen einzelnen Teilen und im ganzen. Von dem bewußten Fühlen des Körpers in seinen Teilen kommt man zur Konzentration auf diese im einzelnen und weiter zum Beherrschen einzelner Körperteile, das heißt einzelner Muskeln, Gelenke, Sehnen, Bänder. Diese Körperbeherrschung dann wiederum schafft eine innere Ruhe und Zufriedenheit. Sie harmonisiert den Körper mit der Seele und schafft eine Ausgangsbasis zur therapeutischen Arbeit an der Seele.

Hatha-Yoga ist in seinem erlernten Körperbewußtsein eine ausgezeichnete Grundlage für das Weiterarbeiten mit AT oder Hypnose.

Die ersten medizinisch-psychologisch arbeitenden Lehrer des Hatha-Yoga waren in Deutschland schon vor 50 Jahren Professor SCHMIDT (der «Atemdoktor») in München und Frau MEDAU in der gleichnamigen Gymnastikschule. Beide nannten Hatha-Yoga – auf westliche Begriffe gebracht – Atemgymnastik.

Das «Tranajamana», die Beherrschung des Atems, ist tatsächlich im Hatha-Yoga Grundlage. Ruhiges Aus- und Einatmen im Wechsel von Spannung und Entspannung schafft durch seinen gleichförmigen Rhythmus eine innere Harmonie, die zu erreichen beschleunigt wird durch das Fühlen des Körpers.

Der Körper wird in verschiedene «Asanas», Haltungen, gebracht, und zwar nicht wie im Sport durch Kraft oder Federn, sondern durch Konzentration und Atmen.
Streckungen, Dehnung, Drehung, Balance werden möglich durch langsames Hineinschieben im Wechsel von Ein- und Ausatmen, das heißt von sanfter Spannung und Entspannung.
Dabei ist das Loslassen-Lernen entscheidend. Fast für jede Alltagsbewegung benutzt man viel zu viele Muskeln. Man lebt in einem Korsett von Spannungen, die zu Verspannungen führen, wenn sie nicht mehr bewußtgemacht werden und bewußt gelöst werden können.
Aus den körperlichen Verspannungen resultieren dann sehr oft psychische Störungen. Die Umgangssprache ist da sehr präzise: «Mir sitzt etwas im Nacken», «Es liegt etwas im Magen», «Eine Laus läuft über die Leber», «Die Galle fließt über», «Ein Kreuz tragen» und andere Formulierungen sind uns bekannt.
Hatha-Yoga, wie autogenes Training, sollte nur unter erfahrener Leitung erlernt werden. Dann sind durchaus einzelne Übungen zur allgemeinen Lockerung oder gezielt gegen einzelne individuelle Störungen zu Hause einsetzbar.
Der gute Yoga-Lehrer wird während der Übungsstunde stets zu den einzelnen Übungen erklären, für was oder gegen was sie einsetzbar sind. Um einige Beispiele zu nennen:
Die Drehsitze sind hilfreich bei Ischialgien und LWS-Syndrom; die «umgekehrten Stellungen» (das heißt, das Herz liegt höher als der Kopf, die Beine liegen höher als das Herz) stabilisieren niedrigen Blutdruck und wirken als Venenpumpe beim varikösen Symptomenkomplex; starke Dehnungen um die Hauptlymphknoten bewirken eine Stabilisierung der körpereigenen Infektabwehr; isometrische Übungen (das heißt maximale Spannung mit vorgestellter Gegenspannung in einzelnen Muskelpartien) wirken gegen Muskelschwäche; bioenergetische Übungen im Beckenbereich sind stark durchblutungsfördernd und damit potenzanregend.
Es liegt auf der Hand, daß ein solcher Ausgleich physischer Schwächen oder Störungen auch zu einer Harmonisierung des psychischen Wohlbefindens führt. Die oft besprochene Einheit von Körper, Geist und Seele wird da ganz erlebbar. Deswegen sollte ein guter Yoga-Lehrer, bevor er einen neuen Schüler auf-

nimmt, mit ihm ein ausführliches Gespräch führen. Wenn gemeinsam mögliche Ursachen für Störungen gefunden werden, dann werden Zusammenhänge deutlich, und der Lehrer kann einen entsprechenden Ansatz finden. Vor allem ist wichtig – ganz besonders in Gruppenarbeit –, daß der Lehrer bei den verschiedenen Asanas individuelle Hinweise gibt. Er wird zum Beispiel einen Schüler mit HWS-Syndrom nicht in der «Kerze» arbeiten lassen.

Tatsächlich aber erreicht fast jeder – von 18 bis 80 – weitaus mehr, als er für möglich hält. Und selbst derjenige, der eine Stunde lang nur den ruhigen Atemrhythmus mitatmet, den der Lehrer durch seinen Sprachfluß vorgibt, wer also gar keine Asanas mitmacht, fühlt sich hinterher ausgeglichener und entspannter.

Erwünschtes Ziel jedoch ist, daß der Übende sich langsam in eine bestimmte, dem fremden Zuschauer vielleicht schwierig erscheinende Haltung hineinatmet, diese Stellung dann hält und sich so bewußt in ihr einrichtet, daß er unter partieller Spannung, die für die Haltung notwendig ist, ein Höchstmaß an Entspannung erreicht.

Hier wäre dann der Übergang zur Meditation möglich, das Loslassen aus dem Materiellen und Hinwenden zum Transzendentalen. Es ist der ähnliche Übergangsschritt wie beim autogenen Training von der Grund- zur Oberstufe.

Beide Arbeitsweisen, Hatha-Yoga und autogenes Training, lassen sich sehr gut hintereinanderschalten. Nach intensivem Körpererfühlen und Erleben durch eine Yoga-Stunde ist der Einstieg ins autogene Training, in Ruhe und Konzentration auf Vorsatzformeln, leichter.

Psychodrama

Der Mediziner J. L. Moreno begründete das Psychodrama als psychotherapeutische Form. Es ist die szenische Darstellung interpersoneller und intrapsychischer Konflikte, um sie sichtbar, wiedererlebbar und veränderbar zu machen. Moreno wollte die Probleme seiner Patienten nicht im sterilen Sprechzimmer anhören und verstehen, sondern am Ort des Geschehens, zum

Beispiel in der Familie, am Arbeitsplatz, dort wo der Konflikt begann. Da es aber nicht möglich war, die Patienten immer an den Ort des Konfliktes zurückzuversetzen, suchte er nach anderen Wegen zur Veranschaulichung von Konflikten und kam dabei auf das Theater.

Schon ARISTOTELES hatte erkannt, daß Schauspiele Zuschauer ergreifen und damit eine therapeutische Wirkung auf sie ausüben, obwohl der Text erdichtet ist und zu den Zuschauern und Darstellern in keiner direkten Beziehung steht.

MORENO sagt dazu: «Stegreif läßt das Unbewußte unversehrt durch das Bewußtsein frei steigen.» Durch die Einführung von Stegreifspielen in der Gruppe ermöglichte er eine Darstellung und auch damit eine Bewältigung von Konflikten.

MORENO hält seine Form des Psychodramas für eine Methode, um die Wahrheit der Seele durch aktives Handeln zu erkennen und zu ergründen.

Das Schauspiel macht es den Patienten leichter, im Handeln zu zeigen, in welcher Situation, in welchem Konflikt sie sich befinden. Man fühlt sich in die Konfliktsituation zurückversetzt und muß nicht vor dem Schreibtisch des Psychotherapeuten sitzend mündlich die Probleme schildern.

MORENO gilt als der Begründer der Gruppentherapie. Seit den 50er Jahren haben sich Psychodrama, Soziometrie und Gruppentherapie als Behandlungsform weltweit verbreitet. Die Soziometrie untersucht die informellen, sozio-emotionalen Beziehungen innerhalb der Gruppe.

Anwendungsbereiche:

Das Psychodrama wird sowohl bei Neurosen als auch bei Psychosen, bei narzißtischen Störungen, beim Borderline-Syndrom, bei Suchterkrankungen sowie bei psychosomatischen Erkrankungen angewandt.

Auch bei der Betreuung unheilbar Kranker und in der Rehabilitation von schweren Erkrankungen hat diese Therapie ihre Bedeutung.

Methode:

Gruppen von 8 bis 10 Teilnehmern spielen in einem Raum mit einer Bühne. Der Hauptdarsteller eines Psychodramas, ein Patient, wählt seine Mitspieler aus der Gruppe aus. Der Therapeut leitet das Spiel und arbeitet die im Gruppenspiel gewonnenen

Erkenntnisse mit der Gruppe aus. Die Eingriffe des Therapeuten in das Psychodrama sollten sehr behutsam sein. Meist beschränkt er sich darauf, ins Stocken geratenen Spielern zu helfen, indem er sich hinter sie stellt und sie «doppelt», d. h. für sie spricht und ihnen damit einen Impuls zum Weiterspielen gibt.
In der Bundesrepublik gibt es Kliniken, die über 6 Wochen, in ein bis zwei Sitzungen wöchentlich, diese Psychotherapie durchführen. Ambulante Therapien finden meist nur einmal pro Woche statt, laufen dann aber ein halbes oder ganzes Jahr. Die ambulante Psychodrama-Therapie wird in der Regel nicht von den Krankenkassen bezahlt. Es gibt aber psychosomatische Krankenhäuser, so auch der BfA, in deren Therapiepläne das Psychodrama aufgenommen ist.

Katathymes Bildererleben

Als Begründer des katathymen Bildererlebens wird HANSKARL LEUNER angesehen, der 1954 diesem Verfahren die wissenschaftliche Bezeichnung «Experimentelles katathymes Bildererleben» gab. Anerkennung fand es 1955 als ein tiefenpsychologisches Verfahren und wurde dann in die psychotherapeutische Praxis eingebracht. In den USA und Europa ist es sehr verbreitet. Das Ziel des katathymen Bildererlebens ist es, dem Menschen Wege und Leitwege zu zeigen, wie er seine psychischen Beschwerden, aber auch die organisch nicht erklärbaren Beschwerden selbst heilen kann.
Der Therapeut gibt dabei nicht Ratschläge, sondern unterstützt und macht dem Patienten Mut, eigene Wege zu finden. Eigenverantwortung des Patienten über Handeln und Denken ist das Hauptziel und macht ihn daher während der ganzen Therapie zu einem mündigen Partner des Therapeuten.
Die Therapie dauert in der Regel 10 bis 60 Behandlungsstunden. Während am Anfang ein bis zwei Behandlungen pro Woche durchgeführt werden, wird später ein 14tägiger oder 3wöchiger Rhythmus gewählt.
BÄRBEL SCHWERTFEGER und KLAUS KOCH schreiben zu dieser Behandlungsmethode folgendes:

«Nach einer ausführlichen Anamnese folgen die ersten Stunden, in denen das katathyme Bildererleben angewandt wird. Der Patient wird dazu gebeten, sich entspannt hinzusetzen oder hinzulegen. Daraufhin gibt ihm der Therapeut allgemeine Entspannungsanweisungen, ähnlich wie beim Erleben des Autogenen Trainings. Anschließend wird der Patient gebeten, sich ein bestimmtes Motiv, zum Beispiel eine Wiese, in der Phantasie vorzustellen. Der Patient berichtet dann seinem Therapeuten, was er in seinen Bildern sieht und erlebt nun, daß bei zunehmender Entspannung diese Bilder wie ein innerer Film vor seinem Auge ablaufen – ähnlich dem Nachttraum. Im Gegensatz dazu ist der Patient jetzt aber geistig voll ‹anwesend›. Er ist sein eigener Regisseur, der Therapeut sein lenkender Begleiter, wobei die Entscheidung, welcher der vom Therapeuten vorgeschlagenen Wege der Patient gehen will, am Patienten selbst liegt. Auf dieser Tag-Traum-Bühne kann der Patient nun zum Beispiel Konflikte, die er hat, auf einer symbolischen Ebene zu lösen versuchen oder zum Beispiel alte, bisher unbefriedigte Bedürfnisse nachholen, einen abgebrochenen ‹Nachttraum› weiterträumen, neues Verhalten auf der Symbolebene ausprobieren. Diese Bilder werden vom Therapeuten mit dem Patienten durchgesprochen, bearbeitet und auf ihre Problematik hin besprochen.
Diese Therapie ist auch als Gruppentherapie geeignet. Die Gruppe erarbeitet das Motiv, und die Gruppenmitglieder teilen sich die einzelnen Bilder und Erlebensweisen mit, so daß ein gruppendynamisches Gespräch entsteht.»

Anwendungsbereiche:
Besonders bei akuten Krisen, bei Zwangsneurosen, narzißtischen Störungen, aber auch bei psychosomatischen Erkrankungen wie Herzneurosen, Magersucht und anderen psychogenen Organstörungen ist diese Therapie geeignet. Auch als Partner- und Familientherapie wird sie angewandt.

Logotherapie

Die Logotherapie entstand in den 20er Jahren. Sie wurde begründet von dem Wiener Psychiater Victor E. Frankl. Man sagt, daß Frankl, noch als Medizinstudent durch die Auseinandersetzungen mit der Psychoanalyse Freuds und der Individualpsychologie Alfred Adlers, die Logotherapie entwickelte. Zwar kam es zu einem Bruch mit Adler, trotzdem zeigt die Logotherapie noch wesentliche Merkmale der Individualpsychologie Adlers.
Die Nationalsozialisten steckten Frankl ins KZ. Erst in den 50er

und 60er Jahren konnte er seine Lehrtätigkeit entfalten. Trotz etlicher Fehlversuche bei der Institutionalisierung seiner Therapie ist sie seit 10 Jahren in der Psychotherapie fest verwurzelt und wird auch an Universitäten unterrichtet. Vor allem in den USA hat sie einen festen Sitz.

Der Name «Logotherapie und Existenzanalyse» kommt von dem Wort «logos» für Geist und Sinn und bezeichnet damit das Gesunde dieser Methode: sich auf die Existenzfragen des Menschen zu beschränken. Der Sinn des Lebens, ihn zu finden und sich auf ihn auszurichten, ist die Grundlage dieser Therapie. Der Mensch soll als Mensch gesehen und als Mensch behandelt werden.

Menschliche Veranlagungen, Erziehung und Umwelteinflüsse müssen anerkannt werden.

Anwendungsbereiche:

Man kann durchaus sagen, daß die Logotherapie als eine Form der Psychotherapie bei fast allen psychischen Störungen und Erkrankungen anzuwenden ist, vor allem aber bei Existenz- und Sinnkrisen und zusätzlich als sogenannte «ärztliche Seelsorge» bei schweren oder unheilbaren Krankheiten und Tod von nahestehenden Menschen.

Methoden:

Der Therapeut hört sich die Probleme des Patienten an. Soweit es möglich ist, macht er diese zu seinen eigenen. Er versucht, dem Patienten aufzuzeigen, wo seine Probleme liegen, und macht ihm deutlich, daß er auch eine Sorgepflicht für sich selbst hat und spüren muß, was er braucht, um sein Leben so zu verändern, daß es wieder einen Sinn hat. Auf diese Weise kann er «heil» werden. Die Therapie dauert in der Regel ein bis drei Jahre und wird einmal wöchentlich ein bis zwei Stunden absolviert. In Einzelfällen sind therapeutische Sitzungen kurz hintereinander sinnvoll.

Die Logotherapie versucht, verschiedene Formen der Psychotherapie für sich zu aktivieren, sie umzuwandeln und neu, kreativ gestaltet einzusetzen. Einige Therapeuten arbeiten mit dem Fokussehen, mit der Traumarbeit, mit inneren Bildern, Entspannung, Meditation und gelegentlich auch mit Elementen aus dem Psychodrama, daneben mit Gestalttherapie, Atem- und Körperarbeit.

Seele im Trend

New Age

New Age ist ein Schlagwort, das heißt ein Sammelbegriff, der alle geistigen Strömungen mit religiösen, östlichen oder/und indianischen Traditionen mystischer und mythischer Überlieferungen mit verschiedenen psychischen, körperlichen und meditativen Techniken verbindet, um eine Veränderung des Bewußtseins zu erreichen.
Als Wiege dieser Bewegung wird Berkeley in Kalifornien genannt.
In den 70er Jahren, noch ehe der Psychoboom in den USA seinen Höhepunkt erreichte, war man bemüht, auch als Psychotherapieschule, wissenschaftlich seriös zu sein. Die Hinwendung zur Psychoszene allgemein, zur Esoterik und zur New-Age-Mentalität hat die Seriosität in Frage gestellt.

Esoterikboom

Esoterik, sagen die Eingeweihten, ist die Lehre von der spirituellen Welt. Die Seele löst sich aus dem materiellen Körper, Energien in uns werden frei. Der Körper muß durch gesunde Lebensweise gestärkt werden, um die Seele zu entfalten, sie zu stärken. Esoterik ist der Weg zu höherem Bewußtsein. Je höher die Bewußtseinsstufe, desto größer die Liebe – «Jesus war der größte Esoteriker, denn er hat seine Persönlichkeit überwunden, um Gottes Liebe auf die Menschen auszuschütten».
Der BROCKHAUS definiert «esoterisch» als: nur wenigen Eingeweihten bekannt oder zugänglich. Das Wort leitet sich von dem Griechischen «nach innen zu» ab. Gemeint sind besonders religiöse Lehren, Riten und Gebräuche.
Verlage haben das Geschäft mit der neuen Lehre erkannt, und so gibt es schon Fachverlage für Esoterik, die ein breites Buchangebot anbieten, das von Titeln wie «Vertraue Deiner Intuition», «Feuer der Sinnlichkeit», «Unser einziger Gott ist die Erde», «Riten und Stufen der Einweihung», «Psychologie der Planeten»

bis zu «Die Praxis der Herzensmedikation» und vielem mehr reicht.
Schon gibt es Einrichtungen, um diese neue Lebensphilosophie zu erlernen. Da formieren sich Akademien für höheres spirituelles Lernen. Seminare für Persönlichkeitsbildung werden angeboten. Ein exemplarischer Werbetext:

«Wer möchte Erfolg haben?»
«Wer möchte vom Glück geliebt werden?»
Wer sich seine Existenz aufbauen möchte, wer Erfolg auf allen Ebenen erwartet, muß eine exakte Planungsmethode haben, mit der er den Erfolg langfristig vorbereitet.
UNSER ZENTRUM WURDE DANK DIESER PLANUNGSMETHODE INNERHALB EINER STUNDE VISUALISIERT. DAS WAR VOR 5 JAHREN IN DEN USA. Wer die kosmischen Gesetze anzuwenden versteht, wer mit der Ich-bin-Gegenwart arbeitet, wird Kapitän seines eigenen Schiffes. Bei diesem Seminar möchten wir nicht mehr als 10 Personen aufnehmen.

Eine Zeitschrift preist sich an als:

Die einzige Zeitschrift mit den Durchgaben der Meister aus dem Jenseits an alle Wahrheitssuchenden.

Die Esoteriker wagen sich sogar an die Heilung von Erkrankungen. In der Zeitschrift PORTRAITS 26 finden wir:

«Von der Esoterik wissen wir, daß Diabetes oder Zucker durch den Mißbrauch, insbesondere von 3 Geisteskräften erfolgt. Es handelt sich um die Geisteskraft der Beurteilung, des Willens und der Elimination. Daraus erkennen wir, daß sich Disharmonien im emotionalen Körper befinden müssen.
Es ist sicher, daß Diabetes auch in früheren Jahrhunderten auftrat, jedoch selten. Erst nach dem Zweiten Weltkrieg finden wir ein Anwachsen der Krankheit, welches der Industrialisierung zugeschrieben wird und dem damit verbundenen erhöhten Lebensstandard.
Wir wissen, daß Krankheiten deshalb auftreten, weil die Menschen sich von Gott getrennt haben und über die Krankheit, die Schmerzen, das Leid den Weg zurück zu Gott finden oder ganz von ihm abfallen. In unserem Spezialdiagramm, welches mit Geistärzten und Geistchemikern entwickelt wurde, können wir genau feststellen, ob die Person durch eine ‹Prüfung› geht, das heißt lernt, ob sie zu Ihm zurückkehren will oder nicht.»
«Wer ein Esoteriker ist, weiß, daß er in einem seiner Leben ein Indianer gewesen ist, also der roten Rasse zugehörte, daß er das Leben eines Schwarzen geführt hat oder Chinese gewesen ist und so weiter. Ebenso waren wir Juden, Kelten, Römer, Perser, Inder oder Pygmäen.
Wir alle haben einen Indianerhelfer zur Seite. Er fährt mit uns Auto, macht

uns einen Parkplatz frei, wenn wir ihn darum bitten, oder hilft uns, wenn wir die Naturgesetze besser verstehen lernen wollen. Denn schließlich haben uns die Indianer vorgelebt, wie wir mit Mutter Erde in Harmonie leben sollen. Ein weiterer ständiger Begleiter an der Seite eines jeden Menschen ist der Schutzengel oder Joy-Guide, was auch Freudebringer oder Freude-Schutzgeist heißt. Das sind nicht unsere einzigen Begleiter.
Von unserem indianischen Schutzgeist können wir viel im Verstehen mit uns selbst lernen. Die Natur war für sie die Existenzgrundlage, ihr Leben, ihr Zuhause. Der indianische Mann kannte und erforschte ihre Geheimnisse und Gesetze. Als die ersten Einwanderer nach Amerika kamen, waren sie erstaunt über die Heilerfolge der indianischen Medizinmänner. Sie wandten bereits Heilkräuter an, die heute noch nicht alle in den modernen Labors bewiesen sind. Es klingt unglaublich, daß sie die Wirkstoffe der Antibabypille ebenso kannten wie die Wirkung des Penicillins oder des Cortisons und von den Medizinmännern immer eingesetzt wurden.»

Der esoterische Fachverlag Aurum beschreibt in einem Vorwort sein Engagement für diese Literatur:

«Was wir heute esoterisch nennen, ist morgen Gewißheit und übermorgen Gewohnheit.
Wir wollen zeigen, daß die Esoterik nichts mit Wunschdenken, nichts mit Träumereien, nichts mit Zaubereien zu tun hat, sondern daß echtes, das heißt fundiertes und tiefgreifendes Denken allen uns bekannten Erscheinungsformen erst wirklich Substanz verleiht – gerade auch in den sozialen und wirtschaftlichen Lebensbereichen.»

Die Esoterik liegt im Zug der Zeit, das Anstreben höherer «geistiger Zustände» wird modern.
Esoterische Therapiezentren bieten sogar Aids-Therapien an. Sie gehen davon aus, daß die Infektion durch ein erweitertes Bewußtsein unter dem Einsatz von Meditation überwunden werden kann. Hier wirkt sich ein Grundgedanke der Esoterik aus, daß die geistige Wirklichkeit das einzig Wesentliche ist und die Materie, in diesem Falle eine Krankheit im Körper, beherrschen kann. Wie schrecklich solche Ideen für die in die Irre Geleiteten ist, ist von dem Schicksal vieler Krebskranker bekannt, die sich auf diese Lehre verlassen haben.
Zuversicht und Glaube an etwas ist damit nicht in Frage gestellt, aber Glaube an Dinge, die nicht eintreten können oder die erst durch Geld erreicht werden können, ist gefährlich.
Selbst in der Sowjetunion hat der Esoterik-Boom eingesetzt.
Der Journalist A. Eichholz berichtet im März 1989 in der ärzt-

lichen Zeitung von Wunderheilern und Hellsehern, die im Land der Perestroika Hochkonjunktur haben:

«Die 17jährige Olga hält eine blaue Rose in der Hand. Plötzlich beginnt die Blume zu wachsen. Sie wächst so hoch, daß sich das Mädchen zurückbeugen muß, um die Blüte noch sehen zu können. Allerdings ist Olga im überfüllten Saal des Moskauer Kinos ‹Eriwan› die einzige, die die Wunderblume sieht. Sie gehört zu einem Dutzend Testpersonen, die Albert Ignatenko unter mehr als 200 Freiwilligen aus dem Zuschauerraum ausgesucht hat.
Ignatenko ist groß, schwarzhaarig und trägt einen schwarzen Smoking. Trotz des Quastenbarts hat seine Erscheinung nichts Diabolisches an sich. Die Stimme und die Art zu sprechen fallen in Moskau unangenehm auf. Der Mann kommt aus der Provinz.
Schnell ging der 46jährige Magier die Reihen ab. Wenn sich seine Hand dem Nacken der Prüflinge näherte, taumelten die meisten oder gingen sogar in die Knie, obwohl es auch solche gab, die unbeeindruckt stehen blieben. Alle Menschen besäßen die Fähigkeit, ‹psychische Energie› aufzunehmen und wieder abzugeben, jedoch in unterschiedlichem Maße, erläuterte das ‹wirkliche Mitglied der Allunions-Psychologengesellschaft›.
Doch was dann kam, verschlug selbst Skeptikern die Sprache. Auf seinen wortlosen Befehl hin fingen Männer und Frauen auf der Bühne an zu tanzen. ‹Wie heißt die?› fragt der Magier den 14jährigen Anton. ‹Tante Mascha›, ist die Antwort. Der Junge ist sich der Komik der Situation voll bewußt und lacht stumm übers ganze Gesicht. Gegen Ignatenkos Einfluß aber ist er machtlos. Ein anderer Junge kann seinen plötzlich tonnenschwer gewordenen Fuß vom Boden nicht mehr lösen. Vergeblich versucht er, mit den Händen nachzuhelfen.»

Scharlatane am Werkstoff Seele

Therapie und Betrug! oder Betrug als Therapie?

Will man Methoden – gerade auch Methoden, die außerhalb anerkannter Behandlungsformen liegen – vorstellen und klassifizieren, so ist es am besten, wenn auch die Therapeuten dieser Methoden selber Stellung dazu beziehen. 1971 erschien in New York das «Handbook of Innovative Psychotherapies», in dem der Herausgeber, Raymond J. Corsini, 70 verschiedene Therapien von 96 namhaften und erfahrenen Psychotherapeuten aus deren

eigener praktischer Kenntnis darstellt. 1977 erschien dieses Buch in deutscher Übersetzung unter dem Titel «Handbuch der Psychotherapie». Dieses für Therapeuten, Studenten der Psychologie, Psychiater und Sozialarbeiter geschriebene Buch enthält sich zu den einzelnen Therapieformen jeglicher Wertung, läßt die Therapeuten der Methoden, in der Regel in großer Begeisterung, ihre Therapien vorstellen. Kritiklose Begeisterung gibt die Schwachstellen von Methoden für den, der genau zu lesen weiß, eher preis als eine nüchterne Darstellung.
Wir haben versucht, die Ungewöhnlichkeit der jeweiligen Methode herauszustellen.

Die Primärtherapie von Dr. Janov

Die «Urschrei-» oder «Primärtherapie» begann mit einem markerschütternden Schrei, vergleichbar dem eines Menschen, der ermordet wird, und ausgestoßen von einem 22jährigen sensiblen und introvertierten Studenten während einer konventionellen Psychotherapie. Er wälzte sich in heftigster Erregung auf dem Boden, brüllte «Mami, Papi!» und stieß schließlich seinen markerschütternden Schrei aus, der die Wände des Sprechzimmers seines Psychotherapeuten erzittern ließ. Danach sagte Dany, der junge Student, zu seinem Therapeuten: «Ich hab's geschafft! Was, weiß ich nicht mehr, aber ich kann fühlen!»
Danys Todesschrei signalisierte nicht nur das Ende seiner Neurose, sondern auch den Beginn einer neuen psychotherapeutischen Methode, die seit Anfang der 70er Jahre kräftige Zuwachsraten zu verzeichnen hat.
Nach dem Schrei des Studenten Dany entwickelte Dr. Arthur Janov nach 17jähriger psychologischer Praxis ein völlig neues theoretisches und therapeutisches Konzept. Dr. Janovs theoretisches Konzept ist ebenso einfach wie umfassend. Neurosen entstehen dadurch, daß der kindliche Organismus übermäßigen psychobiologischen Schmerz, den «Urschmerz», abspaltet und verdrängt. «Urschmerz» entsteht, wenn ein Kind durch ablehnendes Verhalten oder Lieblosigkeit der Eltern grenzenlose Verlassenheit empfindet, wenn es erfahren muß, daß seine spontanen Lebensäußerungen von den Eltern abgelehnt werden, kurz,

wenn elementare Bedürfnisse des heranwachsenden Organismus nicht befriedigt werden.
Da der Urschmerz aber für das Kind unerträglich ist, kann es nur überleben, wenn es den Urschmerz verdrängt und damit seine eigentlichen Bedürfnisse und Wünsche verleugnet. Ein Patient JANOVS schilderte diese Situation recht plastisch:

«Ich beseitigte mich selbst, ich brachte den kleinen Jimmy um, weil er unmanierlich und wild und lebhaft war und die Eltern ein folgsames und sanftes Kind haben wollten. Ich mußte den kleinen Jimmy loswerden, um mit diesen verrückten Eltern weiter leben zu können. Ich brachte meinen besten Freund um. Es war eine miese Sache, aber das einzige, was ich tun konnte.»

Um den Erwartungen der Eltern zu entsprechen und ihre Liebe nicht zu verlieren, muß das Kind sein wahres Selbst verdrängen und baut eine «Scheinpersönlichkeit» auf, es wird «irreal». Damit beginnt ein endloser neurotischer Kampf, der nur dazu dient, die zusammen mit dem Urschmerz früh verdrängten Bedürfnisse nicht bewußt werden zu lassen. Alle Neurosen entstehen durch diese spezifischen Mechanismen, die durch die herkömmlichen psychotherapeutischen Verfahren, jedenfalls nach Meinung des Dr. JANOV, weder erkannt noch beseitigt werden können.
Der einzig gangbare Weg, diesen symbolischen Abwehrkampf zu beenden, ist der systematische Angriff auf das «irreale» Selbst, die Primärtherapie.
Dr. JANOVS therapeutische Technik besteht in ziemlich massiven Angriffen auf das Abwehrsystem seiner Patienten. Isolierung, Schlafentzug, das strikte Verbot spannungslindernder Gewohnheiten, wie Rauchen und Trinken, dienen dazu, die neurotische Fassade zum Einsturz zu bringen, bis der Patient schließlich die Angst und die Hilflosigkeit, die er als Kind empfand, noch einmal durchlebt und sich der aufgespeicherte Urschmerz in frenetischem Schreien entlädt und er durch das seinen ganzen Organismus erschütternde Urerlebnis die Spaltung seines Ichs überwindet und zu seinem realen Selbst zurückfindet.
Die endgültige Heilung ist dann erreicht, wenn der «Urschmerzbehälter», zu dem die Neurose den Deckel bildet, entleert ist und keine spontanen Urerlebnisse mehr auftreten.
JANOV betont ausdrücklich, daß es nicht das Ziel der Primärtherapie sei, den Neurotiker zu einem produktiven Glied der Gesell-

schaft zu machen, sondern dem Neurotiker zu einem Leben ohne Angst und übersteigerten Ehrgeiz, zu einem Leben der Selbstverwirklichung und Zufriedenheit zu verhelfen.
JANOV behauptet sogar, daß die vorgeburtliche Umgebung in der Gebärmutter einen schädigenden Einfluß auf viele Menschen haben kann, und er vertritt die Ansicht, daß seine Methode auch die pränatalen Monate in den therapeutischen Prozeß miteinbezieht.
Das Indikationsspektrum ist weit. Neben Neurosen werden auch psychosomatische Erkrankungen, wie Rückenschmerzen, verschiedene Hautleiden und Psychosen, behandelt.
Das Sensationellste der Primärtherapie ist jedoch ihre Erfolgsquote, die so groß sein soll, daß über Mißerfolge nicht berichtet wird.

Aqua-Energetik

Aqua-Energetik wird vorgestellt als eine Veränderungsmethode,

> «die die Lebendigkeit des Menschen steigern soll, indem sie neuromuskuläre Blockierungen, die den Atemprozeß und den Fluß der Lebensenergie behindern, öffnet. Durch die Steigerung der ‹Lebendigkeit› werden Symptome geheilt, realistische Lebensanpassung vollzogen, Abhängigkeit durch Selbstverwirklichung und Kreativität ersetzt. Die ersten Stadien reduzieren die normale Angst, die Menschen vor der Natur des Lebens und des Todes haben.»

Entsprechend dem Namen liegt der Schwerpunkt des Verfahrens in der Gruppentherapie im Swimmingpool mit auf Körpertemperatur angewärmtem Wasser.
Methode: Schwerpunkt der Therapie ist ein Aqua-Energetik-Marathon, eine Gruppentherapie für bis zu 20 Teilnehmer über 20 bis 24 Stunden. Das Marathon wird in 4 aufeinander folgende Phasen eingeteilt.

1. Phase:
Am Nachmittag um 17 Uhr eine 6- bis 7stündige Sitzung mit Gespräch und ohne Gespräch. Ziel ist es, die Gruppen miteinander bekannt zu machen und so eine Gruppe für die Therapie «zusammenzuschweißen».

Den Teilnehmern wird dabei gezeigt, wie sie mit anderen Personen im Wasser arbeiten, wie das Gruppenmitglied zu halten ist, damit sich jedes der Gruppenmitglieder ohne Gefährdung für das Leben völlig gehenlassen kann. Die bei der Gruppenarbeit auftretenden Gefühle sollen sowohl verbal als auch durch Körperbewegungen herausgelassen werden. Bekannt sind bei diesen Therapien plötzliches Erbrechen, Kribbeln, aber auch Verkrampfungen der Muskulatur mit auch teilweisen Lähmungszuständen, Atemstörungen und Todesangst.
Die Teilnehmer werden zu einer Hyperventilation, das heißt zu einer verstärkten Atmung angeregt, damit im Endeffekt das Bewußtsein beeinträchtigt werden kann. Gegenseitige Massagen helfen, muskuläre Verspannungen zu lockern.
Dem einzelnen wird der Eindruck vermittelt, daß diese Form der Therapie von ihm jederzeit zu stoppen ist durch das Wort: «Halt». Kein Mitglied ist gezwungen, im Pool zu arbeiten. Den Teilnehmern wird klargemacht, daß sie sich in gewissen Phasen der Therapie möglicherweise in ihre Kindheit und Säuglingszeit versetzt fühlen und dies auch geschehen lassen sollen.

2. Phase:
Um Mitternacht beginnt die Gruppenmeditation, bei der keine Gesprächskontakte gestattet sind.

3. Phase:
Diese Phase schließt sich unmittelbar ans Frühstück an und besteht wieder aus einer Arbeit im Pool von etwa 6 Stunden. Die Gruppe kommuniziert nicht miteinander, nur der Therapeut mit jeweils einer Person, mit der er gerade arbeitet. Es wird berichtet, daß es teilweise zu vulkanartigen Gefühlsausbrüchen kommt. Der Teilnehmer wird dann im Wasser auf den Rücken gelegt und von 5 Personen gehalten, um die Sicherheit zu geben, daß er sich gehenlassen kann, ohne eine körperliche Gefährdung zu erleiden.
Fühlt sich ein Teilnehmer auf die Stufe des Säuglings zurückversetzt, wird er von einer guten «Mutter», die aus der Gruppe ausgewählt wird, wie ein Säugling behandelt: Sie hält ihn, wiegt ihn und füttert ihn mit der Flasche. Es ist keineswegs ungewöhnlich, daß ein oral-deprivierter Teilnehmer 2 oder 3 Flaschen zu sich nimmt und dann friedlich in den Armen der «Mutter» einschläft.

Das kommt einer Umkonditionierung gleich, ein Prozeß, der auf einer ganz fundamentalen Persönlichkeitsebene abläuft. Innerhalb von 1 oder 2 Wochen kann es zur Elimination von Gefräßigkeit, Rauchen, Alkoholismus und anderen Formen oral fixierten Verhaltens kommen.
Körperliche Reaktionen können auch mit der Entlarvung des Geburtstraumas einhergehen. Dieses Phänomen wird häufig begleitet von diffusem, im Körper zu spürendem Schmerz, Gefühlen des Erstickens zusammen mit übermäßiger Absonderung von Schleim und dem Gefühl unmittelbar bevorstehenden Todes. Teilnehmer erleben dabei eine heftige, tiefsitzende Furcht, und sie bedürfen der Unterstützung. Wenn sie diese Reaktionen hinter sich haben, wird das Atmen tiefer, rhythmischer und müheloser. Es wird ein Energiefluß erlebt, der durch den ganzen Körper und in den Kopf geht. Häufig bricht der Betroffene in höchste Freude darüber aus.

4. Phase:
Diese Phase beginnt um 13 Uhr nach dem Verlassen des Pools. Sie dauert zwischen 2 und 4 Stunden. Während des Mittagessens in Form eines Büfetts wird über die Pool-Erfahrungen gesprochen. Zur Vertiefung des Austausches und der Kommunikation werden Gestalt- und Psychodrama-Techniken eingesetzt.
Manche Therapeuten verändern die Reihenfolge der Phasen und führen sogar Workshops durch, die über mehrere Tage, teilweise über eine Woche gehen, wobei aber innerhalb des Tages die Phasenfolge eingehalten wird.
Eine Grundvoraussetzung für die Therapie ist die Nacktheit, von der angenommen wird, daß sie einen gewissen Teil zur Heilung von Problemen beiträgt. Wer die Nacktheit nicht wünscht, bespricht dies mit einem Therapeuten, und die Gruppe erfährt nicht, wer gegen Nacktheit war. Alle Teilnehmer gehen dann in Badekleidung in den Pool.

Anwendungsbereiche:
Die Methode wird vorgeschlagen für alle Menschen, die den Weg «zur persönlichen Reifung (Growth path)» einschlagen wollen, die eine Heilung ihrer Symptome wünschen und denen es um

eine bessere Anpassung im Leben geht, die an Selbstverwirklichung interessiert sind und eine «Erleuchtung» suchen.

1. Probleme mit dem Körperbild:
   Probleme mit dem eigenen Körper werden beim Mann häufig mit dem Penis, bei der Frau mit den Brüsten zu tun haben. Bei der Arbeit mit diesen Personen ist angeblich Nacktheit wichtig, denn die Therapeuten finden, daß es sinnlos ist, über Probleme zu sprechen, die nicht für jeden sichtbar sind.
   Vorgeschlagen wird, Aqua-Energetik bei Deformationen, wie Brustamputationen, auszuführen. Die Teilnehmerin soll dabei lernen, daß nur ihre Narbe nicht schön ist.
2. Auch bei sexuellen Problemen, wie vorzeitigem Samenerguß, Frigidität, Exhibitionismus und Masochismus, werden die Therapien nackt durchgeführt.
3. Ansätze zur Überwindung der Drogenabhängigkeit, erklärt am Beispiel des Alkoholikers:

   «Der Alkoholiker ist gewöhnlich eine Person, die durch ihre Charakterstruktur sehr stark zur Konfrontation gedrängt und im Ausdruck ihrer selbst durch einen Körperpanzer zurückgehalten wird. Wenn diese Blockierung beseitigt ist, braucht sie nicht mehr länger durch Alkohol gelockert zu werden.»

Als Zusatzverfahren zur Therapie von Psychosen wird Aqua-Energetik angewandt. Vor den Pool-Sitzungen werden die Medikamente abgesetzt, was nicht immer problemlos ist. Die Therapieverfechter der Aqua-Energetik geben dazu selber an, daß eine lange therapeutische Praxis und ein hohes Niveau für die Arbeit mit Psychotikern erforderlich ist und sich Anfangstherapeuten nicht daran versuchen sollten. Vorgeschlagen wird, diese Methode für Psychotiker unmittelbar nach der Einweisung in psychiatrische Krankenhäuser anzusetzen. Die Vorstellung der Therapie beendet der nicht umstrittende Psychotherapeut Paul Bindrim mit den Worten:

«Es gibt kein psychotherapeutisches Verfahren, das für die Freisetzung von Feindseligkeiten bei Teilnehmern, denen man eine Kontrolle oder Richtungsgebung ihrer Wut nicht zutraut, geeigneter wäre, als Aqua-Energetik.»

Bioenergetik

Bioenergetik (wie Biosynthese und Biodynamik) ist ein körperorientiertes Verfahren. Diese Verfahren gehen auf den FREUD-Schüler WILHELM REICH zurück, der in den 30er Jahren die «Charakteranalytische Vegetotherapie» entwickelte.

ALEXANDER LOWEN, ein Patient von REICH und später von ihm ausgebildet, gründete 1956 das Institut für Bioenergetische Analyse. Ziel der Bioenergetik ist die Ganzheitlichkeit des Menschen. Körper und Geist sind nicht zwei getrennte Systeme, sondern miteinander verbunden. Blockierungen im Körper können den Energiefluß beeinträchtigen oder sogar unterbrechen und dadurch zu Störungen führen.

Durch bestimmte körperliche Übungen soll die «Charakterpanzerung» gelöst und dadurch ein harmonisches vegetatives Kräftespiel erreicht werden.

> «Die Verkrampfung der Muskulatur ist die körperliche Seite des Verdrängungsvorganges und die Grundlage seiner dauernden Erhaltung. Es sind nie einzelne Muskeln, die in Spannung geraten, sondern Muskelkomplexe, die zu einer vegetativen Funktionseinheit gehören.»

Über das Bewußtmachen und Loslassen der Muskeln wird ein erhöhtes Körpergefühl und Bewußtsein erreicht. Ein Ja-Sagen zur Körperlichkeit ist intendiert. Besonders Frauen nehmen dieses Gelöstwerden sehr gerne an. Entsprechend ist besonders bei Frigidität oder sexuellen Verkrampfungen das Einsetzen von Bioenergetik durchaus angezeigt. Deutlich wird – selbst schon in Kindergruppen – die Freude am eigenen Körper durch das Üben in Gruppen.

Das therapeutische Gespräch analysiert das körperlich-psychische Geschehen und ordnet auftauchende Erlebnisse und Emotionen den entsprechenden Situationen des Lebens zu. Die Kraft, die der Patient aus den in der Therapie gemachten Erfahrungen geschöpft hat, soll ihn zu einem selbstverantwortlichen und lebensbejahenden Menschen machen.

Ermutigungstherapie

Die Haupthypothese der Ermutigungstherapie lautet:

«Ungeachtet des von dem Therapeuten benutzten Ansatzes liegt der wesentliche Grund, weshalb sich Menschen ändern, darin, daß sie selbst motiviert sind, sich zu ändern. Die mühsame Aufgabe des Therapeuten liegt also darin, die Bereitschaft und die Entschlossenheit des Klienten zur Änderung zu fördern. Hierzu muß er dem Klienten Verantwortungsbewußtsein, Zuversicht und Mut vermitteln. Grundüberlegung ist, daß entmutigte Menschen eher unmotiviert zu einer Änderung sind.

Diese «Mutlosigkeit» teilt man in zwei Leitmotive auf:

1. Das Motiv des Nicht-verantwortlich-Seins («Ich bin für mein Leben nicht verantwortlich»).
   Menschen, die an diesem Motiv festhalten, neigen dazu, ständig andere Menschen, die Welt oder die Vergangenheit für ihre gegenwärtige Lage verantwortlich zu machen. Sie beschuldigen entweder Personen, Dinge, Gruppen oder sich selbst.
2. Das zweite Leitmotiv ist ein negatives Selbstbild (zum Beispiel: «Ich bin eine unnütze und untaugliche Person ohne Begabungsstärken oder Fähigkeiten»). Wichtig ist für den Therapeuten zu erkennen, daß diese «Mutlosigkeit» durchaus auch Sinn haben kann für den Klienten. Der erste Sinn besteht in der mit einer Routine verbundenen Bequemlichkeit. Änderungen schaffen Unsicherheit und sind daher angstauslösend.
   Ein zweiter Sinn kann darin bestehen, daß bestimmte Handlungsweisen des Entmutigten soziale Belohnungen nach sich ziehen, zum Beispiel in Form von Aufmerksamkeit und Mitgefühl.
   Drittens kann der Klient sich über Jahre hinweg selbst in seinem negativen Selbstbild und seiner Unverantwortlichkeit überzeugt und bestärkt haben, so daß diese Überzeugung inzwischen ein Teil seines Selbstbildes geworden ist.

Die Ursachen für den Aufbau dieser Leitmotive liegen oftmals schon in der frühesten Kindheit: wenn zum Beispiel ein Kind bemerkt, daß es immer dann sozial bestärkt wird, wenn es sich

anpaßt oder von seiner Umwelt darin bestätigt wird, daß es von selbst unnütz und unfähig ist.
Ziel der Therapie ist es, den Klienten zu der Einsicht zu verhelfen:

> «Es liegt an mir, die Dinge zu akzeptieren, die ich nicht ändern will, und jene Dinge zu ändern, die ich ändern will, und es liegt an mir, diese Änderungen mit Mut und Energie zu wollen.»

Das zweite Ziel der Therapie ist der Aufbau von Selbstvertrauen («Ich bin kompliziert, begabt und habe viele Kräfte, Talente und Fähigkeiten»). Ausgestattet mit den Gefühlen der Verantwortung und des Selbstvertrauens wird der Klient zum einen selbst motiviert, sich zu ändern, zum andern verändert sich seine Wahrnehmung in bezug auf sich selbst, andere Personen und die Umwelt.
Der Prozeß der Ermutigung erfolgt in drei Phasen.
In der ersten Phase der Ermutigungstherapie steht das Verständnis der Gefühle des Klienten im Vordergrund. Dieses gibt dem Therapeuten die Möglichkeit, die zugrundeliegenden entmutigenden Überzeugungen zu identifizieren. Vor allem dient diese Phase einem Ausbau der Beziehung zwischen Therapeut und Klient, damit der Klient in einem angstfreien akzeptierten Raum so sein kann, wie er ist, und frei und ohne Angst über seine Ängste, Gefühle und Probleme reden kann.
Im Mittelpunkt der zweiten Phase steht die Kognition. Der Klient wird aufgefordert, die Wirkungen seiner Überzeugungen auf seine Gefühle und Handlungen zu erkennen. Dies wird dadurch erreicht, daß die unterschiedlichen Arten, eine Situation zu betrachten, entwickelt werden. Der Therapeut fördert diese Entwicklung perzeptueller Alternativen dadurch, daß er die Stärke, Talente und Fähigkeiten des Klienten in den Mittelpunkt rückt. Dies stellt eine Bereicherung der Meinung über sich selbst, die anderen und die Wirklichkeit dar. Diese neuen Wahrnehmungen geben dem Klienten mehr Verantwortung und Vertrauen.
Hat sich der Patient für beide entschieden, geht die Therapie in die dritte Phase über. Hier steht das Handeln auf ein gestecktes Ziel im Vordergrund. Der Klient erkundet seine Möglichkeiten, steckt sich Ziele, handelt und nimmt eine Bewertung seines Handelns vor. Durch seine neuen Gefühle, Gedanken und Handlun-

gen erkennt der Klient, welche Beziehungen zwischen seinem Denken, Sagen, Fühlen und Tun bestehen. Diese gravierende Entdeckung verleiht ihm ein Gefühl innerer Einheit, eigener Kraft und Selbstbeherrschung sowie das Gefühl, zu mutigem Handeln motiviert zu sein. Er ist jetzt selbst vom Therapeuten unabhängig und erlebt das als die vierte Phase der Therapie, nämlich die «Freiheit».

Anwendung:

Die Ermutigungstherapie ist bei stark gestörten Klienten nicht die wirksamste Behandlung. Zu dieser Gruppe gehören

a) organische Probleme,

b) Störungen, die von Halluzinationen begleitet werden und

c) starke Depressionen.

Die größte Wirkung hat die Ermutigungstherapie bei entmutigten Menschen, denen es an Motivation mangelt, das heißt Menschen, die an dem leiden, was üblicherweise Existenz-Neurose oder existentielle Probleme genannt wird. Auch kann die Ermutigungstherapie Hilfe geben bei Menschen, die sich wichtigen Lebensumstellungen gegenübersehen, zum Beispiel Rückkehr zur Schule, Scheidung, Verlust geliebter Menschen und so weiter. Auch findet sich ihre Anwendung in den Schulen bei leistungsschwachen und schüchternen Schülern, selbst bei Schulphobikern ist diese Therapie erfolgreich angewandt worden. Auch Klienten mit Drogenproblemen konnten ermutigt werden, Selbstvertrauen und Verantwortung zu entwickeln, um eher vom eigenen Selbst als von Altersgenossen und Drogen abhängig zu werden.

Feministische Therapie

Die Feministische Therapie wird von ihren Anhängern als philosophischer Ansatz für die Durchführung von Psychotherapie angesehen. Es wird von 4 Aspekten ausgegangen.

1. Der Bereich des Privaten und infolgedessen auch der therapeutische Bereich, sind politisch. Das heißt, Gesamtverhalten und -erfahrung sollten in dem größeren gesellschaftspolitischen Kontext, in dem sie auftreten, gesehen werden. Erfahrungen sind keine isolierte Version der Realität, son-

dern Teil des gesellschaftlich vermittelten Sozialisationsmusters.

2. Sexismus und die Festlegung auf Geschlechtsrollen schränken die den Frauen wie auch den Männern offenstehenden Möglichkeiten ein.
3. Therapeuten sollen die Ergebnisse des politischen Feminismus benutzen, um solche neuen Interventionsstrategien und -strukturen für ihre Praxis zu entwickeln, die im Gegensatz zu einer Form von Therapie stehen, deren Normen von kulturellem Sexismus hergeleitet sind.
4. Der Therapeut muß sich seiner persönlichen Wertsysteme bewußt sein, insbesondere seiner Wertvorstellungen über «angemessenes Geschlechtsrollenverhalten».

Die Feministische Therapie tauchte etwa in der Mitte der 60er Jahre auf. Die Gründer behaupten, daß sie eine Reaktion ist auf die beunruhigende Tatsache, daß vielen Frauen durch die traditionelle Psychotherapie nicht geholfen wird, sondern sogar geschadet.

Die bisher gängige traditionelle Psychotherapie wird von den Anhängern der Feministischen Therapie abgelehnt, weil sie eine verblüffende Ähnlichkeit zwischen einem Patriarchen und dem Therapeuten sehen, vor allem aber weil man glaubt, daß dieser Therapeut Frauen, die sich ändern müssen, nicht hilft, sondern ihre Passivität, Abhängigkeit und Hilflosigkeit nur verstärkt. Daher brechen die feministischen Therapeuten mit der traditionellen Therapie, geben ihrer Arbeit eine feministische Perspektive. Alle Hauptpunkte sind kollektive Aktionen.

«Im feministischen Sinne bedeutet Therapie also heilen, nicht helfen. Sie bedeutet Zusammenarbeit in Gruppen, um Informationen zusammenzutragen und eine starke Basis zu schaffen. Es gibt keine Experten und keine Autoritäten. Es gibt keine Patienten, und es gibt keine Ärzte. Statt dessen gibt es unterstützende Partner und Organisatoren. Feminismus schließt Einzeltherapie nicht aus, aber das traditionelle Therapeut-Patienten-Modell wird abgelehnt… Es ist schädlich für Frauen, als krank, schwach und isoliert behandelt zu werden. Wir möchten die Verantwortung für unser Leben selbst übernehmen und können das nur erreichen, wenn wir als gleichgestellte Erwachsene behandelt werden.»

Die Psychoanalyse FREUDS wird als unvereinbar mit der Philosophie der Feministischen Therapie angesehen.

Wertvorstellungen in der Feministischen Therapie (entnommen: Handbuch der Psychotherapie, Herausgeber Corsini)

1. Der Therapeut ist sich seiner eigenen Werte bewußt.*
2. Es existiert kein vorgeschriebenes Geschlechtsrollenverhalten.
3. Umkehrungen der Geschlechtsrolle in der Lebensführung werden nicht als pathologisch etikettiert.
4. Die Eheschließung wird für Frauen als kein gutes Therapieergebnis angesehen.
5. Von Frauen wird erwartet, daß sie soviel Selbständigkeit und Selbstbehauptung zeigen wie Männer. Von Männern wird erwartet, daß sie so gefühlsbetont und feinfühlig sind wie Frauen.
6. Theorien, die auf anatomischen Unterschieden basieren, werden zurückgewiesen.
7. Der minderwertige Status der Frau ist darauf zurückzuführen, daß Frauen weniger politische und ökonomische Macht haben als Männer.
8. Ein feministischer Therapeut schätzt einen Klienten der Ober- oder Mittelschicht nicht mehr als einen Klienten der Unterschicht.
9. Die Hauptquelle der Pathologie der Frau ist sozialer und nicht persönlicher Natur.
10. Die Rolle der Umwelt bei der Entstehung pathologischer Störungen wird nicht deshalb betont, um sich individueller Verantwortung zu entziehen.
11. Feministische Therapie widersetzt sich der persönlichen Anpassung an soziale Bedingungen. Ihr Ziel ist soziale und politische Veränderung.
12. Andere Frauen sind keine Feinde.
13. Auch Männer sind keine Feinde.

* Die Punkte 1 bis 6 enthalten Werte, die wahrscheinlich von feministischen und von nicht-sexistischen Therapeuten vertreten werden. Die Punkte 7 bis 16 repräsentieren vermutlich Werte, die besonders von feministischen Therapeuten vertreten werden.

14. Frauen müssen ökonomisch und psychisch unabhängig sein.
15. Freundschafts-, Liebes- und Ehebeziehungen sollte gleiche Bedeutung beigemessen werden.
16. Die wesentlichen Unterschiede zwischen «angemessenem» Geschlechtsrollenverhalten müssen verschwinden.

Die Feministische Therapie fordert einen Machtausgleich zwischen Klient und Therapeut. Sie sieht die Klienten als die besten Experten in bezug auf ihre eigene Person an und ermutigt sie, sowohl ihre Probleme selbst zu definieren als auch die Ziele der Therapie festzulegen.
Alle Klienten haben Zugang zu ihrer eigenen Akte und zu jedem Bericht und Testergebnis, wobei zu sagen ist, daß nur in seltenen Fällen davon Gebrauch gemacht wird. Besonders wird darauf geachtet, daß der Therapeut eine sogenannte nicht-sexistische Sprache benutzt, auf geschlechtsspezifische Bemerkungen, Begriffe und Witze und auf verletzende unbedachte Bemerkungen gegenüber Frauen und Männern verzichtet.
Die Therapie kann sowohl als Einzel- als auch als Paar- oder Familientherapie durchgeführt werden.
Auf die Frage, wem Feministische Therapie am besten hilft, antworten feministische Therapeuten gewöhnlich: «Jedem!»
In den Vereinigten Staaten befinden sich unter 200 Therapeuten der Feministischen Therapie nur 4 Männer. Therapeuten gehen davon aus, daß diese Therapie auch für Männer ausgesprochen hilfreich sein kann, um sie mit den zärtlichen Gefühlen in einer gleichberechtigten Beziehung im sexuellen, aber auch im täglichen Leben zu konfrontieren und auf diese Art und Weise zu aktiven und fürsorglichen Vätern zu entwickeln.

Anwendung
Für die Anwendung dieser Therapie werden folgende Problembereiche genannt:
Macht
Sexualität
Opfer von Gewalttaten
Depressionen
Im Problembereich Macht soll die Frau lernen, sich selbst zu be-

haupten, sowohl geistig als auch durch körperliche Aktivitäten, in Kursen zur Selbstverteidigung. Die Kombination von Macht und Sexualität wird untersucht.

Die Feministische Therapie soll die Vorurteile, daß es Frauen an persönlicher Macht fehle, ausräumen.

Im Bereich der Sexualität wird der Gesellschaft vorgeworfen, nur die Begriffe Madonna und Hure zu kennen und somit die sexuelle Rolle der Frau auf die Begriffe Jungfrau/Mutter oder Hure festzulegen. Feministische Therapie will der Frau Sexualität als etwas Normales und als ihr Recht vorstellen. Zur Therapie gehört es, Anweisungen über Literatur zu geben oder die Klienten aufzufordern, mit Mutter und Großmutter über sexuelle Einstellungen und Werte zu sprechen. Darüber hinaus wird sie aber auch in Selbstbefriedigungstechniken, Gymnastik und Massage unterwiesen.

Bei Opfern von sexueller Gewalttätigkeit unterstützt die Feministische Therapie nicht nur den Ärger, sondern auch die Aggression gegen den Angreifer.

Feministische Therapeuten bewerten die höhere Zahl von Depressiven unter Frauen als ein Zeichen für die Bedrängnis und die Einschränkung der Frau in der Gesellschaft. Feministische Psychologen bringen die Depressionen der Frau in Zusammenhang mit Problemen der Macht und der Sorge für das eigene Wohl. Die Feministische Therapie der Depression arbeitet ohne Medikamente und ohne Elektroschock und berichtet über angeblich gute Erfolge.

In einer Zusammenfassung schreiben die beiden obengenannten Autoren:

> «Feministische Therapie entstand als Reaktion auf den psychischen Schaden, der Frauen in der Vergangenheit, als man «ihr Bestes» wollte, zugefügt worden ist.»

Fixed Role Therapie

Hierbei handelt es sich um eine Kurz-Psychotherapie. Aktiviert werden soll die Möglichkeit zur Persönlichkeitsveränderung durch ein festgelegtes «Spiel». Der Klient spielt mehrere Wochen lang eine ihm zugeschriebene festgelegte Rolle einer frei erfun-

denen Person (fixed role). Während dieser «Schauspielphase» treffen sich Therapeut und Patient normalerweise alle 2 Tage.
Methoden:
Als erstes muß der Klient eine Charakterskizze von sich erstellen lassen, von einer Person, die ihn gut kennt. Nachdem der Therapeut diese gelesen hat, fordert er eine ausführliche Personenbeschreibung, vom Klienten so verfaßt, als hätte sie ein intimer, sehr wohlgesonnener Freund geschrieben. Diese Form der Darstellung soll den Klienten dazu ermutigen, die eigene Persönlichkeit als zusammenhängendes Ganzes zu beschreiben.
Aus den Erkenntnissen der Darstellung entwirft der Therapeut die «Rolle», in die der Klient schlüpfen soll. Dieser «hypothetische Mensch» weist alternative Wesenszüge auf zu denen, die der Klient sich zugeschrieben hat.
Dieser Rollentausch soll das Verständnis des Klienten für seine eigene Situation wecken.
Kommunikation und damit Interaktionen sollen erlernt werden, und es gibt mindestens 5 verschiedene Arten zwischenmenschlicher Beziehungen, die in den Therapiesitzungen geprobt werden:

1. mit einem Aufseher, Arbeitgeber oder Lehrer;
2. mit einem Gleichaltrigen;
3. mit einem Ehepartner, Liebhaber oder Freund;
4. mit Eltern oder ihren Stellvertretern;
5. eine Diskussion philosophischen und religiösen Inhaltes.

Anwendungsbereiche
Es wird berichtet, daß diese Behandlung bei schizophrenen Paranoikern, Depressiven, Neurotikern und sogar bei geistig Retardierten mit Erfolg angewendet wurde.

Kunsttherapie

Die Kunsttherapie wird heute durch die «American Art Therapy Association» wie folgt definiert:

«Kunst bietet eine Gelegenheit zu nicht verbalem Ausdruck und nicht verbaler Kommunikation. Innerhalb dieses Bereichs gibt es zwei bedeutende Ansätze. Die Verwendung von Kunst als Therapie impliziert, daß der schöpferische Prozeß eine Möglichkeit sein kann, sowohl Gefühlskonflikte beizulegen als auch das Selbstbewußtsein und die persönliche Entfaltung zu fördern. Wenn Kunst als Vehikel für die Psychotherapie benutzt wird, dann können sowohl das Produkt als auch die associativen Bezüge dem einzelnen helfen, eine angemessenere Beziehung zwischen seiner Innen- und Außenwelt zu finden.»

Die Kunsttherapie wird unter anderem angewendet bei hospitalisierten Kindern, psychotischen und neurotischen Zielgruppen, Gefängnisinsassen, geistig Retardierten, lernbehinderten Kindern, Problemfamilien und -paaren und seit kurzem auch bei Personen, die infolge körperlicher Beschwerden emotionale Probleme haben.
Kunsttherapiesitzungen werden entweder mit Einzelpersonen oder in kleinen oder größeren Gruppen durchgeführt. Sie können entweder im Sprechzimmer des Kunsttherapeuten, im Klassenzimmer, im Eßraum einer Abteilung oder im Souterrain eines allgemeinen Krankenhauses abgehalten werden. Die Örtlichkeit hängt von den Bedürfnissen des Patienten und der theoretischen Orientierung des Leiters oder Verwalters einer Institution ab. Grundüberlegung ist, daß spontane Malerei eine bessere Einsicht in Konflikte oder Probleme einzelner Patienten gibt. Ebenso kann eine aktive Betätigung und die Belobigung diese Ich-Stärkung bieten und nicht vorhandenes Selbstvertrauen verstärken oder aufbauen. Oftmals geben Zeichnungen einen besseren diagnostischen Hinweis als Gespräche. So dienen vielfach Zeichnungen krebskranker Kinder als Hinweis darauf, welche Ängste diese Kinder besonders berühren und von daher zu psychischen Spannungen führen, zum Beispiel die Zeichnung eines krebskranken Jungen, der seine Eltern und Angehörigen ohne Hände (als Zeichen für deren Hilflosigkeit ihm gegenüber) zeichnete.
Methode:
In der Regel fordert der Kunsttherapeut den Klienten auf, spontan eine Zeichnung anzufertigen oder bestimmte Situationen, zum Beispiel Familiensituationen zu Hause, den Ehepartner, die Arbeitssituation, zeichnerisch darzustellen. Oftmals ergeben diese Zeichnungen schon erste Hinweise auf bestimmte Probleme, zum Beispiel in einer Familien- oder Paarkonfliktsituation. Anschließend fordert der Therapeut den Klienten auf, die Zeichnung zu erklären beziehungsweise Assoziationen zu den

einzelnen Bildelementen herzustellen. Er versucht, dem Klienten vorsichtig bei der Interpretation zu helfen, wobei er sich aber selber nicht in den Vordergrund stellt.
Durch diesen Prozeß wird das, was nicht verbal ausgedrückt wurde, verbalisiert, das heißt, das, was unbewußt war, wird bewußt. Auf diesem Weg erhält der Klient entweder selbst Erklärungen für die Ursachen seiner Probleme oder Konflikte, und/oder er erhält Einblicke in seine unbewußte Gefühlslage, zum Beispiel Aggressionen, die er bewußt nicht zulassen würde.
Aber auch der Therapeut erhält wertvolle Informationen über zugrundeliegende Problemfelder oder Ansatzpunkte für eine weitere erfolgreiche Therapie.

Musiktherapie

Die Musiktherapie ist in den letzten Jahren überaus rasch ins öffentliche Bewußtsein getreten, besonders in der BRD. Ihren Ursprung kann man zum Teil bis ins Mittelalter (Kircher, 1684) zurückverfolgen. Theoretischer Hintergrund war die Annahme, daß durch Musik die zum Schwingen gebrachte Luft auch den Körper in Schwingungen versetzt, so daß durch die Entstehung der Reibungswärme die im Körper befindlichen krankmachenden Gifte durch die Hautporen entweichen können. Nach dieser Methode behandelte Kircher unter anderem den Biß von Taranteln.
In neuerer Zeit wird der Musiktherapie sowohl im Bildungs- als auch im gesundheitspolitischen Bereich immer mehr Bedeutung beigemessen. 1950 wurde die älteste musiktherapeutische Fachvereinigung gegründet, die amerikanische Gesellschaft «National Association of Musictherapy». Danach entstanden in London und in Wien Zentren für Musiktherapie. Ab 1960 folgten dann entsprechende Gründungen in Skandinavien, der DDR, den Niederlanden, Frankreich, Jugoslawien und der Schweiz, der UdSSR, Argentinien und schließlich 1971 in der Bundesrepublik Deutschland.

Zum Begriff Musiktherapie

Unter Musiktherapie versteht man den patienten- und diagnosegerechten Einsatz von Musik mit dem Ziel, die persönliche

Befindlichkeit des Betroffenen zu verbessern, das heißt Wahrnehmungsdeformationen zu korrigieren und Angstbarrieren abzubauen. In diesem Zusammenhang ist unter Musik jede Form der beabsichtigten akustischen Äußerung zu verstehen. Der gravierendste Unterschied zu anderen Therapieformen besteht darin, daß Musiktherapie schwerpunktmäßig im nonverbalen Bereich der Patient-Therapeut-Beziehung einsetzt und von da ausgehend die Möglichkeit anbietet, die Schranke der Verbalisierungsfähigkeit emotional zu bearbeiten, die aus der Persönlichkeit des Klienten resultierenden Schwierigkeiten und Wahrnehmungsverschiebungen zu erkennen, auszuagieren und, wenn möglich, zu revidieren.
Der grundsätzliche Ansatz zur Erklärung der therapeutischen Wirkung geht von dem Begriff der musikalischen Sozialisation aus, das heißt, Musik als akustischer Parameter der Umwelt begleitet jeden Menschen vom embryonalen Entwicklungsstadium (zum Beispiel Stimme der Mutter) bis hin zum Tod. Wenn wir also Musik hören (Musik im Sinne von akustischen Reizen), die unseren Hörgewohnheiten entspricht, dann reagieren wir auf das akustische Ereignis entsprechend unseren vorhergegangenen Erlebnissen. Wir reaktivieren also unsere Erlebnisqualitäten, und dieser Weg des Musikerlebnisses ist ein relativ direkter Zugang zu vergangenen, auch unbewußten, Erlebnisschichten.

Anwendungsbereiche
Die Musiktherapie wird sowohl aktiv als auch rezeptiv angewandt. In der aktiven Musiktherapie produzieren Patienten und Therapeuten ihre Musik selber, während in der rezeptiven Musiktherapie bereits produzierte Musik gehört wird. Beide Formen geschehen sowohl in Einzel- als auch in Gruppensituationen. Die Musiktherapie dient einmal der genauen Identifizierung patientenbezogener Probleme mit dem Ziel der emotionalen Analyse (konfliktzentrierte Methode) und wird vorwiegend bei Patienten mit neurotischen, psychosomatischen, teilweise auch postpsychotischen Störungen angewendet. Andere Methoden stellen die Bedeutung der Kommunikation im Schutzraum der Musik in den Vordergrund.
Mit Hilfe von aktiver oder rezeptiver Musiktherapie können

Patienten neue Kommunikationsformen zu anderen Gruppenmitgliedern aufbauen (verhaltenszentrierte Methode). Diese Methoden, für die der den Klienten ständig bewußt bleibende Gegenwartsbezug charakteristisch ist, werden hauptsächlich bei Autismus, Entwicklungsstörungen, postpsychotischen Patienten, Cerebralparesen und teilweise auch bei hirnorganischen Störungen wirksam eingesetzt. Im Vordergrund steht die Bedeutung der nonverbalen musikalischen Kommunikationsprozesse.
Musiktherapeuten arbeiten heute in verschiedenen Einrichtungen:
in psychiatrischen Kliniken, psychosomatischen und psychotherapeutischen Kliniken, Fachsanatorien, Rehabilitationszentren, psychosozialen Beratungsstellen, sonderpädagogischen Heimen, Schulen und Strafanstalten.
Immer mehr öffentliche Schulen beginnen Musiktherapeuten als Teil des Sonderschulteams einzusetzen. Einige Musiktherapeuten arbeiten in der Resozialisation Strafgefangener oder mit Drogen- und Alkoholabhängigen.

Naikan-Therapie

Die Naikan-Therapie kommt aus Japan und wurde von ISSHIN YOSHIMOTO, einem erfolgreichen Geschäftsmann und Laien-Priester, entwickelt. Naikan bedeutet im Japanischen «Selbstbeobachtung, Selbstreflexion, Schau nach innen». Diese meditative Behandlungsform verlangt vom Patienten eine Reflexion seiner Vergangenheit. Diese Selbstreflexion wird nach Anleitung durchgeführt und soll dem Klienten vermitteln, wieviel Menschen aus seiner Umgebung für ihn getan haben und wie wenig er für sie getan hat. Er soll erkennen, daß er seinen Eltern, seinen Freunden oder seinen Partnern Kummer und Sorgen bereitet hat. Hier wird ein Schuldgefühl aufgebaut, danach aber auch die Gewißheit, daß der Klient trotz seiner Schuld von seiner Umwelt geachtet, geliebt und umsorgt wird.
Die Psychologen sehen hier einen Zusammenhang zu den Auffassungen der katholischen Kirche über die Sünde. Nicht nur die katholische Kirche, auch andere christliche Religionen fordern,

abends die Ereignisse des Tages zu überdenken, falsches Handeln einzugestehen und für den nächsten Tag Besserung zu geloben.

Der Initiator dieser Therapie brachte drei Themen
in seine Meditation ein:
1. Was habe ich von anderen empfangen?
2. Was habe ich ihnen zurückgegeben?
3. Welchen Kummer habe ich ihnen bereitet?

Erfolge konnte die Therapie im japanischen Strafvollzug erzielen. Rückfallquoten waren unter dieser Behandlung geringer als ohne Behandlung.
In Japan praktizieren Ärzte, Psychologen, Priester, Pädagogen, Krankenschwestern, Krankenpfleger und auch Laien Naikan-Therapie, die in einem einwöchigen Intensivkurs von erfahrenen Therapeuten ausgebildet werden.
Angewendet wird diese Behandlung bei psychosomatischen Störungen, sozialen Schwierigkeiten, aber auch bei Neurosen und Alkoholismus.

Neubewertendes Counseling

Dieses in den 50er Jahren entwickelte Behandlungskonzept (Reevaluation Counseling) stellt den Menschen als grundsätzlich intelligentes, glückliches, liebendes und mit Macht ausgestattetes Individuum dar. Schädigende Einflüsse und schlechte Erfahrungen verhindern die Verwirklichung dieser Eigenschaften. Diese Entwicklung kann durch natürliche Heilungsmechanismen korrigiert werden.
Die methodische Grundlage des Neubewertenden Counselings ist die aufmerksame Haltung des Therapeuten. Zuhören und Fragen stellen sollen das große Interesse des Therapeuten am Klienten bezeugen. Die Fragen sollen die Aufmerksamkeit des Klienten so ausrichten, daß sie dem Leidensmuster und den realen Gegebenheiten, die im Widerspruch dazu stehen, gilt.
Für jede Situation mit einem Klienten wird spontan eine spezifische Maßnahme entwickelt.

Rebirthing

Rebirthing wurde von LEONARD ORR Mitte der 70er Jahre an der Westküste Amerikas begründet. Grundtheorie ist die Annahme, daß die Persönlichkeit auf den Überlegungen oder den Eindrükken vom Selbst oder von der Realität, die während des Geburtserlebnisses gebildet werden, beruht. Diese fundamentalen Konzepte nehmen die Funktion von Leitlinien (persönliche Gesetze) an, die dem Menschen in seinen Reaktionen auf alle später im Leben auftretenden Ereignisse Grenzen setzen. Während seines ganzen Lebens gehorcht der Mensch diesen persönlichen Gesetzen und hält an ihnen fest. In dem Maße, indem später Ereignisse die perinatalen Umstände widerspiegeln, tragen sie zu einer vermehrten Negativität bei.

ORR geht in seiner Theorie davon aus, daß jeder einzelne Mensch für den Vorgang der Geburt und für alle späteren Ereignisse selbst verantwortlich ist. Die Geburt als wesentliche Persönlichkeitsdeterminante erklärt auch Beobachtungen, in denen sich scheinbar identische Kindsheitstraumen in ihren Effekten signifikant unterscheiden können. Ebenso läßt sich dadurch erklären, warum Kinder, die in fast identischer Weise in ein und derselben Familie aufgezogen wurden, sich beispielsweise in ihren Lebenseinstellungen grundlegend unterscheiden können, oder warum selbst ein sehr erfolgreicher Mensch, dem große Leistungen gelungen sind, ein äußerst negatives Selbstkonzept mit sich herumtragen kann. Demzufolge erlaubt die im Verlauf einer Rebirthing-Sitzung wiedererlebte Geburt, die persönlichen Gesetze zu überprüfen und frei zu wählen, ob diese aufgegeben werden und realitätsgerechter formuliert werden sollen, was den Klienten befähigt, sein Leben fast mühelos zu verändern.

Im Gegensatz zu anderen Therapieformen wird in der Rebirthing-Theorie der Klient nicht angehalten, über Vergangenes zu sprechen. Gemäß der Annahme, daß der Mensch durch sein Denken selbst verantwortlich ist für alle Ereignisse, die ihm zugestoßen sind, kann er aufhören, über Vergangenes zu klagen oder Schuld zuzuweisen.

Die Methode des Rebirthing ist ein einfacher Atemrhythmus, bei dem zwischen dem Ein- und Ausatmen keine Pause gelassen wird. Der Klient konzentriert sich auf das Einatmen und entspannt sich beim Ausatmen, so daß keine Hyperventilation stattfindet. Der Atem wird als «Regenbogenbrücke» zwischen subjektiver und objektiver Wirklichkeit gesehen. Mit dem Einatmen stellen die Menschen wieder eine beständige Bindung zu unendlicher Offenbarung, unendlichem Wissen und unendlicher Liebe her. Durch das Ausatmen wird eine von Vertrauen und Unterstützung getragene Beziehung mit dem von ihm selbst erschaffenen Universum wiederaufgenommen.

Die Therapie sollte in einem angenehmen ruhigen Raum stattfinden. Der Klient liegt auf dem Boden, und die Teile des Körpers, die nicht aufliegen, werden durch Kissen abgestützt. Es wird alles unternommen, um Behaglichkeit zu schaffen, so daß während der Sitzung keine negativen Einflüsse wirksam werden. Der Klient kann sich vor der Sitzung in einem Seminar über die Grundidee des Rebirthing informieren. Ebenso hat er die Garantie, daß er das für die Sitzung bezahlte Honorar unverzüglich in voller Höhe zurückerstattet bekommt, falls er mit dem Erfolg der Sitzung unzufrieden ist.

Der Klient wird von dem Rebirther angeleitet, regelmäßig tief ein- und auszuatmen, wobei ihm empfohlen wird, sich nicht zu bewegen, nicht zu gähnen, nicht zu reden und auch nicht aufkommende Gedanken, Vorstellungsbilder und Gefühle festzuhalten. Statt dessen wird er dazu angehalten, sein Bewußtsein auf sein Atmen zu konzentrieren. Gedanken, Vorstellungsbilder und Gefühle werden nur als alte Negativereignisse betrachtet. Klienten, die allmählich Kindheitserlebnisse widerspiegeln, in denen elterliche Mißbilligung eine große Rolle spielt, werden gedrängt zu erkennen, daß sie nur mit alten Gefühlen zu tun haben und diese erleiden müssen. Zu diesem Zweck können sie sich frei bewegen, weinen, schreien, solange sie das Muster des ununterbrochenen Atmens aufrechterhalten. Der Therapeut gibt Affirmationen, wie zum Beispiel: «Ich verzeihe meinen Eltern jetzt die Ignoranz, mit der sie mich behandelt haben», oder «Je mehr ich ich selbst bin, desto stärker empfinde ich die Liebe zwischen mir und meinen Eltern.» Nach ungefähr einer Stunde regelmäßigen Atmens verliert der Klient das Wissen um das Hier und Heute. Er ist frei von irgendwelchen alten Negativereignissen und geht in einen anderen Bewußtseinszustand über.

Aus dieser Phase berichten Klienten von ganz unterschiedlichen Transzendenzerlebnissen. In dieser Phase

> «werden auch kosmische Gefühle totaler Seligkeit erlebt, wobei Menschen in einem stetigen Fluß der Energie eintauchen – ein oft so intensives Erleben, daß es orgastisch ist»...

Genauso wie das ununterbrochene Atmen den Klienten von irgendwelchen zuvor erlebten Qualen und Wut befreit hat, führt es jetzt allmählich zu einer durchdringenden Veränderung. Er fühlt sich befriedigt, entspannt und unbekümmert, frei von allem Negativen, erfüllt von Trieben und Zufriedenheit und bereit, in seinen gewöhnlichen Alltag wiedereinzutreten als dieselbe Person, die er immer war, aber neugeboren und anders. Die «Wiedergeburt» findet auf körperlicher, geistiger, emotionaler und spiritueller Ebene statt.

Sexualtherapie

Bei der Sexualtherapie handelt es sich um verhaltensorientierte Behandlungsmethoden, um spezifische Barrieren, die die sexuelle «Funktionstüchtigkeit» beeinträchtigen, zu beseitigen. Die Sexualtherapien zielen auf Sexualerziehung, eine Steigerung der erotischen Lustfähigkeit durch den Abbau von Ängsten, eine Verbesserung der Kommunikation zwischen den Partnern und eine Verbesserung der Sexualtechnik, so daß eine maximale Befriedigung erreicht wird. Im Vordergrund der Sexualtherapie stehen die Symptome und nicht so sehr die Persönlichkeitsstrukturen.

Man unterscheidet drei Arten der Sexualtherapie:

1. Die intensive zweiwöchige verhaltensorientierte Sexualtherapie von Wilhelm Masters und Virginia Johnson
2. Die von Helen Kapplan entwickelte Kommunikation von verhaltensorientierter psychodynamischer Sexualtheorie
3. Die Gruppensexualtherapie, wie sie von Mcgavern, Kirkpatrick und Lopikolo praktiziert wird.

In der Regel werden Paare gemeinsam während einer Sexualtherapie betreut. Voraussetzung ist der beiderseitige Wunsch, die Beziehung aufrechtzuerhalten und das Sexualleben für beide Seiten befriedigender zu gestalten. Kontraindikationen für Sexualtherapien sind Beziehungen mit starken Konflikten oder Antipathien gegeneinander.

Die Sexualtheorien unterscheiden vier aktuelle Ursachen sexueller Dysfunktion:

1. Sexuelle Unwissenheit und Unfähigkeit, sich auf ein angemessenes Verhalten einzulassen
2. Leistungsangst und Furcht vor Versagen
3. Selbstbeobachtung, die sich auf das Registrieren der eigenen sexualen Reaktionen bezieht, anstatt sich voll und ganz darauf einzulassen
4. Unfähigkeit, offen und ohne Scheu über sexuelle Wünsche, Vorlieben und Aversionen zu sprechen.

Diesen Ursachen liegen nach der psychoanalytischen Theorie sexuelle Störungen mit einer Verdrängung ödipaler Sexualkonflikte und einer Fixierung auf bestimmte frühe Stadien der Entwicklung (orale, anale oder phallisch-ödipale Stadien) zugrunde. Ebenso spielen Erziehungspraktiken, zum Beispiel das Verbieten von Masturbation oder sexuellen Handlungen überhaupt, das Gleichsetzen von Sexualität mit Sünde, eine wichtige Rolle. Auch Konflikte in der Partnerbeziehung, wie zum Beispiel Mangel an Vertrauen oder Machtkämpfe, können sich negativ auf das Sexualleben auswirken.

Vorgehensweise

Am Anfang einer Sexualtherapie wird in den meisten Fällen eine detaillierte chronologische Anamnese erhoben, die sich sowohl auf das aktuelle Sexualproblem als auch auf Erfahrungen in der Familie sowie frühere freundschaftliche oder eheliche Beziehungen erstreckt. Außerdem wird eine gründliche medizinische Untersuchung vorgenommen, um eventuell organische Ursachen auszuschließen.

Bemerkt der Therapeut, daß einem von beiden Klienten die Of-

fenheit in Gegenwart des anderen Klienten schwerfällt, zum Beispiel in bezug auf Enttäuschungen, aggressive Gefühle, Wut, führt er anfangs ein Einzelgespräch mit dem betreffen den Klienten. Innerhalb des Bereiches der sexuellen Störungen unterscheiden Sexualtherapeuten folgende Störungen:
Zu den Dysfunktionen des Mannes gehören Impotenz, vorzeitige und verzögerte Ejakulation. Zu den sexuellen Störungen der Frauen zählen die allgemeine sexuelle Dysfunktion, die orgastische Dysfunktion (Unfähigkeit, zum Orgasmus zu kommen), Vaginismus (Scheidenkrampf), Dyspareunie (Schmerzen beim Geschlechtsverkehr) und sexuelle Unansprechbarkeit.
Die Therapie erfolgt in zwei Schritten. Der erste Schritt wird als Sensate-Focus bezeichnet. Das Paar wird angewiesen, zu einer Zeit, in der beide Partner sich entspannen können, sich abwechselnd sanft und in nicht fordernder Weise zu streicheln, wobei das Berühren von Genitalien und Brüsten sowie der Geschlechtsverkehr nicht erlaubt sind. Der Empfangende soll hierbei darauf achten, daß die Zärtlichkeiten des Partners ihm nicht weh tun. Bei dieser Methode geht es einzig und allein darum, die Sensibilität des Partners gegenüber sinnlicher Berührung zu fördern und das Gefühl, eine bestimmte Leistung erbringen zu müssen, abzulegen.
Die in dieser Phase gemachten Erfahrungen werden hinterher in den Sitzungen mit dem Therapeuten besprochen. Haben beide Partner dieses Miteinander als lustvoll empfunden, gehen sie dazu über, daß der empfangende Partner seine Hand auf die Hände des ihn Streichelnden legt und ihm somit zu verstehen gibt, welche Art der Berührung er als angenehm empfindet und welche nicht. So lernen beide Partner, ihre sexuellen Wünsche deutlicher auszudrücken.
Dann werden Berührungen der Brüste und der Genitalien erlaubt, wobei diese Liebkosungen nicht fordernd sein sollen. Liebkosungen, die zum Orgasmus führen, sind erst dann zulässig, wenn sich der liebkoste Partner so entspannt fühlt, daß er erotische Lust verspürt und nicht mehr den Hang zur Selbstbeobachtung hat.
Wurden die bisher aufgeführten Schritte von beiden Partnern als lustvoll und erotisch empfunden und waren sie dabei in der Lage, ihre eigenen Ängste in bezug auf Versagen und Selbstbe-

obachtung abzubauen, werden sie vom Therapeuten angehalten, die neugewonnenen Erfahrungen beim Geschlechtsverkehr anzuwenden. Dabei ist es wichtig, daß der Verkehr in einer völlig entspannten, für beide Seiten angenehmen Atmosphäre stattfindet.

Sekten

Der Senator für Schulwesen, Jugend und Sport befaßte sich 1983 in einem Bericht mit der Tätigkeit von sogenannten Jugendsekten und pseudotherapeutischen Gruppen in Berlin.

«...Ihre vordergründig einfachen und stimmigen Antworten auf die Sinnfragen menschlicher Existenz und die von ihnen angebotenen Pseudo-Lösungen für individuelle und gesellschaftliche Probleme werden von Menschen, die sich alleingelassen fühlen, die oftmals überfordert sind, Widersprüche und Spannungen auszuhalten, aufgenommen.
...Die tatsächliche Gefährlichkeit der Gruppen ist nach wie vor umstritten, und eindeutige Forschungsergebnisse stehen nur sehr beschränkt zur Verfügung. Belegbare Tatsache aber ist, daß die Zugehörigkeit zu einzelnen Gruppen den Verlust von Selbständigkeit und ein gestörtes Verhältnis zur sozialen Umwelt zur Folge haben kann...»

Allgemein hat sich für die Jugendsekten der Begriff «neue Jugendreligionen» eingebürgert, da es den Begriff Sekte auch für glaubensbestimmte Abspaltungen der großen Religionen gibt und als solcher nicht diffamiert werden soll. Nur in den USA hat sich der einzig angemessene Begriff «destruktive Kulte» durchgesetzt.
Die Gruppe der Transzendentalen Meditation hatte eine einstweilige Anordnung gegen die Bezeichnung als Jugendreligion beantragt, wurde aber vom Gericht abgewiesen.
Viele dieser Bewegungen stellen sich nach außen als Selbsthilfegruppen dar, obwohl sie sich nicht am Wohl des einzelnen und der Gesellschaft orientieren, sondern versuchen, Menschen fragwürdigen Zwecken dienstbar zu machen, oft unter erheblichen finanziellen Opfern.

Besonders angesprochen werden nach Untersuchungen des Senatsberichtes von den Jugendsekten (junge) Menschen, die

- als Individuum vereinsamt sind
- an Stress-Situationen leiden
- Angst vor der Gegenwart und vor der Zukunft haben
- entwurzelt sind
- nach Gott, Himmel, Erde, Welt und dem Sinn des Lebens fragen.

Viele junge Menschen erkennen die Autorität und die Führungsrolle von Eltern und Familie, Lehrern und Lehrherrn nicht an, merkwürdigerweise aber den starken Führungsanspruch von Gurus, Propheten und Philosophen, die sich selber zu Übergöttern oder Übervätern machen und mit einem Absolutheitsanspruch Lehren verbreiten, den viele im alltäglichen Leben nicht hinnehmen würden.
Den jungen Menschen wird ein intensives Gruppenerlebnis vermittelt und ein Elitebewußtsein in der Abgrenzung zu den anderen «armen Irren, Verblendeten». Die Gruppenmitglieder sind die «Guten», alle außerhalb die «Bösen».
Die Auswirkungen der neuen Bindung schildert der Berliner Bericht:

- «Schüler, Auszubildende, Studenten brechen von heute auf morgen ihren Bildungsweg ab und leben ausschließlich in der neuen Gruppe;
- der Kontakt zu früheren Bezugspersonen wird unterbunden, wenn diese gegen die Gruppe Stellung nehmen: unter Umständen erfolgt die Verschickung zu Auslandsniederlassungen;
- gegenüber Außenstehenden wird ein Feindbild aufgebaut. Zweifler und Kritiker werden angegriffen, auch Verleumdungskampagnen bis hin zum «Justizterror» durch Schadensersatzklagen über Millionenbeträge werden veranstaltet.»

Nicht unerheblich sind auch die Veränderungen im Selbstverständnis:

- «Das intensive Gruppenerlebnis – bis hin zum Gruppenzwang – verändert die Person. Das tägliche Bombardement mit Gruppenideologie (Schulungen) und der Umstand, daß der einzelne fast nie alleingelassen wird (Gruppenzwang, -kontrolle), führen dazu, daß viele schon nach kurzer

Mitgliedschaft willige und marionettenhafte Werkzeuge des großen Führers werden, ohne Kritik an Ideologie oder Person des Führers;

- die Mitglieder werden so unselbständig gemacht, daß sie ohne Gruppe als zwischenmenschliche, ideologische und wirtschaftliche Basis nicht mehr leben können. Die ständige Überprüfung der Gruppenmitglieder durch das System der inneren Kontrolle läßt kein Ausbrechen zu;
- bei einigen Gruppen (zum Beispiel Krishna, Children of God) verliert der Eintretende seine bisherige Identität und erhält einen neuen Namen. Dies wäre für sich genommen nicht von Übel – erinnert sei an die Namensgebung in christlichen Orden –, es ist jedoch im Gesamtzusammenhang der neuen Jugendreligion zu bewerten;
- durch Anwendung verschiedener Formen von Magie, von Initiations- und anderen Riten, Suggestion, Autosuggestion, durch Einhämmern der ‹Lehre› mit modernsten Schulungsmethoden, Dauerintensivtraining und Schaffung von Übermüdungszuständen, Verstärkung der existentiellen Ängste, Ausschaltung der eigenen Kritik- und Denkfähigkeit.»

Verstärkung der Irrationalismen:

- «Krisenbewußtsein und Unsicherheit werden durch Propaganda mit irrationalen Heilslehren angesprochen, und erlösende Versprechungen (Glück, Freiheit, von Angst, Stress, Zusage von Erfolg und Gesundheit...) werden gemacht;
- Wissenschaftsfeindlichkeit oder Pseudowissenschaftlichkeit werden als problemlösende Haltungen ausgegeben;
- Gegenideologien, zum Beispiel Kommunismus als Schreckgespenst ohne Auseinandersetzung mit seiner ideologischen Grundlage, bestärken Feindbilder und fanatisieren die Anhängerschaft.»

Der Bericht nennt für den Bereich Berlin – aber fast nahtlos auf jede Großstadt übertragbar – folgende Jugendsekten:

1. Scientology
2. Munbewegung – Vereinigungskirche
3. Ananda Marga
4. Krishna
5. Transzendentale Meditation
6. Bhagwan Shree Rajneesh Movement
7. Divine Light Mission
8. Kinder Gottes
9. Aktionsanalytische Organisation (AAO)

Die letztgenannte Gruppe wird nicht von allen zu den neuen religiösen Bewegungen gezählt, da es sich nach den Inhalten mehr und mehr um einen Psychokult handelt.
In der Bundesrepublik existieren auch verschiedene neugermanische Religionsgruppen wie zum Beispiel die «Guido-von-List-Gesellschaft», die «Armanen», die «religiös-politisch orientierten Gruppen deutsch-völkischer Richtung».
All diesen Gruppen sind mystische Elemente aus germanischer Vorzeit mit wirren politischen Absichten gemein.

Staatliche Eingriffe in das Sektenwesen

Der Senatsbericht zeigt auch, welche Möglichkeiten dem Staat gegeben sind, bei bekannten Jugendreligionen die Mitglieder dieser Gruppen, aber auch die Gesellschaft vor Rechtsverstößen zu schützen und entsprechende Maßnahmen zu ergreifen:

«Im Einzelfall sind zum Beispiel möglich:
a) Verbot der Benutzung öffentlicher Straßenflächen für Gewerbezwecke und Sammlungen,
b) steuerrechtliche Maßnahmen, zum Beispiel im Bereich des Gemeinnützigkeitsrechts,
c) die Anfechtung von Schenkungen (zum Beispiel wegen Irrtums, Täuschung oder Drohung),
d) Überprüfung der Versprechungen der Werber von Jugendreligionen auf Betrug,
e) wettbewerbsrechtliche Maßnahmen gegen geschäftlichen Verkehr, zu Wettbewerbszwecken angewandte unlautere Werbemethoden,
f) die Geltendmachung der Nichtigkeit von Verträgen über den Nachlaß eines noch lebenden Dritten,
g) Rückforderungsansprüche aus ungerechtfertigter Bereicherung,
h) strafrechtliche Verfolgung wegen Kindesentziehung, Entführung (mit oder gegen den Willen der Entführten), Freiheitsberaubung oder Nötigung, Körperverletzung, Straftaten gegen die sexuelle Selbstbestimmung (insbesondere bei Förderung der Prostitution, Menschenhandel und Zuhälterei) oder wegen Betruges und Bildung krimineller Vereinigungen.»

Natürlich können einige dieser Maßnahmen nur durchgeführt werden, wenn aus den Gruppen Beschwerden und Hilferufe kommen und die Betroffenen sich an Anwälte oder den Staat wenden.

Scientology

Vor 40 Jahren wurde die Psycho-Scientologie-Kirche von dem ehemaligen Science-fiction-Autor L. R. HUBBARD in den USA gegründet. Er schrieb die noch heute gültige Bibel der Sekte: «Die Dianetik. Die Moderne Wissenschaft der geistigen Gesundheit».
Scientologie bezeichnet sich mittlerweile als «angewandte religiöse Philosophie».
Um Mitglieder geworben wird nach allen Regeln der Kunst. Die Mitglieder, besonders die, die ihren Einstieg in die Scientologie nicht mit barer Münze bezahlen können, müssen:

«1. Wissen verbreiten
2. Bücher verkaufen
3. Die Umgebung kontrollieren
4. Den Planeten klären.»

«Werbe so, daß Geld hereinkommt und das vorhandene Einkommen nicht blockiert wird.»

Der Senatsbericht aus Berlin stellt dar, daß, um «clear» zu werden, verschiedene Kurse und gewisse Stufen durchlaufen werden müssen:
Es gibt 8 aufeinander aufbauende Stufen. Das gesamte Paket kostete 1979 bereits 49.510,60 DM. Die Kursgebühren werden häufig als «Spendenbeiträge» umschrieben. Einige Beispiele für Kurse und Preise:

Studentenhut	550 DM
Primary-Rundown	1540 DM
Seminar für den grad. Stufe IV-Auditor	900 DM
Praktikum für Mini-Seminarleiter	400 DM
Seminar für den professionellen Seminarleiter	2200 DM
Überlebens-Rundown TRs und Co-Auditing Seminar	2200 DM
Seminar für den professionellen Wortklärer	1260 DM
Bekenntnis-Seminar	1420 DM
Verkaufsseminar	1100 DM
Gesellschafts-Berater-Seminar	2200 DM
Seminar zum Geistlichen	600 DM

Der STERN vom 8.6.1989 berichtet unter der Überschrift «Die Geschäfte der Seelenfänger» über die fragwürdigen Methoden der Scientology-Kirche.

«Anhänger der sogenannten Scientology-Kirche drängen mit aggressiven Methoden ins Immobiliengeschäft und gründen laufend neue obskure Vereine, um leichtgläubige Menschen auszunehmen.»

Der STERN bildet dabei eine Rechnung ab, in der die Scientology-Kirche für 14 Stunden Audiomeeting, Frage-und-Antwort-Spiel, von einem Anhänger in Hamburg 63000 DM verlangt. Bei Audiomeeting-Sitzungen wird häufig eine Art Lügendetektor verwendet. Der Klient oder Kunde hält zwei Blechdosen in der Hand, die mit einem speziellen Meßgerät verbunden sind. Der Stromwiderstand des Körpers wird bei jeder Antwort gemessen.

«Im Hamburger Bahnhofsviertel St. Georg, zwischen Sexshops und Spielhallen hat Scientology mittlerweile ihr größtes ‹Dianetik-Informationszentrum› in der Bundesrepublik mit hauseigener Kantine und Sauna eröffnet. Wiebke Hansen zum Einzug: Ein Start in eine neue Zivilisation!
Wo früher ein Porno-Diskount und Asylbewerber untergebracht waren, verkaufen heute etwa 51 Mitarbeiter Bücher und Seminare. Trotz eines gerichtlichen Verbotes und eines Bußgeldes in Höhe von 20000 DM werden auf der Straße laufend neue Kunden angeworben. Adrett aussehende junge Leute bieten einen pseudo-wissenschaftlichen ‹Persönlichkeitstest› mit 200 Fragen an. Beispiel: ‹Geben Sie Ihr Geld im Verhältnis zu Ihrem Einkommen zu leichtfertig aus?›
Wer kann da schon nein sagen. Für die Scientology ist der Fall sofort klar: Der Passant habe Persönlichkeitsdefizite. Um diese Probleme in den Griff zu bekommen, werden der Testperson Kurse zur besseren Nutzung des ‹geistigen Potentials› aufgeschwatzt... Früher schob Scientology ihre Gegner in den ‹Ethikzustand des Feindes› zurück und erklärte sie für vogelfrei. Man dürfe sie: ‹verklagen, belügen oder vernichten›. Diese Regel wurde zwar zurückgenommen, doch auch heute gibt die Sekte Zigtausende aus, um gegen Kritiker vorzugehen. Für die Bespitzelung von ‹Feinden› wie Friedrich Wilhelm Haack, dem Sektenbeauftragten der evangelisch-lutherischen Landeskirche Bayerns, und dem CSU-Politiker Peter Gauweiler zahlte Scientology insgesamt rund 50000 DM an einen Privatdetektiv. Gauweiler hatte die Münchner Sekten-Zentrale durchsuchen und säckeweise Akten beschlagnahmen lassen.
Auch die Hamburger Senatskanzlei sieht – wie schon früher das Oberlandesgericht in Düsseldorf – in Scientology keinen Verein mit reinen ideellen Zielen, sondern ein ‹auf Gewinnerzielung bedachtes Wirtschaftsunternehmen›. Im Rathaus in Hamburg wird derzeit geprüft, ob dem in der Hansestadt eingetragenen Scientology-Verein die Rechtsfähigkeit entzogen werden kann.»

Die Scientology-Kirche traut sich auch auf das Parkett der Medizin. Seit Monaten macht die Kirche massiv Front gegen Ärzte, die sich um die Behandlung des hyperkinetischen Syndroms kümmern. Die Ärztezeitung vom 6. März 1989 berichtet:

«So wird im Freiheitsspiegel, einer von der Scientology-Kirche herausgegebenen auflagenstarken Zeitung, die Münchner ‹Kommission für Verstöße der Psychiatrie gegen Menschenrechte e.V.› zitiert, die den Ärzten vorwirft, nicht nur kinetische ‹Zappelphilipps›, sondern auch ‹lernschwache› oder ‹freche› Kinder mit Psychopharmaka in unverantwortlicher Weise zu traktieren.»

Transzendentale Meditation (TM)

Die Transzendentale Meditation wurde 1958 von MAHARISHI MAHESH JOGI in Madras gegründet. Da der Gründer in Indien wenig Anklang fand, verlegte er seinen Wirkungskreis in die USA und nach Europa. Heute ist der Sitz der TM-Regierung in der Schweiz.

Die Transzendentale Meditation nennt sich «Wissenschaft der kreativen Intelligenz». Durch die TM sollen immer größere Kräfte aus der geistigen Urkraft freigesetzt und wirksam werden, so daß der Meditierende zu größerer Intelligenz und großen Leistungen befähigt wird.

Den Weg in die Tiefe des «Geistes-Ozeans» zur «Quelle schöpferischer Intelligenz im Menschen» weist dem Meditierenden ein «Mantra», eine Meditationssilbe in Sanskrit, die für jeden individuell ausgewählt wird. Mit seinem Mantra meditiert der Übende etwa 2 × täglich je 20 Minuten, indem er es innerlich wiederholt – sinnlose Wortbrocken wie EINK, AIRAM, OM, SEM oder AIGUA.

1982 ließ das Bundesministerium für Jugend, Familie und Gesundheit ein Gutachten über die Transzendentale Meditation und die Auswirkung auf die Mitglieder erstellen. Darin heißt es:

«Die Transzendentale Meditationsgesellschaft verlangt von ihren Anhängern nicht nur das systematische Mantra-Meditationstraining, sondern die Eingliederung in eine Gemeinschaft mit bestimmten Lebensregeln, die Anerkennung eines komplexen ideologischen Systems, und bringt dadurch den Meditierenden nicht nur Illusionen von Glückseligkeit und Erleuchtung, sondern verlangt erhebliche finanzielle Opfer, zerstört natürliche soziale Bindungen und löst bei manchen Kranken psychische Störungen aus. Besonders erschwerend wirkt sich dabei aus, daß die Meditierenden gelehrt werden, sie seien durch das systematische Meditieren gegen Krankheiten geschützt. Im Falle einer Erkrankung werden sie schutzlos aus der Gemeinschaft verstoßen. Dadurch unterscheidet sich die Transzendentale Meditationsgesellschaft nicht von anderen destruktiven Sekten.»

Aufgrund dieses Berichtes versuchte die Transzendentale Meditation, sich in der Öffentlichkeit positiver darzustellen und durch Kontakte zu den Medien den Bekanntheitsgrad zu fördern. Wie bei allen Sekten werden Kritiker als unwissend und nicht ernstzunehmende Irregeleitete eingestuft und entsprechend behandelt.

Um Transzendentaler-Meditations-Lehrer zu werden, muß der Meditierende in die Schweizer Residenz reisen und für drei Kurse in einem Zeitraum von 9 Monaten 11 000 DM bezahlen. Die spirituelle Entwicklung ist mit der erfolgreichen Arbeit für die Gruppe gekoppelt. Der Transzendentale-Meditations-Lehrer wird an den Einführungsgebühren beteiligt und erhält Kreditpunkte gutgeschrieben, die zur Teilnahme an weiteren Fortbildungskursen berechtigen.

Die Bundesregierung hat nach einer Entscheidung des Bundesverwaltungsgerichts (BVG) in Berlin zu Recht vor den Gefahren der sogenannten Transzendentalen Meditation (TM) gewarnt. Die Sorge vor Schäden bei labilen Personen sei so groß gewesen, daß die Zuordnung zu Jugendsekten und sogenannten Jugendreligionen berechtigt gewesen sei, urteilten die Richter. Damit gab das BVG einer Revision der Bundesregierung gegen ein Urteil des Oberverwaltungsgerichts Münster statt.

In zahlreichen Veröffentlichungen Ende der 70er Jahre hatte das Bundesgesundheitsministerium mehrere Behauptungen aufgestellt, die die Internationale Meditationsgesellschaft, Deutscher Verband (IMS), als ehrverletzend empfand. In den Darstellungen hatte es unter anderem geheißen, die TM-Bewegung versuche, «Anhänger durch Meditationstechnik in eine Scheinwelt zu entführen»; die «entartete religiöse Technik bewirkt Hörigkeit der Sektenmitglieder».

Der Verband sowie mehrere Einzelpersonen klagten daraufhin auf Unterlassen, Widerruf und Richtigstellung.

Der 7. Senat des Bundesverwaltungsgerichts verwies auf die verfassungsrechtliche Aufgabe der Bundesregierung, die gesell-

schaftliche Entwicklung zu beobachten und gegebenenfalls Warnungen auszusprechen.
An den beanstandeten Veröffentlichungen sei der Grundsatz der Verhältnismäßigkeit beachtet worden. Die Kläger müßten die Bezeichnung als Jugendsekte und Jugendreligion dulden. Da TM Auslöser für Psychosen sein könne, seien Warnungen berechtigt gewesen. (AZ.: BVerwG 7 C 2.87)

Vereinigungskirche – Mun-Bewegung

Die Vereinigungskirche beruft sich auf ihren Gründer, den Koreaner San Myung Mun, der am 25.2.1920 in Korea geboren wurde. Nach seinem Namen wird die Sekte auch vielfach Mun-Bewegung bezeichnet.
Über den Gründer dieser Sekte werden von seinen Anhängern märchenhafte Geschichten erzählt. Schon als 10jähriger soll er den Wunsch verspürt haben, die Menschheit von Leiden zu befreien. Als 18jähriger studierte er in Tokio Elektrotechnik. Weil er sich einer japanischen Untergrundbewegung angeschlossen haben soll, wurde er von der Geheimpolizei gesucht, und es wird erzählt, er sei auf bestialische Weise gefoltert worden.
Nach dem Zweiten Weltkrieg soll er die Anweisung von Gott erhalten haben, seine Mission überall bekannt zu machen. Wegen seiner missionarisch-autoritären Tätigkeit wird er 1948 aus der presbyterianischen Kirche ausgeschlossen. Er wird wegen eines Deliktes inhaftiert und zu einer 5jährigen Haft verurteilt.
Die Gruppe besitzt einen Mun-Katechismus mit dem Titel «Fragen und Antworten aus den göttlichen Prinzipien».
Dieser Katechismus bezieht sich auf biblische Aussagen, deutet sie aber entsprechend der Mun-Lehre um.
Die Mun-Philosophie geht davon aus, daß außer Mun bisher kein Mensch auf die lebenswichtigen Fragen Antworten geben konnte und außer ihm keinem eine Offenbarung zuteil wurde.

«Nachdem Gott die ersten Menschen erschaffen hatte, sollten sie drei Stufen durchlaufen, die Gestaltungs-, die Wachstums- und die Vollendungsstufe. Erst am Ende der letzten Etappe wären sie das vollendete Gegenüber Gottes gewesen, und er hätte sie für ihre Aufgaben segnen können. Von den Menschen war der Engel-Chef Luzifer geschaffen worden, wurde von Gott jedoch nur als Diener angesehen und sollte später sogar der Herrschaft der Menschen unterstellt werden. Das erfüllte ihn mit Eifersucht; gleichzeitig spürte er eine starke Liebe zu Eva. Er verführte sie, und da Eva auf seine Verlockungen eingegangen sei, fiel sie geistig und körperlich weit unter die Gestaltungsstufe zurück. Durch unerlaubte sexuelle Kontakte mit Adam (diese wären ihnen erst in der Vollendungsstufe erlaubt gewesen) zog sie diesen zu sich herab... So sind auch die heutigen Menschen noch Satans Nachkommen.»

Die Anhänger glauben, daß MUN im Jahre 1960 eine Wende zum Guten vollzogen hat. MUN, der «Herr der Wiederkunft», wurde zum Messias.

Die Vereinigungskirche äußert sich auch zur Politik. Man redet in großen Worten von Demokratie, verhält sich aber in den eigenen Reihen alles andere als demokratisch.

«Der Zweck der Demokratie ist es, die satanische Diktatur zu durchbrechen und ein neues politisches System aufzubauen, damit die Vorsehung der Wiederherstellung, den Messias zu empfangen, erfüllt werden kann. Je weiter sich die Geschichte ihrer Vollendung nähert, desto mehr neigt der menschliche Wille dazu, sich christlich zu verhalten; die demokratische Regierung folgt dem Willen der Menschen, christlicher zu werden. Auf diese Weise wird der Messias in der Lage sein, Gottes Herrschaft auf Erden durch den Willen des Volkes zu errichten.»

In den «Göttlichen Prinzipien» ist zu lesen, daß es zwei Demokratie-Typen gibt:

«1. Die Kain-Typ-Demokratie
‹Die Kain-Typ-Demokratie ging aus der Französischen Revolution hervor›... ‹daß die Demokratie Frankreichs eher zum Totalitarismus als zur Gleichheit und Freiheit der Einzelperson neigte.› Und so entstand aus der ‹Kain-Typ-Weltanschauung› schließlich die ‹kommunistische Welt›.
2. Die Abel-Typ-Demokratie
Die Puritaner, die von dem imperialistischen Regime des Absolutismus in England unterdrückt wurden, wanderten in den neuen Kontinent Amerika aus, um ihre Glaubensfreiheit zu erlangen... so entstand die amerikanische Demokratie. Aus der Abel-Typ-Demokratie entstand die heutige Demokratie.»

Die Weltkriege passen in das Bild der Vereinigungskirche, ein Dritter Weltkrieg ist sogar erwünscht. In diesem gilt es, die kommunistische Welt zu unterwerfen.

«1. Durch den Ersten Weltkrieg errichtete die himmlische Seite ein demokratisches Fundament auf der Ebene der Gestaltungsstufe und erweiterte durch den Erwerb von Kolonien auf der ganzen Welt den politischen und ökonomischen Bereich für die Vorsehung der Wiederherstellung.
2. Durch den Zweiten Weltkrieg wurde der Bereich der demokratischen Welt gefestigt, indem eine weltweite demokratische Grundlage auf der Ebene der Wachstumsstufe gelegt wurde.
3. Durch den Dritten Weltkrieg muß die himmlische Seite durch die Abel-Typ-Weltanschauung in Übereinstimmung mit der neuen Wahrheit das demokratische Fundament auf der Ebene der Vollendungsstufe legen und auf diesem Fundament die gesamte Menschheit vereinigen, so daß die EINE WELT entsteht.»

Im Rahmen ihres politisch verstandenen Missionsauftrages engagierte sich die Vereinigungskirche 1976 in der BRD im Wahlkampf unter dem Motto

«Freiheit oder Sozialismus – Christentum oder Kommunismus». «Wenn wir JETZT nicht unsere Verantwortung übernehmen, wird das Christentum vom Kommunismus ausgerottet werden.»

CDU und CSU erwirkten daraufhin beim Landgericht eine einstweilige Verfügung, die der Unterorganisation der Mun-Sekte «Föderation für Weltfrieden und Vereinigung e. V.» eine Werbung mit dem Signum der CDU verbot.
Die Gefährlichkeit dieser Sekte besteht wie bei anderen darin, daß es nicht eine faßbare Gruppe, sondern viele Unterorganisationen gibt, die wie Pilze aus dem Boden sprießen und – bis gerichtliche Urteile gegen sie vorliegen – schon viel Unheil angerichtet haben.
Daß die Vereinigungskirche nicht «gemeinnützig» handelt, hat das hessische Finanzgericht 1982 bestätigt, als es eine Klage der Vereinigungskirche gegen die Aberkennung der Gemeinnützigkeit durch ein Finanzamt abwies.
Die Gruppe hat mit dem Namen Vereinigungskirche einen Namen mit einem vertraueneinflößenden Anspruch gewählt. Dies war möglich, da der Begriff Kirche rechtlich nicht geschützt ist und somit auch von allen Organisationen für andere Ziele genutzt wird.
Mitglieder der Vereinigungskirche werben durch Hausmissionen. «Wir kommen von einer Kirche und werben für Christentum und ein christliches Jugendzentrum» klingt vertrauener-

weckend. Angesprochen werden vor allen Dingen junge Leute und junge Erwachsene in christlichen Jugendgruppen, in Freizeitheimen und auf der Straße. Im Bericht des Berliner Senators für Schulwesen, Jugend und Sport werden die Untergruppen dieser Vereinigungskirche genannt.

«Für Studenten besteht
C. A. R. P. = (Collegiate Association for the Research of Principles),
für Kontakte zu Wissenschaftlern sind die Vereine ICUS = (International Conference on the Unity of the Science) und
P. W. P. A. = (Professors World Peace Academy)
geschaffen worden.

Weitere Unterorganisationen sind:
‹Föderation für den Weltfrieden und Vereinigung e. V.›, ‹Europa Team›. Zum Mun-Wirtschaftsimperium gehört auch der Ginseng-Tee-Export ‹IL HWA› und das ‹Tong Il› – Unternehmen für Landmaschinen und Jagdwaffen.»

Bhagwan

Begründer der Bhagwan-Bewegung ist der Inder RAJNEESH SHANDRA MOHAN. MOHAN war Anhänger der Jaina-Religion. Nach seiner angeblichen Erleuchtung im März 1953 wurde er zum Gott, das heißt zum BHAGWAN, der nun Mitgliedern der Sekte Göttliches berichten kann. Er selber berichtet zu seiner Erleuchtung:

«In dieser Nacht öffnete eine andere Realität ihre Tür, eine andere Dimension wurde erreicht. Plötzlich war es da – die andere Realität, die andere Wirklichkeit, das wirklich Wirkliche, oder wie immer man es nennen mag. Ihr könnt es Gott nennen, Wahrheit, Dharma, nennt es Tao oder was auch immer ihr wollt... In jener Nacht wurde ich leer und ich wurde voll. Ich hörte auf zu existieren und wurde die Existenz selbst. In jener Nacht starb ich und wurde wiedergeboren.»

SHANDRA MOHAN unterrichtete an zwei indischen Hochschulen Psychologie und Philosophie, reiste durch Indien und experimentierte mit verschiedenartigsten Meditationstechniken.
Nach seiner Entlassung aus der Hochschule wegen seiner Ansichten über Religion, Politik und Sex zog er als Wanderprediger durch Indien und begründete 1969 in Bombay einen Ashram.
In den 70er Jahren reisten vor dem Hintergrund der Ereignisse

in Vietnam viele, vor allem junge Amerikaner, zur Erleuchtung nach Indien und fanden auch den Ashram von SHANDRA MOHAN in Bombay. Nachdem er sah, wie seine Anhängerschaft immer größer wurde und wieviel Geld in der neuen «Zielgruppe» steckte, hörte er auf, vorwiegend Inder zu missionieren, und spezialisierte sich auf Amerikaner und auch Europäer.
1973 wurde er aus Bombay vertrieben. Im März 1974 gründete er einen neuen Ashram in Poona, in dem bald kaum noch Inder lebten, sondern fast ausschließlich Amerikaner und Europäer.
1981 verließ BHAGWAN, der sich jetzt BHAGWAN SHREE RAJNEESH nannte, Poona und reiste – angeblich zu einer medizinischen Behandlung – in die USA. Im Bundesstaat Oregon in der Nähe des Städtchens Antelope gründete er die Rajneesh Neo-Sannyas International Commune.
Der Begriff «Sannyasin» meint einen religiösen Hindu, der sich in strenger Askese ohne soziale Bindungen auf den Tod vorbereitet. Bhagwan vermischt östliche Religion mit Psychologie-Inhalten, geschickten Werbestrategien, eigenen Ideen, Psychotherapietechniken, Okkultismus und braut daraus eine neue Lehre.

BHAGWAN SHREE RAJNEESH: «Ich lehre einen neuen Menschen, eine Menschheit, einen neuen Weg, in der Welt zu sein. Meine Botschaft an die Menschheit ist ein neuer Mensch. Weniger als das kann nicht mehr helfen. Ich lehre nicht die Abwandlung von Bestehendem, nicht die Fortführung oder Weiterentwicklung von Vergangenem, sondern etwas vollständig Neues, das die Vergangenheit nicht fortführt.»

Als US-Behörden 1982 gegen die amerikanische Bhagwan-Sekte vorgingen, wurde sogar auch in Berlin und anderen Städten für den Meister demonstriert. Das Motto der Demonstration lautete: «Keine Diskriminierung religiöser Minderheiten durch die amerikanischen Behörden». Aktueller Hintergrund war die Ablehnung des Antrags von BHAGWAN auf Wohnrecht und Arbeitserlaubnis in den USA.
In Veröffentlichungen stellten die Bhagwan-Anhänger selber einen Zusammenhang mit dem Fackelzug der NSDAP am 30.1.33 her:

«Wir sind uns natürlich bewußt über diesen zeitlichen Zusammenhang dieser Ereignisse. Wir können uns einen Fackelzug leisten. Ja, wir sehen in Bhagwan die einzige Möglichkeit, daß so etwas wie das Dritte Reich eben nicht mehr passiert.»

Bhagwan selber hat sich mehrmals zu Hitler geäußert und hält ihn nur für ein Instrument in den Händen größerer höherer Mächte. Das Hakenkreuz als Symbol der Jaina-Religion in Indien mache dies deutlich und gebe die Verbindung zu den Inhalten dieser Religion. Die Weltanschauungskonzepte Hitlers sollen aus verborgenen Schulen stammen, und erst seine Versuche, sich selbständig zu machen und sich nicht einem großen Ganzen unterzuordnen, hätten Hitlers Abstieg und Fall bereitet.

In der Anwerbung von Mitgliedern sind die Bhagwan-Jünger unaggressiv und nicht so drängend wie die anderen Gruppen.

«Dennoch werden Werbemittel in besonderer Fülle und mit Einfallsreichtum eingesetzt. Das Bhagwan-Angebot reicht von einem wahren Bücherberg, Kassetten, Zeitungen (‹Buddhafeld Zeitung für 55 DM/12 Ausgaben›, ‹Sannyas Magazin›), Tarot-Karten, Meditationsmusik, Bhagwan-Poster, Meditationshocker (‹Erleuchtungshilfe›), Verlag und Buchhandlung, Boutique, Webewerkstatt, Audiowerkstatt, ‹Buchführungs-Hilfe Sneha e. V.› bis hin zur ‹Sannyas-Fahrschule›. Räumlich sind die meisten dieser Betriebe in den beiden großen Zentren ‹Sneha Zentrum für Individual- und Sozialtherapie e. V.› in Bayern und ‹Rajneeshstadt Neo-Sannyas-Commune›, Schloß Wolfsbrunnen bei Kassel, angesiedelt. In vielen Städten sind mittlerweile größere und kleinere Zentren, Praxisgemeinschaften oder Wohngemeinschaften gegründet worden.»

In vielen Großstädten gibt es Diskotheken der Bhagwan-Bewegung, die sich bei den jungen Leuten erheblicher Beliebtheit erfreuen. Viele Besucher betonen die besondere «Sauberkeit» der Diskothek, das nette und freundliche Klima des Personals und «endlich einmal nicht so viele Besoffene in einer Diskothek!»

In einigen Städten hat die Bewegung vor Jahren auch Restaurants eröffnet, die unter dem Namen Sorbas der Buddha gutes Essen zu normalen Preisen anbieten.

Peter Jennrich hat 1985 in seinem Buch: «Die Okkupation des Willens» Macht und Methoden der neuen Kultbewegungen der Sekten untersucht. Dabei wurde deutlich, daß die großen Sekten inzwischen Wirtschaftsbetriebe geworden sind:

	Mitglieder weltweit	BRD	Kapital Schätzung	Jahres-umsatz aus Spenden
Scientology	700000	70000	mehrere Milliarden	1 Milliarde
Bhagwan	350000	50000	ca. 300 Millionen	keine Angaben
Vereinigungs-kirche e. V.	2500000	800	15 Milliar-den	keine Angaben
Transzendentale Meditation	2000000	100000	keine Angaben	keine Angaben

Die Menschen wollen betrogen sein!

Zur Rechtfertigung der hier angeführten Sekten muß gesagt werden, daß die Methoden der Anwerbung zwar zweifelhaft und fragwürdig sind, aber keiner zur Mitgliedschaft gezwungen, sondern höchstens gedrängt wird. Und fast immer sind die Neuen von so etwas wie einem «Heil-Findungs-Bedürfnis» beseelt. Unverständlich erscheint der Eintritt vieler junger Menschen gerade in die relativ totalitären Sekten, da die Jugend doch gerade im täglichen Leben jeden Zwang und jeden Druck ablehnt.

...«Gibt es vielleicht außer dem angeborenen Wunsch nach Freiheit auch eine instinktive Sehnsucht nach Unterwerfung?» (Erich Fromm).

VII. Verbände, Selbsthilfegruppen, Wohngemeinschaften

Selbsthilfegruppen

Die älteste Selbsthilfeorganisation, die Anonymen Alkoholiker, wurden in den 30er Jahren in den USA von zwei ehemaligen Alkoholikern gegründet. Ihr Ziel besteht darin, Alkoholikern zu helfen, «trocken» zu werden und zu bleiben.

Ziel der meisten Selbsthilfegruppen ist nicht eine medizinische Behandlung, sondern die Kompensation von Defiziten in sozialer Betreuung kranker oder sich krank fühlender Menschen. Als Betroffene können sich die Gruppenmitglieder untereinander besser über gemeinsame Probleme verständigen, als dies in der klassischen Rollenverteilung zwischen Arzt und Patient möglich wäre.

Selbsthilfegruppen bieten eine individuelle Art sozialer Betreuung an, die von keinem noch so gut organisierten Gesundheits- und Sozialsystem geleistet werden kann. Diese Vereinigungen von Betroffenen und ihren Angehörigen können die Probleme bestimmter Randgruppen besser artikulieren und so auch auf Versorgungsmängel aufmerksam machen. Betroffene sind aus leidvoller eigener Erfahrung mit ihrer Krankheit häufig in der Lage, anderen Betroffenen besser zu helfen als Fachleute.

Gemeinsam ist allen Selbsthilfegruppen:

1. Gruppenmitglieder leiden an der gleichen Erkrankung oder sind «mit-leidende» Angehörige.

2. Der Eintritt in die Gruppe und die Teilnahme an den Gruppensitzungen ist freiwillig.
3. Alle Mitglieder sind gleichberechtigt.
4. Jeder hilft jedem.

Die Zahl der Selbsthilfegruppen ist in den letzten Jahren enorm gewachsen und wird weiter zunehmen. Die Bundesregierung schätzt in ihrer Stellungnahme zur Leistungsfähigkeit des Gesundheitswesens im Mai 1985, daß in der BRD etwa 10000 Selbsthilfegruppen existieren. Der Bekanntheitsgrad der Selbsthilfegruppen ist relativ groß. Eine Umfrage bestätigte, daß 90 Prozent der Ärzte Selbsthilfegruppen kennen und ihre Arbeit schätzen. 14 Prozent der Ärzte gaben an, daß sie gelegentlich Kontakt zu Selbsthilfegruppen hätten.
Leider ist das Verhältnis zwischen Ärzten und Selbsthilfegruppen nicht immer spannungsfrei. Das hängt mit einem allgemeinen Vertrauensschwund gegenüber der Medizin zusammen und liegt auch an der in diesen Gruppen zunehmenden Skepsis gegenüber dem Expertentum. Allerdings ergab eine Umfrage, daß über 60 Prozent der Selbsthilfegruppenmitglieder den Kontakt und die Zusammenarbeit mit Ärzten wünschen.
Heute wird... «das professionelle System als solches nur in wenigen Gruppen (zum Beispiel in feministischen Gesundheitsgruppen) in Frage gestellt».
Der Medizinsoziologe Prof. Dr. ALF TROJAN, Leiter der Projektgruppe Selbsthilfe- und Netzwerkforschung an der Universität Hamburg, veröffentlichte im Oktober 1985 eine Untersuchung über 232 Selbsthilfegruppenmitglieder. Danach entstehen Selbsthilfegruppen vor allem dann, wenn zu den Belastungen der eigenen Krankheit auch noch Mängel im Versorgungssystem erlebt werden. Hauptkritikpunkte sind Informations-, Kommunikations- und Strukturmängel. Prof. TROJAN:

«Die Zunahme von chronischen Erkrankungen und Behinderungen hätte es eigentlich erforderlich gemacht, daß in der Medizin der letzten Jahre die psychosoziale Dimension stärker berücksichtigt wird. Anhand der Personalentwicklung in Krankenhäusern kann man jedoch feststellen, daß das Gegenteil der Fall war, denn das medizinisch-technische Personal hat stärker als die anderen Berufsgruppen zugenommen.»

Beitrittsmotive bei Mitgliedern von krankheitsbezogenen Selbsthilfegruppen,
aus Münch. med. Wochenschrift 1985:

Beitrittsmotive	Zustimmende Mitglieder in Prozent
Von Betroffenen lernen wollen	93
Bewältigung von Krankheitserscheinungen	73
Bewältigung von Alltagsproblemen	73
Beitritt wegen Versorgungsmangel	44
Angabe von vor dem Beitritt erlittenen Versorgungsmängeln	79
Beitritt wegen Unzulänglichkeit primär sozialer Netzwerke, d. h. Überforderung der Familie, Freunde etc.	23
Sich selbst besser kennenlernen wollen	26
Ihr Leben verändern wollen	27

Selbsthilfegruppen sind kein Ersatz, sondern eine Ergänzung der bestehenden medizinischen oder psychologischen Versorgung. In der Regel haben die Selbsthilfegruppen die «Lücken» im Versorgungssystem erkannt und füllen diese zum Nutzen ihrer Mitglieder.

J. Matzat, Vorstandsmitglied der Deutschen Arbeitsgemeinschaft Selbsthilfegruppen, unterscheidet zwischen spezifischen und unspezifischen Wirkungen. Mit spezifischen Wirkungen meint er die gewollten oder erzielten Wirkungen, die sich ganz direkt auf die jeweilige Erkrankung der Selbsthilfegruppen-Mitglieder beziehen und die seiner Meinung nach überhaupt nur von Selbsthilfegruppen erzielt werden können:

- Rückgang von Symptomen im psychischen Bereich (Ängste, Depressionen, Kontaktstörungen);
- Besserung von Körperbeschwerden, die seelisch bedingt oder mit-bedingt sind;
- Erwerb von «Fachwissen» über die eigene körperliche Erkrankung und ihre Behandlungsmöglichkeiten. (Hierin sind manche Patienten mit langer Erfahrung in Selbsthilfeorganisationen vielen Fachleuten bereits ebenbürtig oder sogar überlegen – was von jenen nicht immer so gerne gesehen wird);
- gelungenerer Umgang mit den unvermeidlichen Folgen der eigenen Erkrankung durch das Sammeln und Austauschen von Tips und Erfahrungen innerhalb der Gruppe;
- partielle Rücknahme des Außenseiterstatus (in der Gruppe ist es «normal», krank zu sein, der Nichtbetroffene wäre dort «nicht normal, Ent-Pathologisierung» – die entschlossenere und wirkungsvollere Interessenvertretung der Patienten nach außen, etwa gegenüber Krankenkassen, Rehabilitations-Trägern, öffentlichen Verwaltungen, «Entprivatisierung», «Ver-Öffentlichung» von Krankheit und Krankheitsbewältigung);
- Einflußnahme auf das professionelle Versorgungssystem durch Forderung nach Ausweitung oder Veränderung der dort angebotenen Dienstleistungen im Interesse der Patienten und ihrer Angehörigen.

Die unspezifischen Wirkungen der Selbsthilfegruppen sind gar nicht hoch genug einzuschätzen, führen sie doch zu einer allgemeinen Aktivierung der Mitglieder und erleichtern es ihnen, trotz ihres Handikaps, ihr Leben wieder stärker in die eigenen Hände zu nehmen und es zu gestalten.

...«Der ‹mündigere› Patient wird vermutlich auch in anderen Bereichen ein ‹mündigerer› Konsument sein; und wer seine eigenen Anteile an der eigenen Gesundung oder besseren Krankheitsbewältigung bewußt erlebt hat, wird vermutlich auch anderswo eher einmal selber aktiv und produktiv werden.»

Eine wichtige unspezifische Wirkung der Gruppe ist sicher auch die Überwindung von Einsamkeit und Isolation, um zum Beispiel Bindungsfähigkeit wieder zu erlernen.
Vernünftig geführte Selbsthilfegruppen entlasten Staat und Gesellschaft, indem sie Kosten begrenzen und Eigenverantwortung fördern.
Zahlreiche Städte, Gemeinden und Bundesländer unterstützen Selbsthilfegruppen finanziell, weil dadurch das soziale Netz dichter geknüpft wird, Randgruppen integriert und Anlaufstellen für Krisensituationen geschaffen werden.

Zahlreiche Selbsthilfegruppen äußern darüber hinaus höchst konstruktiv Kritik in der Zusammenarbeit mit Ärzten und Psychologen.
Vor allem im somatischen Bereich (zum Beispiel Parkinson-, Multiple-Sklerose-, Krebskranke) ist ein intensiver Informationsaustausch zwischen Experten und Selbsthilfegruppen notwendig. Nur im Miteinander, nicht im Gegeneinander ist Hilfe zu erreichen.
In Untersuchungen von Bergmann aus der psychosomatischen Ambulanz der Universitätsklinik Heidelberg erscheinen Selbsthilfegruppen nicht immer geeignet für psychosomatisch Kranke. Meist sind diese in einer Selbsthilfegruppe überfordert.

...«Für die Patienten, die psychosomatisch erkrankt sind, empfiehlt sich somit eher die krankheitsorientierte Gruppentherapie mit regelmäßiger Anwesenheit des Arztes und eventuell eines Zusatztherapeuten.
Allenfalls sind, je nachdem wie fortgeschritten das Krankheitsverständnis ist, «Semi-Selbsthilfegruppen» möglich, das heißt Selbsthilfegruppen unter Anwesenheit des Arztes in Intervallen.»

Das setzt allerdings voraus, daß die begleitenden Ärzte gruppentherapeutische Erfahrungen haben.

«Gemeinsam und gegenseitig wird in dieser Gesellschaft nur sehr wenig gemacht, und jeder Versuch, sich gegen die Kultur der Abhängigkeit zur Wehr zu setzen, ist von Bedeutung. Es gilt, Lebensbereiche zurückzuerobern; nicht im Sinne des ‹Hilf dir selbst› der Konservativen, sondern das ‹Hilf dir gegenseitig›, einer Tradition, die auch der sozialistischen Bewegung abhanden gekommen ist» (Grubitzsch und Rexilius).

In den letzten Jahren kann man ein starkes Anwachsen der Zahl von Angehörigen-Selbsthilfegruppen beobachten, in denen neben dem Austausch von Erfahrungen und Umgangsmöglichkeiten mit Kranken auch offen über Ängste, Gefühle, Trauer, Aggressionen und Hilflosigkeit gesprochen wird. Dies zeigt, wie groß die seelische Belastung von Angehörigen erkrankter Menschen ist.

Wohngemeinschaften helfen beim Einstieg in den Alltag

Seit Jahren wird versucht, psychisch Kranken, geistig Behinderten und suchtkranken Menschen in Heimen und psychiatrischen Krankenhäusern die Chance zu geben, ihr Leben innerhalb einer Gemeinschaft selbst in die Hand zu nehmen. Dazu dient die Gründung von Wohngemeinschaften in Krankenhäusern oder normalen Mietshäusern, wo Kranke, Behinderte und Gesunde zusammengeführt und in den normalen Alltag wiedereingegliedert werden.

90 Prozent der in diesen Wohngemeinschaften lebenden Menschen wurden vorher längere Zeit stationär betreut. Den Bewohnern von Wohnprojekten werden auch außerhalb der Klinik Gruppengespräche, Einzelberatungen und ärztliche Hilfen angeboten.

Die Kosten für eine Heimunterbringung liegen pro Patient bei etwa 2500 DM im Monat. Die Kosten innerhalb einer funktionierenden Wohngemeinschaft bei nur etwa 800 DM.

Dr. H. GOTTHARDT, Allgemeinmediziner und Initiator eines Wohnprojektes für Behinderte und psychisch Kranke in Hamburg, führt ein beispielhaftes Projekt vor:

Psychiatrische Komplementäreinrichtungen in Hamburg-Harburg: Die Eingliederung Behinderter, insbesondere psychisch Kranker in das Leben unserer Gesellschaft erfordert besonderes Engagement, das zudem von breiter öffentlicher Zustimmung getragen sein muß. Die Voraussetzungen für dieses Projekt schuf die «Behindertenarbeitsgemeinschaft Harburg» e. V.

Sie ist der Zusammenschluß von 30 Verbänden und Organisationen, die sich im weitesten Sinne mit der Betreuung Behinderter befaßt, wie der Reichsbund, der VdK, das DRK, der ASB, der Blindenverein, die Deutsche Multiple Sklerose Gesellschaft, die Rheumaliga und viele andere mehr.

1986 wurde damit begonnen, psychisch Kranke zu zweit, dritt oder viert in Wohngemeinschaften unterzubringen. Dieses Projekt erhielt den Namen «Anker». Zu seiner Vorbereitung hatte die Arbeitsgemeinschaft Kontakt zu den psychiatrischen Abteilungen eines Allgemeinen Krankenhauses und einer psychiatrischen Tagesklinik aufgenommen und für geeignete Patienten «Interessiertentreffs» eingerichtet; im Vordergrund stand die Bemühung, möglichst psychisch Kranke aufzunehmen, die schon früher in dem Bezirksamtsbereich Hamburg-Harburg gewohnt hatten.

Die Patienten der Wohngemeinschaft erfahren eine umfassende Betreuung in ärztlicher Hinsicht durch niedergelassene Psychiater, in sozialpädagogischer/sozialtherapeutischer Hinsicht durch auf ABM-Basis beschäftigte Sozialarbeiter.

Zentrale Bedeutung kommt in diesem Konzept der Tätigkeit der Sozialarbeit zu. Sie basiert auf regelmäßigen Einzel- und Wohngemeinschaftsgesprächen. Je nach Person und Situation umfaßt die Betreuung dann Hilfe in akuten Krisensituationen, Anleitung bei der Tagesstrukturierung und Regelung materieller Schwierigkeiten, Unterstützung bei der Ausbildung von sozialer Kontaktfähigkeit und im bewußten Umgang mit der eigenen Krankheit.
Die Behindertenarbeitsgemeinschaft hat weitere Projekte in Angriff genommen. So wird gegenwärtig ein Verbund von «dezentralem Wohnen» und «Wohnheim» geschaffen. «Dezentrales Wohnen» bedeutet hier, daß die Kranken in Einzelwohnungen untergebracht werden. Im «Wohnheim» wiederum wird eine Gruppe von 10 psychisch Kranken gemeinsam in Einzelzimmern untergebracht. Einzelwohnende und Wohnheimbewohner werden gemeinsam am umfangreichen Betreuungsprogramm in den Räumen des Wohnheims teilnehmen.

Adressenverzeichnis von Selbsthilfegruppen

Bei der Vielzahl von Selbsthilfegruppen in den einzelnen Bundesländern ist die Auswahl keine Wertung, sondern eine Beschränkung aus Platzgründen.

Deutsche Arbeitsgemeinschaft
Selbsthilfegruppen
Friedrichstr. 28
6300 Gießen
Telefon 0641/702–2478

Kontakt- und Informationsstelle für
Selbsthilfegruppen (KISS)
Gaußstr. 21
2000 Hamburg 50

Alkoholabhängigkeit

Anonyme Alkoholiker
AA Kontaktstelle Deutschland
Postfach 422
8000 München 2
Telefon 089/555685 (19–22 Uhr)

Anorexie (Magersucht)

Arbeitskreis «Cinderella»
c/o Dipl.-Psych. Evelyn Brunner
Ludmillastr. 15
8000 München 90
Telefon 089/5160–2797

Cinderella Aktionskreis
Eß- und Magersucht e. V.
Universitätsnervenklinik
Nußbaumstr. 7
8000 München 2

Asthma und Allergiker

Allergiker- und Asthmatikerbund
e. V.
Hindenburgstr. 110

4050 Mönchengladbach 1
Telefon 02161/10207

Autismus

Bundesverband
«Hilfe für das autistische Kind» e. V.
Bebelallee 141
2000 Hamburg 60
Telefon 040/5115604

Altenselbsthilfe

Deutsches Zentrum für
Altersfragen e. V.
Manfred-von-Richthofen-Str. 2
1000 Berlin 42

Seniorenschutzbund
Graue Panther e. V.
Rathenaustr. 2
5600 Wuppertal

Zentralverband der sozial-
versicherten Rentner und deren
Hinterbliebenen Deutschlands e. V.
Brückenweg 30
5632 Wermelskirchen 1

Behinderte (allgemein)

Behinderten-Liga e. V.
Geschäftsstelle, Raduhner Str. 15
1000 Berlin 47
Telefon 030/6632925
(montags bis freitags)

Interessengemeinschaft von Geburt
an Behinderter e. V.
Otto-Suhr-Allee 131
1000 Berlin 10
Telefon 030/341797

Bundesvereinigung Lebenshilfe für
geistig Behinderte e. V.
Raiffeisenstr. 18
Postfach 80
3550 Marburg 7
Telefon 06421/43007

Deutscher Behinderten-
sportverband e. V.
Sitz Bonn
Am Schönenkamp 110
Postfach 348
4000 Düsseldorf 13
Telefon 0211/749828 4

Bundesarbeitsgemeinschaft
«Hilfe für Behinderte» e. V.
Kirchfeldstr. 149
4000 Düsseldorf
Telefon 0211/340085

Bundesverband für spastisch
Gelähmte und andere
Körperbehinderte e. V.
Kölner Landstr. 375
Postfach 8132
4000 Düsseldorf 13
Telefon 0211/750068

Arbeitsgemeinschaft Hilfe für
Behinderte in Essen e. V.
Weberplatz 1
4300 Essen
Telefon 0201/228939

Reichsbund der Kriegsopfer,
Behinderten, Sozialrentner und
Hinterbliebenen e. V.
Beethovenallee 56
5300 Bonn 2
Telefon 0228/363071

Verband der Kriegs- und
Wehrdienstopfer, Behinderten und
Sozialrentner Deutschlands e. V.
Wurzerstr. 2–4
5300 Bonn 2
Telefon 0228/364061

Bundesarbeitsgemeinschaft
der Clubs Behinderte und
ihre Freunde e. V.
Eupener Str. 5
Postfach 1521
6500 Mainz
Telefon 06131/225514

Verband der Hirn-, Rückenmark- und Nervenverletzten, Arbeits-, Kriegs- und Verkehrsopfer e. V.
Ebertstr. 1
6700 Ludwigshafen
Telefon 0621/694686

Deutsche Vereinigung zur Rehabilitation Behinderter e. V.
Friedrich-Ebert-Allee 9
6900 Heidelberg 1
Telefon 06221/25485

Stiftung Rehabilitation
Bonhoefferstr.
Postfach 101409
6900 Heidelberg
Telefon 06221/882537

Bundesverband Selbsthilfe Körperbehinderter e. V.
Altkrautheimer Str. 25
7109 Krautheim/Jagst
Telefon 06294/6800

Verein Lebenshilfe für geistig und körperlich Behinderte e. V.
Karlsbader Weg 38
7170 Schwäbisch Hall
Telefon 0791/51980

Behinderte (Kinder)

Stiftung Hilfswerk für behinderte Kinder
Wielandstr. 4
5300 Bonn
Telefon 0228/8311

Stiftung für das behinderte Kind zur Förderung von Vorsorge und Früherkennung
Kennedyallee 123
6000 Frankfurt a. M. 70
Telefon 069/637109

Bundesverband zur Förderung Lernbehinderter e. V.
Rolandstr. 61
5000 Köln 1

Epilepsie

Stiftung Michael zur Bekämpfung von Anfallskrankheiten
Karthäuser Str. 10
5300 Bonn 1
Telefon 0228/462859 (9–13 Uhr)

Deutsche Sektion der Internationalen Liga gegen Epilepsie, Geschäftsstelle
Postfach 6
7640 Kehl-Kork
Telefon 07851/3144

Erziehung

Bundesverband Neue Erziehung e. V.
Aktion Eltern helfen Eltern
Oppelner Str. 130
5300 Bonn-Tannbusch
Telefon 0228/668511
u. 668 5178

Verband alleinerziehender Mütter und Väter e. V. (VAMV)
– Bundesgeschäftsstelle –
Kasernenstr. 7 B
5300 Bonn 1
Telefon 0228/638585

Frauen

Zentrale Informationsstelle der autonomen Frauenhäuser e. V.
c/o Frauenhaus Göttingen
Postfach 1837
3400 Göttingen

Hirnschädigungen:

Bund Deutscher Hirngeschädigter (BDH)
Humboldtstr. 32
5300 Bonn 1
Telefon 0228/651012

Homosexualität

Club Albatros im Verband
von 1974 e. V.
Bundesweite Gemeinschaft
homosexueller/bisexueller
Menschen
Postfach 70 17 66
2000 Hamburg 70
Telefon 040/652 3878
Mo, Mi, Fr 18–20 Uhr

Info-Dienst für Homosexuelle
c/o Buchladen Erlkönig
Bebelstr. 25
7000 Stuttgart 1

Arbeitsgemeinschaft
«Homosexuelle und Kirche»
c/o Michael Wörner
Postfach 91 02 06
8500 Nürnberg 90

Krebs

Bundesverband Frauenselbsthilfe
nach Krebs e. V.
6800 Mannheim

Legasthenie

Bundesverband Legasthenie e. V.
(BVL e. V.)
Gneisenaustr. 2
3000 Hannover 1
Telefon 05 11/85 34 65

Morbus Crohn

Deutsche Morbus Crohn Kolitis
Ulcerosa Vereinigung e. V. (DCCV)
Schwabstr. 68
7400 Tübingen
Telefon 07071/2 13 51

Neurose

Anonyme Neurotiker
EA Kontaktstelle Deutschland
Hohenheimer Str. 75
Postfach 72 01 50
7000 Stuttgart 70
Telefon 07 11/24 35 33

Opfer von Gewalttaten

«Weißer Ring»
Postfach 21 01 09
6500 Mainz 21
Telefon 061 31/40087

Psychische Krankheiten

Gesellschaft für psychosomatische
Therapie mbH
Stettiner Str. 120
4000 Düsseldorf 13
Telefon 02 11/70061

Aktion Psychisch Kranke
Vereinigung zur Reform der
Versorgung psychisch Kranker e. V.
Graurheindorfer Str. 15
5300 Bonn
Telefon 02 28/63 15 45

Dachverband Psychosozialer
Hilfsvereinigungen e. V.
Thomas-Mann-Str. 49 a
5300 Bonn 1
Telefon 02 28/63 26 46

Bundesverband der Angehörigen
psychisch Kranker
Thomas-Mann-Str. 49 a
5300 Bonn 1
Telefon 02 28/63 26 46

Emotion Anonymous
EA-Kontaktstelle Deutschland
Hohenheimer Str. 75
7000 Stuttgart 1
Telefon 07 11/24 35 33

Schmerzen

Deutsche Schmerzhilfe e. V.
Woldsenweg 3
2000 Hamburg 20
Telefon 040/46 56 46

Spieler

Anonyme Spieler (AS)
Beratungsstelle Bremen-Nord der Bremischen Landesstelle gegen Suchtgefahren
Gerhard-Rohlfs-Str. 59
2820 Bremen 70
Telefon 0421/662329

Stottern

Bundesvereinigung Stotterer-Selbsthilfe e. V.
Baustr. 2
Postfach 110222
5650 Solingen 11
Telefon 02122/73075

Sucht (allgemein)

Deutsche Hauptstelle gegen Suchtgefahren (DHS) e. V.
Westring 2
4700 Hamm 1
Telefon 02381/25855 u. 25269

Mitgliederverbände der DHS:

Katholische Sozialethische Arbeitsstelle e. V.
Jägerallee 5
4700 Hamm 1
Telefon 02381/8768 u. 69

Kreuzbund e. V.
Jägerallee 5
4700 Hamm 1
Telefon 02381/8797 u. 98

Deutscher Caritasverband e. V.
Referat für Gefährdetenhilfe/Suchtkrankenhilfe
Karlstr. 40
7800 Freiburg
Telefon 0761/200369

Blaues Kreuz der Evangelischen Kirche e. V.
Kanalufer 48
2370 Rendsburg
Telefon 04331/5830

Gesamtverband für Suchtkrankenhilfe im Diakonischen Werk der Evangelischen Kirche in Deutschland e. V.
Brüder-Grimm-Platz 4
3500 Kassel
Telefon 0561/102638 u. 39

Blaues Kreuz in Deutschland e. V.
Freiligrathstr. 27
5600 Wuppertal-Barmen
Telefon 0201/621098

Bund der drogenfreien Erziehung
Adenauerallee 45
2000 Hamburg 1
Telefon 040/245880

Fachverband Drogen und Rauschmittel (FDR) e. V.
Prinzenstr. 2
3000 Hannover
Telefon 0511/325023

Deutscher Frauenbund für alkoholfreie Kultur e. V.
Berghofstr. 21
5800 Hagen
Telefon 02331/82114

Deutscher Guttempler-Orden (I.O.G.T.) e. V.
Adenauerallee 45
2000 Hamburg 1
Telefon 040/245880

Bundesarbeitsgemeinschaft der Freundeskreise für Suchtkrankenhilfe
Brüder-Grimm-Platz 4
3500 Kassel
Telefon 0561/102638

Deutscher Paritätischer Wohlfahrtsverband e. V.
Referat Gefährdetenhilfe
Heinrich-Hoffmann-Str. 3
6000 Frankfurt 71
Telefon 069/6706269

Verband der Fachkrankenhäuser
für Suchtkranke
Brüder-Grimm-Platz 4
3500 Kassel
Telefon 0561/102638

Arbeiterwohlfahrt Bundesverband
Oppelner Str. 130
5300 Bonn 1
Telefon 0228/668 5169

Verband ambulanter Behandlungsstellen für Suchtkranke/
Drogenabhängige (VABS) e. V.
Karlstr. 40
7800 Freiburg
Telefon 0761/200363 u. 69

Bundesverband der Elternkreise
Drogengefährdeter und
-abhängiger
Haus Hoheneck, Jägerallee 5
4700 Hamm 1
Telefon 02381/8768

Deutsche Suchthilfe e. V. und
Förderkreis Der Telefon-Notruf für
Suchtgefährdete e. V.
Theresienstr. 32
8000 München 2
Telefon 089/281431

Fachverband Sucht e. V.
German Council on Alcohol
and Addiction
Stettiner Str. 120
4000 Düsseldorf 13
Telefon 0211/170061

Hilfe zur Selbsthilfe Suchtkranker
und Suchtgefährdeter e. V.
Römerstr. 28
6900 Heidelberg 1
Telefon 06221/24412

SYNANON International Gem. e. V.
Bernburger Str. 24/25
1000 Berlin 61
Telefon 030/2621062

VIII. Was kostet eine kranke Seele?

Fremdfinanzierung der Psychoanalyse

Eine Grundsatzfrage: Wer soll die Psychoanalyse zahlen? Prof. JOHANNES CREMERIUS, Freiburg, äußerte sich 1981 in der Zeitschrift «Psyche» zur Fremdfinanzierung der Psychoanalyse. Unter der Überschrift «Präsenz des Dritten in der Psychoanalyse – zur Problematik der Fremdfinanzierung» wird der Konflikt diskutiert zwischen den Befürwortern der krankenkassenfinanzierten Psychoanalyse und den Gegnern, die diese Regelung mit der Begründung ablehnen, sie sei mit den Heilungszielen der Psychoanalyse unvereinbar. CREMERIUS kommt zu dem Ergebnis, daß die Psychoanalyse allein um den Preis gesellschaftlicher Isolation und therapeutischer Stagnation – was am Beispiel der Situation der Psychoanalyse in den USA gezeigt wird – auf Fremdfinanzierung verzichten kann.

Diskutiert wird auch das alte Argument vom «persönlichen finanziellen Opfer» des Patienten, das «geradezu zum analytischen Movens» der Therapie wird. FREUD hat ein Honorar immer als Bezahlung seiner Arbeit gesehen und teilweise auch von der Vermietung «seiner Stunden» gesprochen.

Die zeitliche Limitierung der analytischen Psychotherapie sehen einige bei 240 bis 300 Stunden für eine ausreichende Therapie. Andere sind der Meinung, daß die Behandlung weit mehr Zeit brauche, am besten überhaupt zeitunbegrenzt bleiben sollte. Diese unterschiedlichen Forderungen kommen durch unterschiedliche Grundpositionen der Psychoanalytiker zustande und sind in der Regel nicht wissenschaftlich begründbar, sondern ideologischer Natur.

Die Diskussion um die Limitierung der Psychoanalysezeit wird weitergeführt werden, da durch objektive Daten nicht belegt werden kann, daß längere Therapien erfolgreicher sind.
Bei der Diskussion um die Fremdfinanzierung der Therapie wird die Präsenz der Krankenkassen in der Behandlung beklagt.

«Für den Verlauf mancher Behandlung wirke die Begrenzung der Behandlung durch die Richtlinien der Krankenkasse ... für manche Therapeuten wie ‹deus ex machina›.
Ein Element von Realität käme in das Konzept des Therapeuten wie in das Versorgungsverlangen des Patienten.»

Die Vorstellung von der Zweierbeziehung – Therapeut und Patient – ohne äußere Abhängigkeit war nie realistisch. Der Therapeut ist auf ein Honorar angewiesen, um seinen Lebensunterhalt zu bestreiten, und der Patient ist abhängig von seinen eigenen finanziellen Möglichkeiten.
Die Finanzierung der Therapie durch die Krankenkassen hat auch positive Aspekte, denn nur dadurch kann sich die Analyse von dem Makel einer Elitetherapie befreien.
Zudem kann der Therapeut Erfahrungen mit Analysen machen, in denen das Honorar keine Rolle als motivierender Faktor spielt (weder für den Analytiker noch für den Patienten).
Diese finanzielle Unabhängigkeit könnte zu einer Verfeinerung der psychoanalytischen Technik und der Entwicklung neuer Verfahren beitragen.
Psychoanalytische Therapie als Leistung der gesetzlichen Krankenversicherung gibt es in der Bundesrepublik seit 1971. In der Regel handelt es sich um ärztliche Psychotherapeuten, denn nichtärztliche Psychotherapeuten können zwar an der Versorgung der Patienten beteiligt werden, dürfen jedoch nur im Auftrag eines Arztes zu Lasten der Krankenkassen tätig werden.
Eine Umfrage, die Professor ROSENKÖTTER vom Sigmund-Freud-Institut in Frankfurt 1974 bei Mitgliedern der deutschen psychoanalytischen Vereinigung durchgeführt hat, ergibt folgendes Bild: 77 Prozent der Befragten finden das derzeitige Honorierungssystem durch die Krankenkassen problematisch. 18 Prozent lehnen es ganz ab, und nur 15 Prozent halten die bisherige Regelung für unbedenklich.
80 Prozent der Psychoanalytiker meinen, daß die volle Kosten

übernahme durch die Krankenkassen zu behandlungstechnischen Problemen führt.
Sie würden ein Honorierungssystem mit Selbstbeteiligung des Patienten vorziehen.

Befragung:
Für Patienten, die auf Krankenschein behandelt werden, wende ich circa folgenden Anteil Arbeitszeit für Psychoanalyse und/oder Psychotherapie auf:

a) bis zu 20 Prozent	(32) = 29 Prozent
b) bis zu 50 Prozent	(34) = 31 Prozent
c) über 50 Prozent	(25) = 22 Prozent
d) keinen	(20) = 18 Prozent

A. Unter den genannten Behandlungen sind

a) mehr Psychoanalysen	(59) = 53 Prozent
b) Mehr Psychotherapien	(42) = 39 Prozent
c) mehr Gruppentherapien	(9) = 8 Prozent

Ich halte unser derzeitiges Honorierungssystem mit den RVO- bzw. Ersatzkassen für

a) optimal	(5) = 5 Prozent
b) noch annehmbar	(85) = 77 Prozent
c) nicht annehmbar	(20) = 18 Prozent

Volle Kostenübernahme durch die Krankenkassen führt zu besonderen behandlungstechnischen Problemen

a) ja	(88) = 80 Prozent
b) nein	(22) = 20%

(Wenn bejaht wird):
Diese behandlungstechnischen Probleme können analytisch aufgearbeitet werden

a) ja	(34) = 38 Prozent
b) nein	(7) = 9 Prozent
c) teilweise	(49) = 53 Prozent

Ich würde ein Honorierungssystem mit angemessener Selbstbeteiligung des Patienten vorziehen

a) ja	(88) = 80 Prozent
b) nein	(22) = 20 Prozent

Seit Juni 1987 gelten neue Psychotherapie-Richtlinien für die kassenärztliche Praxis. Danach kann Psychotherapie durchgeführt werden, «soweit und solange eine psychische Krankheit vorliegt». Der Begriff «psychische Krankheit» umfaßt auch geistige oder seelische Behinderungen.

Verhaltenstherapien und psychoanalytisch orientierte Psychotherapien über 15 Sitzungen à 50 Minuten müssen von der Krankenkasse genehmigt werden. Erforderlich ist ein kompliziertes Gutachterverfahren.

Psychotherapie im Sinne der «neuen Richtlinien»

Art der Behandlung	Maximale Leistungspflicht der Krankenkasse
1. Tiefenpsychologisch fundierte Psychotherapie	bis zu 100 Sitzungen (à 50 Min.) in der Regel einmal wöchentlich oder weniger
2. Analytische Psychotherapie	bis zu 200 Sitzungen (à 50 Min.) mindestens zweimal wöchentlich
3. Verhaltenstherapie	bis zu 60 Stunden (auch halbstündig)

In der «Münchner medizinischen Wochenschrift» Nr. 44 aus dem Jahre 1988 beschreibt eine Psychotherapeutin ihre Erfahrungen bei der Suche nach Therapieplätzen:

«Es ist immer wieder schwierig, für Patienten einen geeigneten Therapieplatz zu bekommen. Da kaum ein Patient bereit oder in der Lage ist, die Psychotherapie aus eigener Tasche zu bezahlen, muß die Behandlung in der Regel von der Kasse genehmigt werden. Dies verlangt vom einzelnen Therapeuten eine erhebliche zusätzliche Investition von Zeit und Mühe. Neben einer ohnehin hohen Zahl von täglichen Präsenzstunden für die Arbeit mit dem Patienten selbst hat er einen Berg von aufwendigen Antragsverfahren – einschließlich erneuter Verlängerungsanträge – zu bewältigen. Die Kapazitäten der Therapeuten sind also in der Praxis viel eher erschöpft, als es das Ergebnis einer groben rechnerischen Gegenüberstellung von möglich vorhandenen Therapieplätzen und therapiebedürftigen Patienten vermuten ließe.»

Daß Therapien, für die die Patienten selbst bezahlen müssen, erfolgreicher sind, ist eine Binsenweisheit, die für alle – auch die somatischen – Behandlungsverfahren gilt. Zu wenig beachtet wird, daß ein zu dicht geknüpftes soziales Netz eine enorme Bedeutung für die Chronifizierung von Krankheiten hat.

Ein Kostenbeispiel

VERA BECKER listet in ihrem Buch «Wenn Therapien schaden» die Kosten ihrer «Therapie-Serie» auf:

1. Psychoanalyse:	zweieinhalb Jahre Therapie Sitzungen ein- bis zweimal wöchentlich Gesamtkosten: 15 000 DM
2. Primärtherapie:	vier Monate Therapie Sitzungen ein- bis viermal wöchentlich Gesamtkosten: 10 000 DM + 8000 DM Verdienstausfall
3. Klinik Mennigrode:	zwei Monate stationäre Therapie Gesamtkosten: 15 000 DM, davon wurde ein Drittel von der Krankenkasse übernommen, also eigene Kosten 10 000 DM
4. Verhaltenstherapie:	eineinhalb Jahre Therapie monatlich drei Tage mit je drei Sitzungen Gesamtkosten: 8000 DM + 1000 DM Fahrtkosten
5. Gesprächstherapie:	eineinhalb Jahre Therapie zwei Sitzungen wöchentlich Gesamtkosten: 20 000 DM
6. Aufenthalt im Ashram:	zweimal eine Woche Aufenthalt. Teilnahme an Einzel- und Gruppensitzungen Gesamtkosten: 2000 DM
7. Hypnose:	eine unentgeltliche Sitzung
8. Suchtklinik:	zwei Monate stationäre Psychotherapie Gesamtkosten: 12 000 DM davon eigene Kosten: 6000 DM

Kosten durch Alkohol- und Medikamentenabhängigkeit

1980/81 untersuchten die Gesundheitsbehörde und die Behörde für Arbeit, Jugend und Soziales in Hamburg die Kosten, die durch Folgeschäden von Alkohol- und Medikamentenabhängigkeit verursacht werden.

In 66 Abteilungen Hamburger Krankenhäuser waren am Stichtag 632 Patienten stationär aufgenommen, die durch Alkohol- bzw. Medikamentenmißbrauch bedingt einer Behandlung bedurften. Davon waren 67 Prozent (424) männlich und 33 Prozent (208) weiblich.

Mit Alkoholmißbrauch in Zusammenhang standen 80 Prozent der Fälle, mit Medikamentenmißbrauch 8 Prozent, und die restlichen 12 Prozent waren gleichermaßen alkohol- wie medikamentenmißbrauchbedingt.

Für 95 Prozent der Patienten wurde eine durchschnittliche Verweildauer von 41,3 Tagen pro Patient angegeben. Herausgenommen aus dieser Durchschnittsberechnung waren 8 Patienten, bei denen ein jahrelanger Krankenhausaufenthalt erforderlich sein wird.

Über 70 Prozent der Patienten waren innerhalb des letzten Jahres schon mindestens einmal, teilweise sogar mehrmals, wegen Alkohol- oder Medikamentenmißbrauchs stationär behandelt worden, das entspricht im Durchschnitt 1,4 stationären Aufnahmen pro Patient.

Bei einer Hochrechnung auf das Jahr sind das 5515 Aufnahmeindikationen, die entweder mit Alkohol- oder Medikamentenmißbrauch zusammenhängen.

Berücksichtigt man dabei Mehrfachaufnahmen des gleichen Patienten, so haben knapp 4000 Personen innerhalb eines Jahres das Krankenhaus ein- oder mehrmals aufgesucht.

Bei Betrachtung der Verweildauer ergibt sich, daß innerhalb eines Jahres ca. 227 760 Betten-Belegtage auf diesen Patientenkreis entfallen. Bei einem durchschnittlich angenommenen Pflegesatz von nur DM 200 pro Tag ergeben sich daraus Krankheitskosten in Höhe von 45,5 Millionen DM im Jahr – wohlgemerkt nur für die Freie und Hansestadt Hamburg.

Ein statistisches Spielchen:
Überträgt man diese Summe für die 1,6 Millionen Einwohner Hamburgs auf die Bevölkerungszahl der Bundesrepublik mit 60 Millionen Einwohnern, so würde sich ein Gesamtkostenaufwand von über 1,7 Milliarden DM nur für diesen suchtkranken Patientenkreis ergeben.

Annähernd 4000 Personen werden darüber hinaus von der gesetzlichen Rentenversicherung pro Jahr wegen Folgeerkrankungen des Alkoholmißbrauchs berentet.

Arbeitsunfähigkeit durch eine kranke Seele

Arbeitsunfähigkeitsfälle und -tage der Pflichtmitglieder (ohne Rentner) der Allgemeinen Ortskrankenkassen (AOK) in der Bundesrepublik im Jahre 1987

Krankheitsart nach ICD-Schlüssel		Je 10 000 Männer und Frauen Fälle	Fehltage	Tage je Einzelfall
290	Organische	0,05	2,50	49,80
291	Alkoholpsychosen	4,62	151,33	32,75
292	Drogenpsychosen	0,07	4,29	58,87
293	Vorübergehende organische Psychosen	2,97	84,05	28,33
294	andere (chron.) organische Psychosen	0,30	17,43	57,74
	Zus.	8,01	259,60	32,40
295	Schizophrenie	3,68	298,74	81,18
296	Affektive Schizophrenie	20,30	800,48	39,43
297	Paranoide Schizophrenie	2,97	220,68	74,39
298	Andere nicht organische Psychosen	21,21	862,84	40,68
299	Typische Psychosen im Kindesalter	0,05	4,00	81,15
	Zus.	48,21	2186,73	45,36

Krankheitsart nach ICD-Schlüssel	Je 10000 Männer und Frauen Fälle	Fehltage	Tage je Einzelfall
300 Neurosen	76,19	1885,26	24,74
301 Persönlichkeitsstörungen	1,85	75,19	40,54
302 Sexuelle Verhaltensabweichungen und Störungen	0,22	7,46	33,20
303 Alkoholabhängigkeit	33,48	1221,02	36,47
304 Medikamenten-/Drogenabhängigkeit	3,31	111,27	33,59
305 Drogen- und Medikamentenmißbrauch ohne Abhängigkeit	10,47	181,19	17,30
306 Körperliche Funktionsstörungen psychischen Ursprungs	31,50	521,36	16,55
307 Spezielle, nicht anderweitig klassifizierbare Symptome oder Syndrome	1,66	43,56	26,26
308 Psychogene Reaktion (akute Belastungsreaktion)	5,63	108,87	19,35
309 Psychogene Reaktion (Anpassungsstörung)	0,36	13,72	37,86
310 Spezifische nichtpsychotische Störungen nach Hirnschädigungen	0,20	6,49	32,60
311 Anderweitig nicht klassifizierbare depressive Zustandsbilder	38,24	1357,02	35,49
312 Anderweitig nicht klassifizierbare Störungen des Sozialverhaltens	0,72	19,94	27,67
313 Spezifische emotionale Störungen des Kindes- und Jugendalters	0,07	5,47	76,13
314 Hyperkinetisches Syndrom des Kindesalters	0,14	2,33	16,70
315 Umschriebene Entwicklungsrückstände	0,08	2,25	29,25
316 Anderweitig nicht klassifizierbare Erkrankungen, bei denen psychische Faktoren ein Rolle spielen	2,57	58,08	22,59
Zus.	206,69	5620,49	27,19

Im Krankenhaus wegen der Seele

Krankenhausfälle und -tage der Mitglieder und ihrer Familienangehörigen der Allgemeinen Ortskrankenkassen (AOK) in der Bundesrepublik im Jahre 1987

Krankheitsart nach ICD-Schlüssel		Je 10000 Männer und Frauen Fälle	Fehltage	Tage je Einzelfall
290	Organische	1,21	53,56	44,35
291	Alkoholpsychosen	3,06	57,16	18,68
292	Drogenpsychosen	0,06	1,97	35,52
293	Vorübergehende organische Psychosen	1,37	48,76	35,49
294	Andere (chron.) organische Psychosen	0,45	25,90	58,07
	Zus.	6,14	187,36	30,50
295	Schizophrene	4,78	312,73	65,46
296	Affektive Schizophrenie	6,95	303,12	43,64
297	Paranoide Schizophrenie	3,00	166,84	55,67
298	Andere nicht organische Psychosen	12,39	563,28	45,48
299	Typische Psychosen im Kindesalter	0,08	3,17	38,20
	Zus.	27,19	1349,14	49,62
300	Neurosen	11,15	353,49	31,71
301	Persönlichkeitsstörungen	0,78	33,89	38,87
302	Sexuelle Verhaltensabweichungen und Störungen	0,14	2,95	20,34
303	Alkoholabhängigkeit	20,96	397,68	18,97
304	Medikamenten-/Drogenabhängigkeit	2,13	37,52	17,58
305	Drogen- und Medikamentenmißbrauch ohne Abhängigkeit	7,22	63,80	8,84
306	Körperliche Funktionsstörungen psychischen Ursprungs	1,92	40,18	20,98
307	Spezielle, nicht anderweitig klassifizierbare Symptome oder Syndrome	0,59	20,82	35,19
308	Psychogene Reaktion (akute Belastungsreaktion)	0,73	12,79	17,46
309	Psychogene Reaktion (Anpassungsstörung)	0,76	12,26	16,21
310	Spezifische nichtpsychotische Störungen nach Hirnschädigungen	0,09	2,66	28,94

Krankheitsart nach ICD-Schlüssel		Je 10000 Männer und Frauen Fälle	Fehltage	Tage je Einzelfall
311	Anderweitig nicht klassifizierbare depressive Zustandsbilder	8,65	326,46	37,72
312	Anderweitig nicht klassifizierbare Störungen des Sozialverhaltens	0,28	14,83	53,45
313	Spezifische emotionale Störungen des Kindes- und Jugendalters	0,66	33,57	50,74
314	Hyperkinetisches Syndrom des Kindesalters	0,11	5,56	52,64
315	Umschriebene Entwicklungsrückstände	0,24	6,37	26,47
316	Anderweitig nicht klassifizierbare Erkrankungen, bei denen psychische Faktoren eine Rolle spielen	0,20	5,63	28,42
	Zus.	56,70	1370,47	24,17

Gebührenordnungen: Ambulante Kosten der Seele

Gebührenordnung für Heilpraktiker (GebüH)

19.1.	Psychotherapie von halbstündiger Dauer	DM 30 bis 50
19.2.	Psychotherapie von 50–90 Min. Dauer	DM 50 bis 90
19.3.	Ausstellung eines psychodiagnostischen Befundes	DM 30 bis 75
19.4.	Psychotherapeutisches Gutachten je zweispaltiger Schreibmaschinenseite	bis DM 30
19.5.	Psychol. Exploration mit eingehender Beratung	DM 30 bis 90
19.6.	Anwendung und Auswertung von Testverfahren (TAT, TUA, Rorschach usw.)	DM 30 bis 75
19.7.	Behandlung von Störungen der Sprechorgane je Sitzung	DM 20 bis 60
19.8.	Behandlung einer Einzelperson durch Hypnose	DM 30 bis 50

Gebührenordnung für Ärzte (GOÄ)

Stand 1.7.1988		Punkte	DM
801	Eingehende psychiatrische Untersuchung – gegebenenfalls unter Einschaltung der Bezugs- und/oder Kontaktperson	250	27,50
804	Psychiatrische Behandlung durch eingehendes therapeutisches Gespräch – auch mit gezielter Exploration	150	16,50
806	Psychiatrische Behandlung durch gezielte Exploration und eingehendes therapeutisches Gespräch, auch in akuter Konfliktsituation – gegebenenfalls unter Einschluß eines eingehenden situationsregulierenden Kontaktgespräches mit Dritten –, Mindestdauer 20 Minuten	250	27,50
807	Erhebung einer biographischen psychiatrischen Anamnese bei Kindern oder Jugendlichen unter Einschaltung der Bezugs- und Kontaktpersonen mit schriftlicher Aufzeichnung, auch in mehreren Sitzungen	400	44,–
812	Psychiatrische Notfallbehandlung bei Suizidversuch und anderer psychischer Dekompensation durch Intervention und eingehendes therapeutisches Gespräch	500	55,–

Gebührenordnung der gesetzlichen Krankenkassen

Der Punktwert schwankt von Kasse zu Kasse, von Bundesland zu Bundesland. In den Beispielen wurden 0,11 DM zugrunde gelegt.

EBM-Nr.		Punkte	DM
800	Neurologische Untersuchung	320	35,20
820	Psychiatrische Untersuchung	320	35,20
825	Behandlung psychopathol. Krankheitsbild durch verbale Intervention	250	27,50
826	Akut-Intervention	500	55,–
851	verbale Intervention bei psychosomatischem Krankheitszustand	300	33,–
835	Unterweisung / Führung von Bezugspersonen bei psychisch Kranken	250	27,50
845	Gesprächstherapie bei Kind / Jugendlichem	700	77,–
846	Gesprächstherapie bei Kind / Jugendlichem und Bezugsperson	900	99,–
847	Anleitung Bezugsperson bei Kind / Jugendlichem – psychisch krank	600	66,–
850	Diff. diagn. Klärung psychosomatischer Krankheitszustände, mit schriftlichem Vermerk über ätiologische Zusammenhänge, mit Beratung, bis zu zweimal im Behandlungsfall	250	27,50
860	Biographische Anamnese unter neurosenpsychologischen oder verhaltensanalytischen Gesichtspunkten mit schriftl. Aufzeichnung, ggf. in mehreren Sitzungen	750	82,50
865	Tiefenpsychologisch fundierte Psychotherapie bis 15 Sitzungen, je Sitzung mind. 50 Min., ggf. Teilung in 2 × 25 Min.	900	99,–
866	Verhaltenstherapie bis 15 Sitzungen, 50 Min., ggf. 2 × 25 Min.	900	99,–
870	Einleitung oder Verlängerung der Psychotherapie, einschl. Antrag, ggf. mit Besprechung mit nichtärztl. Psychotherapie	550	60,50
875	Tiefenpsychol. fundierte Psychotherapie, Einzelbehandl., mind. 50 Min. je Sitzung	1000	110,–
876	Text wie 875, Gruppenbehandlung, 6–9 Teilnehmer, mind. 100 Min. je Teilnehmer und Sitzung	350	38,50
877	Analytische Psychotherapie, Einzelbehandlung, mind. 50 Min. je Sitzung	1000	110,–
878	Text wie 877, Gruppenbehandlung (6–9 Teilnehmer), mind. 100 Min. je Teilnehmer und Sitzung	350	38,50

EBM-Nr.		Punkte	DM
880	Einleitung oder Verlängerung der Verhaltenstherapie, Leistungspflicht-Gutachterverfahren, ggf. Besprechung mit Psychotherapeuten	550	60,50
885	Verhaltenstherapie als Einzelbehandlung (mind. 25 Min., bis 2 Sitzungen/Tag)	1000	110,–
886	Text wie 885, Gruppenbehandlung (2–9 Teilnehmer, mind. 50 Min., bis 2 Sitzungen/Tag)	170	18,70
950	Untersuchung der kindlichen Entwicklung mit Dokumentation	250	27,50
951	Untersuchung der funktionellen Entwicklung mit Dokumentation	60	6,60
952	Untersuchung der funkt. Entwicklung/Sprechalter/Sozialalter, mit Dokumentation	90	9,90
955	Untersuchung der kinesiologischen Entwicklung mit Dokumentation	280	30,80

Immer wieder geht es um Geld

Die Zeitschrift «Psychosomatik in der Praxis», ein Informationsblatt der Firma Janssen, berichtet nicht nur über Diagnostik und Therapie der Psychosomatik, sondern auch über das Geld. Unter dem Titel «Der Streit um einen Kuchen» schreibt der Privatdozent Dr. Graf-Baumann aus Heidelberg über die Schwierigkeiten seines Fachgebietes:

«Der im Prinzip sehr begrüßenswerte Schritt von der unverhältnismäßigen Überbewertung der technischen Medizin zur Anhebung der sogenannten zuwendungsorientierten Verfahren ist endlich vollzogen. Die rasche Gewinnmaximierung nach Amortisation der Geräte ist damit, mit Ausnahme zum Beispiel der Ultraschallgeräte, sehr schwierig geworden.
...Das klassische Beispiel vom marktwirtschaftlichen Gesetz: Das Angebot regelt die Nachfrage! Dem gegenüber steht die Tatsache, daß die Zahl der Anbieter dieser Form ärztlicher Leistungen im fachspezifischen Bereich bereits eine Grenze erreicht hat, die noch allgemein ausreichende Einkommensverhältnisse garantiert. Dazu kommen auch Anbieter aus dem nichtärztlichen Bereich (zum Beispiel Psychologen, die auch Anspruch auf ihr

«Stück Kuchen» erheben). In Ballungszentren wie Freiburg und Heidelberg führte dies beispielsweise zu mehrfachen Existenzverlusten durch Praxisaufgabe.

...Psychosomatik ist ein Produkt, das keine Marktlücken füllen kann und will, sondern eine Marktdurchdringung anstreben muß. Voraussetzung dafür ist das eindeutig definierte Angebot: Was kann das Problem Markt an Benutzerbedürfnissen de facto erfüllen, was durch nichts anderes ersetzbar ist? – und eben das fehlt.

Statt dessen wird der Wettbewerb um Marktanteile auf der politisch-argumentativen Ebene geführt.

In einem Verkaufsbezirk existiert ein psychosomatischer Supermarkt, dessen breites therapeutisches Angebot alle nützen können, zum Beispiel LVA-Kliniken. In einem anderen existiert der Exklusivladen, die psychosomatische Privatklinik für eben solche Patienten. Wiederum anderswo gibt es die Abteilung Psychosomatik im Kaufhaus für Innere Medizin; ein ständiger qualifizierter Abteilungsleiter versteht sich.

...Der Vergleich mag böse sein, aber nur so, ohne die übliche ideologische politische Herumrederei wird die Situation ganz deutlich. Die Manager haben es bis heute nicht verstanden, die Psychosomatik so zu konsolidieren, daß sie unangefochten und durchgängig ihre Marktanteile als Cash-flow in unserer Gesundheitsversorgung einnimmt.»

Literaturauswahl

Ackerknecht, E. H.: Kurze Geschichte der Psychiatrie, 3. verbesserte Auflage, Ferdinand Enke Verlag, Stuttgart 1985

Adam, I./Lengwinat, A.: Einige ausgewählte Aspekte der Einstellung von Medizinstudenten des ersten Ausbildungsjahres zu älteren Bürgern. – Z. ärztl. Fortbild. 74, 1980, S. 729–732

Adressenverzeichnis Selbsthilfegruppen. Hrsg. v. Pharma-Firma Dieckmann, 1989

Agger, I.: Die politische Gefangene als Opfer sexueller Folter, Zeitschrift f. Sexualforschung Jahrgang 1, 1988, S. 231–241, Enke-Verlag, Stuttgart

Alexander, F.: Psychosomatische Medizin, Walter de Gruyter Verlag, Berlin, New York 1971

Badura, H.-O.: Psychotherapie – Eine Einführung für Mediziner und Psychologen, Kohlhammer Verlag, Stuttgart 1982

Balint, M.: Der Arzt, sein Patient und die Krankheit, Klett Verlag, Stuttgart 1970

Balint, M. u. E.: Psychotherapeutische Techniken in der Medizin, Huber und Klett Verlag, Bern, Stuttgart, Wien 1962

Bally, G.: Einführung in die Psychoanalyse Sigmund Freuds, Rowohlt Verlag, Reinbek 1961

Bastian, A.: Die Vorstellungen von der Seele. In: Sammlung gemeinverständlicher wissenschaftlicher Vorträge, Hrsg. Virchow, R./von Holtzendorf, F., Lüderitz'sche Verlagsbuchhandlung, Berlin 1875

Beeck, M.: Wahnsinn – Ironie und tiefere Bedeutung, Hrsg. von Bayer-Leverkusen, Pharm. wissensch. Abteilung, 1966

Bier, A.: Die Seele, Kindler Taschenbücher, München

Biologie der Sucht. Hrsg. Wolfram Keup, Springer Verlag, Berlin–Heidelberg–New York–Tokio 1985

Bloch, R.: Droht uns die totale Psychiatrie?, Das Geschäft mit dem Psychoboom, Walter-Verlag, Olten und Freiburg im Breisgau 1988

Bornemann, E.: Die Urszene, Das pädagogische Kindheitserlebnis und seine Folgen, Fischer Taschenbuch Verlag, Frankfurt 1980

Bornemann, E.: Die Umwelt des Kindes im Spiegel seiner «verbotenen» Lieder, Reime, Verse und Rätsel, Walter Verlag Olten und Freiburg im Breisgau

Bozok, B./Bühler, K.-E.: Wirkfaktoren der Psychotherapie – spezifische und unspezifische Einflüsse, Fortschr. Neurol. Psychiat. 56, Thieme Verlag, Stuttgart, New York 1988

Bräutigam, W./Christian, P.: Psychosomatische Medizin. Ein kurzgefaßtes Lehrbuch, 3. Auflage, Thieme Verlag, Stuttgart–New York 1981

Brockhaus, Enzyklopädie in 20 Bänden, 17. neubearbeitete Auflage, F. A. Brockhaus, Wiesbaden 1966
Broussard, E. R.: Neonatal Prediction and Autcome at 10/11 Years, Child Psychiatry Hum. Developm. 7, 1976, S. 85–93
Chanannaschwili, M. M., Hecht, K.: Neurosen. Theorie und Experiment, Akademie-Verlag, Berlin 1984
Cremerius, J.: Die Prognose funktioneller Syndrome, Enke Verlag, Stuttgart 1968
Cremerius, J.: Zur Theorie und Praxis der Psychosomatischen Medizin, Suhrkamp Verlag, Frankfurt 1978
Diagnoseschlüssel und Glossar psychiatrischer Krankheiten. Im Auftrag der Deutschen Gesellschaft für Psychiatrie und Nervenheilkunde (DGPN), Hrsg. R. Degkwitz, H. Helmchen, G. Kockott, W. Mombour, 5. Auflage, korrigiert nach der 9. Revision der ICD, Stand: Herbst 1979, Springer Verlag, Berlin–Heidelberg–New York 1980
Doucet, F.: Geschichte der Psychologie. Von den vorchristlichen Philosophen bis zu den Seelenärzten des 20. Jahrhunderts, Gondrom-Verlag, Bindlach 1971
Dröscher, V. B.: Über Verhaltensweisen von Mensch und Tier, Robugen GmbH, Pharmazeutische Fabrik, Esslingen/Neckar, 1985
Eysinck, H. J.: Teste Dich selbst, List-Verlag
Faust, V.: Erscheinungsformen der Depression, Intensivprogramm programmed, pmi – pharm & medical inform, Frankfurt/Main 1977
Faust, V.: Depressionsfibel, Gustav Fischer Verlag, Stuttgart–New York 1987
Fenichel, O.: Hysterien und Zwangsneurosen, Wissenschaftliche Buchgesellschaft, Darmstadt 1967
Fenichel, O.: Perversionen, Psychosen, Charakterstörungen, Wissenschaftliche Buchgesellschaft, Darmstadt 1967
Ferchl, W.: Das Geheimnis der Neurosenheilung, Bericht eines Psychotherapeuten, Hermann Ferchl Verlag 1984
Freud, A.: Das Ich und die Abwehrmechanismen, Kindler Verlag, München 1959
Freud, S.: Studienausgabe in 12 Bänden, Fischer Taschenbuch Verlag, Frankfurt/M. 1982
Gheorghiu, V. A.: Hypnose und Gedächtnis, Untersuchungen zur hypnotischen Hypermnesie und Amnesie, Wilhelm Goldmann Verlag, München 1973
Gödan, H.: Die Unzuständigkeit der Seele. Eine Neufassung des Seele-Geist-Problems für Theologie, Medizin und Pädagogik, Klett Verlag, Stuttgart 1961
Görres, A.: Kennt die Psychologie den Menschen? Fragen zwischen Psychotherapie, Anthropologie und Christentum, 2. Auflage, Piper Verlag, München–Zürich 1986
Gooß, U.: Psyche, Zeitschrift für Psychoanalyse und ihre Anwendungen, Jahrgang 39, 1985, Klett-Cotta Stuttgart

Graefe, O.: Zur Klassifizierung kindlicher Verhaltensstörungen. Psychologische Rundschau, VII (1956)
Griesinger, W.: Die Pathologie und Therapie der psychischen Krankheiten, Braunschweig 1967
Groddeck, G.: Krankheit als Symbol. Schriften zur Psychosomatik, Fischer Taschenbuch Verlag, Frankfurt/M. 1983
Groddeck, G.: Das Buch vom Es. (Geist und Psyche), Kindler Verlag, München 1975
Groddeck, G.: Psychoanalytische Schriften zur Psychosomatik, Limes Verlag, Wiesbaden 1966
Grubitzsch, S./Rexilius, G. (Hrsg.): Psychologische Grundbegriffe. Mensch und Gesellschaft in der Psychologie. Ein Handbuch, rowohlts enzyklopädie, Reinbek 1985
Grünbaum, A.: Die Grundlagen der Psychoanalyse, Eine philosophische Kritik, Philipp Reclam jun., Stuttgart 1988
Halama, P.: Hypnose: Eine biologische Psychotherapie, Spektrum – Der Psychiater u. Nervenheilkunde 18, 1989, S. 74–78
Halama, P.: Psychoanalyse in Schwulitäten, in: Psyche, Zeitschrift für Psychoanalyse und ihre Anwendungen, Jahrgang 39, 1985, Klett-Cotta, Stuttgart
Handbuch der Psychotherapie in 2 Bänden. Hrsg. Raymond J. Corsini, Hrsg. u. Bearbeiter der deutschen Ausgabe: Gerd Wenninger, Psychologie Verlags Union, München–Weilheim 1988
Handbuch Esoterik, A–Z der alternativen Ideen, Lebensweisen und Heilkünste, Hrsg. David Harvey, Wilhelm Heyne Verlag, München 1987
Handbuch Religiöse Gemeinschaften, Reller, H., Freikirchen, Sondergemeinschaften, Sekten, Weltanschauungsgemeinschaften, Neureligionen, Gütersloher Verlagshaus Gerd Mohn, 1979
Hasenfratz, H.-P.: Die Seele. Einführung in ein religiöses Grundphänomen, Theologischer Verlag, Zürich 1986
Hemminger, H.: Psychotherapie – Weg zum Glück? Münchner Reihe, 1988
Hemminger, H./Becker, V.: Wenn Therapien schaden, Rowohlt Verlag, Reinbek 1985
Hermanns, P. M./Hanisch, L.: Gesundheit! Danke, aber wer zahlt? – Eine Kostenanalyse der Gesundheit, rororo Sachbuch, Rowohlt Verlag, Reinbek 1988
Huber, F.: Pädopathologie der Verhaltensauffälligkeit. Genese, Diagnose, Therapie und Prophylaxe, Schindele Verlag, 1982
Huber, G.: Psychiatrie. Systematischer Lehrtext für Studenten und Ärzte, 2. überarbeitete Auflage, Schattauer Verlag, Stuttgart – New York 1976
Jennrich, P.: Die Okkupation des Willens. Macht und Methoden der neuen Kultbewegungen, Hoffmann und Campe Verlag, Hamburg 1985
Jores, A.: Praktische Psychosomatik, Huber Verlag, Bern, Stuttgart, Wien 1981
Jugendsekten und Psychokulte, Bericht über die Tätigkeit von sogenannten

Jugendsekten und pseudotherapeutischen Gruppen in Berlin, Hrsg. Senator für Schulwesen, Jugend und Sport, Berlin 1983
Kielholz, P.: Diagnose und Therapie der Depressionen für den Praktiker, Lehmann, München 1965.
Kind, H.: Körperbezogene Psychotherapie, Psychother. med. Psychol. 35, 1985, S. 167
Kindlers «Psychologie des 20. Jahrhunderts» in 25 Bänden. Hrsg. Hans Zeier, Beltz Verlag, Weinheim–Basel 1984
Klumbies, G.: Psychotherapie in der Inneren und Allgemeinmedizin, S. Hirzel Verlag, Leipzig 1988
Krankheitsartenstatistik 1987, Arbeitsunfähigkeits- und Krankenhausfälle nach Krankheitsarten, Alter, Dauer, Bundesverband der AOK, Bonn 1988
Kriminalpsychologie, Dipl.-Psych. Uwe Füllgrabe, Verlag für Angewandte Psychologie, Stuttgart 1983
Langen, D.: Die gestufte Aktivhypnose, Eine Anleitung zur Methodik und Klinik, 2. überarbeitete und erweiterte Auflage, Thieme Verlag, Stuttgart 1967
Laplache, J./Pontalis, J.-B.: Das Vokabular der Psychoanalyse, Suhrkamp Taschenbuch, Frankfurt am Main 1973
Lenz, H.: Der Wandel des Bildes der Depression. Wien med Wschr 107, 1957, S. 528–530
Lévy-Bruhl, L.: Die Seele der Primitiven, Wissenschaftliche Buchgesellschaft, Darmstadt 1956
Liesenfeld, R.: Psychosomatische Krankheitsbilder in der Praxis. Walter de Gruyter Verlag, Berlin–New York 1987
Liungman, C. G.: Sozialprodukt Geisteskrankheit. Ursachen psychischer Störungen und Methoden der Psychiatrie, Rowohlt Verlag, Reinbek 1974
Medizinische Psychologie, Rösler, H.-D./Szewczyk, H. VEB Verlag Volk und Gesundheit, Berlin 1987
Medizinische Psychologie in der ärztlichen Praxis, Szewczyk, H., VEB Verlag Volk und Gesundheit, Berlin 1988
Milett, K.: Sexus und Herrschaft, Die Tyrannei des Mannes in unserer Gesellschaft, Rowohlt Verlag, Reinbek 1985
Mitscherlich, A.: Krankheit als Konflikt, Suhrkamp Verlag, Frankfurt a. M. 1975
Müller, R. G. E.: Verhaltensstörungen bei Schulkindern, Reinhardt Verlag, München/Basel 1970
Nagara, H. (Hrsg.): Psychoanalytische Grundbegriffe, S. Fischer Verlag 1974
Ogilvy, D.: Ogilvy über Werbung. Econ Verlag, Düsseldorf–Wien 1984
Platon: Charmides (Frühdialoge) Ges. Werke. Bibliothek der Alten Welt. Artemis, Zürich–Stuttgart 1960
Psychosomatik von Herz-Kreislauf-Erkrankungen. Hrsg. Karl Köhle, Springer Verlag, Berlin–Heidelberg–New York 1982
Psychotherapie der Gegenwart 2, Krisenintervention Suizid, Konsiliar-

psychiatrie. Dritte, völlig neu gestaltete Auflage, Hrsg.: Kisker, K. P., Lauter, H., Meyer, J.-E., Müller, C., Strömgren, E., Springer Verlag, Berlin–Heidelberg–New York–Tokio 1986
Psychotherapieformen der Gegenwart. Hrsg. Yvonne Maurer, Hippokrates Verlag, Stuttgart 1985
Rank, O.: Das Trauma der Geburt, Wien 1924
Rausch und Realität. Drogen im Kulturvergleich, 3 Bände, Hrsg. Gisela Völger, Karin von Welck, Rowohlt Verlag, Reinbek 1982
Révész, B.: Geschichte des Seelenbegriffes und der Seelenlokalisation. Verlag Ferdinand Enke, Stuttgart 1917
Richter, H. E.: Alle redeten vom Frieden, Versuch einer paradoxen Intervention, Rowohlt Verlag, Reinbek 1981
Roback, A. A.: Weltgeschichte der Psychologie und Psychiatrie. Walter-Verlag, Olten und Freiburg im Breisgau 1970
Robinsohn, J.: Psychologie der Naturvölker. Wilhelm Friedrich Verlag, Leipzig 1896
Roche Lexikon Medizin. 2., neubearbeitete Auflage, Hrsg. Hoffmann-La Roche AG u. Urban & Schwarzenberg, Urban & Schwarzenberg, München–Wien–Baltimore 1987
ROTE LISTE 1989, Hrsg.: Bundesverband der Pharmazeutischen Industrie e. V., Editio Cantor, Aulendorf/Württ. 1989
Ruete, C. G. Th.: Über die Existenz der Seele. Vom naturwissenschaftlichen Standpunkte, Teubner, Leipzig 1803
Sahlberg, O. Der kreative Prozeß und seine peri- und pränatalen Wurzeln, in: Dynamische Psychiatrie – Internationale Zeitschrift für Psychiatrie und Psychoanalyse. 3./4. Heft 88, «Pinel» Verlag für humanistische Psychiatrie und Philosophie GmbH, München
Scientology-Sekte und ihre Tarnorganisationen, Hrsg.: Aktion Bildungsinformation, Stuttgart
Schmidbauer, W.: Psychotherapie – Ihr Weg von der Magie zur Wissenschaft, Nymphenburger Verlag, München 1971
Schneider, K. (1920): Die Schichtung des emotionalen Lebens und der Aufbau der Depressionszustände. Z. Ges. Neuro/Psychiatr. 59: 281–286
Schulte, W. (1961): Nichttraurigseinkönnen im Kern melancholischen Erlebens. Nervenarzt 32: 314–320
Schultz, J. H.: Das Autogene Training, Thieme Verlag, Stuttgart 1973
Seidel, K.: Soziologische Aspekte psychischer Krankheit. In: Ärztl. Fortbild. 68, 1974, S. 1058–1059
Selbsthilfegruppen-Förderung, Beiträge zu der Tagung «Konzepte der Selbsthilfegruppen-Förderung» Berlin, 3. bis 5. Juni 1987, Deutsche Arbeitsgemeinschaft Selbsthilfegruppen e. V. 1988
Senden, I. P. M. u. a.: Obstetrics and Gynecology 71, 1988, S. 541–544
Shepard, M./Lee, M.: Marathon 16, Kindler, München 1972
Snyder, H. S.: Chemie der Psyche – Drogenwirkung im Gehirn, Spektrum der Wissenschaft, Heidelberg 1989
Stalmann, R.: Psychosomatik, Fischer Taschenbuch, Frankfurt 1984

Szasz, T. S.: Die Fabrikation des Wahnsinns. Walter Verlag, Olten–Freiburg im Breisgau 1974
Thomas, Klaus: Sexualstörungen infolge «ekklesiogener» Neurosen, Erfahrung aus der Ärztlichen Lebensmüdenbetreuung in Berlin, Sexualmedizin 18, 1989, S. 382–387
Todesursachen 1986, Gesundheitswesen Fachserie 12, Hrsg.: Statistisches Bundesamt Wiesbaden, W. Kohlhammer GmbH Verlag, Stuttgart und Mainz 1988
Tölle, R.: Psychiatrie, siebte, überarbeitete und ergänzte Auflage, Springer Verlag, Berlin–Heidelberg–New York–Tokio 1985
Uexküll, Th. v. (Hrsg.): Lehrbuch der psychosomatischen Medizin, Urban & Schwarzenberg, München–Wien 1981
Verny, T., Kelly, J.: Das Seelenleben des Ungeborenen, Rogner & Bernhard bei Zweitausendeins, 1981
Weizsäcker, V. v.: Körpergeschehen und Neurose, Enke Verlag, Stuttgart 1950
Weizsäcker, V. v.: Der Gestaltkreis, Thieme Verlag, Stuttgart 1950
Will, H.: Die Geburt der Psychosomatik: Georg Groddeck – der Mensch und Wissenschaftler, Urban & Schwarzenberg, München–Wien–Baltimore 1984
Wyss, D.: Die tiefenpsychologischen Schulen von den Anfängen bis zur Gegenwart – Entwicklungen, Probleme, Krisen – (2. durchgesehene Auflage), Vandenhoeck & Ruprecht, Göttingen 1966

Mitarbeiter

Andreas Bergmann: Student der Pädagogik an der Universität Hamburg, Mitarbeiter an mehreren sonderpädagogischen Wohnmodellen.

Dr. Flora Peschek-Böhmer: Studium der Psychologie, Germanistik und Sozialwissenschaften, Ausbildung zur Gymnastiklehrerin an der Medau-Schule, von 1972 bis 1983 Studienrätin am Gymnasium für Deutsch und Sport, seit 1983 als Heilpraktikerin niedergelassen mit den Schwerpunkten: Psychisch-psychosomatische Erkrankungen. Regelmäßige Mitarbeit bei verschiedenen Zeitschriften und Rundfunkanstalten. 1988 Promotion zum Dr. phil. an der Universität Oldenburg, Thema: Angst zu leben – Angst zum Tode.

Nils Gerken: Studium der Theologie und Psychologie in Heidelberg, Tübingen, Göttingen und Berlin. Zur Zeit als Pastor und Diplompsychologe an der Hauptkirche St. Petri in Hamburg. Leiter des Beratungs- und Seelsorge-Zentrums St. Petri.

Michaela von Pannwitz: Nach der Ausbildung als Kinderkrankenschwester Studium der Psychologie an der Universität Hamburg.

Gunnar von Schlippe: Studium der Theologie und Psychologie, Gemeindepastor in Dortmund, Studentenpastor in Münster, dann bis 1987 als Pastor und Diplompsychologe an der Hauptkirche St. Petri in Hamburg und Leiter des Beratungs- und Seelsorge-Zentrums St. Petri.

Stichwortverzeichnis

Medikamentennamen wurden *kursiv* gedruckt